Individuell fördern mit digitalen Medien

Bertelsmann Stiftung (Hrsg.)

Individuell fördern mit digitalen Medien

Chancen, Risiken, Erfolgsfaktoren

| Verlag Bertelsmann Stiftung

Bibliografische Information der Deutschen Nationalbibliothek

Die Deutsche Nationalbibliothek verzeichnet diese Publikation in der
Deutschen Nationalbibliografie; detaillierte bibliografische Daten sind
im Internet unter http://dnb.dnb.de abrufbar.

© 2015 Verlag Bertelsmann Stiftung, Gütersloh
Verantwortlich: Christian Ebel
Lektorat: team4media&event, München
Herstellung: Sabine Reimann
Umschlaggestaltung: Elisabeth Menke
Umschlagabbildung: © Dirk Eusterbrock
Graphiken: Bertelsmann Stiftung/Jürgen Schultheiß, Bielefeld
Satz und Druck: Hans Kock Buch- und Offsetdruck GmbH, Bielefeld
ISBN 978-3-86793-664-4

www.bertelsmann-stiftung.de/verlag

Inhalt

Die Herausforderung der Digitalisierung: Pädagogik vor Technik 8

Lernen mit digitalen Medien in der Schule – Erweiterung der
didaktischen Möglichkeiten für individuelle Förderung 12

Teil 1: Chancen und Risiken digitaler Medien in der Schule.
Medienpädagogische und -didaktische Perspektiven
Heike Schaumburg

1   Chancen und Risiken digitaler Medien in der Schule 20
2   Medien im Alltag von Schülern 23
    2.1   Ausstattung und Nutzung digitaler Medien von Kindern
        und Jugendlichen in Deutschland 23
    2.2   Chancen: Neue Möglichkeiten und Wege der Information
        und Kommunikation 28
    2.3   Risiken: Digitale Ungleichheit und problematisches
        Medienverhalten 38
    2.4   Digitale Kompetenz(en) als Voraussetzung für die Nutzung der
        Chancen und für die Bewältigung der Risiken digitaler Medien 50
3   Medien im Unterricht 54
    3.1   Ausstattung und Nutzung digitaler Medien in der Schule 55
    3.2   Chancen: Lernförderlicher Einsatz digitaler Medien im Unterricht .. 58
    3.3   Risiken: Digitale Medien als Störfaktor im Unterricht 70
4   Resümee: Schulentwicklung als Medienentwicklung 77
5   Literatur 80

Inhalt

Teil 2: Individuelle Förderung mit digitalen Medien. Handlungsfelder
für die systematische, lernförderliche Integration digitaler Medien
in Schule und Unterricht

Richard Heinen, Michael Kerres

1 Einleitung 96
2 Individuelle Förderung 98
   2.1 Ansätze 98
   2.2 Warum Medien? 99
   2.3 Lernen intensivieren 103
   2.4 Forschungsstand 105
3 Digitale Medien in der Schule 107
   3.1 Vom Computerraum zur hybriden Lerninfrastruktur 108
   3.2 Medien und Didaktik 115
4 Medienintegration und Schulentwicklung 123
   4.1 Handlungsfelder 128
   4.2 Entwicklungsstufen 129
5 Fallbeispiele 132
   5.1 Zur Auswahl der Schulen 132
   5.2 Gemeinsame Betrachtung der Fallbeispiele 149
6 Schlussbetrachtung und Handlungsempfehlungen
   für Schulen 151
7 Literatur 156

Teil 3: Szenarien lernförderlicher IT-Infrastrukturen in Schulen.
Betriebskonzepte, Ressourcenbedarf und Handlungsempfehlungen

Andreas Breiter, Björn Eric Stolpmann, Anja Zeising

1 Ausgangslage 164
2 Medienintegration als Mehrebenenproblem 168
   2.1 Dimensionen schulischer Medienintegration 169
   2.2 Mehrebenenmodell der Medienintegration 171
   2.3 Lernförderliche Infrastrukturen 173
3 Nationale und internationale Fallstudien 175
   3.1 Projekte in Deutschland 175
   3.2 Internationale Projekte 184
4 Szenarien lernförderlicher IT-Infrastrukturen 188
   4.1 Aufgabenteilung zwischen Land, Kommune und Schule 188
   4.2 Schulbezogene Ausstattungsszenarien 192
   4.3 Einbeziehung privater Endgeräte (BYOD) 195
5 Kostenabschätzung 198
   5.1 Basisangebote der Länder 198
   5.2 Basisinfrastrukturangebote der Kommunen 201

5.3 Schulinfrastruktur 206

5.4 Zusammenfassung der Gesamtkosten 212

6 Fazit und Handlungsempfehlungen 216

7 Literatur 218

Teil 4: Chancen der Digitalisierung für individuelle Förderung im Unterricht – zehn gute Beispiele aus der Schulpraxis

Jöran Muuß-Merholz

Einleitung: Neun Thesen zu digitalen Medien im Unterricht 224

Zehn Lehrkräfte von der Nordseeinsel bis zur Schweiz 229

Zum Vorgehen 230

Fall 1: Digitale Medien erfordern neue Rollen – Markus Bölling 231

Fall 2: Eine Verbindung in die Welt – Christiane Schicke 238

Fall 3: Personalisiertes Lernen in Blogprojekten – Lisa Rosa 246

Fall 4: Geschichte bedeutet immer Medien – Daniel Bernsen 256

Fall 5: Authentischer Sprachen lernen – Monika Heusinger 264

Fall 6: Üben, Feedback und Teamarbeit mit dem Notebook –
      Achim Lebert 272

Fall 7: Ausweitung der Themen und Lernwege – Felix Schaumburg 279

Fall 8: Ethik-Blog und Geographie-Wiki – Mandy Schütze 285

Fall 9: Berufliche Bildung selbstgesteuert – Heinz Dieter Hirth 291

Fall 10: Hauptsache Schreiben! – Philippe Wampfler 299

Glossar 305

Teil 5: »Flip your class!« – Ein entwicklungsorientiertes Forschungsprojekt an Berliner Schulen

Christian Ebel, Livia Manthey, Julia Müter, Christian Spannagel

1 Der Flipped Classroom als alternatives Unterrichtskonzept 311

2 Das Projekt »Flip your class!« 313

3 Die wissenschaftliche Begleitung 317

4 Schulentwicklung durch Unterrichtsentwicklung:
   Die Prozesse an den Schulen 320

5 Praxisbeispiele aus den Projektschulen 322

6 Erste Projektergebnisse und Ausblick 328

7 Literatur 330

Die Autorinnen und Autoren 332

Abstract 335

Die Herausforderung der Digitalisierung: Pädagogik vor Technik

Die Diskussion um mögliche Vor- und Nachteile digitaler Medien in der Schule wird in Deutschland derzeit sehr kontrovers geführt: Die einen warnen vor der totalen Computerisierung und Digitalisierung, sprechen gar von drohender digitaler Demenz und fordern ein generelles Verbot von Smartphones an Schule. Sie sind davon überzeugt, dass digitale Medien die Kinder und Jugendlichen eher vom Lernen abhalten. Die anderen wünschen sich eine Breitbandanbindung von Schulen mit flächendeckendem WLAN, setzen sich dafür ein, dass Tablet- und Laptop-Klassen eingerichtet werden oder Schüler wenigstens ihre eigenen mobilen Endgeräte mit in die Schule bringen dürfen. Sie fordern ein Pflichtfach Coding und sind davon überzeugt, dass adaptive Software mit Hilfe von Algorithmen und Big Data die Lernenden mit individuell auf sie zugeschnittenen Aufgaben zu ungeahnten Leistungen befähigt. Die Skeptiker und die Euphoriker beanspruchen gleichermaßen die Deutungshoheit über die Auswirkungen der Digitalisierung auf die Schule.

Solche Zuspitzungen werden der Komplexität des Themas aber nicht gerecht und laufen zudem Gefahr, die zentrale Frage aus dem Blick zu verlieren. Denn es geht nicht primär um die neue Technik, sondern um die richtige Pädagogik. Im Mittelpunkt einer zeitgemäßen Lehr- und Lernkultur sollte immer das Bemühen stehen, dass alle Schülerinnen und Schüler entsprechend ihren individuellen Voraussetzungen erfolgreich lernen können. Das rückt die Lernenden ins Zentrum der Betrachtungen und damit die Frage nach dem pädagogisch Sinnvollen, nicht aber die Frage nach dem technisch Möglichen.

Mit Blick auf die zunehmende gesellschaftliche Vielfalt, die sich auch in unterschiedlichen Lernvoraussetzungen und -ständen im Klassenzimmer widerspiegelt, sollte die Frage an digitale Medien daher lauten, ob und wie sie zur individuellen Förderung der Kinder und Jugendlichen beitragen können. Mit Hilfe digitaler Medien könnten Inhalte, Wege und Lernmethoden auf die Bedürfnisse des einzelnen Lerners zugeschnitten werden. Wenn es gelingt, Schülerinnen und Schüler im Unterricht (und zuhause) durch den Einsatz digitaler Medien in ihrem Lernen zu unterstützen, so könnte die Digitalisierung tatsächlich einen wertvollen Beitrag zu einem leistungsfähigen und chancengerechten Bildungssystem leisten. Radikale Zuspitzungen sind also wenig hilfreich: So wird digitales Lernen analoges Lernen nie ersetzen können, umgekehrt wird analoges Lernen in einer zunehmend digitalisierten Welt nicht auf digitales Lernen verzichten können – es geht vielmehr um ein kluges Ineinandergreifen und gegenseitiges Unterstützen im Interesse nachhaltiger Lernerfolge von Kindern und Jugendlichen.

Aktuell wissen wir aber noch viel zu wenig darüber, wann und wie digitale Lernmedien einen wirklichen Nutzen bringen: Wie können Schüler, Lehrkräfte und Eltern von den Möglichkeiten der Digitalisierung profitieren? Was sind gute Beispiele für einen pädagogisch sinnvollen Umgang mit digitalen Medien in Schule und Unterricht und wie können sie für das Lernen nutzbar gemacht? Wie sieht Schul- und Unterrichtsentwicklung mit digitalen Medien aus? Welche Unterstützungsangebote benötigen Lehrkräfte, um das Potenzial digitaler Medien für das Lernen zu nutzen? Was sind die technischen, organisatorischen und finanziellen Voraussetzungen für digitale Medien in der Schule?

Um diesen Fragen auf den Grund zu gehen, hat die Bertelsmann Stiftung drei Studien zur Digitalisierung in Auftrag gegeben und zusätzlich Praxisbeispiele aus unterschiedlichen Schulformen, Schulstufen und Unterrichtsfächern recherchieren lassen:

- Die erste Studie von Heike Schaumburg stellt den aktuellen Forschungsstand zu Chancen und Risiken digitaler Medien in der Schule dar. Dabei werden zwei Ebenen in den Blick genommen: individuelle Wirkungen digitaler Medien auf Schülerebene und Einflüsse auf der Unterrichtsebene. Die Studie zeigt: Die Digitalisierung bietet Chancen für den Einzelnen wie für den Unterricht – sie birgt jedoch auch Risiken. Um die Chancen für das Lernen zu nutzen und den Risiken angemessen begegnen zu können, muss der Umgang mit digitalen Medien als gemeinsame, integrale Aufgabe der Unterrichts- und Schulentwicklung adressiert werden.

- Die zweite Studie von Richard Heinen und Michael Kerres schließt direkt an die Ergebnisse der ersten Studie an und beschäftigt sich mit der Frage, wie Schulen den Prozess der Medienintegration als Handlungsfeld der Schulentwicklung gestalten können: Es werden Überlegungen zur stufenweisen Integration digitaler Medien in Schule und Unterricht angestellt und ein Kriterienraster entwickelt, das Schulen Anhaltspunkte gibt, welche Maßnahmen ergriffen werden können, um digitale Medien in Schulen systematisch einzuführen – mit dem Ziel individuelle Förderung zu unterstützen. Die Studie mündet in Handlungsempfehlungen für Schulleitungen und Steuergruppen.

- Die dritte Studie von Andreas Breiter, Björn Eric Stolpmann und Anja Zeising fokussiert auf die technischen und organisatorischen Bedingungen zur wirtschaftlichen Bereitstellung und den Betrieb einer lernförderlichen und alltagstauglichen IT-Infrastruktur in Schulen. Im Sinne des Modells der »Medienintegration« werden dabei alle Facetten berücksichtigt, die für eine nachhaltige Einbettung relevant sind. Die Handlungsdimensionen reichen deutlich über die

Sphäre der Einzelschule hinaus: So sind neben dem Schulministerium, das den Rahmen für Medienbildung vorgibt, insbesondere auch die kommunalen Schulträger als Sachaufwandsträger zu berücksichtigen.

Ziel ist es, mit den Studien sowie mit den Beispielen aus der Unterrichtspraxis ein tieferes Verständnis von den Möglichkeiten und den Herausforderungen der Digitalisierung im Schulbereich zu gewinnen. Das Potenzial der Digitalisierung für die individuelle Förderung aller Schülerinnen und Schüler kann nur erschlossen werden, wenn

- erstens Lehrkräfte über Erfahrungen und Kompetenzen im Umgang mit heterogenen Lerngruppen verfügen und in der Lage sind, im Unterricht auf die einzelnen Schüler individuell einzugehen, wozu sie ggf. durch Weiterbildungen befähigt werden müssen,
- zweitens Lehrkräfte über methodisch-didaktische Kenntnisse bzgl. konkreter digitaler Medien verfügen, wozu passgenaue Fortbildungsangebote notwendig sind,
- drittens Lehrkräfte im Team mit anderen gemeinsame Unterrichtsvorhaben im Einsatz digitaler Medien für eine bessere individuelle Förderung entwickeln und nicht Einzelkämpfer bleiben,
- viertens Schulleiter den Einsatz digitaler Medien in die Unterrichts- und Schulentwicklung einbetten, für ein schulinternes Mediencurriculum mit fachdidaktischen Bezügen gemeinsam mit dem Kollegium und den Fachkonferenzen Verantwortung übernehmen und
- fünftens in Kooperation mit Land bzw. Schulaufsicht und Kommune bzw. Schulträger eine robuste und den pädagogischen Erfordernissen entsprechende IT-Infrastruktur etabliert wird, ohne die Lehrkräfte nicht verlässlich mit digitalen Medien arbeiten können.

Unser Dank gilt all denjenigen, die an der Entstehung dieses Buches mitgewirkt haben. Das sind, in der Reihenfolge der Beiträge, Dr. Heike Schaumburg vom Institut für Erziehungswissenschaften an der Humboldt-Universität Berlin, Richard Heinen und Professor Dr. Michael Kerres vom Duisburg Learning Lab, Regina Schneider (Gesamtschule Xanten-Sonsbeck), Achim Lebert (Gymnasium Ottobrunn), Dr. Steffen Jost (Wilhelm-Ostwald-Gymnasium, Leipzig), Professor Dr. Andreas Breiter, Björn Eric Stolpmann und Dr. Anja Zeising vom Institut für Informationsmanagement Bremen GmbH (ifib), Jöran Muuß-Merholz (J&K – Jöran und Konsorten), Markus Bölling (Realschule am Europakanal), Christiane Schicke (Inselschule Langeoog), Lisa Rosa (Landesinstitut für Lehrerbildung und Schulentwicklung Hamburg), Daniel Bernsen (Eichendorff-Gymnasium Koblenz), Monika Heusinger (Otto Hahn Gymnasium Saarbrücken), Felix Schaumburg (Gesamtschule Uellendahl-Katernberg), Mandy Schütze (Gymnasium in Gerabronn), Heinz Dieter Hirth (Oskar von Miller Schule Kassel), Philippe Wampfler (Kantonsschule Wettingen), Livia Manthey (sofatutor), sowie Julia Müter und Prof. Dr. Christian

Spannagel von der Pädagogischen Hochschule Heidelberg. Sie alle haben dazu beigetragen, ein Bild von den Möglichkeiten – aber auch den Herausforderungen – der Mediennutzung im Unterricht zu zeichnen.

Wir hoffen, dass es uns mit dieser differenzierten Betrachtung aus Perspektive der Wissenschaft und der Schulpraxis gelingt, einen Beitrag zur Versachlichung der teilweise »empiriefrei« geführten Diskussion über die Digitalisierung in der Schule zu leisten.

Ulrich Kober
Programmdirektor
Integration und Bildung
Bertelsmann Stiftung

Dirk Zorn
Senior Project Manager
Integration und Bildung
Bertelsmann Stiftung

Lernen mit digitalen Medien in der Schule – Erweiterung der didaktischen Möglichkeiten für individuelle Förderung

Christian Ebel

Medienkompetenz als Schlüsselqualifikation im 21. Jahrhundert

Kinder und Jugendliche wachsen heute völlig selbstverständlich mit digitalen Medien auf: Smartphone, Tablet, Notebook & Co prägen zunehmend den Alltag der Heranwachsenden. Im Rahmen einer Zusammenschau der Forschungsergebnisse der letzten 15 Jahre hat Heike Schaumburg (vgl. Teil 1) die mit der Digitalisierung verbundenen Chancen und Risiken beschrieben – und zwar sowohl auf Ebene des Individuums als auch auf Ebene des Unterrichts: Digitale Medien bieten zweifelsohne Chancen für den Einzelnen – beispielsweise erweiterte Möglichkeiten des Zugriffs auf Information, der Kommunikation und Partizipation. Aber sie bergen auch Risiken wie etwa Internet- und Computerspielesucht oder Cybermobbing. Des Weiteren besteht die Gefahr, dass ungleiche Zugangsmöglichkeiten und Nutzungsweisen digitaler Medien gesellschaftliche Ungleichheit weiter vergrößern.

Um die Chancen digitaler Medien für sich nutzen und den Risiken angemessen begegnen zu können, ist es wichtig, dass Kinder und Jugendliche Kompetenzen im Umgang mit digitalen Medien erwerben. Denn auch die Generation der sogenannten ‚Digital Natives‘ erwirbt diese Kompetenzen nicht automatisch, wie die ICILS-Studie eindrücklich belegt hat. Viele Eltern kümmern sich zu wenig um die Mediennutzung ihrer Kinder und die damit einhergehenden Gefahren; fast 40 Prozent der Erziehungsberechtigten reglementieren die Internetnutzung ihres Nachwuchses nicht. Die Verantwortung für die Vermittlung von Medienkompetenz und die Aufgabe, der digitalen Spaltung zu begegnen, fällt damit unweigerlich der Schule zu: Schulen in Deutschland stehen heute vor der Herausforderung, die Heranwachsenden zu einem selbstbestimmten und kritischen, aber auch zu einem produktiven und kreativen Umgang mit digitalen Medien zu befähigen.

Lernen mit und Lernen über Medien

Neben der Notwendigkeit des Erwerbs von Medienkompetenz als »unverzichtbare Schlüsselqualifikation« (KMK 2012) kann das pädagogische Potenzial digitaler Medien für das schulische Lehren und Lernen nutzbar gemacht werden: Sie bieten zum Beispiel große Möglichkeiten für die Individualisierung des Lernens und für Binnendifferenzierung. So können die Lernenden mit einer größeren Fülle an unterschiedlichem und differenzierendem Material versorgt werden bzw. gemäß ihren Kenntnissen und Interessen Materialien selbst auswählen. Multimediale Materialien ermöglichen alternative Zugänge zu Lerninhalten. Durch Übungen mit individuellen Rückmeldungen können die Einzelnen in ihren Möglichkeiten gefördert werden. Interaktive Übungsblätter und Trainingseinheiten zum Selbstlernen lassen sich in individuelle Fördermaßnahmen einbinden. Das Lernen des Einzelnen wird beim Arbeiten mit digitalen Medien »sichtbar«. Dadurch kann sich die Lehrperson einfacher dem Einzelnen zuwenden, Stärken und Schwächen erkennen und individuelle Rückmeldung geben. Zudem können digitale Medien die Zusammenarbeit zwischen Lernenden wesentlich unterstützen.

Es bestehen aber auch Gefahren für den Unterricht: Lehrkräfte befürchten, dass digitale Medien zum Kopieren von Informationen aus dem Internet verleiten, vom fachlichen Inhalt ablenken und sich negativ auf die Entwicklung sprachlicher und mathematischer Grundfertigkeiten auswirken könnten.

Ähnlich wie bei der Diskussion um die Chancen und Risiken auf individueller Ebene gilt es, auf unterrichtlicher und schulischer Ebene Wege zu finden, wie man den Gefahren begegnen kann und den didaktischen Mehrwert digitaler Medien für das Lernen nutzbar macht.

Guter Unterricht wird von (medien-)kompetenten Lehrkräften gemacht

Die vielfältigen Möglichkeiten digitaler Medien können nur dann genutzt werden, wenn an der Schule Rahmenbedingungen vorliegen, die die Realisierung dieser Potenziale erlauben. Allen voran wären hier die Kompetenzen und die Bereitschaft der Lehrkräfte zu nennen: Lehrkräfte müssen über methodisch-didaktische Kompetenzen und fachlich-inhaltliches Wissen verfügen, brauchen aber auch technische Fähigkeiten, d.h. sie müssen selbst medienkompetent sein. Nur dann kann es ihnen gelingen, digitale Medien in einem didaktischen Setting so einzusetzen, dass die Schüler in optimaler Weise davon profitieren. Lehrer müssen aus diesem Grunde die Gelegenheit erhalten, entsprechende Kompetenzen durch Fortbildung und gemeinsame Unterrichtsentwicklung zu erwerben bzw. zu erweitern. Sie benötigen Ressourcen und Zeit für die Unterrichtsplanung und -entwicklung mit digitalen Medien.

Medienbildung als schulisches Handlungsfeld

Die Studie von Richard Heinen und Michael Kerres (vgl. Teil 2) verdeutlicht, dass es einer systemischen Betrachtung von Schule bedarf, damit die Potenziale der digitalen Medien für eine Lernkultur, die das Individuum und seine Förderung in das Zentrum stellt, eingelöst werden können. Individuelle Förderung und Medienintegration sind demgemäß als zusammenhängende Aspekte von Schul- und Unterrichtsentwicklung zu betrachten. Schulentwicklung muss neben ihren traditionellen Säulen (Organisations-, Personal- und Unterrichtsentwicklung) um die Aspekte der Technologieentwicklung erweitert werden. Es liegt auf der Hand, dass die einzelne Lehrkraft diesen Prozess des Wandels nicht allein gestalten kann. Damit sich eine solche Schulkultur der individuellen Förderung mit digitalen Medien entwickeln kann, sind langfristige und gesteuerte Schulentwicklungsprozesse erforderlich. Eine Schule muss sich insgesamt als lernende Organisation wahrnehmen, in der sich nicht nur der Einzelne kontinuierlich fortbildet, sondern dieses Wissen auch systematisch verbreitet und geteilt wird. Hierzu bedarf es einer klaren schulischen Vision, die von der Leitung vertreten wird. Steuergruppen können helfen, diese Vision zu verankern.

Das Gymnasium Ottobrunn, die Gesamtschule Xanten-Sonsbeck und das Wilhelm-Ostwald-Gymnasium in Leipzig sind Schulen, die auf dem Wege sind, digitale Medien nachhaltig zu verankern. Die drei Fallbeispiele in Teil 2 des Buches zeigen, welche unterschiedlichen Wege Schulen dabei gehen. Sie geben einen Einblick in Schulen mit ganz verschiedenen Voraussetzungen und in unterschiedlichen Stadien der Medienintegration. An allen drei Schulen trägt ein großer Teil der Kolleginnen und Kollegen das Medienkonzept mit und es liegt eine gewisse Verbindlichkeit vor. Zudem haben diese Schulen Wege gefunden, ihre Ansätze und Lösungen zu reflektieren und weiterzuentwickeln.

Lernförderliche IT-Infrastruktur als notwendige (aber nicht hinreichende) Voraussetzung

Wenn es um die Vermittlung von Medienkompetenz geht und digitale Medien in die Lern- und Lehrprozesse einer Schule integriert werden sollen, muss dafür eine verlässliche, alltagstaugliche und lernförderliche IT-Infrastruktur bereitgestellt werden. Lernförderlich bedeutet in diesem Sinne, dass sich die IT-Ausstattung einer Schule an den pädagogischen Bedürfnissen orientiert und sich technisch reibungslos und flexibel im Unterricht (oder auch zuhause) einsetzen lässt. Es lassen sich mit ihr Lern- und Lehrszenarien ermöglichen, die aus Sicht von Lehrenden und Lernenden Vorteile bringen, bspw. für selbstgesteuertes Lernen oder adaptiven Unterricht.

Mehrebenenmodell der Medienintegration

Die Studie von Andreas Breiter, Björn Eric Stolpmann und Anja Zeising (vgl. Teil 3) beschreibt die technischen, organisatorischen und finanziellen Voraussetzungen für die Bereitstellung einer solchen lernförderlichen und alltagstauglichen IT-Infrastruktur. Sie stützt sich dabei auf ein Mehrebenenmodell der Medienintegration, das der Komplexität des deutschen Schulsystems Rechnung trägt und die beteiligten Akteursebenen angemessen zu berücksichtigen versucht: Zwar sind die Schule und die an ihr tätigen Lehrkräfte für die Erfüllung und Ausgestaltung des Bildungs- und Erziehungsauftrags (mit analogen und digitalen Medien) verantwortlich, sie tun dies allerdings vor dem Hintergrund der durch das jeweilige Bundesland vorgegebenen Lehr- und Bildungspläne und sonstigen Rahmenbedingungen. Für die Bereitstellung der technischen IT-Basisinfrastruktur sind nach den gesetzlichen Grundlagen des deutschen Schulsystems hingegen in erster Linie die kommunalen Schulträger verantwortlich. Wenn es also darum geht, die technischen und organisatorischen Voraussetzungen sowie speziell auch die Gesamtbetriebskosten für eine lernförderliche IT-Infrastruktur zu ermitteln, so sind nicht nur die zentralstaatliche Ebene des jeweiligen Schulministeriums und die Einzelschule, sondern insbesondere auch die kommunalen Schulträger als Sachaufwandsträger zu berücksichtigen.

Vorbedingung für die Mediennutzung in der Schule ist eine sichere, zuverlässige Basisinfrastruktur, die insbesondere eine Breitbandanbindung, WLAN-Abdeckung und die Zugriffsmöglichkeit auf zentrale Dienste (Schulserver, Lernplattform) gewährleistet. In diesem Zusammenhang müssen auf kommunaler Seite auch Kosten für Wartung und Support sowie Prozesskosten berücksichtigt werden.

Pädagogische Zielsetzungen bestimmen die Endgerätestrategie

Für die Ausstattung der Schule mit Endgeräten sind in der Studie – ausgehend von OECD-Empfehlungen – zwei Szenarien ausgearbeitet worden: Im ersten Szenario wird eine Schüler-Computer-Relation von 5:1 zu Grunde gelegt. Die Schule verfügt in diesem Szenario über einen Gerätepool (Notebook-Klassensätze oder Tablet-Klassensätze), sodass bei Bedarf allen Schülerinnen und Schülern einer Lerngruppe ein Endgerät zur Verfügung steht. Im zweiten Szenario verfügen alle Schülerinnen und Schüler über ein individuelles Endgerät (1:1-Ausstattung mit Notebooks oder Tablets). Auch die Autoren dieser Studie betonen das Primat der Pädagogik vor der Technik: Wie genau die Ausstattung einer Schule mit Endgeräten aussehen sollte, hängt von den beabsichtigten pädagogischen Einsatzformen und Zielen der jeweiligen Schule ab. Es gibt kein technisches Szenario, das per se einem anderen überlegen ist.

Die Ergebnisse machen deutlich, dass es sich bei der Medienintegration um eine Aufgabe handelt, die sich über alle Ebenen des Schulsystems erstreckt und die aufgrund ihrer Komplexität kaum von einer Schule oder einem kommunalen Schulträger allein geleistet werden kann. Dies gilt insbesondere, wenn aktuelle Themen wie Bring Your Own Device (BYOD) oder Cloud-Computing adressiert werden sollen, die aus technischer wie datenschutzrechtlicher Sicht extrem voraussetzungsreich sind.

Wie Länder, Schulträger und Schulen zusammenarbeiten können

Für eine nachhaltige und flächendeckende Medienintegration braucht es von Landesseite eine verbindliche Rahmensetzung, bspw. durch die Entwicklung eines Landeskonzepts Medienbildung, das sich auf kommunaler Ebene in einem Medienentwicklungsplan konkretisiert, welcher wiederum die von Schulen in ihren Medienkonzepten spezifizierten Anforderungen aufgreift und zusammenführt. Somit ergeben sich je nach Akteursebene des Schulsystems unterschiedliche Aufgaben, die durch eine strategische Planung und verbindliche Verabredungen adressiert werden sollten. Insbesondere wenn die Akteure auf allen drei Ebenen zusammenarbeiten, kann an den Schulen eine lernförderliche IT-Infrastruktur etabliert werden, die den pädagogischen Ansprüchen dauerhaft genügt. Initiativen wie eSchool Düsseldorf oder der Verein n-21 in Niedersachsen (vgl. Teil 3) zeigen, wie Schulträger, Schulaufsicht, Medienzentren sowie Schulvertreter u. a. partnerschaftlich zusammenarbeiten können, um dieses Ziel gemeinsam zu realisieren.

Fachdidaktische Überlegungen bedingen den Einsatz digitaler Medien

Die im vierten Teil des Buches von Jöran Muuß-Merholz zusammengetragenen und auf den Einsatz digitaler Medien in bestimmten Unterrichtsfächern bezogenen Fallbeispiele zeigen, dass die ganze Bandbreite der zuvor bereits in den Studien beschriebenen Möglichkeiten digitaler Medien zur individuellen Förderung in der Praxis auch tatsächlich bereits heute zur Anwendung kommt:

- Digitale Medien werden – z. B. in offenen Unterrichtsformen – zur Informationsbeschaffung, selbstständigen Erarbeitung eines Themas und zur Produktion von Schülerarbeiten genutzt.
- Je nach Organisationsform des Unterrichts und nach eingesetzter Methode kann die Lehrkraft entscheiden, wie viel Kontrolle sie über Inhalte und Lernprozess behalten möchte: Bei WebQuests bspw. werden die Inhalte und das Vorgehen im Detail vorgegeben.
- Bei Wochenplanarbeit oder im Lernbüro können analoge Lernbausteine gleichberechtigt zu digitalen Übungsprogrammen eingesetzt werden; durch vielfältige Übungen im Web ist eine stärkere Differenzierung möglich, Schüler erhalten sofort eine Rückmeldung.

- Lernvideos können – genau wie interaktive Übungen mit Feedback-Funktion – eine die Lehrperson entlastende Wirkung haben: Durch die Wissensvermittlung per Video hat die Lehrperson im Unterricht mehr Zeit für einzelne Schüler; sie kann gezielt Rückmeldungen geben, beraten und den Lernprozess begleiten (vgl. auch Teil 5 zum Flipped Classroom).
- Die Delegation von Verantwortung an die Schülerinnen und Schüler ist auch bei kreativen Schreibprozessen mit digitalen Werkzeugen möglich, z. B. wenn Schülerinnen und Schüler sich gegenseitig Feedback geben oder ihre Texte korrigieren (»Peer Evaluation« oder »Peer Grading«).
- Unterrichtsergebnisse und Projekte können in Wikis oder Blogs dokumentiert werden – und sind so für alle dauerhaft verfügbar.
- Lernplattformen wie Moodle & Co können einen großen Übungs- und Testraum mit Multiple-Choice-Tests, Lückentexten, Ergänzungsübungen und vielfältigen Lernmaterialien darstellen. Die Lehrkraft kann sich dort einen Überblick über den Lernfortschritt der gesamten Klasse verschaffen.
- Kommunikation und (globale) Vernetzung: Die digitalen Kommunikationsmittel bieten die Möglichkeit zur Zusammenarbeit mit anderen Schulen, Personen und Institutionen.
- Digitale Medien können auch genutzt werden, um schulisches und häusliches Lernen stärker miteinander zu verbinden; Lernangebote in Online-Lernplattformen bspw. können auch zuhause genutzt werden.

Die in Teil 4 beschriebenen Praxisbeispiele beinhalten noch weit mehr Anwendungsmöglichkeiten; die Liste ließe sich um viele Aspekte erweitern. Deutlich wird auch hier, dass die digitalen Medien kein Selbstzweck sind, sondern es den Lehrpersonen darum geht, die zusätzlichen didaktischen Möglichkeiten zu nutzen und ihr Handlungsrepertoire zu erweitern. Die Frage lautet nicht: »Wie kann ich digitale Medien im Unterricht einsetzen?«, sondern: »Wie kann ich als Lehrkraft den Unterricht so gestalten, dass die Schülerinnen und Schüler in ihrem Lernprozess optimal begleitet und unterstützt werden?« Mit neuen Medien entstehen neue Alternativen, für die sich eine Lehrperson entscheiden kann. Wenn bei der didaktisch-methodischen Planung ein Einsatz digitaler Medien sinnvoll erscheint, können diese (z. B. in bestimmten Unterrichtsstunden und -phasen) gezielt zum Einsatz kommen – in Ergänzung oder als Alternative zu konventionellen Medien, als Beitrag zur Methoden- und Medienvielfalt.

Schlussfolgerungen

Die theoriegeleiteten wie auch die aus der Schulpraxis kommenden Erkenntnisse zeigen, dass digitale Medien im Unterricht unter bestimmten Bedingungen sehr wohl einen Mehrwert entfalten und dazu beitragen können, dass Schülerinnen und Schüler besser individuell gefördert werden. Wie zuvor deutlich wurde, ist ein solcher Unterricht hoch voraussetzungsreich und beileibe kein Selbstläufer. Allein das Vorhandensein digitaler Medien führt nicht automatisch zu einer Verbesserung der Unterrichtsqualität. Ganz im Gegenteil: Man kann auch mit digitalen Medien schlechten Unterricht machen. Im schlimmsten Fall wird der Unterricht sogar noch schlechter. Entscheidend für den Erfolg sind die Zielsetzungen und die didaktisch-methodischen Überlegungen, die dem Medieneinsatz vorausgehen. Digitale Medien können die Handlungsmöglichkeiten von Lehrkräften erweitern und fachdidaktische Settings ermöglichen, die ohne den Einsatz digitaler Medien nicht oder nur mit großem Aufwand bewerkstelligt werden könnten.

Voraussetzung dafür ist eine Basiskompetenz in individueller Förderung. Nur wenn Lehrkräfte überhaupt über Erfahrung im Unterrichten heterogener Lerngruppen und mit einem variablen Einsatz ihrer Rolle als Lehrkraft verfügen (und z. B. auch bislang schon schülerzentrierten Lernprozessen Platz eingeräumt haben), sind sie in der Lage, digitale Medien zugunsten einer verbesserten individuellen Förderung einzusetzen. Erst an zweiter Stelle steht dann, Lehrkräfte mit den Möglichkeiten vertraut zu machen, die sich mit dem Medieneinsatz im Unterricht bieten. Selbst wenn die Mehrheit der Lehrerinnen und Lehrer Computer und Internet längst für die Vorbereitung des Unterrichts nutzt und über fundierte Medienkompetenz verfügt, so scheint doch größere Unsicherheit darüber zu herrschen, wie die digitalen Medien didaktisch-methodisch sinnvoll im Unterricht eingesetzt werden können (vgl. ICILS 2013). Hier braucht es passgenaue, an den Bedarfen der Fächer orientierte Fortbildungsangebote und einen Austausch bewährter Ansätze innerhalb des Kollegiums und zwischen Schulen. Klar ist auch, dass diese Veränderung der Lernkultur nicht auf den Schultern einzelner Lehrkräfte lasten darf, sondern nur als gemeinsames Unterrichts- und Schulentwicklungsvorhaben von (Teil-)Kollegien gelingen kann, die sich als professionelle Lerngemeinschaft verstehen. Dafür braucht es die Rückendeckung und Unterstützung der Schulleitung. Gemeinsam kann dann für die Schule ein Mediencurriculum mit fachdidaktischen Bezügen entwickelt und parallel dazu eine verlässliche, alltagstaugliche IT-Infrastruktur auf- bzw. ausgebaut werden, die den pädagogischen Erfordernissen genügt. Dieser Prozess wird bestenfalls in Zusammenarbeit mit dem Schulträger und der Schulaufsicht gestaltet.

Teil 1

Chancen und Risiken digitaler Medien in der Schule. Medienpädagogische und -didaktische Perspektiven

Heike Schaumburg

1 Chancen und Risiken digitaler Medien in der Schule

In der Digitalisierung und der elektronischen Vernetzung wird ein technologischer Wandel mit weitreichenden gesellschaftlichen Folgen gesehen (Debray 2004; Faßler 1997; Kübler 2003). Unser Alltag ist zunehmend von digitalen Medien durchdrungen. Die Digitalisierung trägt dazu bei, dass den Menschen zeitlich und mengenmäßig ein immer breiteres Medienangebot zur Verfügung steht. Räumlich können mehr Medien an zunehmend mehr öffentlichen und privaten Orten genutzt werden. Mittels mobiler Kommunikation kann quasi überall auf ein ständig wachsendes mediales Angebot zugegriffen werden. Medien dringen so in immer mehr Lebensbereiche vor und bestimmen diese: zum einen als Mittel, zum anderen als Inhalt der Kommunikation (Krotz 2007).

Dieser als »Mediatisierung« bezeichnete Wandel macht auch vor der Schule nicht halt. Sie ist in dreifacher Hinsicht von den Folgen der Mediatisierung betroffen:

- Indem der Alltag von Schülern und Lehrern von digitalen Medien durchdrungen ist, tragen sie ihre *individuellen medialen Erfahrungen und Praxen* in die Schule hinein. Schulunterricht wird durch digitale Medien verändert und er muss Anschluss an die digitale Alltagswirklichkeit von Schülern schaffen. Insbesondere kommt der Schule in diesem Zusammenhang die Aufgabe zu, Schüler zu einem kompetenten Umgang mit digitalen Medien zu befähigen.
- Auch als *Unterrichtsmedien* gewinnen digitale Medien in der Schule zunehmend an Bedeutung. Die Schule muss sich hier die Frage stellen, wie digitale Medien didaktisch sinnvoll in den Unterricht integriert werden können und welchen Mehrwert sie gegenüber klassischen Medien bieten. Lehrer müssen über entsprechende technische und mediendidaktische Kompetenzen verfügen.
- Die Integration digitaler Medien ist über den Rahmen der Unterrichtsentwicklung hinaus immer auch eine Aufgabe der *Schulentwicklung*. Schule ist hier mit der Herausforderung konfrontiert, die technischen und organisatorischen Voraussetzungen zu schaffen, die für die reibungslose Integration digitaler Medien in den Unterricht notwendig sind.

Auf allen drei Ebenen ist die Schule mit Chancen und Risiken digitaler Medien konfrontiert. Chancen werden dabei vor allem in den erweiterten Möglichkeiten des Zugriffs auf Information, der Kommunikation und Partizipation gesehen. So erlaubt die Fülle an Information es den Lernenden, selbstbestimmt eigene Interessen zu verfolgen, und eröffnet die Multimedialität der Darstellung neue Zugänge zu Lerninhalten. Zudem ermöglichen die kommunikativen Funktionen des Internets vielfältige Chancen der Vernetzung, der Partizipation sowie des gemeinsamen Lernens, der Identitätsbildung und des Knüpfens sozialer Beziehungen. Auf der Ebene des Unterrichts werden Potenziale zum Beispiel in der Individualisierung des Lernens gesehen, was mit Blick auf aktuelle Forderungen nach inklusiver Bildung von besonderer Bedeutung ist. Risiken werden besonders auf der individuellen Ebene gesehen. Da ist zunächst das Problem der digitalen Spaltung zu nennen, d.h. die Befürchtung, dass ungleiche Zugangsmöglichkeiten und Nutzungsweisen digitaler Medien gesellschaftliche Ungleichheit noch vergrößern (Zillien 2009). Weiterhin werden Inhalte wie Gewalt und Pornographie sowie bestimmtes Medienverhalten, wie Internet- oder Computerspielsucht und Cybermobbing, problematisiert (Lampert 2014). Die Diskussion von Gefahren auf unterrichtlicher Ebene kreist um die Frage der Abwägung zwischen didaktischem Mehrwert und technischen sowie didaktischen Problemen beim Einsatz digitaler Medien. Es geht zum Beispiel darum, welche Rolle digitale Medien bei der Vermittlung sprachlicher und mathematischer Grundfertigkeiten spielen sollten oder inwiefern sie eher vom fachlichen Inhalt ablenken als dessen Vermittlung zu fördern. In diesem Zusammenhang wird auch die Frage gestellt, ob die Nutzung digitaler Medien sich generell negativ auf die Schulleistungen von Kindern und Jugendlichen auswirkt. Chancen und Risiken treffen sich auf der Schulebene, indem die Integration digitaler Medien als schulweite Entwicklungsaufgabe die Chance für eine verbesserte Abstimmung, schulinterne Kooperation und Vernetzung bietet und damit die schulische Qualitätsentwicklung gefördert wird. Gleichzeitig birgt sie aber auch das Risiko des Scheiterns aufgrund technischer, organisatorischer und pädagogischer Hürden und Probleme.

Die vorliegende Studie verfolgt das Ziel, den aktuellen Forschungsstand zu Chancen und Risiken digitaler Medien in der Schule übersichtlich darzustellen. Der Fokus liegt dabei auf den ersten beiden im Vorigen genannten Aspekten: der Lehrer- und Schülerebene sowie der Unterrichtsebene. Chancen und Risiken auf der Ebene der Schule und Herausforderungen einer medienbezogenen Schulentwicklung werden in dieser Expertise lediglich im Abschlussteil angerissen. Diese werden in den Expertisen von Breiter, Stolpmann und Zeising (2015) sowie Heinen und Kerres (2015) ausführlich thematisiert.

Die Grundlage der Studie bildet eine umfassende Recherche thematisch relevanter empirischer Untersuchungen sowie empirisch begründeter Theorien und Modelle der letzten 15 Jahre, wobei aktuellen Untersuchungen der Vorzug vor älteren Studien gegeben wird. Punktuell werden, insbesondere im Bereich von Grundlagentheorien, auch ältere Publikationen einbezogen. Der Fokus der Recherche liegt auf Untersuchungen aus Deutschland bzw. dem deutschsprachigen Raum. Es wer-

den aber auch internationale (auf Englisch publizierte) Forschungsergebnisse gesichtet insbesondere in Bereichen, wo im deutschsprachigen Raum noch wenig For-
schungstätigkeit zu verzeichnen ist.

Im folgenden zweiten Kapitel wird zunächst die *Individualebene* beleuchtet. Basierend auf der aktuellen Befundlage zur Ausstattung und Nutzung digitaler Medien von Kindern und Jugendlichen in Deutschland, werden zunächst Chancen und
Risiken diskutiert, die mit den neuen Möglichkeiten der Information und Kommunikation für Schüler verbunden sind. Angelehnt an eine Kategorisierung von Chan-
cen und Risiken nach Livingstone und Haddon (2009) werden im Rahmen der
Chancen die Potenziale digitaler Medien für die Entwicklung und Identitätsbildung
von Kindern und Jugendlichen, für formelles und informelles Lernen sowie für
Partizipation und Mitbestimmung thematisiert. Weiterhin erfolgt eine kritische
Würdigung vermeintlicher Potenziale, die in der Diskussion um die Generation der
»Digital Natives« vorgebracht wird. Als Risiko digitaler Medien wird zunächst die
Gefahr der digitalen Spaltung analysiert und werden entsprechende Befunde zusammengefasst. Anschließend werden die bereits genannten Risiken, die mit problematischen Inhalten und Medienverhalten verbunden sind, dargestellt. Dabei wird
ein Schwerpunkt bei den Problemen Cybermobbing und suchthafte Mediennutzung gesetzt. Die zusammenfassende Betrachtung der Chancen und Risiken auf
der Individualebene bietet einen kurzen Ausblick auf den aktuellen Diskussions-
stand zum Konstrukt der Medienkompetenz, das gewissermaßen die Antwort auf
die aufgeworfenen Probleme darstellt.

Das dritte Kapitel widmet sich den Chancen und Risiken digitaler Medien für
den Unterricht. Die Einleitung dieses Teils bildet – als Hintergrund für die sich
anschließende Diskussion – die aktuelle Befundlage zur Medienausstattung und
-nutzung in der Schule. Im Weiteren werden ausgehend von einer Betrachtung der
lernförderlichen Eigenschaften digitaler Medien aus lerntheoretischer Sicht insbesondere ihre Vorteile für differenziertes und individualisiertes Lernen betrachtet.
Dabei wird auch auf das Potenzial digitaler Medien für den inklusiven Unterricht
eingegangen. Die Risiken digitaler Medien werden einleitend zunächst unter der
Perspektive der konkreten Unterrichtsgestaltung diskutiert. Anschließend richtet
sich das Augenmerk auf mangelnde Kompetenzen und negative Einstellungen der
Lehrkräfte, die sich immer wieder als zentrale Barrieren für den gewinnbringenden
Einsatz digitaler Medien in der Schule herausstellen.

Die Expertise schließt mit einer Zusammenfassung, in der die sich aus den diskutierten Chancen und Risiken ergebenden Herausforderungen für eine medienbezogene Schulentwicklung skizziert werden.

2 Medien im Alltag von Schülern

2.1 Ausstattung und Nutzung digitaler Medien von Kindern und Jugendlichen in Deutschland

Die mediale Ausstattung von Schülern sowie ihre Mediennutzung in der Freizeit werden in Deutschland seit dem Ende der 1990er Jahre systematisch und repräsentativ durch die Langzeitstudien des Medienpädagogischen Forschungsverbunds Südwest (MPFS) JIM (Jugend, Information, Multimedia; Jugendliche zwischen zwölf und 19 Jahren) und KIM (Kinder und Medien, Computer und Internet; Kinder zwischen sechs und zwölf Jahren) erhoben. Daneben gibt der Bundesverband Informationswirtschaft, Telekommunikation und neue Medien e.V. (BITKOM) regelmäßig Studien in Auftrag, die (auch) die Mediennutzung von Kindern und Jugendlichen betrachten. Weitere Daten liefern die ARD/ZDF-Onlinestudie sowie der (N)ONLINER Atlas der Initiative D21, deren jüngste Alterskohorte die 14- bis 19-Jährigen sind.

In Deutschland wachsen Kinder und Jugendliche heute in Haushalten auf, in denen Computer, Handy und ein Internetzugang seit Jahren zur Grundausstattung gehören (MPFS 2011; 2012b; 2013; 2014). Darüber hinaus ist in mindestens 70 Prozent der Haushalte ein breites Spektrum digitaler Medien wie MP3-Player, Spielkonsolen und Digitalkameras verfügbar (MPFS 2012b; 2013). Im Zeitraum der letzten 15 Jahre hat die Ausstattung mit digitalen Medien beständig zugenommen: Computer gab es 1999 in nicht einmal der Hälfte aller Haushalte, ein Mobiltelefon besaßen gerade einmal ein Fünftel und einen Internetanschluss hatten sogar nur acht Prozent der Haushalte, in denen Kinder und Jugendliche aufwuchsen (MPFS 1999; s. auch Klingler 2008 für die Gruppe der Jugendlichen). Auch die Fülle digitaler Aufnahme- und Abspielgeräte gab es vor 15 Jahren noch nicht, wohl aber entsprechende analoge Geräte (Videorekorder: 92 % aller Haushalte mit Kindern und Jugendlichen, HiFi-Anlage: 88 %; MPFS 1999).

Dass die rasante Verbreitung digitaler Medien auch und gerade Kinder und Jugendliche betrifft, zeigt sich noch deutlicher, wenn man die Geräte im eigenen Besitz von Heranwachsenden betrachtet (vgl. Abbildung 1 für die Gruppe der Jugendlichen). Kinder und Jugendliche verfügen heute über ein breites Spektrum digitaler Medien. In der Gruppe der Jugendlichen (12–19 Jahre) sind ein eigenes Handy (bzw. Smartphone), ein Computer und ein MP3-Player für die Mehrheit selbstverständlich auch Digitalkamera und Spielkonsole besitzt mindestens die Hälfte. Bei den Kindern (6–13 Jahre) bilden Handy, MP3-Player, CD-Player und Spielkonsole die am häufigsten in ihrem Besitz befindlichen digitalen Medien. Die Ausstattungsraten steigen mit dem Alter an und liegen insgesamt in der Gruppe der Kinder etwas unter denen der Jugendlichen (MPFS 2012a).

Im Zuge der Medienkonvergenz ist damit zu rechnen, dass sich die Anzahl der Geräte zugunsten eines multifunktionalen Mediums wie dem Smartphone reduzieren wird, das verschiedene Funktionen integriert (z. B. telefonieren, Informationen recherchieren, Musik hören, fotografieren). In Abbildung 1 ist dies besonders deutlich für die Ausstattung mit MP3-Playern erkennbar, deren Ausstattungsdichte zunächst sprunghaft anstieg und inzwischen wieder abnimmt. Auch andere digitale Medien wie Digitalkamera und Spielkonsole folgen möglicherweise einem vergleichbaren Trend, auch wenn dieser sich noch nicht so klar abzeichnet. Die Ausstattung mit eigenen Computern ist in der letzten Erhebung des MPFS gegenüber dem Vorjahr ebenfalls zurückgegangen. Hier macht sich möglicherweise die zunehmende Verbreitung von Tablet-PCs bemerkbar.

Abbildung 1: Entwicklung der Medienausstattung der 12- bis 19-Jährigen

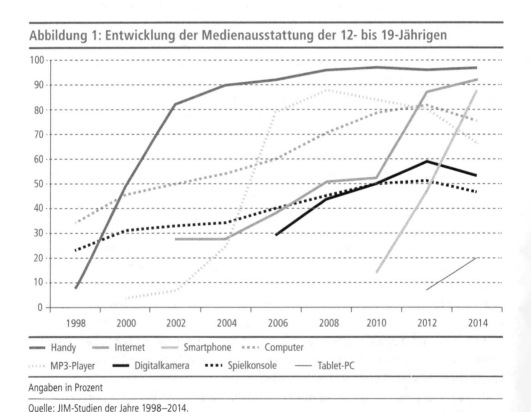

Angaben in Prozent

Quelle: JIM-Studien der Jahre 1998–2014.

Digitale Medien prägen im Verlauf der letzten 15 Jahre zunehmend das Freizeit-
verhalten von Kindern und Jugendlichen. Rangierten digitale Medien wie Computer, Computerspiele und Internet 1999 noch abgeschlagen auf den hinteren Plätzen
der häufigen Mediennutzungen von Kindern und Jugendlichen, so gehören sie
heute zu den Favoriten. In der Gruppe der Kinder hat besonders das Spielen von
Computer- und Konsolenspielen stark an Popularität gewonnen, wohingegen der
Anteil der Kinder, die mehrmals in der Woche Bücher lesen, etwas zurückgegangen
ist. Das Leitmedium für die 6- bis 13-Jährigen ist aber nach wie vor das Fernsehen,
das heute wie vor 15 Jahren die Liste der häufigsten medialen Freizeitbeschäftigun-
gen anführt (MPFS 1999; 2012a). In der Gruppe der Jugendlichen musste das Fernsehen dagegen 2014 seinen lange selbstverständlichen Spitzenplatz an das Internet
und das Handy abgeben (MPFS 1999; 2014; vgl. Tabelle 1). Für einen überwiegenden
Teil der Heranwachsenden (80 bis 89 %) besitzen diese beiden Medien inzwischen
neben dem Hören von Musik auch die größte subjektive Wichtigkeit (MPFS 2013).

Tabelle 1: Anteil der 12- bis 19-Jährigen, die mindestens mehrmals pro Woche die angegebenen Medien nutzen, in %

Platz	1999		Platz	2014	
1	Fernsehen	94 %	1	Internet nutzen	94 %
2	CDs oder Musik-Cassetten hören	94 %	2	Handy nutzen	93 %
3	Radio hören	84 %	3	Fernsehen	83 %
4	Tageszeitung lesen	62 %	4	MP3-Player nutzen	77 %
5	Computer nutzen	52 %	5	Radio hören	73 %
6	Zeitschriften lesen	46 %	6	CDs oder Musik-Cassetten hören	46 %
7	Computerspiele spielen	42 %	7	Computer- und Konsolenspiele spielen	45 %
8	Bücher lesen	36 %	8	Bücher lesen	40 %
9	Videos ansehen	20 %	9	Tageszeitung lesen	32 %
10	Hörspielcassetten hören	12 %	10	Computer (offline) nutzen	25 %
11	Internet nutzen	11 %	11	Zeitschriften lesen	22 %
				Tageszeitung online lesen	14 %
				Zeitschriften online lesen	13 %

Quelle: MPFS 1999; 2014.

Interessant sind aber auch die Konstanten in den häufigsten medialen Beschäfti-
gungen von Kindern und Jugendlichen. Neben dem Fernsehen zeigt sich das Musik
hören nach wie vor als beliebte Freizeitbeschäftigung sowohl von Kindern als auch
von Jugendlichen (MPFS 2012a; b; 2014). Unter den Jugendlichen erweist sich darüber hinaus – anders als bei den Kindern – der Anteil, der sich häufig mit Computerspielen beschäftigt, über die letzten 15 Jahre mit etwas über 42 bis 45 Prozent als
relativ stabil; ebenso wie der Anteil derjenigen, die angeben, mehrmals in der Woche oder täglich Bücher zu lesen (vgl. Kapitel 2.2). Vor allem Tageszeitungen und

Zeitschriften scheinen die Verlierer der digitalen Revolution bei Kindern und Jugendlichen zu sein. Allerdings gibt inzwischen unter den Jugendlichen etwa jeder Siebte an, Tageszeitungen und Zeitschriften mehrmals pro Woche oder gar täglich online zu nutzen.

Die durchschnittliche Zeit, die Jugendliche und junge Erwachsene (14–29 Jahre) täglich online verbringen, hat sich seit 2003 deutlich von etwa zwei auf inzwischen drei Stunden erhöht (Eimeren und Frees 2013). Unter den Kindern nutzen laut der KIM-Studie 2012 49 Prozent das Internet mindestens einmal in der Woche; 36 Prozent nutzen es täglich und verbringen mehrheitlich zwischen 30 und 60 Minuten pro Tag im Internet. Dabei steigt der Anteil der Kinder mit längerer Nutzungsdauer mit dem Alter an (MPFS 2012a). Verglichen mit erwachsenen Altersgruppen waren die 14- bis 19-Jährigen 2013 die Altersgruppe mit dem größten Anteil (100 %) an zumindest gelegentlichen Internetnutzern (Eimeren und Frees 2013). Ähnlich verhält es sich bei der mobilen Internetnutzung: Auch hier waren die 14- bis 19-Jährigen bis 2012 die Altersgruppe mit der stärksten Verbreitung. Erst 2013 wurden sie von den 20- bis 24-Jährigen eingeholt (Eimeren 2013).

Kinder und Jugendliche unterscheiden sich in den Bereichen der Internetnutzung. Die häufigste Tätigkeit von Kindern ist das Suchen nach Informationen mit Suchmaschinen (75 % tun dies mindestens einmal in der Woche; MPFS 2012a). Mit leicht abnehmender Häufigkeit folgen die Nutzung spezieller Angebote für Kinder (53 %), das ziellose Surfen im Internet (50 %), das Ansehen von Videos (48 %) sowie verschiedene kommunikative Nutzungen wie Online-Communities (48 %), E-Mails versenden (37 %) und Chatten (33 %). Unter den beliebtesten Websites bei Kindern steht allerdings Facebook auf Platz 1, gefolgt von YouTube und SchülerVZ. Mit dem Alter verschieben sich die Internetpräferenzen: Die Beliebtheit von speziellen Angeboten für Kinder nimmt mit zunehmendem Alter ab, die Nutzung von Online-Communities und anderen kommunikativen Nutzungen sowie von Online-Spielen nimmt dagegen zu (MPFS 2012a).

Der wichtigste Bereich der Internetnutzung von Jugendlichen ist, wie der Trend unter den Kindern bereits zeigt, die Kommunikation (44 % der Online-Nutzungszeit), wobei besonders Chats und soziale Netzwerke häufig genutzt werden (MPFS 2014). Die Gruppe der 14- bis 19-Jährigen zeigt sich dabei im Vergleich zu Erwachsenen auch gegenüber den kommunikativen Diensten des Web 2.0 besonders aufgeschlossen (Busemann und Gscheidle 2012): So stellten sie bei sozialen Netzwerken und Blogs in den vergangenen Jahren den größten Anteil an Nutzern dieser Dienste und werden erst jetzt von den älteren Altersgruppen eingeholt. Jugendliche hatten im Vergleich zu Älteren auch zunächst deutlich mehr Interesse, sich im Social Web aktiv zu beteiligen. 41 Prozent fanden die Möglichkeit, selbst Beiträge zu verfassen, zumindest »etwas interessant«. Bei den Erwachsenen interessierte dies nur maximal 27 Prozent. Allerdings zeigt die aktuelle JIM-Studie, dass sich nach wie vor nur eine Minderheit von weniger als zehn Prozent der Befragten regelmäßig aktiv im Social Web mit eigenen Beiträgen und Kommentaren beteiligt. Einen starken Anstieg haben in dieser Hinsicht lediglich die Videoportale verzeichnet: 16 Prozent der

Jugendlichen geben an, in den letzten 14 Tagen ein Video kommentiert zu haben, 21 Prozent haben zumindest den »Mag ich«-Button genutzt. Gesprächsforen bzw. Chats und Instant-Messaging-Dienste werden ebenfalls von den 14- bis 19-Jährigen häufiger genutzt als von jeder anderen Altersgruppe. Die neueste Studie des MPFS (2014) zeigt allerdings auch, dass der Zenit in der Beliebtheit von Online-Communities unter den Jugendlichen offenbar bereits überschritten ist: Seit 2013 geht der Anteil derjenigen, die bei einem sozialen Netzwerk angemeldet sind, zurück. Besonders ausgeprägt zeigt sich dieser Trend bei den 12- bis 14-Jährigen. Gleichzeitig verzeichnen neue, smartphonebasierte Dienste, wie der Instant Messager What's App oder die Foto-Community Instagram, die die kommunikativen Funktionen sozialer Netzwerke teilweise übernehmen und auf das Smartphone übertragen, im letzten Jahr starke Zuwächse in der Nutzungshäufigkeit (s. Abbildung 1).

Nach den kommunikativen folgen an zweiter Stelle bei den Jugendlichen Nutzungen, die vom Medienpädagogischen Forschungsverband Südwest als »unterhaltungsbezogen« charakterisiert werden, wie der Besuch von Videoportalen oder das Hören von Musik bzw. Sound-Dateien (25 % der Nutzungszeit; MPFS 2014). Befragt nach ihrem liebsten Angebot im Internet, wird in der JIM-Studie von 2014 am häufigsten die Videoplattform YouTube genannt (MPFS 2014).

Von diesen abgegrenzt wird der Bereich der internetbasierten Spiele. Fasst man diesen auch als Teil der unterhaltungsbezogenen Nutzungen auf, nehmen unterhaltungsbezogene Nutzungen ungefähr den gleichen Anteil der Nutzungszeit ein wie die kommunikativen Nutzungen.

Anders als bei den Kindern bilden die informationsbezogenen Nutzungen das Schlusslicht unter den internetbasierten Tätigkeiten von Jugendlichen (13 % der Nutzungszeit). Innerhalb der informationsbezogenen Nutzungen steht auch bei den Jugendlichen die Nutzung von Suchmaschinen an der Spitze (85 % nutzen diese täglich oder mehrmals in der Woche), gefolgt von der Nutzung von Online-Lexika, wie der Wikipedia, die von 40 Prozent der Jugendlichen täglich oder mehrmals in der Woche aufgesucht wird. Andere Informationsangebote, wie Nachrichtenportale, Sportticker oder Veranstaltungskalender, werden nur von einer Minderheit von ca. 15 Prozent der Jugendlichen regelmäßig aufgerufen.

Abbildung 1 zeigt, dass unter den digitalen Medien das Smartphone *der* Newcomer der letzten Jahre in der Ausstattung von Jugendlichen ist. In der letzten Befragung des MPFS gaben 88 Prozent der 14- bis 19-Jährigen an, ein eigenes Smartphone zu besitzen (MPFS 2014). In der Regel handelt es sich dabei um ein Gerät, das wenig älter als ein Jahr und internetfähig ist. Knapp 73 Prozent der Jugendlichen geben an, eine Internetflatrate zu besitzen, sodass die Mehrheit die Möglichkeit hat, das mobile Internet zu nutzen. Entsprechend der eingangs bereits angesprochenen Medienkonvergenz sind die häufigsten Nutzungen des Smartphones, anders als beim Handy, nicht mehr das Telefonieren (dies tun aber immer noch 70 % täglich oder mehrmals in der Woche) und SMS-Schreiben (45 %), sondern das Hören von Musik (78 %) und die Nutzung des Internets (75 %). Unter den Internetnutzungen sind besonders die Nutzung von Online-Communities (62 %), das Ansehen (57 %)

bzw. Filmen und Versenden von Videos und Fotos (50 %) und das Spielen (54 %) verbreitet. Unter den Apps, die Jugendlichen am wichtigsten sind, liegt What's App mit deutlichem Abstand an der Spitze (84 %), gefolgt von Facebook (43 %) und Instagram (21 %). What's App wird dabei von Jugendlichen im Schnitt 26 Mal am Tag aufgerufen; 22 Prozent der Jugendlichen geben sogar an, What's App 50 Mal am Tag oder häufiger zu nutzen.

2.2 Chancen: Neue Möglichkeiten und Wege der Information und Kommunikation

An der im vorigen Abschnitt dargestellten rasanten Verbreitung von Handys, MP3-Playern und Smartphones unter Jugendlichen (Abbildung 1) und auch an den Ausstattungs- und Nutzungsdaten, die Jugendliche mit älteren Altersgruppen vergleichen (Busemann und Gscheidle 2012; Eimeren und Frees 2013; Eimeren 2013; Initiative D21 2014), wird deutlich, dass Jugendliche zu den »Early Adopters« in Bezug auf digitale Medien gehören: Sie sind, vor allem im Vergleich zu Erwachsenen, schneller bereit, neu entwickelte Geräte und Nutzungsformen auszuprobieren.

Seit Mitte der 1990er Jahre werden in diesem Zusammenhang die besonderen Merkmale der »Net Generation« diskutiert, der neuen Internetgeneration, die mit einer bisher nicht gekannten Fülle digitaler Informations- und Kommunikationsmöglichkeiten aufwächst und diese so selbstverständlich nutzt wie keine Generation vor ihr (z. B. Tapscott 1998; Opaschowski 1999; Prensky 2001). Der amerikanische Computerspiele-Entwickler Marc Prensky prägte für diese Generation den Begriff der »Digital Natives«. Die Diskussion um die Digital Natives verweist zunächst auf die Chancen, die digitale Medien Heranwachsenden eröffnen. Dabei wird im Folgenden zunächst die digitale Kommunikation und Information betrachtet. Abschließend wird das Konstrukt des »Digital Native« kritisch vor dem Hintergrund empirischer Forschungsergebnisse gewürdigt und es werden seine Grenzen aufgezeigt.

Digitale Kommunikation als Chance für die Bearbeitung von Entwicklungsaufgaben

Die Bedeutung digitaler Kommunikation für die Entwicklung von Kindern und Jugendlichen lässt sich gut im Rahmen sogenannter Entwicklungsaufgaben verdeutlichen und wird unter dieser Perspektive auch verschiedentlich in der Medienpädagogik diskutiert (Moser 2014; Schmidt, Paus-Hasebrink und Hasebrink 2011; Süss, Lampert und Wijnen 2010). Das Konzept der Entwicklungsaufgabe wurde von dem amerikanischen Pädagogen Robert James Havighurst eingeführt. Havighurst (1956) geht davon aus, dass sich Sozialisationsprozesse über die Lebensspanne als eine

Folge zu bearbeitender Aufgaben beschreiben lassen. Die gelungene Bewältigung solcher Entwicklungsaufgaben ist dabei jeweils Voraussetzung für die Bewältigung späterer Entwicklungsaufgaben und führt zu gesellschaftlicher Akzeptanz und Integration. Das Misslingen der Bewältigung von Entwicklungsaufgaben dagegen kann zu sozialer Ausgrenzung und Schwierigkeiten bei späteren Entwicklungsaufgaben führen (Süss, Lampert und Wijnen 2010).

Die Bearbeitung von Entwicklungsaufgaben ist in verschiedener Hinsicht durch Medien geprägt, wobei digitale Kommunikationsmedien und soziale Netzwerke als »Räume« für die Bearbeitung verschiedener Entwicklungsaufgaben im Rahmen der eigenen Identitätsfindung und der Gestaltung sozialer Beziehungen aufgefasst werden können (Schmidt, Paus-Hasebrink und Hasebrink 2011). So unterstützen sie in technischer Hinsicht die Aufnahme von Kontakten und das Knüpfen sozialer Beziehungen (Moser 2014). Studien der letzten Jahre deuten darauf hin, dass die Teilnahme an sozialen Netzwerken inzwischen für Jugendliche unerlässlich ist, um Anschluss an ihre Peergroup zu halten (Schmidt, Paus-Hasebrink und Hasebrink 2011; Knoll et al. 2013). Die Untersuchungen zeigen dabei eine enge Verzahnung des Beziehungsmanagements offline und online: Die Mehrheit der Kontakte von Jugendlichen in einem sozialen Netzwerk sind Freunde, Familienmitglieder und Bekannte, zu denen die Jugendlichen auch außerhalb des virtuellen Raums Kontakte pflegen (Friedrichs und Sander 2010; Schmidt, Paus-Hasebrink und Hasebrink 2011; Knoll et al. 2013). Die Anzahl an Freunden, zu denen Kontakt gehalten wird, vergrößert sich jedoch erheblich, da soziale Netzwerke es erlauben, auch Kontakt zu flüchtigen Bekannten oder Personen, die den Kreis der unmittelbaren Freunde durch Umzug oder Schulwechsel verlassen, aufrechtzuerhalten, sodass Netzwerke entstehen, die neben wenigen »starken« auch eine Vielzahl »schwacher« Bindungen aufweisen (Schmidt, Paus-Hasebrink und Hasebrink 2011; Knoll et al. 2013). Freundschafts- und Gruppenfunktionen, mit denen Jugendliche ihren virtuellen Kontakten einen bestimmten »Status« geben können, bieten dabei neue Möglichkeiten, um soziale Abgrenzungen und Gruppenzugehörigkeiten gegenüber seinen Freunden nach innen und nach außen sichtbar zu machen (Knoll et al. 2013).

Eine wichtige Funktion mit Blick auf die Gestaltung sozialer Beziehungen als Entwicklungsaufgabe haben die Profilseiten sozialer Netzwerke (Schmidt, Paus-Hasebrink und Hasebrink 2011). Die Profilseite bildet für Jugendliche eine Projektionsfläche, um ihre eigene Identität zu reflektieren, vor einem Publikum zu präsentieren und mit verschiedenen Formen der Selbstdarstellung zu experimentieren. Die Freundschaftsanfragen, Kommentarfunktionen und Anerkennungsmeldungen (»Likes«), die soziale Netzwerke anbieten, stellen dabei eine Art »Peer-Review«-Funktion dar, mit der sich Jugendliche eine Rückmeldung über ihren Auftritt im sozialen Netzwerk einholen und sich gemeinsamer Zugehörigkeiten versichern können (Knoll et al. 2013). Dabei legt die Mehrheit der Jugendlichen Wert darauf, ihr aktuelles Selbst möglichst attraktiv, aber dennoch authentisch und wiedererkennbar darzustellen. Die Selbstdarstellung ist stark auf die Welt außerhalb des Netzes bezogen, das Spiel mit fiktiven oder stark idealisierten Profilen wird eher selten beobachtet (Schmidt, Paus-Hasebrink und Hasebrink 2011). Identitätsexperimente, bei denen Jugendliche fiktive Rollen und Identitäten ausprobieren, scheinen dagegen eher in internetbasierten Rollenspielen zu geschehen (Vogelsang 2014). Wagner, Brüggen und Gebel (2009) führten detaillierte Analysen ausgewählter Selbstdarstellungen von Jugendlichen in verschiedenen sozialen Netzwerken durch. Dabei zeigte sich, dass sich an den Selbstdarstellungen drei Stufen der Partizipation im sozialen Netzwerk ablesen lassen: Mit so gut wie allen betrachteten Profilen *positionieren* sich Jugendliche (d. h. sie beziehen über Mitgliedschaften in Gruppen, Angaben in Profilen etc. eine Position zur jeweiligen »Community« und zu jugendkulturellen Phänomenen/Szenen). Eine größere Zahl von Profilen zeigt auch, dass Jugendliche sich mit eigenen Beiträgen aktiv in das Netzwerk *einbringen* (mit eigenen Beiträgen, wie Blogeinträgen, Musikstücken etc., das Internet aktiv mitgestalten). Eher selten fanden Wagner, Brüggen und Gebel dagegen Partizipation im Sinne des *Aktivierens von anderen*. Dies geschieht – wenn überhaupt – indirekt, indem z. B. das eigene Hobby vorgeführt wird, um andere zu motivieren, sich anzuschließen.

Kommunikationstechnologien wie das Handy oder Skype verändern darüber hinaus die soziale Praxis bei der Bearbeitung von Entwicklungsaufgaben. Ein Beispiel ist die Ablösung vom Elternhaus, auf die diese Technologien eine ambivalente Wirkung entfalten. Durch die potenzielle Erreichbarkeit werden Kindern und Jugendlichen einerseits früher mehr Freiheiten bei auswärtigen Unternehmungen eingeräumt. Gleichzeitig werden sie aber auch enger an die Eltern gebunden, indem sich diese jederzeit bei ihnen melden können oder von ihnen erwarten, regelmäßig zu Hause anzurufen, und damit eine Distanzierung vom Elternhaus erschweren (Moser 2014; Schulz 2014).

Digitale Information als Chance für formelles und informelles Lernen

Neben dem kommunikativen ist ein weiterer Aspekt, der als Chance digitaler Medien auf der Hand liegt, der Zugang zu einer bisher nicht gekannten Fülle digitaler Information. Auch wenn, wie in Kapitel 2.1 ausgeführt, die Informationsrecherche zumindest bei den Jugendlichen nicht an der Spitze der Internetnutzungen steht, so kann nicht bestritten werden, dass Kinder und Jugendliche digitale Medien intensiv nutzen, um sich mit Informationen zu versorgen. Die JIM-Studie 2014 belegt, dass die Recherche nach Information sowohl im Kontext des schulischen wie des informellen Lernens von großer Bedeutung ist (MPFS 2014). Knapp die Hälfte der befragten Jugendlichen nutzt das Internet mehrmals in der Woche oder täglich, um Informationen für die Schule nachzulesen. Auch als Quelle für Informationen über fremde Länder und Kulturen liegt das Internet laut der aktuellen JIM-Studie vor den klassischen Medien Fernsehen, Zeitung oder Buch (MPFS 2014). Computer und Internet werden darüber hinaus vielfältig als digitale Werkzeuge im Kontext schulischen Lernens genutzt (z. B. zum Schreiben, für Berechnungen und Präsentationen); allerdings tut dies nur eine Minderheit der Befragten (weniger als 25 %) mehrmals in der Woche oder täglich. Dabei muss darauf hingewiesen werden, dass im internationalen Vergleich die schulische Nutzung digitaler Medien in Deutschland stark unterdurchschnittlich ist (Eickelmann et al. 2014; vgl. Kapitel 3.1).

Verschiedene Studien zur Nutzung von Videoplattformen machen deutlich, dass Information in diesem Zusammenhang schon lange nicht mehr auf textuelle Information beschränkt ist (vgl. dazu auch die im vorigen Kapitel berichtete große Beliebtheit der Plattform YouTube). In einer Befragung von Rummler und Wolf (2012) unter Jugendlichen der Klassenstufen 8 bis 13 gaben fast alle Jugendlichen an, lernrelevante Videos im Internet zu recherchieren. Videos werden vielfältig genutzt, um Hinweise, Tipps und Hilfen zu erhalten. Besonders verbreitet sind unter Jugendlichen die Themen Sport, Musizieren und Mode. Darüber hinaus werden Online-Tutorials und Anleitungen für eine breite Palette lebenspraktischer Aufgaben von Reparaturen über Bastel- und Kochanleitungen bis zu Computer- und Spieletipps per Video rezipiert. Auch aus dem Bereich der Schulfächer wurden von den Jugendlichen zahlreiche Beispiele für visuelles Lernen mithilfe von Videos genannt.

YouTube wird auch vom Medienkonvergenz-Monitoring »Klangraum Internet« (Schorb 2010) betrachtet, das untersucht, bei welchen Gelegenheiten, für welche Zwecke und mit welchen Intentionen Jugendliche unterschiedliche Geräte und Rezeptionskanäle zum Hören von Musik nutzen. Diese Studie zeigte, dass die Videoplattform YouTube für Jugendliche eine wichtige Quelle für die Versorgung mit aktueller Musik darstellt. Obwohl es eine Videoplattform ist, wird YouTube im Kontext musikalischer Interessen vorwiegend als Hörmedium von Jugendlichen wahrgenommen und genutzt (Jünger 2012). YouTube ist vor allem deshalb beliebt und wird so reichhaltig genutzt, weil es den Jugendlichen erlaubt, selbstbestimmt aus einer Vielzahl von Titeln auszuwählen und sich ein eigenes Programm zusammenzustellen. Ein weiteres Motiv besteht darin, YouTube als Nachschlagewerk für musikbezogene Informationen zu nutzen (etwa wenn Namen von Interpreten oder weitere Titel eines bekannten Interpreten gesucht werden); und schließlich dient es als Bezugsquelle zum Herunterladen von Musik, wobei sich vermutlich nur wenige Jugendliche mit den hierfür geltenden rechtlichen Bedingungen beschäftigt haben.

Klingler (2008) zeigt in diesem Zusammenhang auf, dass Jugendliche mit digitalen Medien nicht nur mehr Zugänge für die Rezeption von Information, sondern auch mehr Optionen beim produktiven Umgang mit medialer Information haben und diese auch nutzen. So werden Filme inzwischen nicht nur über verschiedene Wege (Fernsehen, Internet, DVD) konsumiert, sondern mittels Digitalkamera bzw. Smartphone auch eigene Filme erstellt. Rummler und Wolf (2012) fanden, dass 38 Prozent der von ihnen befragten Jugendlichen eigene Videos produzieren und bearbeiten, wobei analog zu den visuellen Rezeptionsvorlieben Alltagssituationen, Sport und Screenrecordings beim Spielen von Computerspielen im Vordergrund stehen. Solche Videos werden auch mit Freunden über soziale Netzwerke geteilt. Das Publizieren von Videos im Netz ist dabei allerdings eine Tätigkeit, die nur eine Minderheit der Jugendlichen regelmäßig verfolgt (12 %).

Web 2.0 als Chance für demokratische Teilhabe und zivilgesellschaftliches
Engagement

Eine herausragende Eigenschaft sogenannter Web 2.0-Applikationen (unter die
hier Wikis, Weblogs und Diskussionsforen gefasst werden) besteht darin, dass sie
prinzipiell jedem Internetnutzer die Möglichkeit eröffnen, Informationen öffentlich zu erstellen, zu verändern oder zumindest zu kommentieren. Anwendungen
des Web 2.0 bieten somit neue Möglichkeiten, Inhalte über das Netz mit anderen
Personen gemeinsam zu erarbeiten, Meinungen auszutauschen und Kontakte zu
knüpfen. Dies kennzeichnet einen grundsätzlichen Wandel in den Interaktions-
und Partizipationsmöglichkeiten, die sich über das Internet auch für die Teilhabe
an gesellschaftlichen und politischen Prozessen ergeben (Harth 2000; Wache
2003).

Das Potenzial solcher elektronischer Teilhabemöglichkeiten kann darin gesehen
werden, dass sie neue Wege der gesellschaftlichen Partizipation ermöglichen und
die Schwelle, sich zu beteiligen, herabsetzen. Entsprechende Angebote gibt es inzwischen von unzähligen gesellschaftlichen und politischen Institutionen und Akteuren (z. B. dem Deutschen Bundestag, politischen Stiftungen und Einrichtungen
der politischen Bildung, Organisationen für zivilgesellschaftliches Engagement
usw.; vgl. Schaumburg 2011). Neben den Angeboten, die sich an Erwachsene richten, wurde in den letzten Jahren auch der Jugendbereich ausgebaut. Zu nennen sind
hier die Angebote der Bundeszentrale für politische Bildung, der Jungen Aktion
Mensch oder die Plattform polipedia.at.

Darüber, in welchem Umfang solche Angebote bei Kindern und Jugendlichen
»ankommen«, ist bisher allerdings wenig bekannt. Die Ergebnisse der JIM-Studie
2014 zeigen, dass sich nach wie vor nur eine sehr kleine Minderheit der Jugendlichen von unter fünf Prozent der Befragten regelmäßig aktiv mit Beiträgen im Web
2.0, d. h. generell in Foren und Blogs, mit Twitter-Tweeds oder eigenen Einträgen in
der Wikipedia beteiligt. Auch die BITKOM-Studie Jugend 2.0 (BITKOM 2011a) fand,
dass weniger als ein Fünftel (18 %) der Jugendlichen angeben, überhaupt an Foren
und Diskussionen teilzunehmen bzw. einen Blog zu betreiben (9 %). Dies lässt zunächst vermuten, dass die virtuellen Angebote zivilgesellschaftlicher bzw. politischer Partizipation bisher nur von einer Minderheit regelmäßig genutzt werden.
Eine Studie von Rauschenbach et al. (2011), in der über 1.000 Jugendliche zwischen
13 und 20 Jahren zur Rolle des Internets für deren zivilgesellschaftliches Engagement befragt wurden, zeigt in diesem Zusammenhang allerdings, dass die Nutzung des Internets im Rahmen des freiwilligen Engagements durchgängig zugenommen hat. Im Vordergrund stehen die inhaltlichen Bereiche Politik,
Menschenrechte und Umweltschutz und die Arbeitsfelder Information und Öffentlichkeitsarbeit, Organisation von Treffen und Veranstaltungen sowie Vorstandstä-
tigkeiten. Die Bedeutung digitaler Technologien für zivilgesellschaftliches Engagement wird auch deutlich, wenn man verschiedene Nutzungspräferenzen betrachtet.
Rauschenbach et al. (2011) bilden drei Typen von Jugendlichen, die sich entweder

durch eine hohe Affinität zu politischen Informations- und Kommunikationsangeboten (politikinteressierte Internetnutzer), durch die intensive Nutzung von sozialen Netzwerken (Mitglieder von Internetgruppen) oder durch eine starke Beteiligung mit eigenen Beiträgen im Netz (Produzenten) auszeichnen. Innerhalb dieser Typen bilden jeweils engagierte Jugendliche eine Mehrheit.

Was die Förderung von freiwilligem Engagement angeht, zeigt die Studie allerdings, dass das Internet hierfür nur von geringer Bedeutung zu sein scheint. Engagierte Jugendliche nutzen das Internet nicht häufiger als weniger engagierte Jugendliche. Auch die weiter oben vorgestellte Studie von Wagner, Brüggen und Gebel (2009) beurteilt das Potenzial sozialer Netzwerke, Partizipation und zivilgesellschaftliches Engagement anzuregen, eher skeptisch. So fanden die Autoren der besagten Studie, dass nur vereinzelte Profildarstellungen von Jugendlichen Positionierungen zu bzw. ein Sich-Einbringen in oder gar Aktivieren von anderen für gesellschaftliche und politische Themen und Zusammenhänge aufwiesen. Auch wird nur eine Minderheit von Jugendlichen durch Internetangebote zivilgesellschaftlicher Institutionen auf die Möglichkeiten für freiwilliges Engagement aufmerksam. Die Untersuchung von Rauschenbach et al. (2011) kann aber auch klar Bedenken entkräften, die Beschäftigung mit dem Internet würde sich negativ auf zivilgesellschaftliches Engagement auswirken – insgesamt zeigen engagierte und nicht engagierte Jugendliche recht ähnliche internetbezogene Nutzungsmuster.

Mythen und Irrglauben zu Digital Natives

Eingangs wurde bereits darauf hingewiesen, dass der Begriff »Digital Native« zu einem populären Schlagwort in der medienpädagogischen Diskussion geworden ist. Dabei treffen Prensky (2001) und andere weitreichende Annahmen über die besonderen Eigenschaften und Verhaltensweisen, die die Digital Natives grundsätzlich von älteren Generationen, den »Digital Immigrants«, abheben. Zusammengefasst verbinden Prensky (2001) und andere drei zentrale Thesen mit der Generation »Internet«:

- Ihre Lebenswelt ist vollkommen von digitalen Medien durchdrungen und sie beherrschen die digitale Sprache von Computern, Computerspielen und dem Internet in Perfektion.
- Sie weisen ein völlig neues Lernverhalten auf, das von schneller Informationsaufnahme, Parallelverarbeitung und Multitasking, einer Vorliebe für Bilder und Hypertexte, für vernetztes Lernen, sofortige Belohnung und Spiele geprägt ist.
- Die althergebrachte Art und Weise, wie in der Schule gelernt wird, wird ihr nicht mehr gerecht. Sie benötigt neue Lernangebote, z. B. gamebasiertes Lernen.

Verschiedene Autoren haben sich kritisch mit diesen Thesen auseinandergesetzt (Arnold und Weber 2013; Bennett, Maton und Kervin 2008; Jandura und Karnowski

2015; Schulmeister 2009) und kommen übereinstimmend zu dem Ergebnis, dass keine der Thesen empirisch haltbar ist. Dabei betreffen die kritischen Anmerkungen zum einen die Verallgemeinerung, die hier über die Generation der Internetnutzer getroffen wird, und zum anderen die Annahmen bezüglich ihrer neu entwickelten Fähigkeiten zur Informationsaufnahme und Verarbeitung.

Zunächst belegen Studien zur Ausstattung und Nutzung zwar den im vorangegangenen Kapitel dargestellten Anstieg der Ausstattungsdichte und Nutzungshäufigkeit, der unter Jugendlichen ausgeprägter ist als unter älteren Alterskohorten. Auch gemessen am D21-Digital-Index (Initiative D21 2014), der nicht nur die Ausstattung und Nutzung betrachtet, sondern auch die Einstellung gegenüber digitalen Themen und Neuerungen sowie die digitale Kompetenz (ermittelt anhand der selbst eingeschätzten Fähigkeit, Begriffe rund um das Internet und digitale Technologien erklären zu können), erzielen ältere Alterskohorten geringere Werte als jüngere. Allerdings fällt der Digital-Index erst für die Alterskohorten ab 40 Jahren und älter deutlich ab, was bedeutet, dass bereits die ab Mitte der 1970er Jahre Geborenen, die nach Prensky und anderen eigentlich schon zur Generation der »Digital Immigrants« gehören, einen vergleichbaren Digital-Index aufweisen wie die Digital Natives. Auch andere Autoren stellen aus soziologischer Perspektive und auf der Grundlage soziologischer Daten infrage, dass es möglich ist, Generationen im Sinne von Alterskohorten als Digital Immigrants vs. Digital Natives zu etikettieren. Vielmehr machen soziologische Analysen deutlich, dass Nutzung und Einstellung gegenüber digitalen Medien eher eine Frage von Lebensstil, Bildungsniveau und sozialem Status als des Alters bzw. Geburtszeitpunkts ist (Bennett, Maton und Kervin 2008; Helsper und Eynon 2010; Schulmeister 2009; Jandura und Karnowski 2015).

Weiterhin zeigen verschiedene Studien bedeutende Unterschiede in den Nutzungsmustern und -präferenzen Heranwachsender, also *innerhalb* der Gruppe der Digital Natives (Albert, Hurrelmann und Quenzel 2010; Senkbeil und Wittwer 2008; Treumann et al. 2007). Treumann et al. (2007) führten eine Studie zum Medienhandeln von 12- bis 20-Jährigen durch. Anhand von 32 Dimensionen teilen sie die von ihnen befragten Jugendlichen in sieben Cluster ein. Senkbeil und Wittwer (2008) identifizieren sechs Nutzertypen auf der Grundlage der PISA-Daten von 2006 (Jugendliche im Alter von 15 Jahren). Auch in der Shell-Jugendstudie wurden verschiedene Nutzungsmuster mit Bezug auf digitale Medien festgestellt (Albert, Hurrelmann und Quenzel 2010). Allen Studien ist gemeinsam, dass eine intensive und umfassende Nutzung digitaler Medien nur für einen Teil der Heranwachsenden festgestellt werden konnte, dass bei den intensiv nutzenden Jugendlichen deutliche Unterschiede in der Art der Nutzung zu verzeichnen sind (unterhaltungs- vs. informationsbezogen; rezeptiv vs. kreativ) und dass es Jugendliche gibt, die digitalen Medien eher reserviert gegenüberstehen (vgl. Tabelle 2). Darüber hinaus zeigen sich zwischen den Nutzergruppen in allen Studien auch hier Zusammenhänge mit verschiedenen soziodemographischen Merkmalen wie Geschlecht, Bildungsgrad und sozialer Herkunft, wobei die Gruppen in den verschiedenen Studien bedingt durch teilweise abweichende Kriterien, nach denen die Cluster gebildet wurden, unterschiedlich charakterisiert werden. Diese Zusammenhänge belegen ebenfalls die aus soziologischer Perspektive vorgebrachten Einwände am Konstrukt des Digital Native und sind besonders mit Blick auf soziodemographisch bedingte digitale Ungleichheiten relevant, die im folgenden Kapitel 2.2 als Risiko ausführlicher diskutiert werden.

Tabelle 2: Typen von Mediennutzern unter Heranwachsenden

	Jugendliche Nutzertypen nach:		
	Treumann et al. (2007)	Senkbeil und Wittwer (2008)	Albert, Hurrelmann und Quenzel (2010)
Überdurchschnittliche Nutzung digitaler und nicht digitaler Medien, überdurchschnittliche Werte hinsichtlich einer Vielzahl von Nutzungen (recherchieren, spielen, gestalten)	Allrounder (12 %) → Jungen: 83 % → hoher Bildungsgrad	Medienenthusiasten (7 %), intensive Nutzer digitaler und Massenmedien (18 %) → Jungen: 72 % bzw. 68 %	Multi-User (34 %) → Jungen → obere soziale Schicht
Vielfältige Nutzung digitaler und analoger Medien, Fokus auf Information und als Mittel zum Zweck, unterdurchschnittliche Nutzung von Spielen		differenzierte Mediennutzer (16 %) → Mädchen: 62 %	Funktions-User (17 %) → Mädchen
Überdurchschnittliche Nutzung digitaler Medien, Orientierung an Spielen und Unterhaltungsangeboten, unterdurchschnittliche Nutzung von Büchern	Konsumorientierte (17,4 %) → Jungen: 90 % → mittlere bis gehobene soziale Schicht	Unterhaltungsnutzer (22 %) → Jungen: 68 %	Gamer (25 %) → Jungen → sozial benachteiligte Familien
Hinwendung zu digitalen Medien mit Fokus auf Kommunikation	Kommunikationsorientierte (19,1 %) → Mädchen: 92 % → hoher Bildungsgrad		Digitale Netzwerker (24%) → Mädchen
Fokus auf kreative Nutzungen analoger und digitaler Medien	Gestalter (3,1 %) → niedriger Bildungsgrad		
Fokus auf audiovisuelle Medien, extrem unterdurchschnittliche Werte hinsichtlich medienkritischer Einstellungen	Positionslose (20,3 %) → niedriger Bildungsgrad		
Stark unterdurchschnittliche Nutzung und Skepsis gegenüber digitalen Medien, überdurchschnittliche Nutzung von Büchern	Bildungsorientierte (20,4 %) → Mädchen (80 %) → hoher Bildungsgrad	Klassische Mediennutzer (14 %) → Mädchen: 69 %	
Insgesamt unterdurchschnittliche Nutzung digitaler und analoger Medien	Deprivierte (7,8 %) → Jungen: 81 %	Medienuninteressierte (23 %) → Mädchen: 57 %	

Quelle: eigene Darstellung

Kritisch muss bezüglich der Studien zu Nutzertypologien angemerkt werden, dass diese auf relativ alten Nutzungsdaten beruhen (2001 bis 2009). Angesichts der in Kapitel 2.1 beschriebenen Ausbreitung der Nutzung digitaler Medien gerade in den letzten Jahren ist davon auszugehen, dass eine aktuelle Erhebung vermutlich abweichende Nutzertypen hervorbringen würde. Gleichzeitig kann aber auch vermutet werden, dass sich auch auf der Grundlage aktueller Daten differenzielle Nutzungsmuster ausprägen würden. Hierauf deuten z. B. die Auswertungen des MPFS hin, die zeigen, dass es Unterschiede zwischen Jungen und Mädchen sowie zwischen Jugendlichen mit unterschiedlichen Bildungsniveaus bezüglich der Nutzung digitaler Medien gibt. Ebenso kann angenommen werden, dass sich bestimmte Differenzlinien, z. B. bezüglich der Pole unterhaltungs- vs. informationsbezogene Nutzungen, umfassende vs. spezialisierte Nutzungen, Fokus auf analoge vs. digitale Medien, auch in aktuellen Nutzerbefragungen zeigen würden.

Die zweite These der Proponenten einer Netzgeneration, die von grundsätzlich veränderten kognitiven Verarbeitungsprozessen und Lernstrategien ausgeht, wird vor allem aus kognitionspsychologischer Perspektive kritisch betrachtet. So wird zunächst bezweifelt, ob eine verstärkte Konfrontation mit digitalen Medien überhaupt zu einer grundsätzlichen Veränderung kognitiver Prozesse führt (Thompson 2013). Die Argumentation stützt sich an dieser Stelle auf das Konstrukt der »neuralen Plastizität«, d. h. die Beobachtung, dass durch gezieltes Training bestimmte neurale Prozesse im Gehirn beeinflussbar sind. Ob und in welchem Umfang dies allerdings durch die langfristige Nutzung digitaler Medien geschieht und ob sich die Beschäftigung mit digitalen Medien, wenn sie denn eine Wirkung hat, positiv oder negativ auswirkt, ist nach wie vor unklar. Die wenigen Studien, die es hierzu gibt, liefern jedenfalls widersprüchliche empirische Belege. Hinweise auf die Verbesserung kognitiver Fertigkeiten geben verschiedene Studien zur Wirkung des Spielens von Computerspielen. Hier wurde verschiedentlich gefunden, dass Computerspieler über verbesserte visuell-räumliche und motorische Fähigkeiten, eine erhöhte Verarbeitungsgeschwindigkeit für visuelle Information, erhöhte Reaktionsgeschwindigkeiten sowie verbesserte Problemlösefähigkeiten verfügen (Blumberg et al. 2013; Gentile 2011, Powers et al. 2013). Es muss allerdings angefügt werden, dass dies erstens (bis auf den Bereich des Problemlösens) recht spezielle kognitive Fertigkeiten sind, die nur Teilbereiche der Informationsverarbeitung abdecken und mit dem Lernverhalten nur mittelbar in Verbindung stehen. Zweitens erlauben die Studien in der Regel keine Aussagen zur Kausalität, d. h. es ist nicht klar, ob die Beschäftigung mit Computerspielen zu einer Verbesserung der o. g. Fähigkeiten beigetragen hat oder ob Personen mit entsprechend ausgeprägten Fähigkeiten sich Computerspielen verstärkt zuwenden. Und drittens stellt sich die Forschungslage zu den Chancen der Lernverbesserung durch Computerspiele insofern ambivalent dar, da diesen positiven Ergebnissen auch zahlreiche negative Befunde gegenüberstehen, auf die im folgenden Kapitel im Rahmen der Diskussion von Risiken der Mediennutzung eingegangen wird.

Eine Reihe kognitionspsychologischer Untersuchungen beschäftigen sich mit dem Zusammenhang zwischen der Nutzung digitaler Medien und der simultanen

Bearbeitung verschiedener medialer Aufgaben (mediales Multitasking) sowie mit dem Zusammenhang von medialem Multitasking und verschiedenen Indikatoren psychischen Wohlbefindens und kognitiver Leistungsfähigkeit. Judd und Kennedy (2011) untersuchten anhand von Computer-Logs das Multitasking-Verhalten bzw. das Wechseln zwischen verschiedenen digitalen Tätigkeiten von australischen Medizinstudenten. Sie fanden, dass die Studierenden bei einer durchschnittlichen Computersitzung von 42 Minuten Länge im Mittel zwölf Mal zwischen Aufgaben hin- und herwechselten, wobei sie meist nur zwei Tätigkeiten gleichzeitig verfolgten. Intensives Multitasking, wie Prensky es beschreibt, bei dem eine Vielzahl von Tätigkeiten gleichzeitig mit häufigen Wechseln verfolgt werden, beobachteten Judd und Kennedy (2011) nur selten. Pea et al. (2012) befragten mehr als 3.000 amerikanische Mädchen im Alter von acht bis zwölf Jahren zu ihrem Medienverhalten und stellten fest, dass mediales Multitasking in dieser Gruppe besonders zwischen den Tätigkeiten Musikhören, Telefonieren und Online-Kommunizieren stattfindet. Mediales Multitasking zeigte dabei einen negativen Zusammenhang mit verschiedenen Aspekten des psychischen Wohlbefindens. Ophir, Nass und Wagner (2009) fanden, dass Personen, die nach eigenen Angaben häufig mediales Multitasking betreiben, bei Tests zur Aufmerksamkeitslenkung und zur kognitiven Kontrolle schlechter abschneiden als Personen, die sich als leichte Multitasker beschreiben. Baumgartner et al. (2014) führten eine ähnliche Untersuchung mit Jugendlichen im Alter von elf bis 15 Jahren durch und fanden ebenfalls, dass intensives Multitasking mit einer erhöhten subjektiven Wahrnehmung von Problemen bei der Aufmerksamkeitslenkung zusammenhängt. Verschiedene Tests zur tatsächlichen Leistungsfähigkeit des Arbeitsgedächtnisses ergaben in dieser Studie allerdings nur geringe und teilweise sogar positive Zusammenhänge. Eine experimentelle Studie von Bowman et al. (2010) schließlich stellte fest, dass Studierende unter Multitasking-Bedingungen (gleichzeitiges Lesen eines Textes und Kommunizieren mit dem Instant Messager) mehr Zeit für die Bearbeitung des Textes benötigen. Zusammenfassend kann festgehalten werden, dass bisher Studien, die Mediennutzer der Generation »Internet« mit älteren Generationen systematisch vergleichen, fehlen, sodass die Frage, ob diese über verbesserte Multitasking-Fähigkeiten verfügen, nicht beantwortet werden kann. Dennoch liefern die vorliegenden Studien zum medialen Multitasking kaum Hinweise, dass die verstärkte Nutzung digitaler Medien generell mit intensivem Multitasking gleichzusetzen ist oder die Fähigkeit zum intensiven Multitasking begünstigt. Vielmehr scheint intensives Multitasking aufgrund der Überbeanspruchung kognitiver Ressourcen im Arbeitsgedächtnis eher problematisch zu sein und das gilt auch für Personen, die mit digitalen Medien aufgewachsen sind.

Zum Lernverhalten stellt Kolikant (2010) in einer qualitativen Befragung von israelischen Schülern der Klassenstufen 8 bis 11 fest, dass ein Drittel der Befragten der Meinung ist, über bessere Lernkompetenzen zu verfügen als Generationen, die ohne Internet aufgewachsen sind. Dieses Drittel begründet einen Lernvorteil mit der verbesserten Zugänglichkeit digitaler Information, die es mittels digitaler Werkzeuge auch besser verarbeiten könnte. Eine groß angelegte australische Längsschnittstudie von Bittman et al. (2011), bei der mehr als 3.000 Kinder über ihre ersten acht Lebensjahre beobachtet und Zusammenhänge von Medienverhalten und verbalen Kompetenzen untersucht wurden, fand, dass sich die Verfügbarkeit eines häuslichen Computers und Internetanschlusses förderlich auf die verbalen Kompetenzen der Kinder auswirkte. Allerdings sind auch diese teilweise positiven Ergebnisse zum Zusammenhang von Lernverhalten und Internetnutzung ambivalent. Der Effekt in dieser Studie kehrte sich um, wenn sich Computer und Internet im Zimmer der Kinder befanden, und es zeigte sich auch, dass das traditionelle Lesen sowie die elterliche Unterstützung bei der Mediennutzung einen deutlich größeren Effekt auf die verbalen Kompetenzen hatten. Und auch in der Studie von Kolikant (2010) gab die Mehrheit von zwei Dritteln der Befragten an, ihre Lernkompetenzen eher schlechter einzuschätzen als die Lernkompetenzen der Generationen vor ihnen. Diese befragten Jugendlichen führen das darauf zurück, dass die Nutzung digitaler Medien sie zu einem eher oberflächlichen Lernen, einem Copy-and-paste digitaler Information verführe. In eine ähnliche Richtung weisen auch die Ergebnisse einer Befragung von Thompson (2013) an knapp 400 amerikanischen Erstsemester-Studierenden. In dieser Studie stellte sich heraus, dass die Studierenden bei Recherchen im Internet eher schnell und oberflächlich nach Informationen suchen (»get in, get the answer, get out approach«), während eine vertiefte Auseinandersetzung mit der Information eher nicht stattfindet (vgl. hierzu auch Kapitel 3.2).

2.3 Risiken: Digitale Ungleichheit und problematisches Medienverhalten

Mindestens genauso verbreitet wie die überhöhte Darstellung möglicher Potenziale digitaler Medien ist die eindringliche Warnung vor potenziellen Gefahren, die mit der Nutzung von Smartphone, Computer und Internet verbunden sind. Einer der prominentesten Vertreter einer medienkritischen Haltung ist der Neurowissenschaftler Manfred Spitzer, der in seinem Buch »Digitale Demenz« (2012) wie Prensky (2001) weitreichende Veränderungen des Gehirns infolge der Nutzung digitaler Medien behauptet, allerdings ein düsteres Bild von zunehmenden Gedächtnis-, Aufmerksamkeits- und Konzentrationsstörungen, emotionaler Verflachung und allgemeiner Abstumpfung infolge intensiver Nutzung digitaler Medien zeichnet. Aus seiner Sicht sind »Dosisbeschränkungen« oder am besten Konsumverzicht (auch und gerade in der Schule) die einzig sinnvolle pädagogische Konsequenz.

Aus den Ausführungen im vorangegangenen Kapitel dürfte bereits deutlich geworden sein, dass Spitzers Darstellung im Licht aktueller Forschungsbefunde kaum haltbar ist. Dennoch herrscht in der medienpädagogischen Diskussion Einigkeit, dass digitale Medien Risiken für Schüler bergen.

Im Folgenden werden Theorien und Forschungsbefunde zu den Risiken digitaler Medien zusammengetragen. Den Auftakt bildet eine Auseinandersetzung mit dem Phänomen der digitalen Ungleichheit, d.h. der Problematik, dass der Zugang und die Nutzung digitaler Medien gesellschaftlich ungleich verteilt sind und damit möglicherweise soziale Benachteiligung zementiert wird. Anschließend werden problematische Medieninhalte in den Blick genommen, wobei exemplarisch aktuelle Befunde zur Debatte um mediale Gewalt thematisiert werden. In diesem Zusammenhang wird auch das Risiko des Cybermobbings diskutiert. Des Weiteren wird ein Überblick über den aktuellen Forschungsstand zu Symptomatik und Verbreitung von Internet- und Computerspielsucht gegeben. Den Abschluss dieses Kapitels bildet eine Auseinandersetzung mit dem Konstrukt der Medienkompetenz, das gewissermaßen die pädagogische Antwort auf die aufgeworfenen Risiken digitaler Medien darstellt.

Digitale Ungleichheit als Ausgangspunkt verschiedener Risiken digitaler Medien

Ende der 1990er Jahre wurde festgestellt, dass die Expansion der Nutzung digitaler Medien entlang sozioökonomischer Grenzlinien erfolgt. Wirtschaftlich besser gestellte soziale Gruppen bzw. soziale Gruppen mit höherem Bildungsniveau waren zunächst mit digitalen Medien besser ausgestattet und nutzten diese intensiver als wirtschaftlich schwächere Bevölkerungsteile und Personen mit einem niedrigen Bildungsniveau (Groebel und Gehrke 2002). Unter dem Schlagwort *digital divide* wurde die Befürchtung einer digitalen Spaltung geäußert, bei der sozial schwächere Gruppen aufgrund des fehlenden Zugangs zu digitalen Medien benachteiligt werden, weil ihnen hiermit der Zugang zu Information und damit zu gesellschaftlicher Partizipation erschwert wird (zusammenfassend in Zillien 2009).

Inzwischen verfügt die große Mehrheit der deutschen Haushalte über einen Internetzugang und eine Fülle digitaler Endgeräte (s. Kapitel 2.1), sodass von einer digitalen Spaltung im Sinne fehlender Zugangsmöglichkeiten (zumindest in Deutschland) keine Rede mehr sein kann. Dennoch sprechen verschiedene Autoren weiterhin von *digitaler Ungleichheit* (Henke, Huster und Mogge-Grotjahn 2012; Kutscher 2014; Niesyto 2010). Damit ist gemeint, dass trotz vergleichbarer technischer Ausstattung Unterschiede darin bestehen, wie digitale (und nicht digitale) Medien genutzt werden. So lassen sich z. B. empirische Belege dafür finden, dass:

- ... Familien, in denen die Eltern einen formal höheren Bildungsabschluss besitzen, über ein breiteres bzw. anderes *Medienrepertoire* verfügen, z. B. bezüglich Pay-TV und Tablet-Computern (MPFS 2011). Gymnasiasten besitzen häufiger einen eigenen Computer, ein Radio und eine Digitalkamera (MPFS 2013). Mit Spielkonsolen sind dagegen Haushalte, in denen die Eltern ein niedriges Bildungsniveau aufweisen, besser ausgestattet (MPFS 2011). Hauptschüler besitzen häufiger als Gymnasiasten einen eigenen Fernseher, einen DVD-Player und eine Spielkonsole (MPFS 2013).
- ... Jugendliche mit einem geringeren sozialen und formalen Bildungshintergrund sich eher *unterhaltungsbezogenen Nutzungen* von Computer und Internet zuwenden. So fand die Shell-Jugendstudie 2010, dass unter den »Gamern«, die

das Internet hauptsächlich zum Spielen nutzen, Jugendliche aus sozial benachteiligten Familien überrepräsentiert sind (Albert, Hurrelmann und Quenzel 2010; s. o.). Auch die JIM-Studie 2013 stellt fest, dass der Anteil derjenigen, die täglich oder mehrmals in der Woche Computerspiele spielen, unter Hauptschülern größer ist als unter Gymnasiasten.

* ... *informationsbezogene Nutzungen* bei formal höher gebildeten Jugendlichen häufiger vorkommen als bei weniger gebildeten (Iske, Klein und Kutscher 2004; Wagner und Eggert 2007). Zillien (2009) wie auch die JIM-Studie (MPFS 2013) stellen allerdings in diesem Zusammenhang fest, dass nur bestimmte Angebote, wie Online-Zeitungen und Suchmaschinen, von statushohen Personen häufiger genutzt werden. Für viele andere Informationsangebote (z. B. Sport, Mode, Medien) können keine statusabhängigen Unterschiede festgestellt werden. Was die klassischen Printmedien angeht, messen Gymnasiasten ihnen mehr Bedeutung zu als Hauptschüler und lesen auch häufiger (MPFS 2013).
* ... Schüler aus bildungsfernen bzw. sozial benachteiligten Elternhäusern geringere *computer- und informationsbezogene Kompetenzen* aufweisen. In der »International Computer and Information Literacy Study« (ICILS 2013; Bos et al. 2014), in der die Computer- und Informationskompetenzen von Achtklässlern in 21 Bildungssystemen verglichen wurden, zeigte sich für alle untersuchten Bildungssysteme, dass signifikante Unterschiede in den computer- und informationsbezogenen Kompetenzen zwischen Schülern aus bildungsnahen vs. bildungsfernen Elternhäusern (gemessen am Buchbestand der Herkunftsfamilien) sowie aus Familien mit hohem bzw. niedrigem sozioökonomischem Status (gemessen am ISEI-Index, einem Maß zum internationalen Vergleich des sozioökonomischen Status) bestehen. Dabei fällt der Einfluss der Bildungsnähe des Elternhauses (nicht aber des sozioökonomischen Status) in Deutschland im Vergleich zum Durchschnitt der untersuchten OECD-Staaten und der europäischen Staaten besonders stark aus (Wendt et al. 2014). Die JIM-Studie zeigt darüber hinaus, dass sich Hauptschüler hinsichtlich ihrer technischen und Informationskompetenzen in vielen Bereichen (z. B. Installation von Geräten und Software, Informationsrecherche) schlechter einschätzen als Gymnasiasten (MPFS 2012a). Gymnasiasten sind eher der Meinung, sich über das Internet neue Informationen erschließen zu können, und beurteilen den Wahrheitsgehalt von Informationen im Internet kritischer (Iske, Klein und Kutscher 2004).
* ... bildungsbenachteiligte Jugendliche sich stärker *klischeebehafteten Medieninhalten* zuwenden und eher dazu neigen, diese für wirklichkeitsgetreu zu halten. Dabei fühlen sich Jungen besonders von Actionfilmen und gewalthaltigen Computerspielen angezogen, während Mädchen sich für Fernsehserien, in denen Beziehungen und Gefühl(e) im Mittelpunkt stehen, interessieren (Wagner 2010).
* ... sich Hauptschüler bei der *Nutzung von Online-Communities* aktiver als Gymnasiasten zeigen. Sie kommunizieren dort häufiger, beschäftigen sich öfter mit Profilen und Kontakten und stellen auch mehr eigene Informationen, z. B. Links und Videos, ein (MPFS 2013). Kutscher und Otto (2014) machen auf verschie-

dene Studien aufmerksam, die belegen, dass soziale Netzwerke von Jugendlichen zur Distinktion und Abgrenzung (auch zwischen sozialen Milieus) genutzt werden.

- ... Eltern mit höherem Bildungsniveau ihren Kindern *häufiger etwas vorlesen*, dagegen seltener gemeinsam mit ihnen fernsehen (MPFS 2011). Senkbeil und Wittwer (2008) stellen fest, dass sich die Zuordnung der Jugendlichen zu einem eher unterhaltungs- oder informationsbezogenen Nutzertyp durch die kulturellen Besitztümer (z. B. Anzahl von Büchern und Musikinstrumenten) und die kommunikative Praxis in der Familie (z. B. Häufigkeit von Gesprächen über Medieninhalte) vorhersagen lässt.

Kutscher (2014) bzw. Kutscher und Otto (2014) weisen darauf hin, dass verschiedene Mediennutzungen im Lebenskontext der Betroffenen sinnvoll und funktional sind. Unterschiede in der Mediennutzung sollten deshalb zunächst in ihrem Kontext verstanden und nicht vorschnell als minderwertig oder defizitär gebrandmarkt werden. Dennoch wird davon ausgegangen, dass mediale und soziale Ungleichheit einander bedingen. Unter Bezugnahme auf Bourdieu (1983) vermuten Kutscher (2014) und Niesyto (2010), dass die Nutzung digitaler Medien sich als soziales und kulturelles Kapital von Kindern und Jugendlichen bzw. ihren Herkunftsfamilien auffassen lässt: Indem sozial schwächere und weniger gebildete Bevölkerungsteile aufgrund ihrer familiären Mediensozialisation beispielsweise Informationsangebote weniger intensiv nutzen oder sich weniger an der kritisch-reflexiven Nutzung digitaler Medien beteiligen, wirkt sich diese Form der Mediennutzung in einer Art selbst verstärkendem Teufelskreis negativ auf ihre Bildungs-, Zukunfts- und Teilhabechancen aus. Insbesondere scheinen Kinder und Jugendliche aus benachteiligten Familien, in denen ihre Mediennutzung weniger intensiv durch die Eltern begleitet und reflektiert wird, einerseits weniger von den Potenzialen digitaler Medien zu profitieren, während sie andererseits besonders anfällig für bestimmte Risiken der Mediennutzung sind. Der Schule kommt in diesem Kontext die Aufgabe zu, diese ungleichen Ausgangsbedingungen zur Kenntnis zu nehmen und Anschlüsse an das institutionelle Kulturkapital zu schaffen. Insbesondere ist hier die Vermittlung von Medienkompetenz angesprochen, auf die am Ende dieses Kapitels ausführlicher eingegangen wird.

Risiken durch problematische Inhalte und Medienverhalten –
Gewalt und Cybermobbing

Livingstone und Haddon (2009) teilen Risiken, die mit digitalen Medien für Kinder und Jugendliche verbunden sind, in die vier inhaltlichen Kategorien »kommerzielle Interessen«, »Gewalt/Aggression«, »Sexualität« und »Werte« ein. Jede dieser Kategorien birgt Risiken für Kinder und Jugendliche auf drei Ebenen: Erstens stehen sie problematischen Inhalten als Rezipienten gegenüber; d. h. wenn sie solche Inhalte konsumieren, müssen sie diese verstehen und verarbeiten. Zweitens sind sie den Risikobereichen als Teilnehmer der Internetkommunikation ausgesetzt; d. h. es besteht die Gefahr, dass sie Opfer von Cybermobbing oder Stalking werden, ihre Daten für kommerzielle Interessen ausgespäht werden usw. Und drittens können sie auch die aktive Rolle als Akteur einnehmen, d. h. selbst problematisches Material verbreiten oder das Internet für das Mobbing von Bekannten oder Mitschülern nutzen. So ergibt sich eine Vielzahl möglicher individueller Risiken (vgl. Tabelle 3).

Tabelle 3: Kategorisierung von Risiken der Nutzung digitaler Medien nach Livingstone und Haddon (2009: 10) und Lampert (2014: 433)

	Kind/Jugendlicher als Rezipient	Kind/Jugendlicher als Teilnehmer	Kind/Jugendlicher als Akteur
Kommerzielle Interessen	Werbung, Spam, Sponsoring	Verfolgung/Sammlung von persönlichen Informationen	Glücksspiel, illegale Downloads, Hacken
Aggression/Gewalt	Gewaltverherrlichende/ grausame/volksverhetzende Inhalte	Mobbing, Belästigung, Stalking	Mobbing, Belästigung, Stalking
Sexualität	Pornographische/schädliche Inhalte	Treffen mit Fremden, missbräuchliche Annäherungsversuche	Erstellen, Hochladen, Weitergeben von pornographischem Material
Werte	Rassistische/verzerrte Informationen/Ratschläge (z. B. Werbung für Drogen)	Selbstverletzung, ungewolltes Zureden/ Überredung	Ratschläge zu Selbstmord/ Magersucht

Exemplarisch werden an dieser Stelle Befunde zu den Themen »Aggression/Gewalt« und »Cybermobbing« dargestellt, da es sich hierbei um die Bereiche handelt, die unter den internetbezogenen Risiken am intensivsten untersucht wurden und werden.

Gewalt und Aggression begegnen Kindern und Jugendlichen in ihrer Auseinandersetzung mit digitalen Medien in unterschiedlichen Formen. Da sind zum einen gewalthaltige Video- und Computerspiele, deren Gewaltdarstellungen mit fortschreitend besserer Grafik zunehmend blutiger und realitätsnäher werden. Hinzu kommen Gewaltdarstellungen bzw. Darstellungen realer Gewalt im multimedialen Internet (z. B. authentische Gewaltszenen, Exekutionsvideos, Videos mit Kriegsbildern, schwere Unglücksfälle und »Happy Slapping«), die Kinder und Jugendliche, wie eingangs bereits dargestellt, nicht nur als Rezipienten konsumieren, sondern auch als Produzenten und Distributeure erstellen oder zumindest in Umlauf bringen. Grimm (2013) sieht gerade in diesem Bereich, dass das Internet eine neue Dimension der Gewaltproblematik darstellt, die weit über die Gefahren, die mit Fernsehen und Gewaltvideos verbunden waren, hinausgeht.

Was die Rezeption von Gewalt in den digitalen Medien angeht, zeigen verschiedene Studien, dass ein bedeutender Teil von Kindern und Jugendlichen sich bereits gewalthaltige Inhalte im Internet angesehen hat. Die Studie »Gewalt im Web 2.0« (Grimm et al. 2008), eine repräsentative Befragung von Kindern und Jugendlichen, zeigt, dass ein Viertel der 12- bis 19-Jährigen, die das Internet nutzen, schon einmal Gewalt im Netz gesehen hat. Fast doppelt so viele und damit fast die Hälfte der 12- bis 19-Jährigen gibt an, Freunde oder Mitschüler zu haben, denen gewalthaltige Seiten bekannt sind. Auch die aktuelle JIM-Studie (MPFS 2014) findet, dass allein für die Handynutzung 29 Prozent der befragten Jugendlichen angeben, in ihrem Bekanntenkreis mitbekommen zu haben, dass Videos mit verstörenden Inhalten (Gewalt und Pornographie) versandt werden; 14 Prozent geben an, bereits ungewollt solche Inhalte erhalten zu haben. Die aktuelle Studie »EU Kids Online« (2014), eine europaweite Befragung an Kindern und Jugendlichen zu risikohaften Internetverhalten, ermittelt einen etwas geringeren Wert von zwölf Prozent der Kinder und Jugendlichen, die angeben, im Internet bereits mit verstörenden Inhalten konfrontiert gewesen zu sein. Die Untersuchung aus dem Jahr 2012 zeigte dabei, dass die deutschen Kinder und Jugendlichen im internationalen Vergleich unterdurchschnittlich von gewalthaltigen Inhalten im Netz betroffen sind (Haddon, Livingstone und the EU Kids Online network 2012).

Grimm et al. (2008) fanden, dass unter den Kindern und Jugendlichen, die bereits gewalthaltige Inhalte gesehen hatten, der Konsum fiktionaler Gewalt, wie Bilder aus Horrorfilmen (81,7 %), Gewalt in Spielfilmen (73,3 %) oder nachgestellte extreme Gewalt (66,8 %), verbreiteter ist als der Konsum realer Gewalt. Dennoch ist auch der Anteil der Befragten, die angeben, Fotos bzw. Videos mit Krieg, Folter und/ oder Hinrichtungen (42,3 %) sowie Darstellungen von echter extremer/brutaler Gewalt (40,6 %) gesehen zu haben, erschreckend hoch. Kinder und Jugendliche beziehen ihre Informationen über solche Seiten vor allem von Freunden oder aus der Clique. Jungen sind insgesamt häufiger als Mädchen mit Gewalt im Netz konfrontiert (Grimm et al. 2008; MPFS 2014). Je älter die Kinder und Jugendlichen sind, desto häufiger kennen sie gewalthaltige Internetseiten bzw. bekommen unverlangt verstörende Videos zugesandt (ebd.).

Noch verbreiteter als der Konsum gewalthaltiger Videos ist aktuellen Studien zufolge das Spielen gewalthaltiger Videospiele. Von den befragten Jugendlichen der JIM-Studie geben 43 Prozent an, solche Spiele zu spielen; 71 Prozent berichten, dass dies zumindest in ihrem Freundeskreis der Fall sei (MPFS 2014). Auch hier ist das Spielen gewalthaltiger Spiele unter Jungen (57 %) verbreiteter als unter Mädchen (19 %) und unter älteren Jugendlichen (ab 16 Jahren) verbreiteter (51 %) als unter jüngeren ab zwölf Jahren (23 %). Der Konsum gewalthaltiger Spiele hat im Vergleich zum Vorjahr deutlich zugenommen (7 %).

Befragt nach ihrer Reaktion auf die Rezeption von gewalthaltigen Internetvideos berichten Kinder und Jugendliche in Interviews von starken emotionalen Reaktionen wie Ekel, Schock und Angst, zum Teil auch von Albträumen und länger anhaltenden körperlichen Reaktionen. Gewaltvideos sind besonders dann schwer zu bewältigen, wenn sie extreme Gewalt bzw. Verletzungen (Enthauptungen, Tötungen, Selbstverstümmelungen) zeigen (Grimm et al. 2008). Belastend wirken sich auch das Wissen bzw. die Annahme aus, dass es sich bei den gezeigten Szenen um reale Gewalt handelt (EU Kids Online 2014). Aus der Gewaltmedienforschung zum Fernsehen und zu Gewaltvideos sind solche Wirkungen bereits seit Längerem bekannt. So zeigt die Fernsehforschung, dass Gewaltdarstellungen in den Nachrichten mitunter als belastender wahrgenommen werden als fiktive Gewaltdarstellungen (Früh und Brosius 2008). Grimm et al. (2008) kommen jedoch auf der Grundlage von Interviews mit Jugendlichen zu dem Schluss, dass sich gewalthaltige Inhalte im Internet noch belastender als Gewalt in den klassischen Massenmedien auswirken. Hierzu tragen fünf Aspekte bei: ihre Intensität, ihre (reale oder vermeintliche) Authentizität, ihre Kontextlosigkeit, ihre Anonymität und ihre allgegenwärtige Verfügbarkeit.

Für das Spielen gewalthaltiger Spiele werden Belastungsreaktionen wie beim Konsum gewalthaltiger Internetinhalte dagegen kaum berichtet. Vielmehr weist Möller (2007) darauf hin, dass gewalthaltige Spiele das Niveau der emotionalen Erregung steigern. Sie sind gerade deshalb erfolgreich, weil die Gewalt von den Spielenden als spannend und anregend empfunden wird.

Im Zusammenhang mit der emotionalisierenden Wirkung gewalthaltiger Computerspiele wird seit den 1990er Jahren untersucht, ob und unter welchen Bedingungen sich gewalthaltige Spiele aggressionssteigernd auswirken und antisoziales Verhalten fördern. Eine aktuelle Meta-Analyse von Greitemeyer und Mügge (2014), in die 98 Studien mit insgesamt mehr als 36.000 Versuchsteilnehmern eingingen, legt nahe, dass das Spielen gewalthaltiger Computerspiele mit einem höheren Ausmaß an aggressivem Verhalten, aggressiven Gedanken und feindseligen Emotionen einhergeht. In die Meta-Analyse gehen auch verschiedene Längsschnittuntersuchungen ein, die darauf hindeuten, dass gewalthaltigen Computerspielen in diesem Zusammenhang durchaus eine ursächliche Wirkung zugeschrieben werden kann. Vergleichbare Ergebnisse wurden bereits in älteren Metastudien berichtet (Anderson und Bushman 2002, Anderson 2004; Anderson et al. 2010; Sherry 2001), es gibt allerdings auch widersprechende Befunde (Ferguson 2007; Ferguson und Kilburn 2009). In ihrem »General Aggression Model« gehen Anderson und Bushman (2002) davon aus, dass das wiederholte Spielen gewalthaltiger Videospiele zur Ausbildung aggressionsbezogener Gedächtnisstrukturen und damit zu aggressiven Gedanken und Einstellungen, Wahrnehmungs- und Erwartungsschemata, Verhaltensskripts und einer generellen Desensibilisierung gegenüber Gewalt führen kann. Dabei muss aber davon ausgegangen werden, dass die Aneignung solcher Gedächtnisstrukturen ein langfristiger Prozess ist, der vor allem bei anhaltender und intensiver Zuwendung zu gewalthaltigen Spielen eintritt und auch von weiteren situativen Variablen, z. B. gewalthaltigen Erfahrungen in der Lebenswelt und Persönlichkeitseigenschaften, wie einer generellen Neigung zu aggressiven Kognitionen, Emotionen und Verhalten, begünstigt wird (Früh und Brosius 2008).

Beim Cybermobbing oder Cyberbullying treten Kinder und Jugendliche, wie eingangs ausgeführt, nicht als Rezipienten, sondern als Teilnehmer bzw. Akteure auf. Laut einer aktuellen Umfrage an über 1.700 Jugendlichen von Porsch und Pieschl (2014) hat bereits ein Drittel der Schüler zwischen 14 und 20 Jahren negative Erfahrungen mit Cybermobbing gemacht. Als Opfer bezeichnen sich allerdings nur sechs Prozent und als Täter acht Prozent der Befragten. Ähnliche Zahlen berichten die JIM-Studie 2013 (MPFS 2013) und die U25-Studie des Deutschen Instituts für Vertrauen und Sicherheit im Internet (DIVSI 2014). Besonders häufig kommt Cybermobbing in der Altersgruppe der 14- bis 15-Jährigen vor, also während der Pubertät (Katzer 2014; MPFS 2013). Unter den Formen des Cybermobbings sind verbale Attacken verbreitet, bei denen Jugendliche bei ihren Unterhaltungen in sozialen Netzwerken oder Chats gestört, beleidigt oder beschimpft, geärgert oder in Streitsituationen verwickelt werden (Katzer 2014). Auch das Verbreiten von Gerüchten und Lügen (47 % der Mädchen, 33 % der Jungen) sowie Hänseleien (32 % der Mädchen, 27 % der Jungen), Erpressungsversuche und gezieltes Unter-Druck-Setzen (27 % der Mädchen, 24 % der Jungen) sowie das Ausgrenzen und Ablehnen von Freundschaftsanfragen (27 % der Mädchen, 22 % der Jungen) werden von Jugendlichen, die es schon mit Cybermobbing zu tun hatten, häufig berichtet (Katzer, Fetchenhauer und Belschak 2009; Bündnis gegen Cybermobbing 2013). Laut der JIM-Studie 2013 geben zwölf Prozent der Jugendlichen an, dass über sie schon falsche Informationen und kompromittierende Fotos in sozialen Netzwerken verbreitet wurden. Verschiedene Autoren kommen dabei zu dem Schluss, dass Cybermobbing mit der sich ausbreitenden Nutzung des Internets und sozialer Netzwerke bzw. mobiler Kommunikationsdienste zunimmt (Katzer 2014; MPFS 2013; Petermann und v. Marées 2013).

Auf der Suche nach Ursachen für Cybermobbing kommen mehrere Studien übereinstimmend zu dem Ergebnis, dass es einen Zusammenhang zwischen traditionellem Mobbing und Cybermobbing gibt: So zeigt sich, dass Heranwachsende, die an traditionellem Mobbing beteiligt sind, in derselben Rolle auch von Cybermobbing betroffen sind (Petermann und v. Marées 2013). Weiterhin wird auch beim Cybermobbing der bereits aus der traditionellen Mobbing-Forschung bekannte Zusammenhang gefunden, dass Mobbing-Opfer eine erhöhte Wahrscheinlichkeit haben, zu Mobbing-Tätern zu werden und umgekehrt. Auch andere Risikofaktoren, die bereits aus der Mobbing-Forschung bekannt sind, wie mangelnde soziale Fähigkeiten, mangelnde Empathie oder eine hohe Toleranzschwelle für aggressives Verhalten, zeigen sich als Risikofaktoren für Cybermobbing. Dabei empfinden Cybertäter insgesamt weniger Reue gegenüber dem Opfer als traditionelle Mobbing-Täter gegenüber ihren Opfern (Petermann und v. Marées 2013). Insgesamt beurteilen sowohl Katzer (2014) als auch Petermann und v. Marées (2013) die schädigende Wirkung von Cybermobbing im Vergleich zu traditionellem Mobbing als gravierender, da die Täter aufgrund der Anonymität des Internets mühelos unerkannt bleiben und die kompromittierenden Äußerungen und Bilder einem großen Adressatenkreis über einen quasi unbegrenzten Zeitraum zugänglich machen können. Die Folgen von Cybermobbing für die Opfer reichen von Gefühlen von Hilflosigkeit, Einsamkeit und Angst über psychosomatische Beschwerden wie Bauchschmerzen und Schlafstörungen, ein geringes Selbstwertgefühl und soziale Probleme bis zu Suizidgedanken und erhöhten Suizidraten (Petermann und v. Marées 2013).

Zusammenfassend müssen gewalthaltige Inhalte und Praktiken als ernsthaftes Risiko der Nutzung digitaler Medien eingeschätzt werden. Der Konsum digitaler

Mediengewalt ruft starke emotionale Reaktionen hervor, kann aggressive und anti-soziale Gefühle, Gedanken und Verhaltensweisen fördern und im Fall von Cyber-mobbing schwerwiegende Schädigungen bei den Opfern zur Folge haben. Nicht zuletzt stellt die üble Nachrede über das Internet einen Bestand dar, der strafrecht-lich verfolgt werden kann. Der Schule kommt in diesem Zusammenhang eine wich-tige Aufgabe zu: So fand die Studie »Jugend 3.0 – abgetaucht nach Digitalien?« im Auftrag der Techniker Krankenkasse (2014), dass Eltern den digitalen Medienkon-sum ihrer Kinder zunehmend weniger kontrollieren. 40 Prozent der in dieser Studie befragten Eltern geben an, ihren Kindern keinerlei Beschränkungen bezüglich der Dauer und Nutzung von Internetinhalten aufzuerlegen. Indem, wie in Kapitel 2.1 ausgeführt, Kinder und Jugendliche in großer Zahl mit digitalen Endgeräten ausge-stattet sind und ständigen Zugriff auf das mobile Internet haben, ist es, so die Auto-ren der Studie, für Eltern kaum noch zu durchschauen, womit und wie viel Kinder sich online beschäftigen. Ein erheblicher Teil der Eltern habe deshalb inzwischen resigniert und sämtliche Kontrolle der Internetnutzung ihrer Kinder aufgegeben, wobei Eltern mit einem höheren Haushaltseinkommen bzw. mit höherem Bildungs-niveau tendenziell der Meinung sind, noch einen besseren Überblick über die On-line-Tätigkeiten ihrer Kinder zu haben. Ähnliche Ergebnisse berichtet der aktuelle Sicherheitsreport der Deutschen Telekom (2014). Hinzu kommt, dass digitale ge-walthaltige Inhalte auch in der Schule verbreitet werden und gerade Cybermobbing häufig zwischen Klassen- bzw. Schulkameraden stattfindet. Deshalb sehen Eltern neben sich selbst auch die Schule in der Pflicht (Deutsche Telekom 2014) und tat-sächlich können und müssen gerade in der Schule wirkungsvolle Präventionsmaß-nahmen ergriffen werden. Hierzu gehört es, Kindern und Jugendlichen Sicherheits-maßnahmen gegen Cybermobbing zu vermitteln, z. B. sie für die Gefahren bei der Preisgabe persönlicher Informationen in sozialen Netzwerken zu sensibilisieren, und ihnen zu vermitteln, welche Möglichkeiten der Privatsphäre- und Sicherheits-einstellungen es in sozialen Netzwerken gibt. Häufig ist Opfern wie Tätern nicht bewusst, dass es sich auch bei Cybermobbing um eine Straftat handelt. Neben der Strafverfolgung können weitere Strategien gegen Cybermobbing vermittelt werden, beispielsweise das Löschen und Abblocken von Nachrichten. Generell erscheint es sinnvoll, Präventionsmaßnahmen gegen Cybermobbing in schulweite Maßnahmen zur Förderung von Medienkompetenz einerseits und eines sozialen Zusammen-hangs und sozialer Kompetenz andererseits einzubetten (Katzer 2014; Petermann und v. Marées 2013).

Risiken durch exzessive Nutzung – Computerspiel- und Internetsucht

Die Dauer, mit der Kinder und Jugendliche, aber auch Erwachsene Computer und Internet nutzen, nimmt bisweilen exzessive Ausmaße an. Entsprechend wird be-reits seit den 1990er Jahren in psychiatrischen Kreisen diskutiert, ob Computer- und Internetsucht ein eigenständiges psychiatrisches Krankheitsbild darstellen.

Die Belege dafür, dass die Beschäftigung mit Computer und Internet suchthafte Züge annehmen kann, sind inzwischen so zahlreich, dass das Krankheitsbild »Internet Gaming Disorder« als Forschungsdiagnose in das psychiatrische Diagnosemanual DSM-V der American Psychological Association aufgenommen wurde (APA 2013).

Unter Computer- bzw. Internetsucht wird dabei nicht allein die exzessive Nutzung verstanden, zumal es angesichts der insgesamt steigenden Nutzung von digitalen Medien auch gar nicht so einfach ist festzulegen, ab wann eine Nutzung als »exzessiv« oder »krankhaft« gelten kann (Braun 2014). Deshalb werden, analog zur Diagnose anderer stoff- und nicht stoffgebundener Süchte (z. B. Alkohol, Automatenspiele) auch Süchte im Hinblick auf digitale Medien an weiteren Kriterien festgemacht (Mößle et al. 2014):

- ein unwiderstehliches Verlangen (Craving)
- verminderte Kontrolle bezüglich Beginn, Beendigung und Dauer
- Entzugserscheinungen (Nervosität, Unruhe, Schlafstörungen)
- Toleranzentwicklung (zunehmende Dauer, Intensität)
- fortschreitende Vernachlässigung anderer Interessen
- anhaltende Beschäftigung trotz schädlicher Folgen (z. B. Leistungsabfall in der Schule, Übermüdung)

In der Literatur zu computerbezogenem Suchtverhalten wird häufig von Internet- *und* Computerspielsucht oder auch generell »Mediensucht« gesprochen (Putzig, Wedegärtner und te Wildt 2010; Rehbein und Zenses 2013). Vieles deutet aber darauf hin, dass es sich um unterschiedliches Problemverhalten handelt, das zwar Ähnlichkeiten aufweist, aber differenziert betrachtet werden muss (Mößle et al. 2014). Bezogen auf das Internet wurde sogar der Vorschlag gemacht, suchthafte Internetnutzung nochmals zu differenzieren in die Abhängigkeit von Internetpornographie, von Online-Beziehungen, von Online-Glücksspiel, vom zweckfreien Surfen im Internet und von Online-Spielen (Young et al. 1999). In gewisser Weise folgt die eingangs genannte Aufnahme der Diagnose »Internet Gaming Disorder« in das DSM-5 (fünfte Auflage des Klassifikationssystems in der Psychiatrie »Diagnostic and Statistical Manual of Mental Disorders«) dieser Systematik, indem zunächst nur die Nutzung von Online-Spielen als psychiatrisches Krankheitsbild anerkannt wird.

Bezogen auf Heranwachsende werden im Zusammenhang mit suchthafter Mediennutzung vor allem zwei Suchtverhaltensweisen thematisiert: das Spielen von Computerspielen und die Nutzung des Internets, wobei verschiedene Nutzungen des Internets zusammengefasst werden (Mößle et al. 2014). Da bisher keine einheitlichen Diagnosekriterien vorlagen und die bisherige Forschung zur Internet- bzw. Computerspielsucht mit unterschiedlichen Tests und Fragebögen vorgenommen wurde, ist die Befundlage zur Verbreitung von Computerspiel- und Internetsucht unter Heranwachsenden uneinheitlich. Übereinstimmend stellen jedoch verschiedene Studien sowohl in Deutschland wie auch auf internationaler Ebene fest, dass

Jugendliche von Internet- und Computerspielsucht häufiger betroffen sind als Erwachsene (ebd.). Teilweise werden sehr hohe Werte für die Verbreitung von Computer- und Internetsucht berichtet (bis zu 10 % und mehr; vgl. Mößle für einen Überblick), was damit zusammenhängen dürfte, dass in den meisten Untersuchungen, die bisher durchgeführt wurden, ausgewählte Nutzergruppen befragt wurden (z. B. nur Computerspieler oder nur Internetnutzer). Eine der ersten Repräsentativbefragungen zur suchthaften Internetnutzung in Deutschland, die Studie »Prävalenz der Internetabhängigkeit (PINTA)« (Rumpf et al. 2011), klassifiziert dagegen nur ein Prozent der Gesamtbevölkerung der bis 64-Jährigen als internetsüchtig, unter den 14- bis 16-Jährigen sind es aber immerhin vier Prozent (ebd.). Mädchen und Jungen sind etwa gleich häufig von suchthafter Internetnutzung betroffen, wobei sich Mädchen häufiger mit sozialen Netzwerken, Jungen häufiger mit Online-Spielen beschäftigen. Die international vergleichende Studie »EU NET ADB« (Dreier, Wölfling und Beutel 2014) findet etwas abweichend unter den 14- bis 17-Jährigen in Deutschland eine Verbreitung von nur 0,9 Prozent, die eine suchthafte Internetnutzung zeigen. Insgesamt kann also zunächst festgehalten werden, dass eine pathologische Internetnutzung unter Jugendlichen nicht sehr verbreitet ist. Allerdings gelten in der Studie von Dreier, Wölfling und Beutel (2014) weitere 9,7 Prozent als »gefährdet«.

In den Jahren 2005 und 2007/2008 wurden in Deutschland vom Kriminologischen Forschungsinstitut Niedersachsen zwei repräsentative Befragungen speziell zur suchthaften Nutzung von Computerspielen unter Schülern der Klassenstufe 9 durchgeführt (Baier und Rehbein 2009; Mößle, Kleimann und Rehbein 2007). Diese ergeben, ähnlich wie die PINTA-Studie, dass zwischen vier und fünf Prozent der Befragten als computerspielsüchtig klassifiziert werden. Bei älteren Schülern konnte demgegenüber deutlich seltener bei weniger als ein Prozent eine Computerspielsucht festgestellt werden (Rehbein et al. 2011). Während es bei der Internetsucht keinen Geschlechtsunterschied in der Häufigkeit des Auftretens gab, zeigen verschiedene Studien zur Computerspielsucht, dass Jungen hiervon deutlich häufiger als Mädchen betroffen sind (Mößle et al. 2014).

Ein besonders hohes Suchtpotenzial weisen offenbar internetbasierte Mehrspieler-Rollenspiele (z. B. World of Warcraft) sowie soziale Netzwerke auf (Müller 2013; Rehbein und Mößle 2013). Besonders Online-Rollenspiele wurden bereits intensiv untersucht. Ihr Suchtpotenzial wird zusammenfassend mit fünf Merkmalen dieser Spiele begründet (Hsu, Wen und Wu 2009):

- *Rollenspiel:* Das Schlüpfen in eine Rolle erlaubt es dem Spieler, für sich eine neue Identität zu erfinden, mit der er sich stark identifiziert. Häufig ist es auch ein »besseres Selbst«, in das sich suchtgefährdete Spieler flüchten.
- *Zugehörigkeit:* Da in Online-Rollenspielen in der Regel in zeitlich überdauernden Teams gespielt wird, mit denen gemeinsam Herausforderungen gemeistert und Abenteuer bestanden werden, entsteht ein starkes Zugehörigkeitsgefühl. Suchtgefährdete Spieler kehren immer wieder zum Spiel zurück, weil sie bei ihrer Gruppe sein möchten, in der sie sich häufig einen bestimmten Status erarbeitet haben.

- *Verpflichtung:* Mit dem Spielen in Teams entsteht auch eine Verpflichtung gegenüber der Gruppe, zumal der Spieler in der Gruppe eine bestimmte Rolle übernimmt, die für den Erfolg des Teams unverzichtbar ist. Es entsteht sozialer Druck, dem sich suchtgefährdete Spieler nicht entziehen können, da die Gruppe auf jedes Mitglied angewiesen ist.
- *Belohnung:* Das erfolgreiche Bestehen von Abenteuern in der Online-Welt wird stets durch Punkte bzw. eine Weiterentwicklung der Spielfigur belohnt. Der Schwierigkeitsgrad der Aufgaben steigt dabei und in gleichem Umfang das Kompetenzerleben der Spieler. Anders als im realen Leben erleben sich suchtgefährdete Spieler als umfassend kompetent.
- *Neugier:* Online-Spielwelten sind unendlich, es gibt also immer wieder etwas zu entdecken und neue Abenteuer zu bestehen, da die Spiele beständig weiterentwickelt werden. Online-Spiele werden nicht langweilig.

Die Suchtpotenziale von sozialen Netzwerken sind demgegenüber weniger intensiv untersucht. Sie weisen aber teilweise durchaus ähnliche Eigenschaften auf, indem auch hier ein Zugehörigkeits- und Verpflichtungsgefühl gegenüber einer virtuellen Gemeinschaft gebildet wird. Als Belohnung wird das ständige Wachsen der Anzahl der »Freunde« im sozialen Netzwerk empfunden. Auch das Neugiermotiv wird offenbar durch soziale Netzwerke bedient, indem das Surfen in den Profilen anderer Nutzer eine gewisse Suchtwirkung zu haben scheint (Müller 2013).

In der psychiatrischen Literatur zu Internet- und Computerspielsucht wird die Komorbidität, d. h. das gemeinsame Auftreten eines Störungsbildes mit anderen psychiatrischen Störungen untersucht. Dabei zeigt sich, dass Internet- und Computerspielsucht besonders häufig mit dem Auftreten unspezifischer depressiver Symptome einhergeht. Weiterhin kommen Internet- und Computerspielsucht häufig gemeinsam mit Angststörungen sowie dem Aufmerksamkeits-Defizit-Hyperaktivitäts-Syndrom (ADHS) vor (Mößle et al. 2014). Dabei treffen die meisten Studien keine Aussage über kausale Zusammenhänge. Eine Längsschnittuntersuchung von Gentile (2011) liefert allerdings Hinweise, dass die pathologische Nutzung von Computerspielen depressive Symptome verstärkt.

Bezogen auf das Gesundheitsverhalten geht die pathologische Nutzung von Computerspielen und Internet mit Schlafstörungen bzw. -entzug und mangelnder Bewegung einher. Im Bereich der Persönlichkeit wird über eine erhöhte Akzeptanz für Gewalt (s. Abschnitt »Gewalt und Cybermobbing« in Kapitel 2.2) und geringere soziale Kompetenzen und im schulischen Kontext über ein allgemeines Abfallen der Schulleistungen, einen erhöhten Schulabsentismus, erhöhte Schulangst und das Wiederholen eines Schuljahrs im Zusammenhang mit pathologischer Internet- und Computerspielenutzung berichtet (Mößle et al. 2014).

Die Risikofaktoren für das Entstehen von Internet- und Computerspielsucht wurden in Deutschland in jüngerer Zeit von Rehbein und Mößle (2013) sowie von Braun (2014) untersucht. In der Studie von Rehbein und Mößle (2013) wurden mehr als 1.000 Grundschüler in ihrer Entwicklung von der dritten zur sechsten Klasse untersucht. Dabei erwiesen sich unter den sozialen Rahmenbedingungen Probleme mit Gleichaltrigen als relevant für das Entstehen von Computerspielsucht, nicht aber fehlende familiäre Fürsorge oder häusliche Gewalt. Unter den erhobenen Persönlichkeitsmerkmalen (Depressivität, Hyperaktivität, niedriges akademisches Selbstkonzept) bestand nur mit dem akademischen Selbstkonzept ein signifikanter Zusammenhang. Weiterhin ließ sich aus der Nutzung von Computerspielen als Coping-Strategie bei Problemen ein späteres problematisches Spielverhalten vorhersagen. Braun (2014) untersuchte die Rolle der Familie im Zusammenhang mit dem Auftreten einer pathologischen Internetnutzung anhand einer repräsentativen Befragung an 1.744 Jugendlichen im Alter von 14 bis 17 Jahren und jeweils eines Elternteils. Sie fand, dass Jugendliche aus Familien mit einem niedrigen Sozialstatus, aus Familien, die von Erwerbslosigkeit betroffen sind, sowie aus Familien mit einem dysfunktionalen Klima ein erhöhtes Risiko für die Entwicklung einer pathologischen Internetnutzung aufweisen, wobei diese drei Merkmale in ihrer Kombination zu einem besonders großen Risikofaktor werden. Weitere Analysen zeigten, dass insbesondere in Familien mit niedrigem Sozialstatus eine deutlich geringere Medienerziehungsqualität gegeben war, beispielsweise ein geringes Interesse an der Mediennutzung der Kinder, weniger aktive Begleitung und geringer ausgeprägte elterliche Medienkompetenz. Dysfunktionale familiäre Interaktionsmuster und fehlende familiäre Unterstützung nennt auch Müller (2013) als Risikofaktoren für das Entstehen von Internetsucht.

2.4 Digitale Kompetenz(en) als Voraussetzung für die Nutzung der Chancen und für die Bewältigung der Risiken digitaler Medien

In diesem Kapitel wurden die Chancen und Risiken digitaler Medien für Kinder und Jugendliche aufgezeigt. Eröffnen die erweiterten Möglichkeiten der netzbasierten Kommunikation, Information und Partizipation Chancen für die Entwicklung und Identitätsbildung von Heranwachsenden, für formelles und informelles Lernen und für demokratische und gesellschaftliche Teilhabe, so bergen sie gleichzeitig das Risiko des Ausschlusses sozial benachteiligter Gruppen, der verstärkten Konfrontation der Jugendlichen mit schädlichen Inhalten und Praktiken sowie einer exzessiven und unkontrollierten Nutzung mit zahlreichen negativen Begleiterscheinungen.

Es ist deshalb in doppelter Hinsicht zu fordern, dass Kinder und Jugendliche digitale Kompetenzen erwerben: zum einen, um in der Lage zu sein, die Chancen digitaler Medien für sich zu nutzen, und zum anderen, um den Risiken digitaler Medien angemessen begegnen zu können. Solche digitalen Kompetenzen umfassen in Anlehnung an das in der Medienpädagogik etablierte Konstrukt der »Medienkompetenz« folgende Dimensionen (Abbildung 2):

Abbildung 2: Dimensionen von Medienkompetenz

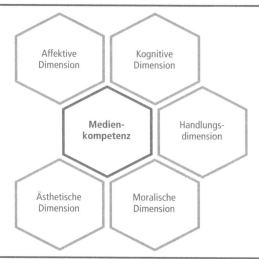

Quelle: eigene Darstellung nach Baacke 1996; Aufenanger 1997; Tulodziecki 1997; Groeben 2004.

Kognitive Dimension (Medienwissen): Heranwachsende müssen Medieninhalte, aber auch die Bedingungen ihrer Produktion und Verbreitung verstehen und bewerten können. Mit Bezug auf die diskutierten Chancen ist diese Dimension besonders bedeutsam für das formelle und informelle Lernen mit digitalen Medien, denn nur wenn die digitalen Inhalte verstanden und erfasst werden, wenn ihre Vertrauenswürdigkeit und Glaubwürdigkeit richtig eingeschätzt wird, können digitale Medien gewinnbringend zum Lernen genutzt werden. Auch für Partizipation und Teilhabe müssen Kinder und Jugendliche zunächst entsprechende Angebote und Anbieter kennen. Mit Blick auf die Risiken digitaler Medien setzt zum einen die digitale Spaltung auf der Ebene fehlenden Wissens auf der kognitiven Dimension an. Des Weiteren ist auch für den Umgang mit problematischen Inhalten, insbesondere im Bereich kommerzieller Angebote und Werbung, Datenschutz und Datensicherheit wie auch rassistischer oder verzerrter Inhalte, ein Wissen um Inhalte und ihre Anbieter notwendig.

Handlungsdimension (Mediennutzung): Kinder und Jugendliche müssen digitale Medien sinnvoll auswählen und nutzen können. Diese Dimension ist zentral sowohl im Bereich aller in diesem Kapitel diskutierten Chancen wie Risiken. Eine sinnvolle Auswahl ist zu treffen, um digitale Medien gewinnbringend im Rahmen von Entwicklungsaufgaben zu nutzen, genau wie für formelles und informelles Lernen und zur demokratischen Partizipation und Teilhabe. Im Bereich der Risiken bereiten gerade dysfunktionale und schädliche Nutzungsmuster Probleme. Hier bedeutet die Vermittlung von Medienkompetenz, Heranwachsende für schädliche Nutzungsweisen und ihre Konsequenzen zu sensibilisieren bzw. – wie bereits bei der Darstellung möglicher Maßnahmen gegen Cybermobbing erwähnt – ihnen Strategien zu vermitteln, wie man Cyberattacken entgehen kann.

Moralische Dimension (Medienkritik): Heranwachsende sollten Medieneinflüsse erkennen und aufarbeiten. Die moralische Dimension unterstreicht nochmals Aspekte, die bereits in der kognitiven und in der Handlungsdimension enthalten sind, nämlich dass Heranwachsende digitale Medien kritisch nutzen können sollten. Das bedeutet zum einen, dass sie in der Lage sind, Medieninhalte aufgrund ihres Welt- und Medienwissens kritisch zu hinterfragen und etwa fiktive von tatsächlichen Darstellungen zu unterscheiden, was grundlegend für das formelle und informelle Lernen mit digitalen Medien ist. Die moralische Dimension richtet sich aber auch auf das eigene Medienhandeln. Besonders sind hier insofern die Risiken, die mit der Auseinandersetzung mit problematischen Inhalten als Rezipient, vor allem aber auch als Akteur verbunden sind, angesprochen.

Ästhetische Dimension (Mediengestaltung): Zur kompetenten Mediennutzung gehört auch die Fähigkeit zur kreativen Mediennutzung und Gestaltung. Unter den Chancen ist diese Dimension in besonderem Maß eine Voraussetzung für die partizipative Nutzung digitaler Medien, aber auch für die Nutzung im Kontext von Entwicklungsaufgaben insofern, als dass Heranwachsende digitale Medien nutzen, um sich selbst im Netz darzustellen und zu erproben.

Affektive Dimension (medienbezogene Genussfähigkeit): Heranwachsende müssen lernen, Medien gezielt auch für emotionale Zwecke wie Ablenkung und Entspannung einzusetzen. Diese Dimension ist besonders mit Blick auf das zuletzt genannte Risiko von suchthafter Nutzung digitaler Medien relevant insofern, als dass hier ein dysfunktionales Nutzungsmuster vorliegt.

Inwieweit Jugendliche in Deutschland über digitale Kompetenzen verfügen, wurde in Deutschland bisher selten untersucht. Dies hängt zum einen damit zusammen, dass es schwierig ist, entsprechende Testverfahren zu konstruieren, und zum anderen damit, dass der Erwerb digitaler Kompetenzen zwar als Schlüsselkompetenz immer wieder politisch gefordert wird, jedoch nur unzureichend in Bildungsplänen und Curricula in Deutschland verankert ist.

Einen Meilenstein bezüglich der Messung digitaler Kompetenzen stellt die weiter oben bereits genannte »International Computer and Information Literacy Study« (ICILS 2013) der International Association for the Evaluation of Educational Achievement (IEA) dar (Bos et al. 2014). In dieser Studie wurde erstmals ein aufwendig konstruierter kompetenzbasierter Test eingesetzt, der digitale Kompetenzen nicht, wie bisher üblich, über Selbsteinschätzungen oder einfache Multiple-Choice-Aufgaben erfasst, sondern anhand computerbasierter Szenarien, in denen die Schüler komplexe und authentische Aufgaben in einer simulierten digitalen Umgebung lösen müssen.

Der Fokus dieser Studie lag auf dem rezeptiven und produktiven Umgang mit digitaler Information. Es waren also vor allem die kognitive Dimension, die Handlungsdimension und die ästhetische Dimension angesprochen, indem Schüler Aufgaben lösen mussten, die die Recherche digitaler Information, ihre Aufbereitung und Kommunikation miteinander verknüpfen. Die deutschen Schüler erreichten Testwerte im Mittelfeld der untersuchten Länder. Auffällig ist, dass es in Deutschland nur eine sehr schmale Leistungsspitze gibt, die die höchste Kompetenzstufe erreicht, während ein Viertel der Schüler und damit eine relativ große Gruppe auf den unteren Kompetenzstufen verbleibt. Diese Schüler waren lediglich in der Lage, einfache rezeptive, jedoch keine komplexeren oder produktiven Aufgaben mit digitalen Medien zu lösen. Gerade im Vergleich zu anderen Bildungssystemen mit einem hohen technischen Durchdringungsgrad (Australien, Dänemark, Norwegen, Niederlande) schnitten die deutschen Schüler deutlich schlechter ab (vgl. Abbildung 3).

Die Studie ICILS 2013 belegt einmal mehr, dass Kinder und Jugendliche Medienkompetenz in der Auseinandersetzung mit digitalen Medien entwickeln, aber dass sie dazu auch die Schule brauchen. Dies gilt umso mehr, wie auch viele andere Ergebnisse zur digitalen Spaltung zeigen, wenn die Unterstützung durch das Elternhaus fehlt bzw. wenn herkunftsbedingte Ungleichheiten bestehen. Der Schule kommt also eine zentrale Bedeutung für die Entwicklung digitaler Kompetenzen zu – inwieweit sie diesem Anspruch gerecht wird, wird im Folgenden zu klären sein.

Abbildung 3: Computer- und informationsbezogene Kompetenzen deutscher Schüler im internationalen Vergleich

Teilnehmer	M	(SE)	SD	(SE)	
Tschechische Republik	553	(2.1)	62	(1.6)	▲
Kanada (O.)	547	(3.2)	73	(2.2)	▲
Australien	542	(2.3)	78	(1.6)	▲
[3] Dänemark	542	(3.5)	69	(2.0)	▲
Polen	537	(2.4)	77	(1.7)	▲
[1, 2] Norwegen	537	(2.4)	72	(1.6)	▲
Republik Korea	536	(2.7)	89	(1.5)	▲
[3] Niederlande	535	(4.7)	82	(2.9)	▲
[2] Kanada (N. & L.)	528	(2.8)	80	(2.3)	■
[3] Schweiz	528	(4.6)	72	(2.6)	■
VG EU	**526**	**(1.1)**	**77**	**(0.7)**	■
Deutschland	**525**	**(2.4)**	**78**	**(2.0)**	■
Slowakische Republik	523	(4.6)	90	(3.3)	■
[2, 5] Russische Föderation	516	(2.8)	77	(1.7)	■
[2, 3] Hongkong	509	(7.4)	95	(4.8)	■
VG OECD	**516**	**(0.9)**	**79**	**(0.6)**	▼
Kroatien	512	(2.9)	82	(1.7)	▼
Slowenien	511	(2.2)	69	(1.2)	▼
Internationaler Mittelwert	**500**	**(0.9)**	**81**	**(0.6)**	▼
Litauen	494	(3.6)	84	(2.6)	▼
Chile	487	(3.1)	86	(2.5)	▼
[3] Argentinien (B. A.)	450	(8.6)	94	(4.0)	▼
[5] Thailand	373	(4.7)	96	(2.6)	▼
Türkei	361	(5.0)	100	(3.0)	▼

Perzentile: 5% 25% 75% 95%

Mittelwert und Konfidenzintervall (± 2 SE)

▲ Teilnehmer, die signifikant über dem Mittelwert von Deutschland liegen (p < .05).
■ Kein signifikanter Unterschied zum Mittelwert von Deutschland.
▼ Teilnehmer, die signifikant unter dem Mittelwert von Deutschland liegen (p < .05).
Unterstrichen sind die Benchmark-Teilnehmer.
[1] Die nationale Zielpopulation entspricht nicht der 8. Jahrgangsstufe.
[2] Die Gesamtausschlussquote liegt über 5%.
[3] Die Schüler- und Schulgesamtteilnehmerquote liegt unter 75%.
[5] Abweichender Erhebungszeitraum.

Quelle: Bos et al. 2014: 126.

3 Medien im Unterricht

Prensky (2001: 3) sah voraus, dass die Schule und ihre Lehrkräfte in der Konfrontation mit Kindern und Jugendlichen, die mit digitalen Medien aufgewachsen sind, in eine tiefe Krise gestürzt werden: »[...] the single biggest problem facing education today is that our Digital Immigrant instructors, who speak an outdated language (that of the pre-digital age), are struggling to teach a population that speaks an entirely new language.« Prensky, selbst kein Medienpädagoge, sondern Entwickler von Computerspielen, fordert einen radikalen Bruch mit der Art, wie bisher in der Schule unterrichtet wird, z. B. mittels komplexer und mitreißender Computerspiele. Zwar kann, wie bereits in Kapitel 2.2 ausgeführt, infrage gestellt werden, dass es überhaupt den »Digital Native« gibt und dass er bzw. sie sich in seinem bzw. ihrem Lernverhalten so grundsätzlich von älteren Generationen unterscheidet, wie Prensky behauptet. Und auch, ob »game-based learning« die pädagogischen Probleme der heutigen Schule löst, sei dahingestellt. Dennoch ist die Frage mehr als legitim, welche Potenziale, aber auch welche Herausforderungen digitale Medien für den schulischen Unterricht mit sich bringen. Diese Frage wird in der Medienpädagogik schon seit den 1960er Jahren bearbeitet. Im Folgenden wird, ausgehend vom Status quo der schulischen Medienausstattung und -nutzung, zunächst das Potenzial digitaler Medien erörtert, wobei der Fokus auf den Möglichkeiten der Individualisierung und Differenzierung des Lernens liegt. In diesem Zusammenhang sollen auch die Chancen ausgelotet werden, die sie für den inklusiven Unterricht bergen. Anschließend wird auf Probleme und Herausforderungen des Unterrichts mit digitalen Medien eingegangen, um abschließend die Rolle der schulischen Rahmenbedingungen für das Gelingen der Integration digitaler Medien in den Unterricht herauszustellen.

3.1 Ausstattung und Nutzung digitaler Medien in der Schule

Nationale und internationale Studien der vergangenen Jahre haben immer wieder gezeigt, dass digitale Medien, auch wenn sie zum Alltag der Schüler und Lehrer gehören, an deutschen Schulen als Lehr- und Lernmittel nicht etabliert sind (Eickelmann 2010a; Senkbeil und Wittwer 2008; Bos et al. 2014). Die momentan aktuellste repräsentative Erhebung im Rahmen der »International Computer and Information Literacy Study« (ICILS 2013) der IEA belegt erneut, dass Deutschland sowohl bezüglich der Ausstattung wie auch der Nutzungshäufigkeit digitaler Medien im Unterricht weit abgeschlagen hinter anderen Nationen wie Australien, Kanada, Dänemark, Norwegen oder den Niederlanden liegt (Eickelmann et al. 2014; Gerick et al. 2014). Auf nationaler Ebene werden die Befunde der Studie ICILS 2013 durch verschiedene neuere Befragungen zur IT-Nutzung in der Schule bestätigt (BITKOM 2011b; forsa 2014).

Die Ausstattungsdichte mit digitalen Medien wird in internationalen Studien in der Regel als Schüler-Computer-Verhältnis ausgedrückt. Laut der Studie ICILS 2013 teilen sich an deutschen Sekundarschulen und Gymnasien aktuell 11,5 Schüler einen Computer. Zum Vergleich: In Norwegen und Australien sind es weniger als zwei Schüler, in den Niederlanden, Dänemark und der Schweiz zwischen vier und sieben Schüler. An der Ausstattungsdichte hat sich in Deutschland, anders als in vielen anderen Ländern, seit Mitte der 2000er Jahre wenig verändert: Bereits 2006 wurde vom Bundesministerium für Bildung und Forschung (BMBF) in den Sekundarstufen I und II ein Schüler-Computer-Verhältnis von 11:1 berichtet (BMBF 2006). Abbildung 4 zeigt die Veränderung der schulischen Computerausstattung in Deutschland im internationalen Vergleich und macht deutlich, dass Deutschland immer noch nicht das Ausstattungsniveau erreicht hat, das beispielsweise die USA

Abbildung 4: Entwicklung des Schüler-Computer-Verhältnisses in Deutschland, den USA und Dänemark von 1995–2013

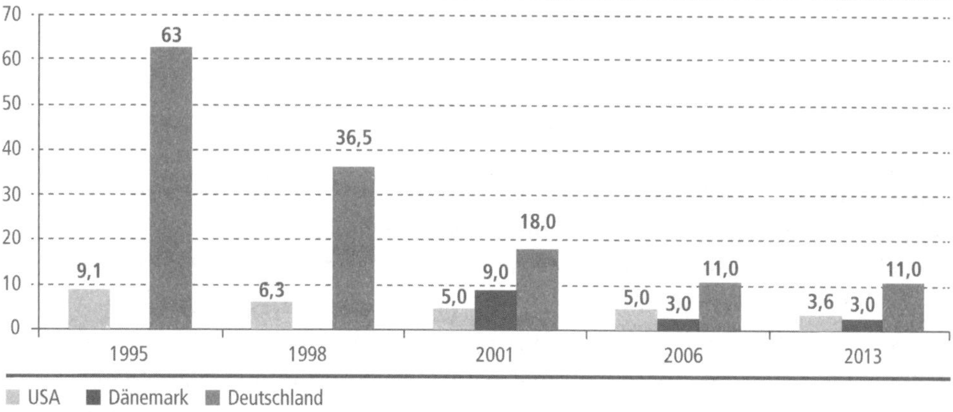

Quelle: BMBF 2006; Eickelmann et al. 2014; OECD 2010; Pelgrum, Reinen und Plomp 1993; Simba/Education Market Research 2014.

bereits vor 20 Jahren hatten. Es erscheint also nicht ganz aus der Luft gegriffen, wenn behauptet wird, dass Deutschland in dieser Hinsicht den Anschluss an andere hoch technisierte Nationen bisher verpasst hat. Aktuell befindet sich die Computerausstattung an deutschen Schulen in etwa auf demselben Niveau wie in Polen, der Tschechischen und der Slowakischen Republik oder in Litauen.

Auffällig an der schulischen Ausstattung in Deutschland ist, dass Computer vor allem in Computerräumen untergebracht sind (Gerick et al. 2014). Mit transportablen Computern wird weniger als die Hälfte der befragten Schüler unterrichtet, eigene Geräte (»Bring Your Own Device«, BYOD), nutzen nur 18 Prozent der Schüler, die in der Studie ICILS 2013 befragt wurden. Laut forsa-Befragung kann nur ein Prozent der deutschen Schulen auf eine Vollausstattung mit Tablet-Computern oder Smartphones zurückgreifen (forsa 2014). Diese Studie berichtet, dass elf Prozent der Schulen zumindest einzelne mit mobilen Medien (Tablet, Smartphone) ausgestattete Klassen besitzen. Die Ausstattungskonzepte in Ländern mit einem höheren Durchdringungsgrad digitaler Medien in der Schule setzen deutlich stärker auf mobile und eigene Geräte: Eigene Geräte, die in die Schule mitgebracht werden, nutzen in Dänemark 84 Prozent der Schüler, in Australien 53 Prozent und in Norwegen 48 Prozent. Auch stehen an den Schulen wesentlicher stärker als in Deutschland mobile Computer zur Verfügung (Dänemark: 72%, Australien: 58%, Norwegen: 68% der Schulen). Dass das Ausstattungskonzept in einem direkten Zusammenhang mit der unterrichtlichen Nutzung steht, hat sich bereits bei der Evaluation von Laptop-Klassen erwiesen: So zeigte sich bei der Evaluation des niedersächsischen Laptop-Modellversuchs »1000mal1000« (Schaumburg et al. 2007), dass etwa 40 Prozent der Schüler aus Notebook-Klassen angaben, mehrmals pro Woche oder gar täglich Computer im Unterricht zu nutzen. In »traditionell« unterrichteten Klassen lag der Prozentsatz der Schüler, die dies von sich behaupten konnten, bei nur sechs Prozent, obwohl auch diesen Klassen Computerräume und teilweise Computer in den Klassenräumen zur Verfügung standen.

Während die deutschen Schulen (wie international üblich) beinahe vollständig mit Standardsoftware (Textverarbeitung, Tabellenkalkulation, Präsentationsprogramme) und Internetzugängen ausgestattet sind, fällt auf, dass speziellere Software (z. B. digitale Spiele und Lernprogramme, Programme zum Erstellen multimedialer Produkte, Data-Logging-Werkzeuge) deutlich seltener zu finden ist (Fraillon et al. 2014). Bezüglich der Ausstattung mit Software ist dabei besonders augenfällig, dass an deutschen Schulen bisher kaum Technologien eingesetzt werden, mit denen schulisches und häusliches Lernen verbunden werden kann bzw. das schulische Lernen über den Kontext der Schule und des Klassenraums erweitert wird. So nutzen nur acht Prozent der deutschen Schüler Lern-Management-Systeme (LMS; Gerick et al. 2014), obwohl laut der forsa-Lehrerbefragung etwa die Hälfte der Schulen über eine geschützte Online-Lernplattform verfügt (forsa 2014). Nicht einmal einem Drittel (29%) wird von der Schule ein eigenes E-Mail-Konto zur Verfügung gestellt. In Australien nutzen dagegen 77 Prozent ein LMS und 96 Prozent haben über ihre Schule ein E-Mail-Konto, in Dänemark verfügen 90 Prozent über ein LMS und 95 Prozent über ein schulisches E-Mail-Konto und in Norwegen sind es 95 Prozent (LMS) bzw. 49 Prozent (E-Mail-Konto; Gerick et al. 2014).

Bewegt sich Deutschland mit der Ausstattung noch im Mittelfeld der in der Studie ICILS 2013 untersuchten Länder, so bildet es bezüglich der Häufigkeit, mit der digitale Medien im Unterricht eingesetzt werden, das Schlusslicht. Etwa zehn Prozent der in der Studie befragten Schüler geben an, nie einen Computer im Unterricht zu nutzen, weitere 35 Prozent nutzen ihn seltener als einmal im Monat (Eickelmann et al. 2014). Damit wird beinahe die Hälfte der Schüler in der Schule nach eigenen Aussagen so gut wie nie mit digitalen Medien im Unterricht konfrontiert. Auch der Anteil der Schüler, die angeben, Computer mindestens wöchentlich oder gar täglich zu nutzen, ist in Deutschland mit 30 Prozent eher klein. Der EU-Mittelwert liegt hier bei knapp 60 Prozent. In Dänemark nutzen mehr als drei Viertel der Schüler digitale Medien täglich oder wöchentlich im Unterricht, in Australien sind es sogar 80 Prozent. Aufgeteilt nach Fächern, ist in Deutschland auffällig, dass nur unter den Informatik- sowie den Arbeitskundelehrern eine überwiegende Mehrheit von 92 bzw. 83 Prozent angibt, Computer im Unterricht einzusetzen. In allen anderen Fächern und Fächergruppen sind es zwischen 50 Prozent (Philosophie/Ethik) und 60 Prozent (Deutsch). In anderen Ländern, wie Australien oder Dänemark, geben dagegen in allen Fächergruppen mehr als 90 Prozent der Lehrer an, Computer im Unterricht zu nutzen (Fraillon et al. 2014). Die BITKOM-Lehrerbefragung (BITKOM 2011b) bestätigt diese Zahlen. Etwa 20 Prozent der befragten Lehrer geben an, digitale Medien mehrmals in der Woche oder täglich im Unterricht einzusetzen. Computer und interaktive Whiteboards rangieren in ihrer Nutzungshäufigkeit klar hinter anderen Medien wie dem klassischen Overhead-Projektor. Interaktive Whiteboards, die in die zuvor genannten Studien nicht explizit einbezogen wurden, werden laut der BITKOM-Studie zwar von etwa einem Drittel der Lehrer regelmäßig, aber offenbar doch seltener als wöchentlich genutzt (BITKOM 2011b).

Entsprechend der Softwareausstattung werden in Deutschland am häufigsten Textverarbeitungs- und Präsentationsprogramme sowie internetbasierte Informationsrecherchen im Unterricht eingesetzt. Dies sind die Nutzungen, die auch im internationalen Vergleich am häufigsten vorkommen (Fraillon et al. 2014) und die in anderen Studien ebenfalls als am weitesten verbreitete Unterrichtstätigkeiten zutage treten (BITKOM 2011b; Schaumburg et al. 2007). Allerdings bewegen sich die Werte, wie die Gesamtnutzungshäufigkeit, auch für einzelne Programme weit unter dem internationalen Durchschnitt: Während etwa im Mittel der in der Studie ICILS 2013 untersuchten Länder 30 Prozent der Lehrer angaben, Textverarbeitung und Präsentationssoftware in den meisten Schulstunden einzusetzen, sind es in Deutschland nur zehn Prozent. Internetbasierte Recherchen werden im Mittel von 23 Prozent der befragten Lehrpersonen in den meisten Ländern durchgeführt, in Deutschland tun dies neun Prozent (Fraillon et al. 2014).

Was schließlich die in Kapitel 2.2 angesprochene Förderung digitaler Kompetenzen angeht, ist schon seit Längerem bekannt, dass diese im Unterricht an deutschen Schulen nur eine stark untergeordnete Bedeutung hat. So ergab die o. g. Evaluation von Notebook-Klassen in Niedersachsen, dass die systematische Reflexion der Chancen und Grenzen neuer Medien, der gesellschaftlichen Folgen der Mediatisierung, aber auch der persönlichen Lernfortschritte bei der Nutzung digitaler Medien im Unterricht praktisch nicht vorkommen und dies nicht nur in den traditionell unterrichteten Klassen, sondern auch in den untersuchten Notebook-Klassen (Schaumburg et al. 2007). Die aktuellen Daten der Studie ICILS 2013 bestätigen, dass sich hieran bis heute wenig geändert hat: Weniger als ein Drittel der befragten deutschen Lehrer gibt an, im Unterricht den Erwerb von informationsbezogenen Kompetenzen explizit zu fördern, etwa indem die Relevanz und die Glaubwürdigkeit von Internetquellen bei der Informationsrecherche oder Strategien der Informationssuche reflektiert werden. Einen besonders geringen Stellenwert haben Kompetenzen der digitalen Kooperation mit digitalen Medien: Nur 15 Prozent der deutschen Lehrer geben an, dass solche Kompetenzen in ihrem Unterricht regelmäßig gefördert werden. Auch hier liegen die deutschen Lehrer weit unter dem Maß ihrer internationalen Kollegen – im Mittel geben zwischen 50 und 60 Prozent der Lehrer an, digitale informationsbezogene Kompetenzen im Unterricht regelmäßig zu fördern, in Ländern wie Dänemark und Australien sind es mehr als 70 Prozent (Fraillon et al. 2014).

3.2 Chancen: Lernförderlicher Einsatz digitaler Medien im Unterricht

Digitalen Medien wird häufig ein enormes Potenzial zur Verbesserung schulischen Lernens zugeschrieben. Die Entdeckung des Internets als Lernmedium Mitte der 1990er Jahre war gekennzeichnet von einer Welle der Begeisterung über seine vermeintlich grenzenlosen Möglichkeiten zur Verbesserung des Lernens. Beispielhaft sei an dieser Stelle Owston (1997: 27) zitiert, der glaubte, dass dem Lernen »über das riesige Informationspool des weltumspannenden Internet [...] – zumindest theoretisch – kaum noch Grenzen gesetzt« sind. Einfacher, effektiver, motivierender und anspruchsvoller sollte das Lernen durch den Einsatz des Internets werden – so ähnlich hatte es bereits Skinner in den 1960er Jahren für das programmierte Lernen proklamiert (Skinner 1961). Das »Wie« und »Warum« wurde und wird indes häufig nur oberflächlich reflektiert. Den Einstieg dieses Kapitels bildet deshalb eine kurze Zusammenfassung der lernförderlichen Potenziale digitaler Medien aus lerntheoretischer und didaktischer Sicht. Im Anschluss wird der Fokus auf die Möglichkeiten der Individualisierung und Differenzierung des Lernens gelegt. Unter den Stichworten Adaptivität und Adaptierbarkeit werden dabei verschiedene Möglichkeiten diskutiert, wie digitale Medien an Lernvoraussetzungen und Lernverhalten von Schülern angepasst werden können. Der Abschluss des Kapitels bietet eine Zusammenschau des deutschen Forschungsstands zum Stellenwert digitaler Medien im inklusiven Unterricht bzw. im Unterricht von Schülern mit Behinderungen.

Lerntheoretische und didaktische Potenziale digitaler Medien

Um die Chancen digitaler Medien für das schulische Lernen zu klären, muss zunächst untersucht werden, worin sich das Lernen mit digitalen Medien überhaupt vom Lernen mit anderen Medien unterscheidet. Ausgehend von den technischen Möglichkeiten digitaler Medien lassen sich folgende Aspekte ins Zentrum rücken, die aus lernpsychologischer und didaktischer Perspektive relevant erscheinen (Schaumburg und Issing 2004a):

- die Darbietung *vernetzter, multimedial und interaktiv aufbereiteter Information*
- die Möglichkeit zur *computervermittelten Kommunikation* und
- die Möglichkeit, *digitale Produkte* mittels *netzbasierter Arbeitsumgebungen gemeinsam* zu *entwickeln* und zu *gestalten*

Anders als mit traditionellen Medien wie Schulbüchern oder der Tafel, mit denen Lerninhalte hauptsächlich in Form von Texten und Bildern präsentiert werden, bieten digitale Medien die Möglichkeit, Inhalte multimedial und interaktiv aufbereitet sowie miteinander vernetzt zu präsentieren. Ein solches Lernen in multimedialen Informationsräumen wird seit Mitte der 1980er Jahre im Rahmen der Instruktionsforschung zu Multimedia und Hypermedia intensiv untersucht (vgl. Schaumburg und Issing 2004b für eine zusammenfassende Darstellung). Multimedialität und Interaktivität sind Kennzeichen unterschiedlichster Lernanwendungen, angefangen von einfachen Übungsprogrammen bis hin zu komplexen Simulationen und Lernspielen. Nachdem in den 1990er Jahren vor allem die Multimedialität und Vernetzung im Vordergrund stand, werden Lernanwendungen aktuell vor allem mit Bezug auf ihre interaktiven Möglichkeiten weiterentwickelt, etwa im »game-based learning« (Le, Weber und Ebner 2013; Petko 2008) oder im Rahmen immersiver Lernumgebungen (Katzky et al. 2013). Mit den vielfältigen Gestaltungsoptionen für Lernprogramme geht eine Fülle didaktischer Potenziale einher, die auch vor dem Hintergrund fachlicher bzw. fachdidaktischer Vermittlungsfragen betrachtet werden müssen: Für die Naturwissenschaften ergeben sich beispielsweise andere Potenziale als für die Sprachen oder das Fach Deutsch. Zusammenfassend können aber folgende kognitionspsychologische und motivationspsychologische Grundannahmen vorweggeschickt werden, die das lernförderliche Potenzial digitaler Medien begründen.

Aus kognitionspsychologischer Perspektive wird argumentiert, dass die kombinierte Darbietung von Information für unterschiedliche Sinnesmodalitäten und in unterschiedlichen Codierungsformen, wie dies bei multimedialen Lernanwendungen und -applikationen geschieht, die Verarbeitung und Speicherung von Information in unterschiedlichen Gedächtnissystemen unterstützen kann und somit lernförderlich wirken sollte (Weidenmann 2009; Jadin 2013). Die interaktive Darbietung sollte dabei ergänzend dazu beitragen, die Auseinandersetzung mit dem Lernstoff zu intensivieren, und so die Verarbeitungstiefe beim Lernen erhöhen (Hooper und

Rieber 1995; Niegemann 2009). In der vernetzten Darbietung von Information wird weiterhin deshalb ein Vorteil gesehen, da der Lernende den Informationsraum entsprechend seinen individuellen Bedürfnissen, Vorkenntnissen und Interessen durchstöbern und dadurch neues Wissen besser in vorhandene Strukturen integrieren kann. Es wird angenommen, dass auf diese Weise ein selbstgesteuertes und problemorientiertes Lernen unterstützt wird und sich komplexe, schlecht strukturierte Themenbereiche in hypermedialer Form angemessener vermitteln lassen (Brünken und Seufert 2009; Spiro et al. 1991).

Motivationspsychologisch wird einer multimedialen, interaktiven und vernetzten Darbietung des Lernstoffs vor allem das Potenzial zugesprochen, positiv auf die intrinsische Motivation der Lernenden zu wirken. So sollte diese Darstellung besser als traditionelle Medien geeignet sein, Interesse und Neugier der Lernenden zu wecken. Eingekleidet in komplexe Spiel- bzw. authentische Anwendungsszenarien, sollte der Herausforderungscharakter des dargebotenen Lernmaterials steigen (Herzig und Grafe 2011; Petko 2008).

Ein empirisch überzeugender Beleg des Lernvorteils multimedialer und hypermedialer Programme gegenüber traditionellen Lernmedien steht allerdings noch aus. Zwar kommen Einzelstudien durchaus zu positiven Ergebnissen und auch Metastudien bescheinigen digitalen Medien eine moderat positive Lernwirksamkeit (Hattie 2013). Es gibt jedoch auch eine Flut von empirischen Arbeiten, die keine Unterschiede in der Lerneffektivität verschiedener Lernmedien nachweisen konnten oder sogar einen Nachteil der untersuchten Programme im Vergleich zu traditionellen Medien zeigten. So scheint die erfolgreiche Nutzung multimedialer Lernangebote besonders dann, wenn sie eine selbstständige Aneignung des Lerninhalts erfordern, entscheidend von den Selbstlernkompetenzen und dem Vorwissen der Lernenden abzuhängen. Nicht zuletzt schwächen hypermediaspezifische Probleme wie die kognitive Überlastung und Ablenkbarkeit, die durch die Breite des didaktisch häufig wenig strukturierten Informationsangebots im Internet entstehen, dessen Lerneffektivität (Dillon und Gabbard 1998; Liao 1999; Tergan 2002).

Neben digitaler Information in unterschiedlichen Formen stellen digitale Medien zahlreiche Werkzeuge für die Kommunikation und die vernetzte Zusammenarbeit bereit, etwa Diskussionsforen, Chats und Wikis oder kollaborative Werkzeuge wie Etherpad oder Google Docs. Diese gemeinsam genutzten »virtuellen Arbeitsräume« bieten den Lernenden die Möglichkeit, auf einfache Weise zu kommunizieren, elektronische Dokumente auszutauschen oder gemeinsam an einem digitalen Produkt zu arbeiten (Taraghi, Ebner und Schön 2013). Im sparsamsten Fall, den viele Schulen nutzen, handelt es sich bei einem solchen virtuellen Arbeitsraum um ein Verzeichnis auf einem zentralen Server, auf das alle Gruppenmitglieder zugreifen können. Im Forschungsfeld der computerunterstützten Zusammenarbeit (*computer-supported collaborative work, CSCW*) wurden jedoch auch komplexere Werkzeuge übernommen, die in schulischen Lernsituationen anwendbar sind, z. B. das gemeinsame Schreiben von Texten, internetbasiertes Mindmapping oder das gemeinsame Sammeln und Verschlagworten von Information (Karlhuber, Wageneder und Freisleben-Teutscher 2013).

Die lerntheoretisch-didaktische Basis für die Nutzung virtueller Arbeitsräume im Internet bildet der Ansatz des kollaborativen projektorientierten Lernens. Didaktische Strategien für dessen Gestaltung werden etwa von Papert (1980) im Rahmen des *Konstruktionismus*, von Schank, Berman und Macpherson (1999) unter dem Stichwort *learning by doing* oder von Hannafin (1994) als Lernen in sogenannten *open-ended learning environments* vorgeschlagen. Die verschiedenen Ansätze gleichen sich darin, dass die Lernenden mit einem komplexen, nicht eindeutig lösbaren Problem konfrontiert werden, zu dessen Lösung sie ein gemeinsames Produkt erstellen sollen (z. B. einen gemeinsam zu schreibenden Text, einen Vortrag, ein Computerprogramm). Der Lernprozess gliedert sich dabei in mehrere Phasen, in denen die Lernenden zunächst einen Plan oder eine Strategie zur Lösung des Problems erarbeiten und Teilaufgaben zur Lösung des Problems definieren und untereinander aufteilen. Anschließend recherchieren und analysieren sie notwendige Informationen, um im letzten Schritt zu einer gemeinsamen Lösung des Problems zu kommen. Dabei werden die individuellen Teilergebnisse zusammengetragen, diskutiert und integriert. Das Lernen in digitalen »open-ended learning environments« dient damit nicht nur dem fachlichen Lernen, sondern auch der Förderung von Informations- und Computerkompetenz.

Projektorientiertes Lernen wird besonders aus konstruktivistischer Perspektive befürwortet, da davon ausgegangen wird, dass es den Erwerb bedeutungsvollen Wissens, das sich die Lernenden in selbstständiger Weise aneignen, fördern sollte. Auch lassen sich Projekte gut an authentische Problemstellungen knüpfen, was situiertes, also in Anwendungssituationen verhaftetes Lernen unterstützen sollte (Brown, Collins und Duguid 1989). Die Anforderung, den Problemlöseprozess selbstständig zu strukturieren und am Ende zu einer greifbaren Lösung zu kommen, sollte die Auseinandersetzung mit dem Lernstoff vertiefen und dazu beitragen, dass die Lernenden nicht nur fachbezogene, sondern auch Problemlösekompetenzen erwerben (Blumenfeld et al. 1991).

Natürlich ist projektorientiertes Lernen nicht zwingend an digitale Medien geknüpft. Digitale Medien bieten hier aber besondere Potenziale, da den Schülern ein weitaus breiteres Angebot an Information bzw. Material bereitgestellt werden kann, das wesentlich mehr Möglichkeiten für die Bearbeitung individueller Fragestellungen und Interessen eröffnet. Weiterhin kann, wie bereits ausgeführt, mithilfe digitaler Kollaborationswerkzeuge die gemeinsame Arbeit an einem Produkt besser unterstützt und strukturiert werden und schließlich lassen sich die Produkte selbst im Anschluss über das Internet einer Vielzahl von Rezipienten zugänglich machen. Auch dies bietet Möglichkeiten für die Arbeit an authentischen Projekten, indem beispielsweise als Endprodukt ein Wikipedia-Artikel stehen könnte, der tatsächlich in der Wikipedia zur Veröffentlichung eingereicht wird. Diese Möglichkeiten digitaler Medien tragen somit aus der Sicht von Lehrpersonen entscheidend dazu bei, problemorientiertem und projekthaftem Lernen in der Schule eine neue Qualität zu verleihen (Schaumburg 2003).

Adaptive Lernsysteme als Chance für eine individualisierte Lernförderung

Ihren Ausgangspunkt nimmt die Beschäftigung mit den Potenzialen digitaler Medien für das individualisierte Lernen in der behavioristischen Lerntheorie, nach der bereits in den 1950er und 60er Jahren sogenannte Lernmaschinen entwickelt wurden, die nach dem Prinzip der »Programmierten Unterweisung« konstruiert waren (Skinner 1961). Die Grundprinzipien der Programmierten Unterweisung finden sich bis heute in digitalen Übungs- und Trainingsprogrammen (»Drill-and-Practice-Programme«. z. B. Vokabel- oder Kopfrechentrainer): Die Schüler werden mit einer Aufgabe konfrontiert, auf deren Lösung sie sofortiges Feedback und anschließend die nächste Aufgabe erhalten. Im Vergleich zum traditionellen Unterricht im Klassenraum können die Lernenden in ihrem eigenen Tempo voranschreiten, sie erhalten konsistentes und kontinuierliches Feedback und können eine Aufgabe »straflos« so oft wiederholen, wie es notwendig ist. Digitale Übungsprogramme sind für die punktuelle Förderung grundlegender Fertigkeiten bis heute verbreitet. Ihre Effizienz wurde seit den 1980er Jahren wiederholt in Meta-Analysen belegt, insbesondere wenn sie gezielt zur individuellen Förderung von Schülern mit Lerndefiziten im Unterricht eingesetzt werden (Cheung 2013). Einfache Autorenprogramme, wie das Programm »Hot Potatoes« oder vergleichbare Quiz-Komponenten, die inzwischen die meisten Online-Lernplattformen enthalten, erlauben es Lehrern dabei auch, solche digitalen Übungsaufgaben passgenau für ihren Unterricht selbst zu gestalten. Weiterhin dienen schon seit Längerem die Anreicherung von Übungen um multimediale Elemente und die Einbindung solcher Übungen in digitale Spielhandlungen dazu, Drill-and-Practice-Übungen für die Lernenden abwechslungsreicher und motivierender zu machen (Enyedy 2014).

Zunächst linear strukturiert, wurde die Programmierte Unterweisung bereits in den 1960er Jahren weiterentwickelt zu komplexen Instruktionsprogrammen, die mithilfe längerer und komplizierterer Instruktionseinheiten sowie Verzweigungen den Lernfortschritt und die Fähigkeiten der Lernenden berücksichtigen, den sogenannten Computer-Aided Instruction Systemen (CAI). Die Weiterentwicklung ermöglicht den Lernenden z. B., Aufgabeninhalt und -schwierigkeit auszuwählen, bzw. schlagen solche Programme aufgrund vorgeschalteter Vorwissenstests passende Aufgaben vor. Besonders in den USA erfreuen sich adaptive Lernsysteme zunehmender Beliebtheit. Beispiele sind die von der Firma Pearson vertriebene Programmreihe »SuccessMaker« zur Förderung der Bereiche Lesen und Mathematik von der ersten bis zur achten Klasse (Gatti 2010; 2011) oder die adaptive Online-Lernumgebung iLearnMath (Dynarski et al. 2007). Diese Programme werden entlang der nationalen Curriculumstandards entwickelt und beständig angepasst. In der Regel enthalten sie neben adaptiven Übungskomponenten Diagnosewerkzeuge für die Lehrkräfte, mit denen sich diese eine genaue Übersicht über den Bearbeitungsstand und bestehende Wissenslücken der Lernenden verschaffen können. Sie werden entsprechend auch im Rahmen des Response-to-Intervention-Ansatzes, d.h. eines Systems zur systematischen Früherkennung von Lernschwierigkeiten und Förderbedarf, das 2004 in den USA im Rahmen des Individuals with Disabilities Education Improvement Acts (IDEA) eingeführt wurde, im inklusiven Unterricht eingesetzt (Allsopp, McHatton und Farmer 2010).

Eine noch komplexere Form der adaptiven Lernunterstützung bieten sogenannte Intelligente Tutorielle Systeme (ITS). Diese analysieren auf der Grundlage eines datenbankgestützten Experten- und eines Lernermodells die tatsächlichen Denk- und Lernprozesse der Lernenden und haben den Anspruch, die Entwicklung problemlösenden Denkens in der vermittelten Domäne zu fördern. So gehören zu den Kernelementen des an der Carnegie Mellon Universität in Pittsburgh, Pennsylvania, entwickelten und an amerikanischen Schulen relativ verbreiteten Mathematik-Programms »Cognitive Tutor« (Kocdinger et al. 2000) konkrete, lebensnahe Problemstellungen als Ausgangssituation, kontextbasierte Lernhilfen und Hinweise, die die Lernenden bei den Schritten zur Problemlösung unterstützen, interaktive Beispiele, in denen Problemlösungen Schritt für Schritt modelliert werden, multiple Darstellungen des Lernstoffs in verschiedenen Repräsentationsformen (numerisch, grafisch, verbal) und Personalisierungsmöglichkeiten, mit denen Interessengebiete oder Themen bei den Aufgabenstellungen gewählt werden können. Das Kernstück bilden eine differenzierte Diagnose der Eingaben des Lernenden und entsprechend vom System generierte adaptive Hilfen und Rückmeldungen. Ähnlich funktioniert auch der EGPY-Tutor, der seit den 1960er Jahren an der Universität Stanford für die Fächer Mathematik und Language Arts entwickelt wurde (Suppes et al. 2014). Die Lernwirksamkeit intelligenter tutorieller Systeme wurde seit den 1980er Jahren in zahlreichen Studien überprüft. Sowohl für den Cognitive Tutor als auch für den EGPY-Tutor belegen zahlreiche Studien deren Lernwirksamkeit (Koedinger et al. 2000; Suppes et al. 2014). Auch in Meta-Analysen wurden substanzielle Lernvorteile Intelligenter Tutorieller Systeme bestätigt, wobei die Effekte solcher ITS größer ausfallen als bei einfacheren computerbasierten CAI-Programmen (Enyedy 2014; Kulik und Fletcher 2015). Einschränkend muss dazu allerdings gesagt werden, dass ITS dennoch weniger effektiv sind als menschliche Tutoren und dass die Erfahrung der Lehrpersonen beim Einsatz mit solchen Programmen ebenfalls eine Rolle zu spielen scheint (ebd.). Schließlich zeigten sich mit Bezug auf das Abschneiden der Schüler in nationalen Vergleichsarbeiten teilweise nur geringe oder keine Lernvorteile (Wijekumar, Meyer und Lei 2012). Auch gibt es im schulischen Bereich mit Ausnahme des verbreiteten Cognitive Tutor bisher nur wenige ITS und diejenigen, die es gibt, decken nur eng umgrenzte, meist mathematische Inhaltsbereiche ab (Enyedy 2014).

Dennoch wird adaptiven Lernprogrammen, ob CAI oder ITS, gerade heute wieder eine große Bedeutung für die Verbesserung der individuellen Lernförderung zugeschrieben. So wurde unter der Regierung von Barack Obama in den USA die Advanced Research Projects Agency for Education (ARPA-Ed) ins Leben gerufen, die Projekte zur Verbesserung des schulischen Lehrens und Lernens finanzieren soll, wobei ein besonderer Fokus auf der Entwicklung personalisierter Lernsysteme liegt (ebd.). Möglicherweise birgt in diesem Zusammenhang auch die differenzierte

Analyse der immensen Datenmengen, wie sie beim Navigieren in einem Lern-Management-System oder auf einer Lernplattform anfallen, neue Möglichkeiten für die passgenaue Adaptierung von Lernangeboten. Unter den Stichworten »Educational Data Mining« (Calders und Pechenizkiy 2012) und »Learning Analytics« (Siemens und Baker 2010) arbeiten verschiedene Forschergruppen daran, die Bewegungen von Lernenden in Lernprogrammen und Lern-Management-Systemen anhand differenzierter Logfile-Analysen auszuwerten, um so Rückschlüsse auf Lernprozesse oder etwaige Wissensdefizite zu ziehen und adaptive Programme zu optimieren. Bisher stecken solche Technologien allerdings noch in den Kinderschuhen.

Was schließlich die Verbreitung und tatsächliche Nutzung von tutoriellen Systemen sowie Lern- und Übungsprogrammen angeht, zeigen verschiedene Studien, dass diese – zumindest in Deutschland – bisher noch nicht sehr verbreitet sind: Laut der BITKOM-Lehrkräftebefragung (BITKOM 2011b) nutzen 45 Prozent der Lehrer spezielle Lernprogramme wie Vokabel- oder Rechtschreibtrainer, die Studie ICILS 2013 fand gar nur einen Anteil von einem Viertel der deutschen Lehrer, die solche Programme nutzen (Eickelmann et al. 2014). Auch in der Befragung von Schaumburg et al. (2007) gab die Mehrheit der Lehrkräfte an, dass Übungsprogramme in ihrem Unterricht eher selten eingesetzt werden. Die Nutzung komplexer CAI-Programme und Intelligenter Tutorieller Systeme (ITS) wird in deutschen Studien bisher nicht differenziert erfragt, was den Rückschluss zulässt, dass diese Programme in deutschen Klassenzimmern bisher kaum angekommen sind.

Gleichwohl sind Lehrer der Ansicht, dass digitale Medien Vorteile für die Individualisierung des schulischen Lernens bieten. In der BITKOM-Lehrerbefragung stimmen dieser Aussage 77 Prozent der Lehrkräfte zu und machen die Individualisierung des Lernens damit zu einem der Hauptargumente für die Nutzung von Computer und Internet in der Schule (BITKOM 2011b). Die Studie ICILS 2013 bestätigt ebenfalls, dass etwas mehr als die Hälfte der (Sekundarstufen-)Lehrer (56,7 %) der Meinung ist, dass digitale Medien es erleichtern, das individuelle Lernniveau der Schüler zu berücksichtigen (Eickelmann et al. 2014). Auf der Grundlage der Studie »Second Information Technology in Education Study, Modul 2« (Sites M2), bei der eine Befragung sowie Fallstudien mit insgesamt 180 Lehrpersonen, die digitale Medien innovativ im Unterricht einsetzen, durchgeführt wurden, kommt schließlich auch Eickelmann (2010b) zu dem Ergebnis, dass die Möglichkeit, unterschiedliche Leistungsniveaus zu berücksichtigen und individuelle Lern- und Übungsaufgaben bereitzustellen, als Vorteil digitaler Medien gesehen wird, hier allerdings vor allem von Lehrern der Primarstufe.

Adaptierbare personalisierte Lernumgebungen als Chance für eine vielfältige individualisierte Lernunterstützung

Bereits Leutner (1992; 2009) unterschied »adaptive« von »adaptierbaren« computerbasierten Lernprogrammen. Er weist damit auf den Unterschied hin, dass es einerseits – wie im vorangegangenen Abschnitt besprochen – Programme gibt, die sich aufgrund technischer Algorithmen an das Lernverhalten oder die Lernvoraussetzungen des Lernenden anpassen und den Lernenden ein für sie individuell zugeschnittenes Lernangebot bereitstellen. Das Programm passt sich hierbei bezüglich von Aspekten wie Instruktionssequenz, Aufgabenpräsentationszeit, Aufgabenschwierigkeit oder Anzahl und Art adaptiver Hilfen an das Lernverhalten der Schüler an (Leutner 2009). Daneben kann eine Individualisierung des Lernens aber auch darüber geschehen, dass digitale Lernumgebungen lediglich Optionen bereitstellen, sodass der Lernende das Lernangebot allein bzw. mit Unterstützung von Lehrkräften an seine Bedürfnisse, Interessen und Vorlieben anpassen kann. In diesem Sinne haben sich seit Mitte der 1990cr Jahre die Begriffe der Individualisierung und Differenzierung zu Schlüsselbegriffen der konstruktivistischen Didaktik entwickelt – unter dieser Perspektive sind nämlich Lernprozesse immer hoch individualisierte Entwicklungsprozesse, sodass es grundsätzlich anzustreben ist, den Unterricht so zu gestalten, dass er an die individuellen Lernvoraussetzungen der Schüler adaptiert werden kann (Klieme und Warwas 2011). Diese Perspektive wird mit der Orientierung am Idealbild des inklusiven Unterrichts seit der Verabschiedung der UN-Behindertenrechtskonvention im Jahr 2008 noch einmal verstärkt, stellt sie doch die Heterogenität der Schüler als zentrales Prinzip in den Mittelpunkt, an dem alle didaktischen Überlegungen auszurichten sind (Bosse 2012; Hinz 2010).

Unter dem Gesichtspunkt der Adaptierbarkeit bieten digitale Medien vielfältige Möglichkeiten für Schüler, allein, aber auch in Gruppen selbstgesteuert und damit auch ihren individuellen Lernvoraussetzungen und -interessen entsprechend zu lernen. Digital unterstützte Lernarrangements bieten z. B. folgende Potenziale für die Individualisierung und Differenzierung (Leutner 2009):

* *Berücksichtigung verschiedener Lerninteressen und Neigungen:* Durch die Bereitstellung einer Fülle digitaler Informationen kann eine Vielzahl thematischer Inhalte bearbeitet werden (z. B. im offenen Unterricht und in der Projektarbeit)
* *Berücksichtigung verschiedener Lernpräferenzen und -stile:* Persönliche Vorlieben und Lernpräferenzen können durch das gleichzeitige Angebot von Lernmaterialien in unterschiedlicher Form (z. B. als Text, als Film, als Spiel) bedient werden
* *Berücksichtigung von Unterschieden in der Leistungsfähigkeit und im Vorwissen:* Digitales Zusatz- und Übungsmaterial kann den Lernenden für die individuelle Vertiefung bzw. individuelles Nachholen zur Verfügung gestellt werden

Obwohl generell die Adaptierbarkeit von digitalen Lernmedien gerade vor dem Hintergrund konstruktivistischer Lerntheorien als wünschenswert gesehen wird, liegen für die Lernwirksamkeit adaptierbarer Lernsysteme deutlich gemischtere Belege vor. So finden Karich, Burns und Maki (2014) in einem aktuellen Forschungsüberblick, dass sich die Möglichkeit der Lernerkontrolle, also der selbstständigen Steuerung bzw. Wahlmöglichkeit von Lernwegen, Lernzeit, Anzahl und Art von Übungsaufgaben, Menge des Übungsmaterials usw., im Vergleich zu Programmen, die keine Kontrollmöglichkeiten bieten, nicht systematisch positiv auf das Lernergebnis auswirkt (allerdings auch nicht negativ). Auch die eingangs bereits berichteten Befunde zum Lernen mit Hypertexten (Dillon und Gabbard 1998; Tergan 2002) deuten darauf hin, dass offene Lernumgebungen mit vielen Wahloptionen für Lernende mit geringem Vorwissen oder mit mangelhaften Lernstrategien Probleme aufwerfen können.

Gerade im US-amerikanischen Kontext werden die Möglichkeiten digitaler Medien zur Unterstützung der Individualisierung und Differenzierung des schulischen Lernens durch Online- und Blended-Learning-Angebote im Moment intensiv diskutiert. In einem Überblick über Varianten von Blended Learning an US-amerikanischen Schulen unterscheiden Horn und Staker (2011) sechs Modelle (Tabelle 4).

Tabelle 4: Blended-Learning-Modelle an K-12 Schulen
(nach Horn und Staker 2011: 4 ff.)

Modell	Beschreibung	Beispiel
Face to Face Driver	Der Unterricht wird im Wesentlichen Face-to-Face erteilt. Digitale Medien werden vereinzelt zur Unterstützung von Lernenden mit Defiziten bzw. Lernrückständen eingesetzt.	In der Leadership Public High School haben spanischsprachige Schüler die Möglichkeit, an Computern im hinteren Teil der Klasse mit einem Online-Lehrbuch und einem Übersetzungsprogramm ihre Sprachkompetenzen zu verbessern und dem Lernstoff in ihrem eigenen Tempo zu folgen.
Rotation	Die Lernenden rotieren in einem gegebenen Kursformat zwischen Online- und Face to Face-Einheiten. Die Lehrperson kontrolliert auch die online erbrachten Lernergebnisse.	Die Unterrichtsstunden an der Carpe Diem Collegiate High School dauern 55 Minuten. Die Schüler verbringen jeweils eine Kurseinheit in einem Online-Lern-Labor und beschäftigen sich mit neuen Kursinhalten. In der nächsten Kurseinheit werden die Kursinhalte im klassischen Klassenraum-Setting angewendet und geübt. Jeder Schüler nimmt pro Tag an zwei bis drei solcher Rotationen teil.
Flex	Im Zentrum dieser Ansätze steht eine Lernplattform, über die die meisten Lerninhalte vermittelt werden. Lehrkräfte unterstützen die Lernenden flexibel und nach Bedarf.	An der AdvancePath Academy für Schulverweigerer verbringen die Schüler die meiste Lernzeit online. Je nach Bedarf holen die Lehrer die Schüler individuell oder in Kleingruppen zur Arbeit offline in Lernbüros.
Online Lab	Die Lerninhalte werden komplett über eine Online-Plattform angeboten, die Lernenden kommen hierfür jedoch in ein physisches Computer-Lab. Die Lernbetreuung wird von Online-Lehrern übernommen, während das physisch anwesende Personal nur die Aufsichtsfunktion übernimmt. Häufig wird das Online-Angebot mit traditionellem Unterricht kombiniert.	Aufgrund von Lehrermangel lernen die Schüler der Florida Virtual School in ihrer Schule weitgehend in Online-Kursen und werden dabei von pädagogischen Helfern beaufsichtigt.
Self-Blend	Schüler besuchen eine herkömmliche Schule und ergänzen deren Angebot um Online-Kurse, die sie außerhalb der Schule, angeboten durch andere Institutionen, in der Regel als Fernunterricht belegen.	Schüler belegen außerhalb der Schule Online-Kurse, weil die entsprechenden Angebote an ihrer Schule nicht angeboten werden.
Online Driver	In diesem Modell werden alle Kurse als Fernlernangebot über eine Lernplattform absolviert und von Online-Lehrkräften betreut. Face to Face-Besprechungen sind teilweise verpflichtend.	Vorausgesetzt sie haben mindestens mittelmäßige Leistungen, können Schüler der Albuquerque Public School eCADEMY nach einem Treffen mit ihrer Lehrerin/ihrem Lehrer entscheiden, eine Kurseinheit online zu belegen.

Ein erfolgreiches Grundprinzip, nach dem verschiedene adaptive Blended-Lernsysteme gestaltet sind, ist das sogenannte »Mastery Learning«, bei dem der Lernstand der Schüler in kurzen Abständen getestet und sichergestellt wird, dass sie im Lernstoff erst voranschreiten, wenn das Vorherige sicher beherrscht wird (Bloom 1971). Einige neuere Initiativen stellen dieses bewährte didaktische Prinzip wieder als Design-Konzept für die Entwicklung digitaler Werkzeuge zur Lernunterstützung in den Mittelpunkt. Unter den von Horn und Staker (2011) gesichteten Schulversuchen arbeitet beispielsweise die Carpe Diem High School (Rotationsmodell) nach dem Prinzip des Mastery Learning. Ein anderes Beispiel ist die von verschiedenen Stiftungen geförderte Initiative »School of One« bzw. »Teach-to-One: Math«. Dieses Programm zur individualisierten Förderung der mathematischen Kompetenzen von Schülern der Mittelstufe kombiniert, ähnlich wie die Carpe Diem High School, Online- und Offline-Lernangebote (z. B. computerbasierte Übungen, Kleingruppenarbeit, individuelles Tutoring) mit dem Ziel, den Schülern eine möglichst individuelle Lernunterstützung zu bieten. Der Lernfortschritt wird täglich überprüft, um den Schülern ein angepasstes Lernangebot zu unterbreiten. Ein erster Evaluationsbericht von Ready et al. (2013) bescheinigt den Schülern von »Teach-to-One: Math« überdurchschnittliche Lernzuwächse, wobei besonders lernschwache Schüler von dem Programm profitiert haben.

Seit 2011 fördert auch das »Project Mastery« der Bill und Melinda Gates Stiftung die Entwicklung von Online-Lernplattformen und Lernmaterialien zur individualisierten, kompetenzbasierten Lernunterstützung (Steele et al. 2014). Zwei Schulbezirke und eine Nicht-Regierungsorganisation entwickelten in den Jahren 2011 bis 2014 mit Unterstützung der Stiftung verschiedene Ansätze für technologieunterstütztes kompetenzbasiertes Lernen, wobei die entwickelten Ansätze nur im weiteren Sinne auf das Konzept des Mastery Learning aufbauen. Gefördert wurden auch die Entwicklung von Kompetenzrastern und die entsprechende Anpassung der an den Schulen verwendeten Lernplattformen sowie die Gestaltung von projektbasierten Lernumgebungen mit höheren Graden an Selbststeuerung und Lernerkontrolle. Der erste Evaluationsbericht der Rand Corporation (Steele et al. 2014), der die Implementation der reformierten Unterrichtsmaterialien und -plattformen fokussiert, findet von Institution zu Institution recht unterschiedliche Ergebnisse und zeigt verschiedene Probleme auf, die die Umstellung von Bildungseinrichtungen zu einem stärker kompetenzbasierten und individualisierten Curriculum mit sich bringt.

Etwa seit Mitte der 2000er Jahre werden im Zusammenhang mit der Individualisierung des Lernens durch digitale Lernumgebungen auch sogenannte Personal Learning Environments (PLE) diskutiert, in denen sich Lernende aus der Fülle der ihnen verfügbaren digitalen Ressourcen ein persönliches Angebot an Lernmaterialien zusammenstellen. Das Kennzeichen von PLE ist, dass sie eine plattformunabhängige Sammlung individueller Lernressourcen darstellen, die im Idealfall als lebenslange Lernumgebung genutzt und kontinuierlich weiterentwickelt werden (Wilson et al. 2007). PLE stellen damit eine kritische Gegenposition zu den organisierten und strukturierten Kursformaten, wie sie durch Lern-Management-Systeme

(LMS) vorgegeben werden, dar. Inwieweit sie als Plattformen, die informelles und formelles Lernen verbinden, bisher in der Schule angekommen sind, ist unklar, zumal sie in gewissem Widerspruch zum formalisierten Lernkontext der Schule stehen. Unter den von Horn und Staker (2011) identifizierten Modellen weist lediglich das Self-Blend-Modell eine Nähe zum Konzept der Personal Learning Environments auf.

Insgesamt scheinen digitale Medien im Kontext des offenen Unterrichts und des selbstgesteuerten Lernens jedoch auch bei deutschen Lehrern, zumindest in Modellversuchen, auf eine relativ große Akzeptanz zu stoßen. So fand Eickelmann (2010b) in der bereits genannten Sites-M2-Studie, dass digitalen Medien im offenen Unterricht herausragende Potenziale zugemessen werden. Alle in dieser Studie befragten Lehrpersonen gaben an, digitale Medien im offenen Unterricht einzusetzen; 80 Prozent verwenden sie in diesem Kontext zur Binnendifferenzierung. Auch war die überwiegende Mehrheit der Meinung, dass sich das selbstständige und eigenverantwortliche Lernen mit digitalen Medien fördern lässt (78 %) und sich individuell bevorzugte Lernwege mit digitalen Medien besser berücksichtigen lassen (73 %). Mehr als die Hälfte führte Unterrichtsprojekte durch, in denen explorierend oder forschend gelernt wurde. Vergleichbare Ergebnisse finden auch Schaumburg et al. (2007) in der Evaluation von Laptop-Klassen; allerdings konnte in den begleitend durchgeführten Unterrichtsbeobachtungen keine Veränderung in dieser Hinsicht im medial unterstützten Unterricht festgestellt werden.

Defizite ausgleichen und individuelle Lernunterstützung bieten –
Chancen digitaler Medien für Schüler mit Behinderungen

Während in den USA seit dem IDEA-Gesetz (Individuals with Disabilities Education Improvement Act) gerade im Kontext des Response-to-Intervention-Ansatzes auch die Chancen digitaler Medien im inklusiven Unterricht thematisiert werden (s. o.), ist in der deutschen Diskussion das Thema »Inklusion und digitale Medien« noch unterbelichtet. Im Bereich der Sonder- und Förderpädagogik wurden digitale Medien bis zur Mitte der 2000er Jahre, wenn überhaupt, vor allem mit Bezug auf ihre rehabilitative Nutzung und zur Kompensierung spezifischer Leistungsdefizite diskutiert (Schwier 2009). Spezielle Hard- und Software bietet für Schüler mit Behinderungen in diesem Bereich vielfältige Möglichkeiten. Mastenbroek (2008) unterscheidet die Rolle digitaler Medien als prothetisches Hilfsmittel und als Mittel der pädagogischen Förderung. Im Bereich der prothetischen Hilfsmittel gibt es inzwischen ein breites Spektrum unterstützender bzw. assistiver Technologien (zusammenfassend in Fisseler 2012), etwa wenn Sprachcomputer Defizite kommunikationsgeschädigter Schüler ausgleichen (Bock 2008), Geometriesoftware es Schülern mit motorischen Defiziten ermöglicht, Zeichnungen und Konstruktionen zu erstellen (Schaible 2008) oder Screenreader sehbehinderten Schülern eigenständige Internetrecherchen erlauben (Rüger et al. 2008).

In der sonderpädagogischen Förderung gibt es ebenfalls ein breites Spektrum an Einsatzmöglichkeiten digitaler Medien, das aber grundsätzlich den Möglichkeiten gleicht, die generell in der Mediendidaktik diskutiert werden. So existieren zahlreiche Programme zum Fördern und Üben für Schüler mit unterschiedlichen Defiziten, z. B. internetbasierte Sprach- und Rechenübungen für den Unterricht mit geistig Behinderten (Mästle 2008; Eberhardt und Bauer 2008) oder Lernspiele zur Konzentrationsförderung für Schüler mit Lernbehinderungen und ADHS (Heinz und Poerschke 2012). Darüber hinaus werden Konzepte für den sonderpädagogischen Projektunterricht mit digitalen Medien vorgeschlagen, z. B. die Erstellung eines Multimediaprodukts (Vollmer 2008) für notebookbasierte Wochenplan- und Stationenarbeit in der Förderschule (Mast-Sindlinger 2008) oder für iPad-Nutzung mit Schülern mit Förderbedarf (Münzer 2012), die nicht nur auf das fachliche Lernen, sondern auch auf den Erwerb von Medienkompetenz und Kompetenzen des selbstorganisierten Lernens abzielen. Schließlich kann mittels E-Learning chronisch kranken Schülern oder solchen, die längerfristig im Krankenhaus behandelt werden müssen, ein Zugang zum Unterricht ermöglicht werden (Prändl und Mazarin 2008).

Schwier (2009) fand in einer Befragung an 15 Förderschulen, dass Computer vorrangig für die Aneignung basaler Fähigkeiten durch Übungsprogramme und Spiele sowie – wie auch an den allgemeinbildenden Schulen – für Textverarbeitung und Internetrecherchen eingesetzt werden. Rehabilitative Nutzungen auf der Basis diagnostizierter Defizite kamen dagegen deutlich seltener vor. Diese Untersuchung deutet also darauf hin, dass die Nutzung digitaler Medien mit Schülern mit sonderpädagogischem Förderbedarf sich nicht grundsätzlich vom schulischen Einsatz bei anderen Schülern unterscheidet. Zentel (2008) weist allerdings darauf hin, dass in der Sonderschule spezifische Anforderungen an die digitale Medienausstattung zu stellen sind, damit sie im Unterricht eingesetzt werden können, indem beispielsweise entsprechende Eingabehilfen vorhanden sein müssen.

Unter der Perspektive der Inklusion wird darüber hinaus der bereits diskutierte Aspekt der digitalen Spaltung noch einmal akzentuiert: Um eine digitale Spaltung mit Blick auf Menschen mit Behinderungen zu verhindern, müssen digitale Medien erstens so beschaffen sein, dass die Mediengestaltung niemanden ausschließt: Sie muss barrierefrei sein. Digitale Medien bieten hier im Vergleich zu den klassischen Medien erweiterte Möglichkeiten der Barrierefreiheit – diese werden jedoch nicht immer konsequent ausgeschöpft (Miesenberger et al. 2012). Zweitens kommt der inklusiven Schule mit Blick auf die digitale Spaltung einmal mehr die Aufgabe der Förderung von Medienkompetenz aller Schüler zu. Medienbildung zu vermitteln, wird aus dieser Perspektive zu einem Kernanliegen des inklusiven Unterrichts (Bosse 2012).

3.3 Risiken: Digitale Medien als Störfaktor im Unterricht

Zu Beginn dieses Kapitels wurde bereits dargestellt, dass digitale Medien trotz vielfältiger Potenziale, die sie für eine Verbesserung des Unterrichts besitzen, von der Mehrheit der Lehrer (zumindest in Deutschland) nur selten eingesetzt werden. Auch verweist die nach wie vor uneinheitliche Befundlage zu den Lernvorteilen digitaler Medien darauf, dass ihr erfolgreicher und lernförderlicher Einsatz an Bedingungen geknüpft ist. Digitale Medien sind nicht per se lernwirksam und sie sind auch nicht grundsätzlich anderen Medien überlegen. Diese Erfahrung machen auch Lehrer, die digitale Medien im Unterricht einsetzen. Im Folgenden werden deshalb Probleme und Grenzen des Einsatzes digitaler Medien thematisiert.

Ablenkung, Plagiate & Co. – Risiken digitaler Medien für den Unterricht

Probleme und Schwierigkeiten, die sich beim Einsatz digitaler Medien im Unterricht zeigen, stehen eher selten im Zentrum empirischer Untersuchungen. Sie werden teilweise im Rahmen von Lehrerbefragungen erhoben, wo sie aber eher als Indikator für eine negative Grundhaltung gegenüber digitalen Medien im Unterricht und nicht als Abbild tatsächlich existierender Schwierigkeiten interpretiert werden (z. B. in der Studie ICILS 2013). Dennoch geben solche Befragungen auch Hinweise darauf, worin Probleme und Risiken bei der Implementation digitaler Medien in den Unterricht bestehen, zumal in Lehrerbefragungen häufig ähnliche Probleme genannt werden. Exemplarisch seien an dieser Stelle die Ergebnisse der Lehrerbefragung im Rahmen von ICILS 2013 vorgestellt, die Probleme digitaler Medien bei der Unterrichtsgestaltung relativ differenziert erfasst hat (Tabelle 5).

Tabelle 5: Zustimmung deutscher und internationaler Lehrkräfte zu Problemen beim Einsatz digitaler Medien im Unterricht in der Studie ICILS 2013

	Lehrerbefragung Deutschland	Internationaler Mittelwert
Verleitet zum Kopieren von Materialien aus dem Internet	76 %	49 %
Negative Wirkung auf Schreibfertigkeiten	52 %	67 %
Führt zu reduzierter Kommunikation zwischen den Schülern	52 %	58 %
Negative Wirkung auf Rechenfertigkeiten	41 %	48 %
Behindert das konzeptuelle Verständnis im Vergleich zum Lernen mit realen Objekten	38 %	40 %
Organisatorische Probleme	34 %	17 %
Lenkt Schüler vom Lernen ab	29 %	24 %

Quelle: eigene Darstellung nach Fraillon et al. 2014: 200 f.

Neben solchen Befragungen werden negative Auswirkungen auf den Unterricht vor allem in Evaluationen von Modellversuchen und Pilotprojekten zum Einsatz digitaler Medien im Unterricht dokumentiert. Aus der Vielzahl genannter Schwierigkeiten werden im Folgenden die Probleme der Ablenkung, des Kopierens von Materialien und der Schreibfertigkeit in den Fokus genommen, da diese zum einen besonders häufig in der öffentlichen Diskussion um digitale Medien thematisiert werden und hierzu auch bereits verschiedene Studien vorliegen, deren Ergebnisse an dieser Stelle kurz zusammengefasst werden.

Ablenkung im Unterricht: Dass digitale Medien vielfältige Möglichkeiten der Ablenkung vom Lerngeschehen im Unterricht bieten, liegt auf der Hand. Medienberichten zufolge werden immer wieder Laptop- und Computerklassen abgeschafft, da die Geräte dazu führen, dass sich die Schüler nicht mehr auf den Unterrichtsstoff konzentrieren können. US-amerikanische Studien zeigen tatsächlich, dass Lernende mit Laptops oder Tablets mitunter zwei Drittel der Unterrichtszeit mit unterrichtsfernen Tätigkeiten, wie der Kommunikation über Facebook, Spielen und Webrecherchen, verbringen und sich das mediale Multitasking negativ auf ihre Lernleistungen auswirkt (Fried 2008; Ragan et al. 2014; zusammenfassend in Spitzer 2014; vgl. zum medialen Multitasking auch Kap. 2). Allerdings wurden derartig hohe Ablenkungswerte bei der Untersuchung des Medienverhaltens von Studierenden in universitären Vorlesungen festgestellt und können wohl kaum auf das schulische Lernen im Klassenraum, also auf ein wesentlich interaktiveres und überschaubareres Lernsetting übertragen werden. Aber auch in der Schule ist das Problem der Ablenkung in zahlreichen Evaluationen dokumentiert, insbesondere für den Einsatz mobiler Medien wie Laptops und Tablet-PCs in 1:1-Ausstattungssituationen (Häuptle und Reinmann 2006; Gutknecht-Gmeiner und Neugschwentner 2012; Karsenti und Fievez 2012; Schaumburg et al. 2007; Welling et al. 2014). In einem Modellversuch zu mobilen Lernbegleitern, an dem 27 österreichische Schulen verschiedener Schultypen von der Grundschule bis zur Berufsschule teilnahmen, waren beispielsweise 61 Prozent der Lehrkräfte der Meinung, dass die Ablenkung der Schüler durch die Nutzung digitaler Medien im Unterricht zugenommen habe (Gutknecht-Gmeiner und Neugschwentner 2012). In der Lehrerbefragung der Studie ICILS 2013 gaben allerdings nur 24 Prozent der Lehrkräfte an, dass Ablenkung ein bedeutendes Problem bei der Nutzung digitaler Medien darstellt (s. o.). Tatsächlich wird das Ablenkungspotenzial digitaler Medien in Studien, die sich auf den schulischen Kontext beziehen, aus verschiedenen Gründen häufig relativiert. So zeigt sich, dass Lehrer zwar feststellen, dass digitale Medien ein gewisses Ablenkungspotenzial haben, viele Lehrkräfte dies aber vergleichbar zu den Ablenkungsmöglichkeiten im Unterricht ohne digitale Medien einschätzen (Schaumburg et al. 2007; Welling et al. 2014). Häuptle und Reinmann (2006) stellen fest, dass Schüler digitalen »Nebenbeschäftigungen« vor allem dann nachgehen, wenn im Unterricht »Leerlaufphasen« entstehen, z. B. wenn die Lehrkraft ein technisches Problem beheben muss. Auch dokumentieren verschiedene Studien, dass die Lehrkräfte im Verlauf der Zeit Strategien und Regeln entwickeln, um der Ablenkungsgefahr durch die digitalen Geräte im Unterricht zu begegnen (z. B. die Geräte in bestimmten Unterrichtsphasen abzuschalten oder zuzuklappen), und sich das Problem der Ablenkung damit zunehmend weniger stellt (Gutknecht-Gmeiner und Neugschwentner 2012; Schaumburg und Issing 2002; Schaumburg et al. 2007). Teilweise erweisen sich ergänzend auch technische Lösungen wie eine Kontrollsoftware für Lehrer oder die Möglichkeit, den Internetzugang variabel an- und abzuschalten, als hilfreich (Schaumburg et al. 2007). Welling et al. (2014) fanden in ihrer Evaluation eines Gymnasiums, an dem Tablet-PCs eingesetzt werden, dass sich im Lauf des Projektes bei den Schülern ein gewisses Problembewusstsein für die Ablenkungsgefahr durch die Tablets einstellt und sie Strategien entwickeln, sich weniger ablenken zu lassen. In dieser Studie zeigte sich, dass der Umgang mit der Ablenkung Teil des Prozesses ist, Verantwortung für das eigene Lernen zu übernehmen.

Zusammenfassend kann festgehalten werden, dass unbestreitbar die Gefahr der Ablenkung durch digitale Medien besteht. Eine strukturierte und unterbrechungsarme Unterrichtsführung, klare Regeln zum Umgang mit den digitalen Geräten und auch das gezielte »Abschalten« können diese jedoch deutlich reduzieren. Schließlich stellt der bewusste Umgang mit der Ablenkungsgefahr digitaler Medien auch eine Facette eigenverantwortlichen Medienhandelns dar und sollte deshalb als Teil von Medienkompetenz explizit im Unterricht thematisiert werden.

Oberflächliche Verarbeitung und Plagiate bei der Informationsrecherche: Die Recherche von Informationen im Internet gehört zu den häufigsten schulischen Unterrichtstätigkeiten, wie verschiedene Studien belegen (vgl. Kapitel 3.1). Während gemeinhin die Fülle und Aktualität der im Internet verfügbaren Information als großer Vorteil gegenüber nicht digitalen Medien wie dem Lehrbuch gesehen wird, machen Evaluationsstudien aber auch auf Schwierigkeiten aufmerksam. So besteht die Gefahr, dass Schüler Informationen unhinterfragt aus dem Internet übernehmen und sich so mit dem Unterrichtsgegenstand nur noch oberflächlich auseinandersetzen (Spitzer 2014). Welling et al. (2014) finden in ihrer Studie zu Tablet-PCs zum Beispiel, dass Schüler die Antworten auf Fragen der Lehrperson im Unterrichtsgespräch spontan auf ihren Tablet-PCs recherchieren. Manche Lehrkräfte nehmen dies als problematisch wahr, da das Unterrichtsgespräch ja dazu dienen soll, vorhandenes Wissen zu aktivieren, zu überprüfen und weiterzuentwickeln, was durch das Nachschlagen und Ablesen der Antwort im Internet unterlaufen wird. Auch wurde in dieser Studie gefunden, dass Schüler teilweise Schwierigkeiten hatten, die Glaubwürdigkeit verschiedener Internetquellen einzuschätzen. Einige Lehrkräfte bedauern in diesem Zusammenhang, dass Lehrbücher als Informationsquelle zunehmend weniger von den Schülern herangezogen werden. Teilweise ähnliche Ergebnisse berichten Karsenti und Fievez (2012), Ludwig, Mayrberger und Weidmann (2011) sowie Schaumburg et al. (2007). Fraillon et al. (2014) fanden, dass fast die Hälfte der Lehrer, die in der Studie ICILS 2013 befragt wurden, das Plagiieren von Informationen aus dem Netz als Problem des Unterrichts mit digitalen Medien sehen (unter deutschen Lehrkräften sogar 76 Prozent; s. Tabelle 5), und auch Hutchison und Reinking (2011) stellten in einer breit angelegten Befragung an fast 1.500 amerikanischen Lehrkräften fest, dass Probleme im Umgang mit Internetinformation (mangelnde Kontrolle der Lehrer über die genutzten Internetquellen, Internettexte zu schwierig für Schüler, fehlendes Verständnis für Urheberrechtsverletzungen) von vielen Lehrkräften als Barriere für den sinnvollen Unterrichtseinsatz digitaler Medien wahrgenommen werden.

Trotz dieser Probleme ist es aber auch im Bereich der Informationsrecherche und -verarbeitung so, dass die genannten Evaluationsstudien insgesamt zu einer positiven Bewertung der erweiterten Informationsmöglichkeiten kommen. So stellen Welling et al. (2014) fest, dass die Tablet-PCs auch vielfach dazu genutzt werden, um im Unterricht angestoßene Fragen weiterzuverfolgen und eigenen, mit dem Unterrichtsgegenstand verknüpften Informationsbedürfnissen nachzugehen. Karsenti und Fievez (2012) berichten aus einer Evaluation an 18 kanadischen Modellschulen, die mit Tablet-PCs arbeiten, dass von einer Dominanz elektronischer Information im Unterricht kaum die Rede sein kann, sondern dass auch in Tablet-Klassen vor allem mit nicht digitalen Arbeitsmaterialien gelernt wird.

Für die Einbindung von Informationsrecherchen in den Unterricht kann also festgehalten werden, dass Chance und Risiko eng beieinanderliegen. Die vorliegenden Studien belegen, dass der verantwortliche und lernförderliche Umgang mit Informationen für Schüler sowie die Lehrkräfte eine Herausforderung darstellt. Dabei ist es an sich wenig erstaunlich, dass Schüler Probleme haben, die Zuverlässigkeit von Internetinformationen zu beurteilen, dass ihnen die Sensibilität für Urheberrechte sowie generell das Problembewusstsein beim unhinterfragten Übernehmen und Kopieren von Informationen aus dem Internet fehlt. In dem Maße, in dem digitale Medien und mit ihnen die Fülle und Komplexität der im Internet verfügbaren Informationen in den Unterricht einbezogen werden, gehört es deshalb auch zu den Aufgaben und Zielen des Unterrichts, entsprechende Kompetenzen bei den Schülern aufzubauen.

Schüler verlernen das Schreiben: Verschiedentlich wird die Sorge geäußert, dass die Einführung digitaler Medien in der Schule dazu führt, dass die Schüler generell weniger schreiben oder zu wenig mit der Hand schreiben. Dies wird vor allem deshalb als problematisch erachtet, da kognitionspsychologische Untersuchungen Hinweise darauf geben, dass das handschriftliche Schreiben für den Erwerb von Schreibkompetenzen sowie für die vertiefte Informationsverarbeitung von Bedeutung ist (Longcamp, Zerbato-Poudou und Velay 2005; Mueller und Oppenheimer 2014; Sülzenbrück et al. 2011; zusammenfassend in Spitzer 2014). Auch in der Studie ICILS 2013 wird ein negativer Einfluss auf das Schreiben von zwei Dritteln der Lehrkräfte als Problem digitaler Medien im Unterricht benannt (Fraillon et al. 2014, s. Tabelle 5). Evaluationsstudien zum Einsatz digitaler Medien in der Schule zeigen allerdings, dass digitale Medien in der Schule nicht durchgängig zum Schreiben genutzt werden, da Schüler wie auch die Lehrkräfte das digitale Schreiben dem handschriftlichen Schreiben in verschiedener Hinsicht als unterlegen ansehen (Karsenti und Fievez 2012; Welling et al. 2014), z. B. weil es länger dauert oder man Annotationen nicht direkt an Arbeitsblättern oder Texten anbringen kann. Etwa die Hälfte der Schüler in der Studie von Welling et al. (2014) gibt an, auch im Unterricht mit Tablet-PCs eher auf Papier zu schreiben. Eine US-amerikanische Repräsentativbefragung an 700 Jugendlichen und ihren Eltern bestätigt ebenfalls, dass Jugendliche nach wie vor in der Regel mit der Hand schreiben, auch wenn sie digitale Medien besitzen. Dabei sehen die Jugendlichen das schriftliche Kommunizieren in sozialen Netzwerken und Chats gar nicht als Schreiben an (Lenhart, Arafeh und Smith 2008). Welling et al. (2014) und auch Schaumburg et al. (2007) fanden, dass Schüler sehr differenziert entscheiden, wann sie elektronische Medien zum Schreiben einsetzen und wann nicht. Welling et al. (2014) stellen fest, dass sich bei den Schülern unterschiedliche Schreibstrategien, die digitales und handschriftliches Schreiben verknüpfen, herausbilden. Auch Belege für einen negativen Zusammenhang des Einsatzes digitaler Medien in der Schule und handschriftlicher Fertigkeiten bzw. Schreibkompetenzen liegen bisher nicht vor. Eine der wenigen Studien, die diesen Zusammenhang untersuchen (Tschackert 2013), zeigt, dass verschiedene Schreibtypen unterschieden werden können, die den Computer unterschiedlich gewinnbringend für die Überarbeitung von Texten und damit zur Verbesserung ihrer Schreibprodukte einsetzen. Auch Schaumburg et al. (2007) konnte keinen eindeutigen Effekt des Lernens in Laptop-Klassen auf die Aufsatzleistungen von Neuntklässlern feststellen.

Zusammenfassend lässt sich festhalten, dass Risiken und Probleme für die Unterrichtsgestaltung sich auch als Folge einer mangelnden Passung von Unterrichtsgestaltung und Medieneinsatz interpretieren lassen. Sie machen deutlich, dass der Unterricht mit digitalen Medien im Vergleich zum Unterricht ohne digitale Medien verändert werden muss: Es müssen neue Regeln für den Umgang mit den Geräten festgelegt und neue Schwerpunkte im Unterricht gesetzt werden. Auch zeigen die Probleme, dass es zu kurz greift, digitale Medien allein als Hilfsmittel für die Vermittlung von Unterrichtsstoff zu begreifen. Unweigerlich muss beim Einsatz digitaler Medien auch über die Vermittlung von Medienkompetenz nachgedacht und diese mit den Schülern thematisiert werden. Die Vermittlung von fachlicher und von Medienkompetenz geht bei der Nutzung digitaler Medien im Unterricht Hand in Hand.

Computerkompetenz und Selbstvertrauen – Risiken auf der Ebene des Lehrerwissens

Dass Lehrer selbst kompetent im Umgang mit digitalen Medien sein sollten, wenn sie diese im Unterricht einsetzen, ist eigentlich selbstverständlich. Insofern gilt die Computerkompetenz der Lehrpersonen als eine wichtige Voraussetzung für die Integration digitaler Medien in den Unterricht (Bingimlas 2009; Knezek und Christensen 2008). Gleichzeitig gibt es bisher keine Studien, die die Computerkompetenz von Lehrkräften mit Testverfahren systematisch geprüft hätten. Stattdessen wird die Computerkompetenz der Lehrkräfte meist über Selbsteinschätzungen erhoben. Mithin wurde in Studien bisher eher die subjektiv wahrgenommene Kompetenz im Umgang mit digitalen Medien überprüft. Im Vergleich zu anderen Lehrermerkmalen stellt sich diese in zahlreichen Studien aber als die wichtigste Voraussetzung für die Bereitschaft von Lehrkräften zum Einsatz digitaler Medien im Unterricht heraus (Agyei und Voogt 2011; Inan und Lowther 2010; Prasse 2012). Äußere Faktoren, wie die (subjektiv wahrgenommene) Qualität der Ausstattung, spielen im Vergleich hierzu eine geringere Rolle (Drent und Meelissen 2008; Inan und Lowther 2010).

Deutsche Lehrer weisen im internationalen Vergleich insgesamt eine positive Selbsteinschätzung ihrer technischen Fähigkeiten auf. So zeigte die Studie ICILS 2013, dass sich deutsche Lehrkräfte im Vergleich zu ihren internationalen Kollegen in technischer Hinsicht als recht kompetent wahrnehmen (Gerick et al. 2014). Auffällig ist jedoch, dass sie sich einerseits hinsichtlich der speziellen Kompetenz, einen Unterricht zu planen, der digitale Medien integriert, im internationalen Vergleich eher schwach einschätzen und auch bei fortgeschrittenen technischen Kompetenzen (z. B. gemeinsame Texte mit Werkzeugen wie Google Docs erstellen) Zweifel an ihren Fertigkeiten hegen (ebd.). Möglicherweise sind aber gerade diese Teilbereiche, also die subjektive Sicherheit, digitale Medien *didaktisch kompetent* einzusetzen und auch technisch fortgeschrittene Anwendungen zu beherrschen, entscheidend für die Bereitschaft, digitale Medien auch im Unterricht einzusetzen (Eickelmann 2010a; Petko 2012).

Mangelndes Wissen und mangelnde Fertigkeiten verbunden mit der daraus resultierenden subjektiven Unsicherheit im Einsatz digitaler Medien im Unterricht könnten durch Aus- und Fortbildungsangebote aufgefangen werden. Studien der vergangenen Jahre haben aber immer wieder belegt, dass gerade dies nicht passiert (Breiter, Welling und Stolpmann 2010). Obwohl deutsche Lehrkräfte einerseits den Wunsch nach mehr und besseren Fortbildungen äußern (Herzig und Grafe 2007), zeichnen sie sich andererseits durch eine eher unterdurchschnittliche Teilnahme an Fortbildungen aus, zumal diese im Vergleich zu anderen europäischen Ländern weniger verbindlich sind (Gerick et al. 2014). So hat laut der BITKOM-Lehrerbefragung mehr als die Hälfte der befragten Lehrer bisher keine Fortbildung zum Einsatz digitaler Medien besucht (BITKOM 2011b). Die geringe Fortbildungstätigkeit deutscher Lehrer im internationalen Vergleich wird auch durch die Studie ICILS 2013 bestätigt (Fraillon et al. 2014). Die forsa-Lehrerumfrage belegt ebenfalls, dass Lehrer, die digitale Medien einsetzen, diese Kenntnisse in erster Linie privat und in Eigeninitiative erworben haben (forsa 2014).

Computerskepsis und mangelnde Innovationsbereitschaft – Risiken auf der Ebene von Lehrereinstellungen

Im Vergleich zu anderen Ländern, in denen digitale Medien selbstverständlicher im Unterricht eingesetzt werden, fällt weiterhin auf, dass deutsche Lehrkräfte vergleichsweise skeptisch gegenüber der Nutzung digitaler Medien im Unterricht sind (Gerick et al. 2014). Zwar steht die Mehrheit laut dieser Studie dem Einsatz digitaler Medien insgesamt positiv gegenüber (vgl. auch BITKOM 2011b). Selbst der Einsatz sozialer Netzwerke im Unterricht wird von der Mehrheit der Befragten positiv beurteilt (BITKOM 2011b). Dennoch verknüpfen deutsche Lehrer im internationalen Vergleich weniger positive Erwartungen mit dem unterrichtlichen Einsatz digitaler Medien und äußern gleichzeitig in stärkerem Maße Bedenken als ihre internationalen Kollegen (s. Tabelle 5). Ähnliche Ergebnisse berichteten bereits Korte und Hüsing (2007) in einer Studie, in der Lehrereinstellungen zu digitalen Medien vergleichend auf europäischer Ebene untersucht wurden. Auch die Forsa-Lehrerbefragung 2014 findet, dass nur eine Minderheit von Lehrern explizite Vorteile in der Nutzung digitaler Medien im Unterricht sieht. Etwa die Hälfte der befragten Lehrkräfte hält es laut dieser Befragung beispielsweise für überflüssig, eine Vollausstattung der Schüler mit digitalen Medien anzustreben, wie es andere Länder weltweit tun (forsa 2014). Analysiert man den Zusammenhang von Einstellung und Mediennutzung, so zeigen sich in den meisten Studien geringere Zusammenhänge als mit der Kompetenzwahrnehmung. Gleichwohl erweist sich auch die Einstellung in verschiedenen Studien als relevant für die Vorhersage der Häufigkeit der Mediennutzung im Unterricht (Eickelmann 2010b; Petko 2012).

Im Zusammenhang mit den computerbezogenen Einstellungen wird auch die Innovationsbereitschaft von Lehrpersonen bzw. ihr Widerstand gegenüber Veränderungen thematisiert (Bingimlas 2009). Da die Integration digitaler Medien in den Unterricht notwendigerweise eine Veränderung der Unterrichtspraxis mit sich bringt, ist die Veränderungsbereitschaft der Lehrkräfte entscheidend für ihre Akzeptanz digitaler Technologien in der Schule. Verschiedene Studien in diesem Bereich (Prasse 2012; Schaumburg 2003; Eickelmann 2010a) zeigen dabei, dass die Veränderungsbereitschaft einerseits im Zusammenhang mit allgemeineren pädagogischen Überzeugungen und andererseits mit den institutionellen Rahmenbedingungen steht. So zeigen sich Lehrkräfte mit einem schülerorientierten Unterrichtsfokus aufgeschlossener gegenüber Unterrichtsveränderungen durch digitale Medien als Lehrkräfte mit einem lehrerzentrierten Unterrichtsfokus (Schaumburg 2003; zusammenfassend in Prasse 2012). Darüber hinaus erweist sich die institutionelle Unterstützung aufseiten der Schule als entscheidend für die Innovationsbereitschaft von Lehrkräften mit Blick auf die Integration digitaler Medien (Bingimlas 2009; Prasse 2012).

4 Resümee: Schulentwicklung als Medienentwicklung

Die Diskussion der Chancen und Risiken digitaler Medien in der Schule macht deutlich, dass die Vermittlung von Medienkompetenz eine Aufgabe ist, die die Schule annehmen sollte und muss. Ihre gesellschaftliche Aufgabe ist es, Schülerinnen und Schülern eigenverantwortliche Selbst- und gesellschaftliche Mitbestimmungsfähigkeit zu vermitteln. In einer durch Medien geprägten Welt gehört hierzu, dies sollten die vorangegangenen Kapitel deutlich gemacht haben, auch der verantwortliche Umgang mit digitalen Medien. Medienkompetenz stellt auf individueller Ebene die entscheidende Voraussetzung dafür dar, dass Schüler die Potenziale digitaler Medien für ihre persönliche Lebensgestaltung, besonders aber auch zur gesellschaftlichen Partizipation und Mitbestimmung nutzen können. Unbestreitbar ist, dass die Nutzung digitaler Medien auch Risiken birgt – diese sollten jedoch nicht der Grund sein, digitale Medien aus der Schule zu verbannen. Viel eher sind gerade die Risiken ein Grund, digitale Medien ins Zentrum des Unterrichts zu stellen, denn nur so kann eine produktive Auseinandersetzung mit ihnen erfolgen und die die Schüler befähigt werden, den Risiken vorbereitet entgegenzutreten. Die Vermittlung von Medienkompetenz wird aber auch insofern eine Kernaufgabe der Schule, als dass sie unweigerlich angesprochen ist, wenn die didaktischen Potenziale digitaler Medien für den Unterricht nutzbar gemacht werden sollen. Gerade die Betrachtung der Risiken und Schwierigkeiten, die sich bei der Nutzung digitaler Medien im Unterricht ergeben, macht deutlich, dass die Vermittlung von Medienkompetenz und die produktive Nutzung im Unterricht Hand in Hand gehen. Die Schule ist insofern gut beraten, die mediengestützte Vermittlung fachlicher Inhalte und die Vermittlung von Medienkompetenz von vornherein als zwei Seiten derselben Medaille zu betrachten.

Die vielfältigen Potenziale digitaler Medien können aber nur dann realisiert werden, wenn an der Schule Rahmenbedingungen vorliegen, die die Realisierung dieser Potenziale erlauben. Allen voran wären hier die *Kompetenzen und die Bereitschaft der Lehrkräfte* zu nennen. Baumgartner und Herber (2013) sehen die Lehrkräfte an zentraler Stelle, um das didaktische Potenzial digitaler Medien auszureizen, da ih-

Abbildung 5: Didaktisches Potenzial und didaktischer (Mehr-)Wert digitaler Medien

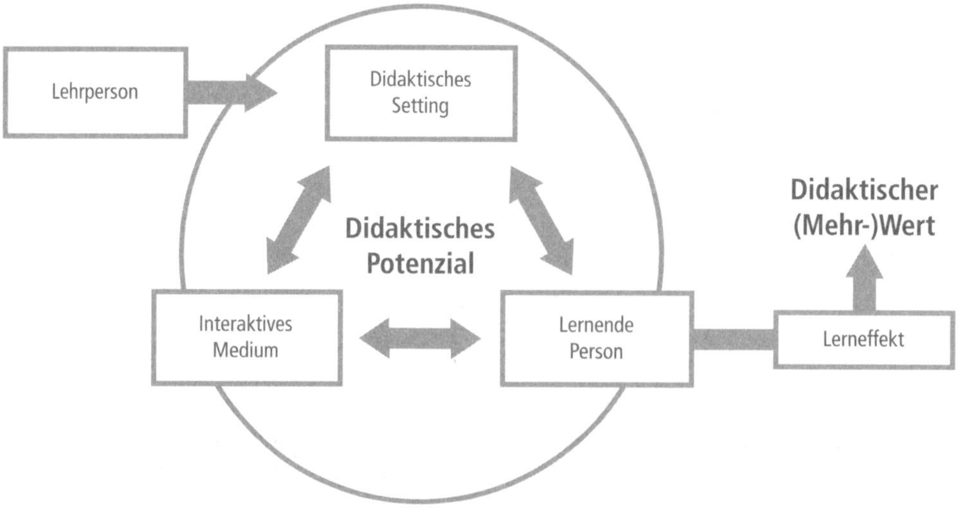

Quelle: Baumgartner und Herber 2013: 6.

nen die Aufgabe zukommt, digitale Medien in einem didaktischen Setting so einzusetzen, dass die Schüler in optimaler Weise profitieren (vgl. Abb. 5).

Gerade für die Gestaltung mediengestützter individualisierter Lernumgebungen ist die Erfahrung und Kompetenz der Lehrpersonen unverzichtbar. Digitale Medien können zwar gewisse Hilfen und Unterstützung bieten, indem sie Werkzeuge für die Diagnose von Lernständen und -defiziten bereitstellen und den Schülern automatisierte adaptive Lernwege und Aufgabenstellungen anbieten. Letztendlich bilden digitale Medien aber nur einen Baustein in individuellen Lern- und Förderplänen sowie Unterrichtsprojekten, die Lehrer für ihre Schüler entwickeln. Insofern weist auch der Abschlussbericht von Steele et al. (2014) zum Mastery-Learning-Projekt wie viele andere vor ihm darauf hin, dass Lehrer die Gelegenheit erhalten müssen, entsprechende Kompetenzen durch Fortbildung und gemeinsame Unterrichtsentwicklung zu erwerben, und dass sie Ressourcen und Zeit für die Unterrichtsplanung und -entwicklung benötigen. Hierfür haben sich Kooperationsstrukturen im Kollegium einer Schule und über die Schule hinaus immer wieder als gewinnbringend erwiesen (vgl. auch Schaumburg et al. 2007; Prasse 2012; Eickelmann 2010a).

Weiterhin sind die *technische Infrastruktur* sowie *Supportstrukturen* zu nennen, auf deren Wichtigkeit Evaluationen zu Modellversuchen mit digitalen Medien immer wieder hinweisen (z. B. Schaumburg et al. 2007; Welling et al. 2014; vgl. hierzu auch die Expertise von Breiter, Stolpmann und Zeising in diesem Band). Gerade wenn digitale Medien, wie in der Diskussion der Potenziale ausgeführt, verstärkt für individualisiertes Lernen in personalisierten Lernumgebungen eingesetzt werden sollen, sind eine hohe Ausstattungsdichte, eine verlässliche technische Funktionsfähigkeit und die Verfügbarkeit qualitativ hochwertiger Software unverzichtbar.

Beide Aspekte – die Bereitschaft der Lehrkräfte und die technischen Rahmenbedingungen – zusammenführend, soll abschließend nochmals betont werden, dass die erfolgreiche Integration digitaler Medien in den Unterricht unbedingt als *Schulentwicklungsaufgabe* zu denken ist. Technische Ressourcen müssen gemeinsam und schulweit geplant und eingesetzt werden. Dieser Einsatz erfordert schulweite Absprachen und Regelungen. Unterricht kann am besten in der gemeinsamen Anstrengung aller Beteiligten sinnvoll weiterentwickelt werden und auch die Entwicklung von Medienkompetenz der Schüler ist eine umfassende Aufgabe, die als Mediencurriculum über mehrere Schuljahre zu denken ist. Insofern liegt der Schlüssel zur Realisierung der Chancen und Verringerung der Risiken digitaler Medien in der Schule bzw. in einer gelingenden medienbezogenen Schul- und Unterrichtsentwicklung.

5   Literatur

Agyei, D. D., und J. M. Voogt (2011). Exploring the potential of the will, skill, tool model in Ghana: Predicting prospective and practicing teachers' use of technology. *Computers & Education* 56(1). 91–100.

Albert, M., K. Hurrelmann, und G. Quenzel (2010). *Jugend 2010. 16. Shell Jugendstudie.* Hamburg: Deutsche Shell Holding. Internet-Dokument: http://s05.static-shell.com/content/dam/shell-new/local/country/deu/downloads/pdf/youth-study-2010flyer.pdf [4.6.2015]

Allsopp, D.h., P. A. McHatton und J. L. Farmer (2010). Technology, mathematics PS/RTI, and dtudents with LD: What do we know, what have we tried, and 'what can we do to improve outcomes now and in the future? *Learning Disability Quarterly*, 33(4). 273–288.

Anderson, C. (2004). An update on the effects of playing violent video games. *Journal of Adolescence* 27. 113–122.

Anderson, C. A., und B. J. Bushman (2002). The effects of media violence on society. *Science* 295(5564), 2377–2379.

Anderson, C. A., A. Shibuya, N. Ihori, E. L. Swing, B. J. Bushman, A. Sakamoto und M. Saleem (2010). Violent video game effects on aggression, empathy, and prosocial behavior in Eastern and Western countries. *Psychological Bulletin* 136. 151–173.

APA (2013). *Diagnostic and statistical manual of mental disorders, (DSM-5®).* American Psychiatric Pub.

Arnold, P. und U. Weber (2013). Die »Netzgeneration«. Empirische Untersuchungen zur Mediennutzung bei Jugendlichen. *L3T. Lehrbuch für Lernen und Lehren mit Technologien.* 2. Auflage. Hrsg. M. Ebner und S. Schön. Internet-Dokument: http://l3t.eu/homepage/das-buch/ebook-2013/kapitel/o/id/144/name/die-netzgeneration [4.6.2015]

Aufenanger, S. (1997). Medienpädagogik und Medienkompetenz – Eine Bestandsaufnahme. *Medienkompetenz im Informationszeitalter.* Hrsg. Deutscher Bundestag. Bonn: Enquete-Kommission Zukunft der Medien in Wissenschaft und Gesellschaft. 15–22.

Baacke, D. (1996). Medienkompetenz – Begrifflichkeit und sozialer Wandel. *Medienkompetenz als Schlüsselbegriff.* Hrsg. A. v. Rein. Bad Heilbrunn: Klinkhardt. 112–124.

Baier, D., und F. Rehbein (2009). Computerspielabhängigkeit im Jugendalter. *Virtuelle Raumüberwindung.* Hrsg. C. J. Tully. Weinheim: Juventa. 139–155.

Baumgartner, P., und E. Herber (2013). Höhere Lernqualität durch interaktive Medien? Eine kritische Reflexion. *Erziehung & Unterricht* März/April 3–4. 327–335.

Baumgartner, S. E., W. D. Weeda, L. L. van der Heijden und M. Huizinga (2014). The relationship between media multitasking and executive function in early adolescents. *The Journal of Early Adolescence* 34(8). 1120–1144.

Bennett, S., K. Maton und L. Kervin (2008). The 'digital natives' debate: A critical review of the evidence. *British Journal of Educational Technology* 39(5). 775–786.

Bingimlas, K. A. (2009). Barriers to the successful integration of ICT in teaching and learning environments: A review of the literature. *Eurasia Journal of Mathematics, Science & Technology Education* 5(3). 235–245.

BITKOM (2011a). *Jugend 2.0. Eine repräsentative Untersuchung zum Internetverhalten von 10- bis 18-Jährigen.* Berlin: BITKOM.

BITKOM (2011b). *Schule 2.0. Eine repräsentative Untersuchung zum Einsatz elektronischer Medien an Schulen aus Lehrersicht.* Berlin: BITKOM.

Bittman, M., L. Rutherford, J. Brown und L. Unsworth (2011). Digital natives? New and old media and children's outcomes. *Australian Journal of Education* 55(2). 161–175.

Bloom, B. S. (1971). Mastery learning. *Mastery learning: Theory and practice.* Hrsg. J. H. Block. New York: Holt, Rinehart & Winston. 47–63.

Blumberg, F. C., E. A. Altschuler, D. E. Almonte und M. I. Mileaf (2013). The impact of recreational video game play on children's and adolescents' cognition. *New Directions for Child and Adolescent Development* 139. 41–50.

Blumenfeld, P. C., E. Soloway, R. W. Marx, J. S. Krajcik, M. Guzdial und A. Palincsar (1991). Motivating project-based learning: Sustaining the doing, supporting the learning. *Educational Psychologist* 26(3–4). 369–398.

BMBF (2006). *IT-Ausstattung der allgemein bildenden und berufsbildenden Schulen in Deutschland. Bestandsaufnahme 2006 und Entwicklung 2001 bis 2006.* Bonn, Berlin: Bundesministerium für Bildung und Forschung. Internet-Dokument: http://bildungsministerin.info/pub/it-ausstattung_der_schulen_2006.pdf [23.6.2008].

Bock, U. (2008). Die Arbeit mit dem Talker in der Schule für Sprachbehinderte. *Neue Medien und Sonderpädagogik.* Hrsg. Landesmedienzentrum Baden-Württemberg (LMZ). Karlsruhe: LMZ. 78–83.

Bos, W., B. Eickelmann, J. Gerick, F. Goldhammer, H. Schaumburg, K. Schwippert, M. Senkbeil, R. Schulz-Zander und H. Wendt (Hrsg.) (2014). *ICILS 2013 – Computer- und informationsbezogene Kompetenzen von Schülerinnen und Schülern der 8. Jahrgangsstufe im internationalen Vergleich.* Münster: Waxmann. 197–229.

Bosse, I. (2012). Medienbildung im Zeitalter der Inklusion – eine Einführung. *Medienbildung im Zeitalter der Inklusion.* Hrsg. Ders. Düsseldorf: lfm. 11–25.

Bourdieu, P. (1983). Ökonomisches Kapital, kulturelles Kapital, soziales Kapital. *Soziale Ungleichheiten.* Hrsg. R. Kreckel. Göttingen: Schwartz. 183–198.

Bowman, L. L., L. E. Levine, B. M. Waite und M. Gendron (2010). Can students really multitask? An experimental study of instant messaging while reading. *Computers & Education* 54(4). 927–931.

Braun, U. (2014). Exzessive Computer-und Internetnutzung Jugendlicher – Überblick über den aktuellen Forschungsstand. *Exzessive Internetnutzung Jugendlicher im familialen Kontext.* Hrsg. Ders. Wiesbaden: Springer. 15–22.

Breiter, A., B. E. Stolpmann und A. Zeising (2015). Szenarien lernförderlicher IT-Infrastruktur in Schulen. *Individuell fördern mit digitalen Medien.* Hrsg. Bertelsmann Stiftung. Gütersloh: Verlag Bertelsmann Stiftung. 163–221.

Breiter, A., S. Welling und B. E. Stolpmann (2010). *Medienkompetenz in der Schule: Integration von Medien in den weiterführenden Schulen in Nordrhein-Westfalen.* Düsseldorf: lfm. Internet-Dokument: https://www.lfm-nrw.de/fileadmin/lfm-nrw/Forschung/Kurzfassung-Band-64-Medienkompetenz-in-der-Schule.pdf [5.6.2015].

Brown, J. S., A. Collins und P. Duguid (1989). Situated cognition and the culture of learning. *Educational Researcher* 18. 32–42.

Brünken, R., und T. Seufert (2009). Wissenserwerb mit digitalen Medien. *Online-Lernen. Handbuch für Wissenschaft und Praxis.* Hrsg. L. J. Issing und P. Klimsa. München: Oldenbourg Verlag.

Bündnis gegen Cybermobbing (2013). *Cyberlife-Gesamt-Studie: Cyberlife im Spannungsfeld zwischen Fasziantion und Gefahr. Bestandsaufnahme und Gegenmaßnahmen.* Internet-Dokument: http://www.buendnis-gegen-cybermobbing.de/Studie/cybermobbingstudie.pdf [4.6.2015]

Busemann, K., und C. Gscheidle (2012). Web 2.0: Habitualisierung der Social Communities. *Media Perspektiven* 7–8. 380–390.

Calders, T., und M. Pechenizkiy (2012). Introduction to the special section on educational data mining. *ACM SIGKDD Explorations Newsletter* 13(2). 3–6.

Cheung, A. (2013). Effects of Educational Technology Applications on Student Achievement for Disadvantaged Students: What Forty Years of Research Tells Us. *Cypriot Journal of Educational Sciences* 8(1). 19–33.

Debray, R. (2004). Für eine Mediologie. *Kursbuch Medienkultur. Die maßgeblichen Theorien von Brecht bis Baudrillard.* Hrsg. C. Pias, J. Vogl und L. Engell. Stuttgart: DVA. 67–75.

Deutsche Telekom (2014). *Sicherheitsreport 2014. Ergebnisse einer repräsentativen Bevölkerungsumfrage.* Internet-Dokument: https://www.telekom.com/static/-/244706/5/140801-sicherheitsreport2014-si [4.6.2014].

Dillon, A., und R. Gabbard (1998). Hypermedia as an educational technology: a review of the quantitative research literature on learner comprehension, control and style. *Review of Educational Research* 68. 322–349.

DIVSI (2014). *DIVSI U25-Studie. Kinder, Jugendliche und Erwachsene in der digitalen Welt.* Hamburg: Deutsches Institut für Vertrauen und Sicherheit im Internet. Internet-Dokument: https://www.divsi.de/wp-content/uploads/2014/02/DIVSI-U25-Studie.pdf [4.6.2015].

Dreier, M., K. Wölfling und M. E. Beutel (2014). Internetsucht bei Jugendlichen. *Monatsschrift Kinderheilkunde* 162(6). 496–502.

Drent, M., und M. Meelissen (2008). Which factors obstruct or stimulate teacher educators to use ICT innovatively? *Computers & Education* 51(1). 187–199.

Dynarski, M., R. Agodini, S. Heaviside, T. Novak, N. Carey, L. Campuzano., B. Means, R. Murphy, W. Penual und W. Sussex (2007). Effectiveness of Reading and Mathematics Software Products: Findings from the First Student Cohort. Report to Congress. *National Center for Education Evaluation and Regional Assistance.* Internet-Dokument: http://files.eric.ed.gov/fulltext/ED496015.pdf [5.6.2015].

Eberhardt, O., und B. Bauer (2008). Software für die Schule für Geistigbehinderte. *Neue Medien und Sonderpädagogik.* Hrsg. Landesmedienzentrum Baden-Württemberg (LMZ). Karlsruhe: LMZ. 72–74.

Eickelmann, B. (2010a). *Digitale Medien in Schule und Unterricht erfolgreich implementieren.* Münster: Waxmann.

Eickelmann, B. (2010b). Individualisieren und Fördern mit digitalen Medien im Unterricht als Beitrag zu einem förderlichen Umgang mit Heterogenität. *Bildung und Schule auf dem Weg in die Wissensgesellschaft.* Hrsg. Dies. Münster: Waxmann. 41–56.

Eickelmann, B., H. Schaumburg, K. Drossel und J. Gerick (2014). Schulische Nutzung von neuen Technologien in Deutschland im internationalen Vergleich. *ICILS 2013 – Computer- und informationsbezogene Kompetenzen von Schülerinnen und Schülern der 8. Jahrgangsstufe im internationalen Vergleich.* Hrsg. W. Bos, B. Eickelmann, J. Gerick, F. Goldhammer, H. Schaumburg, K. Schwippert, M. Senkbeil, R. Schulz-Zander und H. Wendt. Münster: Waxmann. 197–229.

Eimeren, B. v. (2013). »Always on« – Smartphone, Tablet & Co. als neue Taktgeber im Netz. *Media Perspektiven,* 7–8. 386–390.

Eimeren, B. v. und B. Frees (2013). Rasanter Anstieg des Internet-Konsums – Onliner fast drei Stunden täglich im Netz. *Media Perspektiven* 7–8. 358–372.

Enyedy, N. (2014). *Personalized Instruction. New interest, old rhetoric, limited results, and the need for a new direction for computer-mediated learning.* Boulder, CO: National Education Policy Center. Internet-Dokument: http://mindmake.com/Themes/Mind MakeTheme/Content/images/blog/mindmake_personalized_instruction_using_ tech_yields_uneven_results.pdf [5.6.2015].

EU Kids Online (2014) *EU Kids Online: findings, methods, recommendations (deliverable D1.6).* EU Kids Online, LSE, London, UK. Internet-Dokument: http://eprints.lse. ac.uk/60512/1/__lse.ac.uk_storage_LIBRARY_Secondary_libfile_shared_repository_ Content_EU%20Kids%20Online_EU%20Kids_interactive_Final_Report_2014.pdf [4.6.2015].

Faßler, M. (1997). *Was ist Kommunikation?* München: Fink.

Ferguson, C. J. (2007). Evidence for publication bias in video game violence effects literature: a meta-analytic review. *Aggressive Violent Behavior* 12. 470–482.

Ferguson, C. J., und J. Kilburn (2009). The public health risks of media violence: A meta-analytic review. *The Journal of Pediatrics* 154(5). 759–763.

Fisseler, B. (2012). Assistive und Unterstützende Technologien in Förderschulen und inklusivem Unterricht. *Medienbildung im Zeitalter der Inklusion.* Hrsg. I. Bosse. Düsseldorf: lfm. 87–90.

Forsa (2014). *IT an Schulen. Ergebnisse einer Repräsentativbefragung von Lehrern in Deutschland.* Berlin: forsa. Internet-Dokument: http://www.vbe.de/index.php?eID= tx_nawsecuredl&u=0&g=0&t=1433524604&hash=e2bc68d263e82f0ee929a12d4638 c8b90045df17&file=fileadmin/vbe-pressedienste/Studien/IT_an_Schulen_-_Bericht_ gesamt.pdf [4.6.2015]

Fraillon, J., J. Ainley, W. Schulz, T. Friedman und E. Gebhardt (2014). *Preparing for life in a digital age. The IEA International Computer and Information Literacy Study.* International Report. Springer.

Fried, C. (2008). In-class laptop use and its effects on student learning. *Computers & Education* 50(3). 906–914.

Friedrichs, H., und U. Sander (2010). Peers und Medien – die Bedeutung von Medien für den Kommunikations- und Sozialitionsprozess im Kontext von Peerbeziehungen. *Freundschaften, Cliquen und Jugendkulturen. Peers als Bildungs- und Sozialisationsinstanzen.* Hrsg. M. Harring, O. Böhm-Kasper, C. Rohlfs und C. Palentien. Wiesbaden: VS Verlag für Sozialwissenschaften. 283–307.

Früh, H., und H. B. Brosius (2008). Gewalt in den Medien. *Medienpsychologie* Berlin, Heidelberg: Springer. 177–193.

Gatti, G. G. (2010). *Pearson Successmaker Math Efficacy Study.* Final report. Pittsburgh, PA: Gatti Evaluation Inc. Internet-Dokument: https://www.pearsoned.com/wp-content/uploads/successmaker-math-efficacy-report-final.pdf [5.6.2015].

Gatti, G. G. (2011). *Pearson Successmaker Reading Efficacy Study.* Final report. Pittsburgh, PA: Gatti Evaluation Inc. Internet-Dokument: https://www.pearsoned.com/wp-content/uploads/sm-reading-rct-report1.pdf [5.6.2015].

Gentile, D. A. (2011). The multiple dimensions of video game effects. *Child Development Perspectives* 5(2). 75–81.

Gerick, J., H. Schaumburg, J. Kahnert und B. Eickelmann (2014). Lehr- und Lernbedingungen des Erwerbs computer- und informationsbezogener Kompetenzen in den ICILS-2013-Teilnehmerländern. *ICILS 2013 – Computer- und informationsbezogene Kompetenzen von Schülerinnen und Schülern der 8. Jahrgangsstufe im internationalen Vergleich.* Hrsg. W. Bos, B. Eickelmann, J. Gerick, F. Goldhammer, H. Schaumburg, K. Schwippert, M. Senkbeil, R. Schulz-Zander und H. Wendt. Münster: Waxmann. 147–196.

Greitemeyer, T., und D. O. Mügge (2014). Video Games Do Affect Social Outcomes A Meta-Analytic Review of the Effects of Violent and Prosocial Video Game Play. *Personality and Social Psychology Bulletin* 40(5). 578–589.

Grimm, P. (2013). Gefährdungspotenziale im Internet. *Jugendmedienschutz in Deutschland.* Wiesbaden: Springer. 323–330.

Grimm, P., S. Rhein, E. Clausen-Muradian und E. Koch (2008). *Gewalt im Web 2.0. Der Umgang Jugendlicher mit gewalthaltigen Inhalten und Cybermobbing sowie die rechtliche Einordnung der Problematik.* Berlin: Vistas.

Groebel, J., und G. Gehrke (2002). *Internet 2002. Deutschland und die digitale Welt.* Opladen: Leske+Budrich.

Groeben, N. (2004). Medienkompetenz. *Lehrbuch der Medienpsychologie*. Hrsg. G. Bente, R. Mangold und P. Vorderer. Göttingen: Hogrefe. 27–49.

Gutknecht-Gmeiner, M., und M. Neugschwendtner (2012). *Mobile Lernbegleiter im Unterricht 2011–2012. Evaluationsbericht*. Wien: Impulse. Internet-Dokument: http://www.impulse.at/media/pdf/Berichte/2012_05_30_Gutknecht-Gmeiner_%20Mobile-Lernbegleiter.pdf [5.6.2015]

Haddon, L., Livingstone, S. und the EU Kids Online network (2012). *EU Kids Online: National perspectives. Internet-Dokument:* http://www2.lse.ac.uk/media@lse/research/EUKidsOnline/EU%20Kids%20III/Reports/PerspectivesReport.pdf [4.6.2015]

Hannafin, M. J. (1994). Learning in Open-Ended Environments: Assumptions, Methods, and Implications. *Educational Technology* 34(8). 48–55.

Harth, T. (2000). *Das Internet als Herausforderung politischer Bildung*. Schwalbach/Ts.: Wochenschau-Verlag.

Hattie, J. (2013). *Visible learning: A synthesis of over 800 meta-analyses relating to achievement*. London: Routledge.

Häuptle, E., und G. Reinmann (2006). *Notebooks in der Hauptschule. Eine Einzelfallstudie zur Wirkung des Notebook-Einsatzes auf Unterricht, Lernen und Schule*. Universität Augsburg: Abschlussbericht. Internet-Dokument: http://medienpaedagogik.phil.uni-augsburg.de/downloads/dokumente/2006/Notebook-Klassen_Abschlussbericht.pdf [22.1.2008].

Havighurst, R. T. (1956). Research on the developmental-task concept. *The School Review* 64(5). 215–223.

Heinen, R., und M. Kerres (2015). Individuelle Förderung mit digitalen Medien. *Individuell fördern mit digitalen Medien*. Hrsg. Bertelsmann Stiftung. Gütersloh: Verlag Bertelsmann Stiftung. 95–161.

Heinz, D., und D. Poerschke (2012). Computerspielpädagogik im Zeitalter der Inklusion. *Medienbildung im Zeitalter der Inklusion*. Hrsg. I. Bosse. Düsseldorf: lfm. 132–137.

Helsper, E. J., und R. Eynon (2010). Digital natives: where is the evidence? *British Educational Research Journal* 36(3). 503–520.

Henke, U., E.-U. Huster und H. Mogge-Grotjahn (2012). E-exclusion oder E-inclusion. *Handbuch Armut und soziale Ausgrenzung*. Hrsg. E.-U. Huster, J. Boeckh und H. Mogge-Grotjahn. Wiesbaden: VS Verlag für Sozialwissenschaften. 548–566.

Herzig, B., und S. Grafe (2007). *Digitale Medien in der Schule: Standortbestimmung und Handlungsempfehlungen für die Zukunft. Studie zur Nutzung digitaler Medien in allgemein bildenden Schulen*. Bonn: Deutsche Telekom. Internet-Dokument: http://www2.uni-paderborn.de/fileadmin/kw/institute-einrichtungen/erziehungswissenschaft/arbeitsbereiche/herzig/downloads/forschung/Studie_Digitale_Medien.pdf [5.6.2015].

Herzig, B., und S. Grafe (2011). Wirkungen digitaler Medien. *Schule in der digitalen Welt*. Hrsg. C. Albers, J. Magenheim und D. M. Meister. Wiesbaden: VS Verlag für Sozialwissenschaften. 67–95.

Hinz, A. (2010). Schlüsselelemente einer inklusiven Pädagogik und einer Schule für Alle. *Auf dem Weg zur Schule für alle, Barrieren überwinden–inklusive Pädagogik entwickeln*. Marburg: Lebenshilfe Verlag. 63–75.

Hooper, S., und L. P. Rieber (1995). Teaching with technology. *Teaching: Theory into practice.* Hrsg. A. C. Ornstein. Needham Heights, MA: Allyn & Bacon. 154–170.

Horn, M. B., und H. Staker (2011). The rise of K-12 blended learning. *Innosight Institute.* Internet-Dokument: http://www.leadcommission.org/sites/default/files/The%20 Rise%20of%20K-12%20Blended%20Learning_0.pdf [5.6.2015].

Hsu, S. H., M. H. Wen und M. C. Wu (2009). Exploring user experiences as predictors of MMORPG addiction. *Computers & Education* 53(3). 990–999.

Hutchison, A., und D. Reinking (2011). Teachers' perceptions of integrating information and communication technologies into literacy instruction: A national survey in the United States. *Reading Research Quarterly* 46(4). 312–333.

Inan, F. A., und D. L. Lowther (2010). Factors affecting technology integration in K-12 classrooms: A path model. *Educational Technology Research and Development* 58(2). 137–154.

Initiative D21 (2014). D21-Digital-Index 2014. Die Entwicklung der digitalen Gesellschaft in Deutschland. Internet-Dokument: http://www.initiatived21.de/wp-content/ uploads/2014/11/141107_digitalindex_WEB_FINAL.pdf [4.6.2015].

Iske, S., A. Klein und N. Kutscher (2004). *Digitale Ungleichheit und formaler Bildungshintergrund – Ergebnisse einer empirischen Untersuchung über Nutzungsdifferenzen von Jugendlichen im Internet.* Bielefeld: Universität Bielefeld, Kompetenzzentrum Informelle Bildung.

Jadin, T. (2013). Multimedia und Gedächtnis. *Lehrbuch für Lernen und Lehren mit Technologien.* 2. Auflage. Internet-Dokument: http://l3t.eu/homepage/das-buch/ ebook-2013/kapitel/o/id/107/name/multimedia-und-gedaechtnis [5.6.2015].

Jandura, O., und V. Karnowski (2015). Digital Natives vs. Digital Immigrants – fruchtbares empirisches Konzept für die Kommunikationswissenschaft oder populärwissenschaftliche Fiktion? *Publizistik* 60(1). 63–79.

Judd, T., und G. Kennedy (2011). Measurement and evidence of computer-based task switching and multitasking by ›Net Generation‹ students. *Computers & Education* 56(3). 625–631.

Jünger, N. (2012). Der Stellenwert des Internets als Musik- und Hörmedium Heranwachsender. *Klangraum Internet.* Hrsg. B. Schorb. Leipzig: Universität Leipzig. Internet-Dokument [17.2.1014]: http://www.slm-online.de/wp-content/uploads/2012/07/ report_klangraum-internet_001.pdf.

Karich, A. C., M. K. Burns und K. E. Maki (2014). Updated meta-analysis of learner control within educational technology. *Review of Educational Research* 84(3). 392–410.

Karlhuber, S., G. Wageneder und C. F. Freisleben-Teuscher (2013). Einsatz kollaborativer Werkzeuge-Lernen und Lehren mit webbasierten Anwendungen. *Lehrbuch für Lernen und Lehren mit Technologien.* 2. Auflage. Hrsg. M. Ebner und S. Schön. Frankfurt am Main: Deutsches Institut für Internationale Pädagogische Forschung (DIPF). Internet-Dokument: http://l3t.eu/homepage/das-buch/ebook-2013/kapitel/o/id/134/ name/einsatz-kollaborativer-werkzeuge [5.6.2015].

Karsenti, T., und A. Fievez, A. (2012). *The iPad in Education: uses, benefits and challenges. A survey of 6057 students and 302 teachers in Quebec, Canada.* Montreal, QC: CRIFPE.

Internet-Dokument: http://karsenti.ca/ipad/pdf/iPad_report_Karsenti-Fievez_EN. pdf [5.6.2015]

Katzer, C. (2014). Cybermobbing. *Cybermobbing – Wenn das Internet zur W@ffe wird.* Hrsg. Dies. Berlin: Springer. 55–127.

Katzer, C., D. Fetchenhauer und E. Belschak (2009). Einmal Bully, immer Bully? Ein Vergleich von Chatbullying und Schulbullying aus der Täterperspektive. *Zeitschrift für Entwicklungspsychologie und Pädagogische Psychologie* 41(1). 33–44.

Katzky, U., S. Höntzsch, K. Bredl, F. Kappe und D. Krause. (2013). Simulationen und simulierte Welten. Lernen in immersiven Lernumgebungen. *L3T. Lehrbuch für Lernen und Lehren mit Technologien.* 2. Auflage. Hrsg. M. Ebner und S. Schön. Frankfurt am Main: Deutsches Institut für Internationale Pädagogische Forschung (DIPF). Internet-Dokument: http://l3t.eu/homepage/das-buch/ebook-2013/kapitel/o/id/102/name/simulationen-und-simulierte-welten [5.6.2015]

Klieme, E., und J. Warwas. (2011). Konzepte der individuellen Förderung. *Zeitschrift für Pädagogik* 57(6). 805–818.

Klingler, W. (2008). Jugendliche und ihre Mediennutzung. *Media Perspektiven* 12. 625–634.

Knezek, G., und R. Christensen (2008). The importance of information technology attitudes and competencies in primary and secondary education. *International handbook of information technology in primary and secondary education.* Hrsg. R. Christensen, G. Knezek und J. Voogt. New York: Springer. 321–331.

Knoll, B., B. Fitz, P. Posch und L. Satlegger (2013). *Ich im Netz. Selbstdarstellung von männlichen und weiblichen Jugendlichen in sozialen Netzwerken.* Bericht zum Forschungsprojekt »imaGE 2.0. Selbstdarstellung und Image-Management von weiblichen und männlichen Jugendlichen in digitalen Medien«. Wien: Büro für nachhaltige Kompetenz GmbH. Internet-Dokument: http://www.b-nk.at/images/download/Ich_im_Netz_Bericht.pdf [18.3.2014]

Koedinger, K. R., A. T. Corbett, S. Ritter und L.J. Shapiro (2000). *Carnegie Learning's Cognitive Tutor »: Summary Research Results.* Pittsburgh, PA: CARNEGIElearning. Internet-Dokument: http://pact.cs.cmu.edu/pubs/Koedinger,%20Corbett,%20 Ritter,%20Shapiro%2000.pdf [5.6.2015]

Kolikant, Y. B. D. (2010). Digital natives, better learners? Students' beliefs about how the Internet influenced their ability to learn. *Computers in Human Behavior* 26(6). 1384–1391.

Krotz, F. (2007). *Mediatisierung: Fallstudien zum Wandel von Kommunikation.* Wiesbaden: VS Verlag für Sozialwissenschaften.

Korte, W. B., und T. Hüsing (2007). Benchmarking access and use of ICT in European schools 2006: Results from Head Teacher and A Classroom Teacher Surveys in 27 European countries. *Benchmarking Access and Use of ICT in European Schools 2006.* Hrsg. empirica Gesellschaft für Kommunikations- und Technologieforschung. Bonn: *empirica.* Internet-Dokument: http://ww.ecatt.com/publikationen/documents/2006/Learnind_paper_Korte_Huesing_Code_427_final.pdf [5.6.2015]

Kübler, H.-D. (2003). *Kommunikation und Medien. Eine Einführung.* Münster: LIT Verlag.

Kulik, J. A., und J. D. Fletcher (2015). Effectiveness of Intelligent Tutoring Systems: A Meta-Analytic Review. *Review of Educational Research.* Im Druck.

Kutscher, N. (2014). Soziale Ungleichheit. *Handbuch Kinder und Medien.* Hrsg. A. Tillmann, S. Fleischer und K.-U. Hugger. Wiesbaden: Springer. 101–112.

Kutscher, N., und H. U. Otto (2014). Digitale Ungleichheit – Implikationen für die Betrachtung digitaler Jugendkulturen. *Digitale Jugendkulturen.* Hrsg. K.-U. Hugger. Wiesbaden: Springer. 283–298.

Lampert, C. (2014). Kinder und Internet. *Handbuch Kinder und Medien.* Hrsg. A. Tillmann, S. Fleischer und K.-U. Hugger. Wiesbaden: Springer. 429–440.

Le, S., P. Weber und M. Ebner (2013). *Game-Based Learning. Lehrbuch für Lernen und Lehren mit Technologien.* 2. Auflage. Frankfurt am Main: Deutsches Institut für Internationale Pädagogische Forschung (DIPF). Internet-Dokument: http://l3t.eu/home page/das-buch/ebook-2013/kapitel/o/id/120/name/game-based-learning *[5.6.2015]*

Lenhart, A., S. Arafeh und A. Smith (2008). *Writing, technology and teens.* Pew Internet & American Life Project. Internet-Dokument: http://files.eric.ed.gov/fulltext/ ED524313.pdf [5.6.2015]

Leutner, D. (1992). *Adaptive Lehrsysteme. Instruktionspsychologische Grundlagen und experimentelle Analysen.* Weinheim: Beltz – Psychologie Verlags Union.

Leutner, D. (2009). Adaptivität und Adaptierbarkeit beim Online-Lernen. *Online-Lernen. Handbuch für Wissenschaft und Praxis.* Hrsg. L. J. Issing und P. Klimsa. München: Oldenbourg. 115–123.

Liao, Y.-K. (1999). Effects of hypermedia on students' achievement: a meta-analysis. *Journal of Educational Multimedia and Hypermedia* 8. 255–277.

Livingstone, S., und L. Haddon (2009). *EU Kids Online: Final report.* LSE, London: EU Kids Online. (EC Safer Internet Plus Programme Deliverable D6.5).

Longcamp, M., M. T. Zerbato-Poudou und J. L. Velay (2005) The influence of writing practice on letter recognition in preschool children: a comparison between handwriting and typing. *Acta Psychologica* 119. 67–79.

Ludwig, L., K. Mayrberger und A. Weidmann (2011). Einsatz personalisierter iPads im Unterricht aus Perspektive der Schülerinnen und Schüler. *DeLFI 2011: Die 9. e-Learning Fachtagung Informatik–Poster, Workshops, Kurzbeiträge.* Dortmund: TUDpress. 7–17.

Mast-Sindlinger, B. (2008). Selbstständiges Lernen mit Notebooks in der Förderschule. *Neue Medien und Sonderpädagogik.* Hrsg. Landesmedienzentrum Baden-Württemberg (LMZ). Karlsruhe: LMZ. 89–92.

Mastenbroek, N. (2008). Der Einsatz von Neuen Medien an Sonderschulen. *Neue Medien und Sonderpädagogik.* Hrsg. Landesmedienzentrum Baden-Württemberg (LMZ). Karlsruhe: LMZ. 11–16

Mästle, T. (2008). Die Lernkiste – ein multimediales Werkzeug für den Unterricht an Schulen für Geistigbehinderte. *Neue Medien und Sonderpädagogik.* Hrsg. Landesmedienzentrum Baden-Württemberg (LMZ). Karlsruhe: LMZ. 17–22.

MPFS – Medienpädagogischer Forschungsverbund Südwest (1999). *KIM-Studie 1999. Kinder und Medien – KIM '99.* Stuttgart: Landesanstalt für Kommunikation Baden-Württemberg.

MPFS – Medienpädagogischer Forschungsverbund Südwest (2011). *FIM-Studie 2011. Familie, Interaktion und Medien.* Stuttgart: Landesanstalt für Kommunikation Baden-Württemberg.

MPFS – Medienpädagogischer Forschungsverbund Südwest (2012a). *JIM-Studie 2012. Jugend, Information, (Multi-)Media.* Stuttgart: Landesanstalt für Kommunikation Baden-Württemberg.

MPFS – Medienpädagogischer Forschungsverbund Südwest (2012b). *KIM-Studie 2012. Kinder + Medien, Computer + Internet.* Stuttgart: Landesanstalt für Kommunikation Baden-Württemberg.

MPFS – Medienpädagogischer Forschungsverbund Südwest (2013). *JIM-Studie 2013. Jugend, Information, (Multi-)Media.* Stuttgart: Landesanstalt für Kommunikation Baden-Württemberg.

MPFS – Medienpädagogischer Forschungsverbund Südwest (2014). *JIM-Studie 2014. Jugend, Information, (Multi-)Media.* Stuttgart: Landesanstalt für Kommunikation Baden-Württemberg.

Miesenberger, K., C. Bühler, H. Niesyto, J.-R. Schluchter und I. Bosse (2012). Sieben Fragen zur inklusiven Medienbildung. *Medienbildung im Zeitalter der Inklusion.* Hrsg. I. Bosse. Düsseldorf: lfm. 27–57.

Möller, I. (2007). Emotionen beim Konsum von Bildschirmspielen. *merz medien + erziehung* 51(4). 31–37.

Mößle T, M. Kleimann und F. Rehbein (2007). *Bildschirmmedien im Alltag von Kindern und Jugendlichen: Problematische Mediennutzungsmuster und ihr Zusammenhang mit Schulleistungen und Aggressivität.* Baden-Baden: Nomos.

Mößle, T., K. Wölfling, H. J. Rumpf, F. Rehbein, K. W. Müller, N. Arnaud und B. T. te Wildt (2014). Internet-und Computerspielsucht. *Verhaltenssüchte.* Hrsg. K. Mann. Berlin: Springer. 33–58.

Moser, H. (2014). Medien in der späten Kindheit. *Handbuch Kinder und Medien.* Hrsg. A. Tillmann, S. Fleischer und K.-U. Hugger.. Wiesbaden: Springer. 323–334.

Müller, K. (2013). *Spielwiese Internet: Sucht ohne Suchtmittel.* Wiesbaden: Springer-Verlag.

Mueller, P. A., und D. M. Oppenheimer (2014). The pen is mightier than the keyboard: advantages of longhand over laptop note taking. *Psychological Science* 25. 1159–68.

Münzer, M. (2012). iPad-Klassen im integrativen Unterricht der Hauptschule Friedenshöhe-Ennepetal: Werkzeuge auf dem Weg zu einer Schule für alle Kinder. *Medienbildung im Zeitalter der Inklusion.* Hrsg. I. Bosse. Düsseldorf: lfm. 105–110.

Niegemann, H. M. (2009) Interaktivität in Online-Anwendungen. *Online-Lernen. Handbuch für Wissenschaft und Praxis.* Hrsg. L. J. Issing und P. Klimsa. München : Oldenbourg. 125–137.

Niesyto, H. (2010). Digitale Medienkulturen und soziale Ungleichheit. *Medienbildung in neuen Kulturräumen.* Hrsg. B. Bachmair. Wiesbaden: VS Verlag. 313–324.

OECD (2010). *Are the new millenium learners making the grade. Technology use and educational performance in PISA.* Paris: OECD Publishing.

Opaschowski, H. W. (1999). *Generation @. Die Medienrevolution entlässt ihre Kinder.* Hamburg: Kurt Mair Verlag.

Ophir, E., C. Nass und A. D. Wagner (2009). Cognitive control in media multitaskers. *Proceedings of the National Academy of Sciences* 106(37). 15583–15587.

Owston, R. D. (1997). The World Wide Web: a technology to enhance teaching and learning? *Educational Researcher* 26. 27–33.

Papert, S. (1980). *Mindstorms: Children, computers, and powerful ideas.* New York: Basic Books.

Pea, R., C. Nass, L. Meheula, M. Rance, A. Kumar, H. Bamford und M. Zhou (2012). Media use, face-to-face communication, media multitasking, and social well-being among 8-to 12-year-old girls. *Developmental Psychology* 48(2). 327–336.

Pelgrum, W. J., I. A. M. J. Reinen und T. Plomp (Hrsg.) (1993). *Schools, teachers, students and computers: A cross-national perspective. IEA-Comped Study Stage 2.* Enschede, Netherlands: University of Twente.

Petermann, F., und N. v. Marées (2013). Cyber-Mobbing: Eine Bestandsaufnahme. *Kindheit und Entwicklung* 22(3). 145–154.

Petko, D. (2008). Unterrichten mit Computerspielen. Didaktische Potenziale und Ansätze für den gezielten Einsatz in Schule und Ausbildung. *MedienPädagogik. Zeitschrift für Theorie und Praxis der Medienbildung* 15/16. Internet-Dokument: http://www.medienpaed.com/Documents/medienpaed/15-16/petko0811.pdf [5.6.2015]

Petko, D. (2012). Hemmende und förderliche Faktoren des Einsatzes digitaler Medien im Unterricht: Empirische Befunde und forschungsmethodische Probleme. *Jahrbuch Medienpädagogik 9.* Wiesbaden: VS Verlag für Sozialwissenschaften. 29–50.

Porsch, T., und S. Pieschl (2014). Cybermobbing unter deutschen Schülerinnen und Schülern: Eine repräsentative Studie zu Prävalenz, Folgen und Risikofaktoren. *Diskurs Kindheits-und Jugendforschung* 9(1). 7–22.

Powers, K. L., P. J. Brooks, N. J. Aldrich, M. A. Palladino, und L. Alfieri (2013). Effects of video-game play on information processing: a meta-analytic investigation. *Psychonomic Bulletin & Review* 20(6). 1055–1079.

Prändl, S., und G. Mazarin (2008). Blended Learning im Raum – zwischen Klinik/Klinikschule/Hausunterricht/Heimatschule. *Neue Medien und Sonderpädagogik.* Hrsg. Landesmedienzentrum Baden-Württemberg (LMZ). Karlsruhe: LMZ. 54–62.

Prasse, D. (2012). *Bedingungen innovativen Handelns in Schulen. Funktion und Interaktion von Innovationsbereitschaft, Innovationsklima und Akteursnetzwerken am Beispiel der IKT-Integration an Schulen.* Münster: Waxmann.

Prensky, M. (2001). Digital natives, digital immigrants. Part I. *On the Horizon* 9(5). 1–6.

Putzig, I., F. Wedegärtner und B. T. te Wildt (2010). Medienabhängigkeit bei Kindern und Jugendlichen – neue vielseitige Herausforderungen. *Public Health Forum* 18(2). 22e1–22e3.

Ragan, E. D., S. R. Jennings, J. D. Massey und P. E. Doolittle (2014). Unregulated use of laptops over time in large lecture classes. *Computers & Education* 78. 78–86.

Rauschenbach, T., M.-C. Begemann, M. Bröring, W. Düx und E. Sass (2011). *Jugendliche Aktivitäten im Wandel. Gesellschaftliche Beteiligung und Engagement in Zeiten des Web 2.0. Endbericht.* Dortmund: Forschungsverbund Deutsches Jugendinstitut/Technische Universität Dortmund.

Ready, D., E. Meier, D. Horton, C. Mineo und J. Y. Pike (2013). *Student mathematics performance in year one implementation of Teach to One: Math.* Internet-Dokument: http://digitallearningnow.com/site/uploads/2013/11/TeachtoOneReport_CTSC_Fall2013_Final.pdf [5.6.2015]

Rehbein, F., T. Mößle, N. Jukschat und E. M. Zenses (2011). Zur psychosozialen Belastung exzessiver und abhängiger Computerspieler im Jugend-und Erwachsenenalter. *Suchttherapie* 12(02). 64–71.

Rehbein, F., und T. Mößle (2013). Video game and Internet addiction: is there a need for differentiation? *SUCHT – Zeitschrift für Wissenschaft und Praxis/Journal of Addiction Research and Practice* 59(3). 129–142.

Rehbein, F., und E. M. Zenses (2013). Exzessive Bildschirmmediennutzung und Mediensucht. *SUCHT – Zeitschrift für Wissenschaft und Praxis/Journal of Addiction Research and Practice* 59(3). 125–127.

Rüger, E., M. Schäffler, D. Stephan und I. Ziehmann (2008). Computerführerschein für Blinde. *Neue Medien und Sonderpädagogik.* Hrsg. Landesmedienzentrum Baden-Württemberg (LMZ). Karlsruhe: LMZ. 34–42.

Rummler, K., und K. D. Wolf (2012). Lernen mit geteilten Videos: Aktuelle Ergebnisse zur Nutzung, Produktion und Publikation von Online-Videos durch Jugendliche. *MEDIEN – WISSEN – BILDUNG: Kulturen und Ethiken des Teilens.* Hrsg. W. Sützl, F. Stalder, R. Meier und T. Hug. Universität Innsbruck: Innsbruck University Press. 253–266.

Rumpf, H. J., C. Meyer, A. Kreuzer, U. John und G. J. Merkeerk (2011). *Prävalenz der Internetabhängigkeit (PINTA). Bericht an das Bundesministerium für Gesundheit.* Internet-Dokument: https://bundesgesundheitsministerium.de/fileadmin/dateien/Publikationen/Drogen_Sucht/Forschungsberichte/Studie_Praevalenz_der_Internet abhaengigkeit__PINTA_.pdf [4.6.2014]

Schaible, W. (2008). Praxisbeispiel Integration: Hilfe in der Geometrie. *Neue Medien und Sonderpädagogik.* Hrsg. Landesmedienzentrum Baden-Württemberg (LMZ). Karlsruhe: LMZ. 43–46.

Schank, R. C., T. R. Berman und K. A. Macpherson (1999). Learning by doing. *Instructional-design theories and models: A new paradigm of instructional theory* 2. 161–181.

Schaumburg, H. (2003). *Konstruktivistischer Unterricht mit Laptops?* Dissertation. Berlin: Freie Universität Berlin. Internet-Dokument: http://edocs.fu-berlin.de/diss/receive/FUDISS_thesis_000000000914?lang=en [5.6.2015]

Schaumburg, H. (2011). Politische Bildung und das Web 2.0. *MedienPädagogik* 21. Internet-Dokument: www.medienpaed.com/21/schaumburg1108.pdf [5.6.205]

Schaumburg, H., und L. J. Issing (2002). *Lernen mit Laptops.* Gütersloh: Bertelsmann Stiftung.

Schaumburg, H., und L. J. Issing (2004a). Lernpsychologische und didaktische Aspekte des Online-Lernens. *Online-Lernen und Weiterbildung.* Hrsg. D. Meister. Wiesbaden: VS Verlag für Sozialwissenschaften. 77–90.

Schaumburg, H., Und L. J. Issing (2004b). Interaktives Lernen mit Multimedia. *Lehrbuch der Medienpsychologie.* Hrsg. R. Mangold unf P. Vorderer. Göttingen: Hogrefe. 717–742

Schaumburg, H., D. Prasse, K. Tschackert und S. Blömeke (2007). *Lernen in Notebook-Klassen.* Bonn: Schulen ans Netz.

Schmidt, J.-H., I. Paus-Hasebrink und U. Hasebrink (Hrsg.). *Heranwachsen mit dem Social Web.* Schriftenreihe Medienforschung der LfM. Band 62. 2. Aufl. Berlin: Vistas.

Schorb, B. (2010). *Klangraum Internet. Report des Forschungsprojektes Medienkonvergenz Monitoring zur Aneignung konvergenter Hörmedien und hörmedialer Online-Angebote durch Jugendliche zwischen 12 und 19 Jahren.* Leipzig: Universität Leipzig. Internet-Dokument: http://www.slm-online.de/wp-content/uploads/2012/07/report_klang raum-internet_001.pdf [5.6.2015]

Schulmeister, R. (2009). *Gibt es eine »Net Generation«?* Internet-Dokument: http://epub. sub.uni-hamburg.de/epub/volltexte/2013/19651/pdf/schulmeister_net_generation_ v3.pdf [4.6.2015]

Schulz, I. (2014). Kinder und Handy. *Handbuch Kinder und Medien.* Hrsg. A. Tillmann, S. Fleischer und K.-U. Hugger. Wiesbaden: Springer. 419–428.

Schwier, B. (2009). Unterricht mit digitalen Medien an Förderschulen. Ergebnisse einer Untersuchung vor dem Hintergrund der Anbindung sonderpädagogischer Forschung an die unterrichtliche Praxis. *Empirische Sonderpädagogik* 1(2), 5–17.

Senkbeil, M., und J. Wittwer (2008). Antezedenzien und Konsequenzen informellen Lernens am Beispiel der Mediennutzung von Jugendlichen. *Zeitschrift für Erziehungswissenschaft* 10. 107–128.

Sherry, J. L. (2001). The effects of violent video games on aggression. *Human communication research* 27(3). 409–431.

Siemens, G., und R. S. Baker (2012). Learning analytics and educational data mining: towards communication and collaboration. *Proceedings of the 2nd international conference on learning analytics and knowledge.* ACM. 252–254.

Skinner, B. F. (1961). Why we need teaching machines. *Harvard Educational Review* 31. 377–398.

Simba/Education Market Research (2014). *National survey of tablet/mobile device usage.* Education Market Research: Rockville MD.

Spiro, R. J., P. J. Feltovich, M. J. Jacobson und R. L. Coulson (1991). Cognitive flexibility, constructivism, and hypertext: random access instruction for advanced knowledge acquisition in ill-structured domains. *Educational Technology* May. 24–33.

Spitzer, M. (2012). *Digitale Demenz.* München: Droemer.

Spitzer, M. (2014). Information technology in education: Risks and side effects. *Trends in Neuroscience and Education* 3(3). 81–85.

Steele, J. L., M. W. Lewis, L. Santibanez, S. Faxon-Mills, M. Rudnick, B. M. Stecher und L. S. Hamilton (2014). *Competency-Based Education in Three Pilot Programs.* Internet-Dokument: http://www.rand.org/content/dam/rand/pubs/research_briefs/RB9700/RB9796/RAND_RB9796.pdf [5.6.2015]

Sülzenbrück, S., M. Hegele, G. Rinkenauer Und H. Heuer (2011). The death of hand-writing: Secondary effects of frequent computer use on basic motor skills. *Journal of motor behavior* 43(3). 247–251.

Suppes, P., T. Liang, E. E. Macken und D. P. Flickinger (2014). Positive technological and negative pre-test-score effects in a four-year assessment of low socioeconomic status K-8 student learning in computer-based Math and Language Arts courses. *Computers & Education* 71. 23–32.

Süss, D., C. Lampert und C. W. Wijnen (2010). *Medienpädagogik.* Wiesbaden: VS Verlag für Sozialwissenschaften.

Tapscott, D. (1998). *Growing up digital. The rise of the Net generation.* New York: McGraw-Hill.

Taraghi, B., M. Ebner und S. Schön (2013). Systeme im Einsatz. WBT, LMS, E-Portfolio-Systeme, PLE und andere. In: *L3T. Lehrbuch für Lernen und Lehren mit Technologien.* 2. Auflage. Internet-Dokument: http://l3t.eu/homepage/das-buch/ebook-2013/kapitel/o/id/137/name/systeme-im-einsatz [5.6.2015]

Techniker Krankenkasse (2014). Jugend 3.0 – abgetaucht nach Digitalien? Internet-Dokument: http://www.tk.de/centaurus/servlet/contentblob/657918/Datei/129096/TK-Broschuere-Medienkompetenz.pdf [4.6.2015]

Tergan, S.-O. (2002). Hypertext und Hypermedia: Konzeption, Lernmöglichkeiten, Lernprobleme und Perspektiven. *Information und Lernen mit Multimedia.* Hrsg. L. J. Issing und P. Klimsa. 3. Vollständig überarbeitete Auflage. Weinheim: Beltz Psychologie Verlags Union. 99–112.

Thompson, P. (2013). The digital natives as learners: Technology use patterns and approaches to learning. *Computers & Education* 65. 12–33.

Treumann, K. P., D. Meister, U. Sander, E. Burkatzki, J. Hagedorn, M. Kämmerer, M. Strotmann und C. Wegener (2007). *Medienhandeln Jugendlicher.* Wiesbaden: VS Verlag für Sozialwissenschaften.

Tschackert, K. (2013). *Schreibunterricht mit Notebooks – Prozesse, Produkte und Perspektiven.* BoD–Books on Demand.

Tulodziecki, G.(1997). *Medien in Erziehung und Bildung. Grundlagen und Beispiel einer handlungs- und entwicklungsorientierten Medienpädagogik.* 3., überarb. und erw. Aufl. Bad Heilbrunn: Klinkhardt.

Vogelsang, W. (2014). Digitale Medien – Jugendkulturen – Identität. *Digitale Jugendkulturen.* Hrsg. K.-U. Hugger. Wiesbaden: Springer. 137–154.

Vollmer, M. (2008). Filmarbeit in einer Schule für Geistigbehinderte. *Neue Medien und Sonderpädagogik.* Hrsg. Landesmedienzentrum Baden-Württemberg (LMZ). Karlsruhe: LMZ. 75–77.

Wache, M. (2003). *E-Learning – Bildung im digitalen Zeitalter.* Internet-Dokument: http://www.bpb.de/files/FWQFK9.pdf [23.11.2010].

Wagner, U. (2010). Das Medienhandeln der Jugendgeneration – Potentiale zur Verstärkung oder zum Aufbrechen von Ungleichheit. *Medien. Bildung. Soziale Ungleichheit. Differenzen und Ressourcen im Mediengebrauch Jugendlicher.* Hrsg. H. Theunert. München: kopäd-Verlag. 81–96.

Wagner, U., N. Brüggen und C. Gebel (2009). *Web 2.0 als Rahmen für Selbstdarstellung und Vernetzung Jugendlicher.* München: JFF Institut für Medienpädagogik in Forschung und Praxis.

Wagner, U., und S. Eggert (2007). Quelle für Information und Wissen oder unterhaltsame Action? Bildungsbenachteiligung und die Auswirkungen auf den Medienumgang Heranwachsender. *medien + erziehung* 51(5). 15–23.

Weidenmann, B. (2009). Multimedia, Multicodierung und Multimodalität beim Online-Lernen. *Online-Lernen. Handbuch für Wissenschaft und Praxis.* Hrsg. L. J. Issing und P. Klimsa. München: Oldenbourg. 73–86.

Welling, S., I. Averbeck, B. E. Stolpmann und L. Karbautzki (2014). *Paducation. Evaluation eines Modellversuchs mit Tablets am Hamburger Kurt-Körber-Gymnasium.* Bremen, Hamburg: ifib und Universität Hamburg. Internet-Dokument: http://www.ifib.de/publikationsdateien/paducation_bericht.pdf [5.6.2015]

Wendt, H., M. Vennemann, K. Schwippert und K. Drossel, K. (2014). Soziale Herkunft und computer- und informationsbezogene Kompetenzen von Schülerinnen und Schülern im internationalen Vergleich. *ICILS 2013 – Computer- und informationsbezogene Kompetenzen von Schülerinnen und Schülern der 8. Jahrgangsstufe im internationalen Vergleich.* Hrsg. W. Bos, B. Eickelmann, J. Gerick, F. Goldhammer, H. Schaumburg, K. Schwippert, M. Senkbeil, R. Schulz-Zander und H. Wendt. Münster: Waxmann. 265–295.

Wijekumar, K. K., B. J. F. Meyer und P. Lei (2012). Large-scale randomized controlled trial with 4th graders using intelligent tutoring of the structure strategy to improve nonfiction reading comprehension. *Educational Technology Research and Development* 60(6). 987–1013.

Wilson, S., O. Liber, M. W. Johnson, P. Beauvoir, P. Sharples und C. D. Milligan (2007). Personal Learning Environments: Challenging the dominant design of educational systems. *Journal of e-Learning and Knowledge Society* 3(2). 27–38.

Young, K., M. Pistner, J. O'Mara und J. Buchanan (1999). Cyber disorders: the mental health concern for the new millennium. *CyberPsychology & Behavior* 2(5). 475–479.

Zentel, P. (2008). Computergestützte Lernszenarien in der Schule für Geistigbehinderte. *Neue Medien und Sonderpädagogik.* Hrsg. Landesmedienzentrum Baden-Württemberg (LMZ). Karlsruhe: LMZ. 63–68.

Zillien, N. (2009). *Digitale Ungleichheit.* Wiesbaden: VS Verlag für Sozialwissenschaften.

Teil 2

Individuelle Förderung mit digitalen Medien

Handlungsfelder für die systematische, lernförderliche Integration
digitaler Medien in Schule und Unterricht

Richard Heinen, Michael Kerres

1 Einleitung

Vielfach orientiert sich Unterricht immer noch an einem (imaginären) Durchschnitt von Lernenden, bei denen die Möglichkeiten des Einzelnen ausgeblendet bleiben. Mit der aktuellen bildungspolitischen Forderung nach »individueller Förderung« rückt der Einzelne stärker in den Vordergrund und damit stellt sich die Frage, wie Schule und Unterricht angelegt sein können, um der Vielfalt der individuellen Voraussetzungen und Möglichkeiten gerecht zu werden.

Die Forderung nach »individueller Förderung« findet breite gesellschaftliche Zustimmung, und dennoch ist ihre Umsetzung in den schulischen Alltag alles andere als einfach. Konsequent zu Ende gedacht, stellt »individuelle Förderung« viele gängige Routinen in der Unterrichtspraxis zur Disposition. Darüber hinaus stellt sich die Frage nach den Methoden und Werkzeugen, wie »individuelle Förderung« tatsächlich in der Praxis umgesetzt werden kann.

Das vorliegende Papier greift einen Aspekt heraus, der in der bisherigen Diskussion vielfach (zu) wenig Berücksichtigung findet: die Chancen, die mit den digitalen Medien für das Lehren und Lernen verbunden sind. Anders als oft angenommen, führt deren Einführung keineswegs automatisch zu einem »besseren« Unterricht und zu »individueller Förderung«. Gleichwohl können sie einen wesentlichen und wirksamen Beitrag liefern, um individuelle Förderung zu ermöglichen. Die Medien beinhalten damit ein Potenzial, das sich (nur) entfaltet, wenn sie angemessen ausgestaltet sind.

Abbildung 1: Digitale Medien als Beitrag zu individueller Förderung

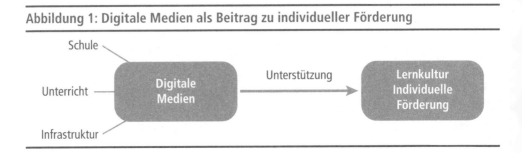

Die folgenden Überlegungen gehen deswegen der Frage nach, wie digitale Medien »individuelle Förderung« ermöglichen können (vgl. Abb. 1). Hierzu stellen wir zunächst dar, welche Potenziale sich aus der Nutzung digitaler Medien für das schulische Lernen und besonders für die individuelle Förderung ergeben. Wir betrachten dann die infrastrukturellen Voraussetzungen an Schulen, die bereits so anzulegen sind, dass sie eine Lernkultur der individuellen Förderung unterstützen. Dabei wird deutlich, dass unterschiedliche technische Konzeptionen individuelle Förderung auch unterschiedlich gut unterstützen können. Abschließend betrachten wir die Schule als Ganzes, wo sich letztlich entscheidet, ob sich eine Lernkultur nachhaltig etabliert, in der die Förderung des Einzelnen im Vordergrund steht und digitale Medien dies unterstützen.

Diese grundsätzlichen Überlegungen werden schließlich an drei Fallstudien erläutert. Hierzu wurden Schulen ausgewählt, die den digitalen Medien eine erkennbar hohe Bedeutung für die individuelle Förderung beimessen. Die Fälle zeigen die unterschiedlichen Ausgangspunkte auf, die diese Aktivitäten initiiert haben. Sie skizzieren die Wege, die die Schulen eingeschlagen haben, und ihre Erfahrungen, die sie hierbei bislang gemacht haben.

Das Papier wendet sich primär an Schulleitungen und Lehrkräfte, die sich mit Schul- und Unterrichtsentwicklung beschäftigen und sich dafür interessieren, wie digitale Medien für individuelle Förderung in der Schule nachhaltig eingeführt werden können.

2 Individuelle Förderung

Schule muss der Vielfalt der Lernenden gerecht werden und soll Menschen in der Entwicklung ihrer individuellen Möglichkeiten unterstützen. Diese bildungspolitische Forderung hat hohe Zustimmung in der öffentlichen Diskussion gefunden und eine Reihe von Maßnahmen motiviert, um sie in der Bildungspraxis zu verankern. Im Folgenden werden einige grundlegende Ansätze hierzu skizziert.

2.1 Ansätze

In der aktuellen Diskussion über individuelle Förderung geht es um pädagogische Ansätze, die die Potenziale aller Lernenden in den Blick nehmen, und zwar entlang aller Dimensionen und Niveaus von Fähigkeiten. Hochbegabtenförderung gehört hier ebenso dazu wie die Inklusion von Menschen mit besonderen Herausforderungen. Es geht der individuellen Förderung gleichermaßen um Lernende mit besonderen sportlichen oder musischen Fähigkeiten wie auch um Lernende, die sich beim Erfassen von Sprache oder Zahlen besonders schwertun.

Bei den Maßnahmen der individuellen Förderung dachte man lange Zeit vor allem an Aktivitäten, die außerhalb von Unterricht stattfinden: Beratungs- und Fördergespräche, therapeutische Maßnahmen oder Förderunterricht. Doch eine konsequente individuelle Förderung muss im Unterricht stattfinden und dies macht ein Umdenken in der Anlage von Unterricht erforderlich. Unterricht kann sich nicht mehr an dem Lernstand eines (vermuteten) Gruppendurchschnitts orientieren, sondern muss in der Planung und Umsetzung so angelegt sein, dass die Lernenden ihre individuellen Möglichkeiten entfalten können und bei ihren vielfältigen Lernerfahrungen unterstützt werden.

In NRW ist das Recht auf individuelle Förderung beispielsweise im Schulgesetz festgeschrieben; das flankierend angelegte Netzwerk *Lernkultur individuelle Förde-*

rung ist darauf ausgelegt, dieses Recht in der Schulpraxis flächendeckend zu verankern.[1] Dort heißt es:

»Um das Lernen der Schülerinnen und Schüler zu unterstützen, anzuregen und zu begleiten, müssen die individuellen Lernvoraussetzungen, Lernbedürfnisse und Lernmöglichkeiten berücksichtigt werden. Schülerinnen und Schüler sollen sukzessive befähigt werden, Experten ihres eigenen Lernprozesses zu werden. Auf diesem Weg benötigen sie Raum für ihre eigene Kompetenzentwicklung, auch im gegenseitigen Austausch und im Rahmen kooperativer Lernformen. Unverzichtbar sind hierbei diagnostisch fundierte Rückmeldung, Ermutigung, Beratung, bedarfsgerechte Unterstützung sowie die Vertrautheit im Umgang mit grundlegenden Methoden des eigenständigen Lernens einschließlich der Selbstbeobachtung des Lernens.«[2]

2.2 Warum Medien?

In den letzten Jahren wurden vielfältige Ansätze erprobt, wie individuelle Förderung im Unterricht geschehen kann. Dabei fällt auf, dass die digitalen Medien in dieser Diskussion überraschend wenig Beachtung finden. So geht etwa die umfangreiche Handreichung der Bezirksregierung Münster zur individuellen Förderung in heterogenen Lerngruppen[3] auf über 100 Einzelmethoden und Konzepte in verschiedenen Unterrichtsphasen, Unterrichtsreihen und im Bildungsgang ein. Der Computer und die digitalen Medien werden hierbei als ein »Spezialfall« betrachtet, der neben vielen anderen Methoden und Konzepten unter bestimmten Bedingungen individuelle Förderung ermöglicht. Dies erscheint überraschend, weil individuelle Förderung durch Medieneinsatz ganz wesentlich unterstützt werden kann.

Betrachten wir im Folgenden die zusätzlichen Chancen, die mit dem Einsatz digitaler Medien im Unterricht verbunden sind.

2.2.1 Vielfältige Materialien einsetzen

Digitale Medien ermöglichen es, mit vielfältigem Material zu arbeiten, das verschiedene Sichten auf ein Phänomen bietet. Mehr noch als eine Sammlung von Texten und Materialien auf Papier eröffnet das Internet den Zugriff auf eine Fülle von Ressourcen, die von den Lernenden zu erschließen sind. Sie können lernen, mit der Masse an Informationen umzugehen, Quellen zu bewerten und ihr Vorgehen zu reflektieren. Dies ist ein wesentliches Element von Medienkompetenz, die immer

---

1 http://www.zukunftsschulen-nrw.de/
2 http://www.zukunftsschulen-nrw.de/cms/front_content.php?idcat=395
3 http://www.brms.nrw.de/startseite/themen/abteilung4/Dezernat_45_Berufskolleg/Handreichung_
   Individuelle_Foerderung_in_heterogenen_Lerngruppen/Handreichung_IF_Band_2.pdf

mehr zu einer Schlüsselkompetenz im 21. Jahrhundert avanciert. Ebenso ist es möglich, einen definierten Pool an Materialien etwa auf einer schulischen Lernplattform bereitzustellen, mit dem die Lernenden gezielt arbeiten können.

Für die individuelle Förderung ist dabei das Potenzial verbunden, die Lernenden – etwa über eine Lernplattform im Internet – mit einer größeren Fülle an unterschiedlichem und differenzierendem Material zu versorgen bzw. sie gemäß ihren Kenntnissen und Interessen Materialien auswählen zu lassen.

2.2.2 Multimediale Zugänge schaffen

Digitale Medien ermöglichen es, multimediale Materialien zur Verfügung zu stellen, um komplexe Sachverhalte zu veranschaulichen. Neben Texten können Ton- und Videodokumente eingebunden werden. Sie können aus öffentlich zugänglichen Quellen oder speziell für Schulen angelegten Mediendatenbanken bezogen werden. Mit Animationen oder Simulationen lassen sich ansonsten schwer zu beschreibende Phänomene anschaulich darstellen (vgl. Mayer 2009). Diese Materialien eröffnen neue Sichten auf die dargestellten Sachverhalte und können die »Authentizität« von Unterricht befördern – eine der wesentlichen Kategorien in der Diskussion über konstruktivistische Didaktik.

Im Rahmen der individuellen Förderung können multimediale Materialien Zugänge zu Lerninhalten ermöglichen, die im konventionellen, sprachgebundenen Unterricht vielfach kaum realisierbar sind.

2.2.3 Lernen interaktiv werden lassen

Das Lernen mit digitalen Medien kann im Dialog mit dem System erfolgen. Der Computer analysiert das Lernverhalten und gibt Rückmeldung. Stärker als bei linearen Medien, wie dem Buch oder dem Video, ist das Lernen mit digitalen Medien damit als (Inter-) Aktivität gestaltbar: Das System kann dabei auf Eingaben des Lernenden reagieren und Rückmeldung geben. Bis heute beruhen die meisten Computeranwendungen auf einfachen Mechanismen der Auswertung. Der Lernende muss dazu aus einer festgelegten Zahl an Reaktionen eine oder mehrere richtige Antworten identifizieren. Solche Multiple-Choice-Anwendungen sind kein Ersatz für komplexe Aufgabenformate, sie können aber für bestimmte Wissensarten, etwa als Selbstlerntests, eingesetzt werden und zum systematischen Üben anleiten.

Durch Übungen mit individuellen Rückmeldungen können die Einzelnen in ihren Möglichkeiten gefördert werden. Interaktive Übungsblätter und Trainingseinheiten zum Selbstlernen lassen sich in individuelle Fördermaßnahmen einbinden.

2.2.4 Zusammenarbeit fördern

Digitale Medien können die Zusammenarbeit zwischen Lernenden unterstützen und intensivieren. Mit den verschiedenen Werkzeugen, die auf Plattformen einer Schule oder im Internet bereitstehen, können sich die Lernenden austauschen und an Dokumenten zusammenarbeiten. Im kooperativen Lernen können verschiedene Sichten auf Probleme und ihre Lösung erfahren werden. Teamwork, Gruppenarbeit und Sozialkompetenzen werden immer mehr gefordert und dies findet zusehends auch mit digitalen Werkzeugen im Internet statt. Diese können das gemeinsame Arbeiten unterstützen und bieten weitreichende Funktionalitäten, die die Zusammenarbeit vereinfachen. Kerres (2006) hat diese Potenziale sozialer Medien für das Lernen beschrieben.

Partner- und Gruppenarbeit sind didaktische Methoden, in denen sich der Einzelne einbringen kann und der Beitrag unterschiedlicher Sichten und Fähigkeiten bei der Lösung komplexer Probleme erfahren werden kann. Digitale Medien können Ansätze von Kollaboration und Kooperation wesentlich unterstützen.

2.2.5 Lernräume öffnen

Digitale Medien können Lernräume – über das Klassenzimmer hinaus – öffnen und ermöglichen damit Zugriff auf weltweite Diskurse und Expertisen. Über das Internet kann wesentlich leichter mit Experten und Expertinnen in Kontakt getreten werden. Lernen kann als Teilhabe an gesellschaftlichem Diskurs erfahren werden – (auch) als Hinführung zu einem *lifelong learning*, das die Menschen zunehmend ihr Leben lang, auch außerhalb von institutionellen Lernangeboten, in Beruf und Freizeit begleitet.

Öffnet sich der Lernraum, können die Schüler und Schülerinnen die große Vielfalt von Sichten ganz unmittelbar erleben. Sie erfahren, wie wichtig Orientierung in einer wenig übersichtlichen Lebenswelt ist.

2.2.6 Lernen sichtbar machen

Mit digitalen Medien kann Lernen sichtbar gemacht werden. John Hattie (2012) hat die Forderung nach *visible learning* nach Auswertung vieler Meta-Analysen zum Lernen in die Diskussion gebracht. Im Arbeiten mit digitalen Artefakten, in der Darstellung des eigenen Lernfortschritts als Portfolio, im Austausch mit anderen auf sozialen Plattformen, in der Anleitung zur Reflexion in Weblogs können sie ihre Lernfortschritte und Leistungen erkennen und über das Lernen ins Gespräch kommen. Auch hier ist es letztlich eine Frage der Gestaltung der Unterrichtssituation durch die Lehrperson; das Medium aber kann die Intention des Lehrenden maßgeblich »verstärken«.

Das Lernen des Einzelnen wird beim Arbeiten mit digitalen Medien »sichtbar«. Die Lehrperson kann sich einfacher dem Einzelnen zuwenden, Stärken und Schwächen erkennen und individuelle Rückmeldung geben.

2.2.7 Alternative didaktische Methoden unterstützen

Mit digitalen Medien lässt sich traditioneller Frontalunterricht nachbilde; insofern führen digitale Medien keineswegs automatisch zu besserem oder auch nur anderem Unterricht. Allerdings profitieren innovative didaktische Methoden ganz wesentlich von ihrem Einsatz; handlungs- oder problemorientierte Ansätze etwa gewinnen durch den richtigen Einsatz der Computertechnologie. Dies gilt auch bei projektorientierten Methoden, bei denen die Lernenden gemeinsam an Artefakten arbeiten. Die mediendidaktische Forschung der letzten beiden Jahrzehnte ist voll von Beispielen aus den Fachdidaktiken, die die Chancen der digitalen Medien, im Fachunterricht innovative didaktische Methoden zu fördern, eindrücklich aufzeigen – freilich bei einer entsprechenden didaktischen Aufbereitung des Lernangebotes (vgl. Tulodziecki, Herzig und Grafe 2010).

Innovative methodische Ansätze bieten dem Einzelnen mehr Raum zur Entfaltung; der Einzelne/die Einzelne kann die eigenen Stärken bei Problemlösungen und in gemeinsame Vorhaben einbringen.

2.2.8 Lernorte und -zeiten flexibel gestalten

Lernzeiten und -orte können anders organisiert werden: Zuhause kann die Lernzeit intensiver für die Aneignung und Auseinandersetzung mit Lehrinhalten genutzt werden. Hierfür stehen immer mehr hochwertige Lehrvideos und Materialpools zur Verfügung, die von nationalen oder internationalen Anbietern kostenfrei als open *educational ressources* bereitgestellt werden. Die Unterrichtszeit (»Kontaktzeit«) kann so für andere Formen von Unterricht – Diskussion, Kooperation, Austausch und Begegnung – genutzt werden. Ein solcher Ansatz – manchmal missverständlich *flipped classroom* genannt – ist mehr als ein reines Austauschen der Lernorte, sondern bedeutet ein anderes Lehr-Lern-Arrangement, bei dem Präsenzzeiten neu zu gestalten sind.

Den individuellen Bedingungen des Lernens kann die Flexibilisierung der Lernorte und -zeiten entgegenkommen. Die zunehmende Selbststeuerung des Lernens ist dabei einerseits eine Voraussetzung und anderseits auch Ergebnis.

2.2.9 Medienkompetenz als Schlüssel für lebenslanges Lernen

Die digitalen Medien sind ein wesentlicher Schlüssel, um die Forderung nach *Medienbildung* und *Selbstlernkompetenz für lebenslanges Lernen* einzulösen. Sie sind nicht nur ein Werkzeug der Wissensvermittlung; ihr reflektierter Gebrauch ist ein zentrales Mittel (vgl. Schelhowe et al. 2009), um

- sich den Zugang zu einer »von digitalen Medien geprägten Kultur« zu erschließen,
- am gesellschaftlichen Diskurs mithilfe digitaler Medien teilhaben zu können,
- sich über digitale Medien ausdrücken zu können und die eigene Persönlichkeit zu entwickeln sowie
- instrumentelle Fertigkeiten zur Bewältigung einer zunehmend digitalisierten Lebens- und Arbeitswelt ausbilden zu können.

Zum Beispiel in Medienprojekten kann der Einzelne lernen, sich auszudrücken, die eigene Persönlichkeit zu entwickeln und Fertigkeiten zu entwickeln, die dabei helfen, Anforderungen in einer zunehmend digitalisierten Lebens- und Arbeitswelt zu bewältigen.

2.3 Lernen intensivieren

Betrachten wir die verschiedenen hier skizzierten Potenziale, dann wird deutlich: Digitale Medien können insgesamt zu einer Intensivierung von Lernen beitragen. Die Hoffnung, durch digitale Medien die Motivation zum Lernen zu steigern, ist dabei oft von nur kurzer Dauer. Die Begeisterung für die »neuen« Medien ebbt schnell ab. Wichtiger ist, dass digitale Medien – mit der richtigen Aufgabenstellung eingesetzt – durch die beschriebenen Möglichkeiten Lernprozesse maßgeblich intensivieren können: Die Lernenden beschäftigen sich intensiver und ausdauernder mit den Lerninhalten.

Individuelle Förderung funktioniert nur, wenn Lernprozesse bei dem Einzelnen angeregt und intensiviert werden. Digitale Medien bieten vielfältige Möglichkeiten, um solche Lernprozesse zu unterstützen.

Damit sind zentrale Argumente aufgezeigt, wie das Lehren und Lernen durch digitale Medien gewinnen kann. Bei jedem Argument kann ein Bezug zur individuellen Förderung hergestellt werden – und damit zu den Potenzialen, die mit der Nutzung digitaler Medien für einen Unterricht verbunden sind, der dem Einzelnen besser gerecht wird. Dabei führt der Einsatz von Computern und Internet keineswegs automatisch zu individueller Förderung, sondern es handelt sich um ein Potenzial, welches erst in der Anlage des Unterrichts und des didaktisch-methodischen Konzeptes der Lehrperson nutzbar gemacht werden kann.

Dies lässt sich an einem einfachen Beispiel veranschaulichen: Nehmen wir an, die Schülerinnen und Schüler einer Klasse versammeln sich im Fach Physik im Computerraum der Schule. Die Lehrerin fordert sie auf, ein bestimmtes Lernprogramm zu starten, das alle gleichzeitig durchgehen. Der Computereinsatz als solcher führt hier nicht per se zu einem anderen Unterricht, der auf individuelle Förderung setzt. Es besteht kein Ursache-Wirkungs-Verhältnis zwischen digitaler Technik und bestimmten Lehr-Lern-Formaten. Die digitalen Medien können vielmehr Ansätze der individuellen Förderung unterstützen: ein Potenzial, das allerdings erst durch eine entsprechende Unterrichtskonzeption zum Tragen kommt. Für den Physikunterricht etwa könnten Arbeitsaufträge unterschiedlichen Schwierigkeitsgrades vergeben werden, die digital zur Verfügung stehen und an das Leistungsniveau der Lernenden angepasst sind. Bei der Durchführung von Versuchen können digitale Medien zur Dokumentation, Messung und Bewertung herangezogen werden. Dabei können sich die Schülerinnen und Schüler allein oder gemeinsam in die Thematik vertiefen.

Hintergrund

Die ersten Versuche, mechanische und elektronische Apparate für Lehr- und Testzwecke einzusetzen, sind bereits in der ersten Hälfte des 20. Jahrhunderts zu registrieren. Sie waren bereits damals mit der Hoffnung verknüpft, das Lernen von der gleichgeschalteten Gruppensituation des Frontalunterrichts zu lösen. Es sollten individuelle Lerngeschwindigkeiten und Lernwege ermöglicht werden.

Benjamin (1988) beschreibt, dass B. F. Skinner, dem die Erfindung der »programmierten Instruktion« zugeschrieben wird, seine Ideen für eine *teaching machine* nach einem Besuch an einer Schule niederschrieb: Er monierte, wie wenig selbst aktiv die Lernenden waren, wie wenig Rückmeldung sie erhielten und wie wenig die Lernsituation Möglichkeiten bot, das Lernangebot an den individuellen Kenntnisstand anzupassen. Die ersten Geräte des programmierten Unterrichts passten sich der Geschwindigkeit des Lernens an; später war es möglich, Verzweigungen im Lernweg vorzusehen.

Einen weiteren Schritt gehen Ansätze, bei denen der Lernprozess nicht nur durch Benutzereingaben gesteuert, sondern durch das System geregelt wird: Der Computer versucht, auf der Grundlage einer Diagnose des Lernverhaltens das Lernangebot an den aktuell erfassten Lernstand anzupassen (etwa indem leichtere oder schwierigere Aufgaben präsentiert werden). In den 1980er Jahren unter dem Schlagwort »intelligente tutorielle Systeme« diskutiert, erlebt dieser Ansatz mit dem Begriff *learning analytics* eine Renaissance: Beim Lernen im Internet entstehen große Datenmengen (»Big Data«), auf deren Grundlage Lernwege systematisch ausgewertet und dann genutzt werden, um sie zu optimieren.

Das Lernen kann damit entweder durch den Nutzer gesteuert werden oder das System versucht, den Lernprozess auf der Grundlage der Analyse des laufenden Lernverhaltens zu regulieren. Alle Ansätze, die Computerprogramme für individuelle Förderung nutzen wollen, basieren auf diesen beiden Prinzipien.

2.4   Forschungsstand

Eine Untersuchung von Racherbäumer und Kühn (2013) zeigt, dass das Anliegen der Individualisierung von einem großen Teil der Lehrkräfte befürwortet, aber nur von einem Drittel der befragten Lehrpersonen erkennbar in ihren Unterrichtsplanungen verfolgt wird. Weinert (1997) hat verschiedene Optionen im Umgang mit Lerndifferenzen in Gruppen aufgezeigt: Neben der Homogenisierung von Leistungsgruppen nennt er die Anpassung der Lehrstrategie im Gruppenverband und individuelle Förderung durch angepasste Lernziele, einen adaptiven Lehrstil mit ausgedehnten Einzelarbeitsphasen und nachhelfenden Angeboten. Nach Wilbers (2013) bezieht sich individuelle Förderung über Binnendifferenzierung hinaus auf die Frage, wie sich didaktische Elemente an Bedingungen des Einzelnen anpassen lassen. Die Förderplanarbeit etwa basiert auf einem Zyklus von Förderdiagnose, Förderplänen sowie ihrer Evaluation und Revision. Um Individualisierung *in* Lernangeboten in der Bildungsarbeit zu verfolgen, erscheinen Konzepte zielführend, die Lernaufgaben in den Mittelpunkt stellen, um Lernprozesse zu steuern oder zu regeln. Zimmer (2003) hat etwa eine *aufgabenorientierte Didaktik* vorgelegt, die auch E-Learning integriert. Hahn und Clement (2007) erläutern Lernvereinbarungen im Umfeld des beruflichen Lernens. Zoyke und Hensing (2011) legen mit dem Qualitätskompass ein Gesamtkonzept vor, das individuelle Förderung im Bildungsgang als Teil der Förder- und Entwicklungsplanung und einer entsprechenden Kompetenzdiagnostik/-entwicklung versteht (s. a. Zoyke 2012).

Differenzierende/individualisierende Lernaufgaben beinhalten Angebote für das Üben, Wiederholen und Anwenden, um Lernerfolg sicherzustellen bzw. Lerndefizite zu beheben, und sie sollten Vertiefungen anbieten, mit denen eigene Interessen weiter verfolgt werden können. Bei interaktiven Medien lassen sich darüber hinaus Lernfortschritte und -defizite erfassen, um Rückmeldungen zum Lernprozess zu geben oder das Lernangebot an den Lernprozess anzupassen. Bereits 1997 forderte die BLK andere Übungsformate[4] und eine Aufgabenkultur, die ihre pädagogisch-didaktische Bedeutung herausstellt und Lernaufgaben von Leistungs-/Prüfungsaufgaben abgrenzt.

Für ein »selbstgesteuertes Lernen« sind digitale Medien prominent diskutiert worden: Der Lernende kann bzw. muss in der Auseinandersetzung mit dem Medium den Lernprozess maßgeblich selbst steuern. Für die individuelle Förderung werden die Möglichkeiten der digitalen Medien zwar häufig postuliert, aber es liegen deutlich weniger erprobte Ansätze vor, die diese Möglichkeiten aufzeigen.

Individuelle Förderung ist auch abhängig von der Verfügbarkeit entsprechender Materialien bzw. Materialpools, wie sie im Internet auffindbar sind.[5] Dabei wird zunehmend die Relevanz offener Bildungsressourcen (OER) für Ansätze erkannt, die auf selbstgesteuertes und kooperatives Lernen mit digitalen Medien setzen. Die Diskussion über OER hat in Deutschland vergleichsweise spät eingesetzt; erst seit Kurzem existieren verschiedene Initiativen auf Bundes- und Landesebene, um die Verfügbarkeit von OER und das Verständnis um deren Bedeutung zu fördern (vgl. etwa Blees, Cohen und Massar 2013; Heinen, Kerres und Blees 2014; Muuß-Merholz und Schaumburg 2014).

---

4 Heft 60 der BLK-Materialien zur Bildungsplanung und Forschungsförderung, http://www.blk-bonn.de/papers/Heft60/
5 Die Website des BiBB für Ausbilder (http://www.foraus.de/html/545.php) verlinkt die Startseiten solcher Materialpools.

3   Digitale Medien in der Schule

Der Einsatz digitaler Medien im Unterricht war von Beginn an mit unterschiedlichen Erwartungen verbunden. Medien sollten das Lernen befördern und dem Einzelnen helfen, »besser« zu lernen; dabei werden sowohl fachliche als auch überfachliche Kompetenzen angesprochen. Lernende sollen befähigt werden, kompetent, kreativ, eigenverantwortlich und selbstbestimmt mit Medien umzugehen. Angeführt wird zudem die Notwendigkeit, Lernende auf das von Medien geprägte Berufsleben vorzubereiten. Die möglichen Potenziale digitaler Medien wurden im vorherigen Kapitel dargestellt. Damit sich diese Potenziale aber auch einlösen lassen, bedarf es zudem technischer Ausstattung. Die Art der Ausstattung ermöglicht dabei in unterschiedlichem Maße, digitale Medien überhaupt für individuelle Förderung nutzbar machen zu können. Dies sei im Folgenden dargestellt.

Diese Potenziale werden digitalen Medien aber nicht erst in jüngster Zeit zugesprochen. Sie finden sich etwa schon in der Studie »Schulen an das Netz« (Busch 1995), die erst zu den bundesweiten Initiativen führte, die Schulen mit Internetzugängen ausgestattet haben. Auch vorher schon spielten Computer in der Schule eine Rolle: zunächst als Werkzeuge im Informatikunterricht (vor allem in der gymnasialen Oberstufe) oder in DV-Kursen auch in anderen Schulformen. Der Informatikunterricht ab etwa den sechziger Jahren hatte zum Ziel, Nachwuchs für die neuen Studiengänge in der Informatik zu gewinnen, um einer Wachstumsbranche Mitarbeiter zuzuführen. Die Kurse zur Datenverarbeitung (DV) sollten berufsrelevantes Anwendungswissen vor allem für Bürotätigkeiten vermitteln. Erst mit der bundesweiten Initiative »Schulen ans Netz« und begleitenden Maßnahmen der Bundesländer und von Stiftungen rückten Computer verstärkt auch in den Fokus für das fachliche Lernen. Die Erwartungen, die damals mit dem Lernen mit digitalen Medien verbunden wurden, werden – wie oben gezeigt – noch heute angeführt. Bereits in dieser frühen Phase der Internetnutzung in Schulen werden Ansätze erkennbar, die auch individuelle Lernprozesse unterstützen:

»Durch den Einsatz vernetzter Computer können moderne Konzepte handlungsorientierten Unterrichts entwickelt, den Schülern mehr Raum für Eigenaktivität gegeben sowie Schlüsselqualifikationen in (tele-)kooperativen Projekten herausgebildet werden. Hierbei lassen sich mehrere Anwendungsbereiche konzipieren: Netze als Gegenstand des Informatikunterrichts, Netzarbeit zur allgemeinen Lehr- und Lernunterstützung, Kommunikation in berufsbildenden Schulen mit den betrieblichen Ausbildern, Kommunikation zwischen Lehrern, Eltern und Kindern« (Busch 1995: 11).

Dass sich diese Erwartungen bislang nicht umfassend haben einlösen lassen, hat vielfältige Gründe. Wenn wir rückblickend die Entwicklung der Computernutzung in Schulen betrachten, wird deutlich, wie sehr sich unsere Sicht auf die digitale Technik verändert hat und wie verengt frühere Ansätze der Computernutzung gewesen sind. Im Folgenden soll diese Entwicklung kurz skizziert werden. Es soll aufgezeigt werden, wie wichtig es ist, dass sich eine Schule über ihr Ausstattungskonzept verständigt und wie eng dieses letztlich mit pädagogischen Fragen zusammenhängt bzw. in Zusammenhang zu bringen ist. Es stellt sich die Frage: Welche Voraussetzungen brauchen wir, um digitale Medien für individuelle Förderung nutzbar zu machen? Reichen hierfür der Computerraum bzw. die Computer im Selbstlernzentrum, die die Lernenden in bestimmten Stunden besuchen? Oder brauchen wir die digitalen Endgeräte direkt am Lernort und im Klassenraum, um in entsprechenden Lernphasen darauf zugreifen zu können?

3.1 Vom Computerraum zur hybriden Lerninfrastruktur

Betrachtet man die quantitative Verfügbarkeit von Computern, kommt man zu der Feststellung, dass sich die Ausstattung der Schulen in Deutschland auf den ersten Blick in den letzten zehn Jahren vergleichsweise wenig verändert hat. Sowohl die letzte Erhebung des BMBF (Krützer und Probst 2006) als auch die aktuelle ICILS Studie (Bos et al. 2014) weisen auf, dass sich ca. elf Lernende einen Rechner teilen. Im Detail hat sich allerdings die Art der Ausstattung verändert (Kerres, Heinen und Stratmann 2012). Dies betrifft die Geräteklassen und damit zusammenhängend den Ort ihrer Nutzung.

3.1.1 Computerräume

Ausgangspunkt für das schulische Lernen mit digitaler Technik war (und ist vielfach in Diskussionen auch heute noch) zunächst der Computerraum. Als Fachraum für vor allem Informatik und IT-Schulungen kann er anderen Fachräumen, etwa des naturwissenschaftlichen Unterrichts, gleichgestellt werden als vorbereitete Umgebung, in der Werkzeuge und Materialien für Unterricht in bestimmten Fächern vorgehalten werden. In dieser Funktion hat der Computerraum bis heute seine Berechtigung; darüber hinaus wird er zunehmend auch für Freiarbeit und Internetrecherchen genutzt. Für das fachliche Lernen in anderen Fächern haben sich Computerräume aber aus unterschiedlichen Gründen als weniger vorteilhaft erwiesen:

- Der notwendige Raumwechsel macht es meist erforderlich, ganze Stunden im Computerraum zu verbringen und die Technik nicht nur für ausgewählte Phasen einer Unterrichtseinheit zu nutzen. Diesem Problem wird in manchen Fällen durch Maßnahmen der Raumgestaltung entgegengewirkt. Computer werden etwa entlang der Wände aufgestellt, sodass in der Mitte das Raumes Platz für einen Tischkreis bleibt. So werden zwar vielfältige Lernszenarien und ein Wechsel von Medien und Sozialformen möglich. Doch sind oft nicht die räumlichen Gegebenheiten vorhanden, solche Räume einzurichten. Auch wird der zweiten wichtigen Limitation so nicht begegnet.
- Die begrenzte Anzahl von Computerräumen macht es erforderlich, Computerräume zu buchen. Sie können in der Regel nicht spontan aufgesucht werden. Daher ist auch kein regelmäßiger Unterricht für eine Klasse in diesen Räumen möglich. Lernen mit Medien muss auf wenige ausgewählte Stunden beschränkt bleiben und ist so immer nur exemplarisch. Ein situativer oder gar durch die Lernenden selbstgesteuerter Einsatz digitaler Technik ist in Computerräumen nicht möglich.

Zwar zeigen dokumentierte Unterrichtsbeispiele, dass sich auch in solchen Räumen innovative Lernszenarien realisieren lassen. Die in mehreren Modulen angelegte »Second information technology in education study (SITES2)« kann international als Beispiel hierfür dienen (Kozma 2003). In Deutschland wären exemplarisch die Schulprojekte im Kontext der Fördermaßnahmen SEMIK (Mandl, Hense und Kruppa 2003) und SelMa (Weber 2004) zu nennen, in denen Individualisierung und Selbststeuerung unter solchen Voraussetzungen adressiert worden sind. Allerdings wird in den Dokumentationen deutlich, dass es sich um exemplarische Pilotprojekte handelt, die unter besonderen Bedingungen realisiert worden sind und sich mit der gegebenen Ausstattung in den Schulen nicht einfach auf andere Fächer und Klassen übertragen lassen.

Für Maßnahmen im Kontext individueller Förderung eignet sich der Computerraum wenig, da er nur punktuell genutzt werden kann. Wenn Computerräume aber zu bestimmten Zeiten Schülerinnen und Schülern zur individuellen Freiarbeit zur Verfügung stehen, ergeben sich Einsatzmöglichkeiten, die die Ziele individueller Förderung außerhalb des Unterrichtsgeschehens unterstützen können.

3.1.2 Medienecken in Klassen- und Fachräumen

Eine Alternative zu Computerräumen sind »Medienecken« in Klassen- und Fachräumen. Zwei, drei oder mehr Computer werden in Klassenräumen aufgestellt und können so zumindest von einzelnen Schülerinnen und Schülern oder von kleineren Schülergruppen in bestimmten Lernphasen genutzt werden.

Verbreitung hat diese Lösung vor allem in Grundschulen gefunden. Aufschlussreich ist dies insofern, als dass dem Konzept der Medienecken bereits ein didaktisches Konzept eingeschrieben ist. Rechner sind unterrichtsnah im Klassen- oder Fachraum vorhanden, sie können also situativ und für kurze Sequenzen genutzt werden. Allerdings ist ihre Nutzung limitiert; es müssen Szenarien gefunden werden, in denen nicht alle Schülerinnen und Schüler auf einen Rechner zugreifen müssen. Hier scheinen sich Grundschulen anzubieten, in denen individualisierte Arbeitsformen, das Arbeiten mit Stationenlernen und Werkstattunterricht bereits früh Verbreitung fanden (Heyden und Lorenz 1999). Diskutiert worden ist in diesem Kontext auch die Frage nach der Individualisierung im Vergleich zur Standardisierung von Bildungsprozessen (Mayrberger und Aufenanger 2004). Für den Unterricht in weiterführenden Schulen konnten sich Medienecken weniger durchsetzen. Dies bedeutet aber nicht, dass sie hier nicht nützlich sein können. Diese Tatsache wirft vielmehr ein Licht auf die Zusammenführung von Arbeit mit digitalen Medien und individueller Förderung.

Medienecken in Klassen- und Fachräumen können individuelle Förderung unterstützen, weil sie einzelnen Lernenden oder kleinen Gruppen in individualisierten Lernphasen zur Verfügung stehen.

3.1.3 Mobiles Lernen I: Notebook-Wagen – Tablet-Koffer (Pool-Lösungen)

Als Konsequenz aus den Limitationen der beiden vorgenannten Ausstattungsvarianten suchte man nach Möglichkeiten, Computer für möglichst viele Schülerinnen und Schüler einer Klasse unterrichtsnah – also im Klassenraum – verfügbar zu machen. Hierzu schafften viele Schulen sogenannte Notebook-Wagen an, später auch Netbook-Wagen, heute zum Teil Tablet-Koffer. Der Gedanke dahinter: Nicht die Lernenden gehen in den Computerraum, sondern der Computer kommt in die Klasse. Mehrere Schulporträts, die Petko (2010) zusammengetragen hat, zeigen, dass dieses Konzept vielfach von Schulen genutzt wird, die sich ernsthaft mit den Möglichkeiten digitaler Medien zur individuellen Förderung beschäftigen. Eine intensivere Untersuchung der Arbeit mit solchen Konzepten ist bislang nicht zu erkennen.

Mit Wagen- und Kofferlösungen können digitale Medien gezielt dann eingesetzt werden, wenn die Lernenden in individualisierten Lernprozessen arbeiten. Dabei ist nicht unbedingt erforderlich, dass alle Lernenden auf ein eigenes Gerät zugreifen. Auch das kooperative Arbeiten in Kleingruppen ist als Lernszenario denkbar.

Doch auch diese Ausstattungsvariante erweist sich als nicht unproblematisch in der Praxis: Die geringe Anzahl an Wagen oder Koffern macht weiterhin aufwendige Absprachen und langfristige Planungen erforderlich, der Transport sperriger Wagen über mehrere Stockwerke ist nur schwer oder gar nicht möglich, ein spontaner Einsatz im Unterricht ist ausgeschlossen.

Pool-Lösungen bieten sich an, um in ausgewählten Stunden im Klassenraum eine Lernumgebung einzurichten, in der Lernende individuell mit digitalen Medien arbeiten können.

3.1.4 Mobiles Lernen II: Notebook-Klassen

Das Projekt »Netzwerk Medienschulen« der Bertelsmann Stiftung in den Jahren 1999 bis 2002 kann als Keimzelle für die Erprobung sogenannter Notebook-Klassen für Deutschland angesehen werden. Etwa zu gleicher Zeit starteten ähnliche Projekte in verschiedenen Bundesländern, beispielhaft sei das Projekt N21 »1000x1000 Notebooks im Schulranzen« des Landes Niedersachsen ab 2001 genannt – auch deshalb, weil das Land Niedersachsen über den Verein N21 Mobiles Lernen in Niedersachsen die Arbeit mit mobilen Geräten in der Schule seither konsequent unterstützt, während ähnliche Initiativen in anderen Bundesländern oder von Stiftungen um das Jahr 2006 endeten. Aber auch unabhängig von übergeordneten Projektkontexten beginnen Schulen Notebook-Klassen einzurichten. Ziel dieser frühen Projekte war es, durch elternfinanzierte Notebooks, die in der Regel durch die Schule administriert werden, in einzelnen Klassen eine 1:1-Ausstattung mit Notebooks einzuführen, sodass Computer jederzeit im Unterricht verfügbar sind und auch selbstgesteuert von Lernenden genutzt werden können. Durch die Personalisierung der mobilen Geräte können diese auch mit nach Hause genommen und ein Arbeiten ohne Medienbrüche möglich werden.

Im Laufe der Zeit haben sich die Ausstattungskonzepte der Notebook-Klassen weiterentwickelt, getrieben vor allem von der technischen Entwicklung. So folgten auf Notebook-Klassen Netbook-Klassen – und auf diese Tablet-Klassen. Während diese Varianten in Deutschland insgesamt eher Einzelvorhaben blieben, finden sich international mehrere dokumentierte und evaluierte Beispiele (exemplarisch vgl. etwa Bebell und Kay 2010; Drayton et al. 2010; Silvernail und Gritter 2007; Silvernailet al. 2011 u. a.). Die höhere Verbreitung ist zum Teil darauf zurückzuführen, dass es sich um Projekte handelte, die nicht durch einzelne Schulen realisiert, sondern durch eine übergeordnete Strategie der bildungspolitischen Führungsebene angestoßen wurden. So konnten über diese Projekte mehr Schulen erreicht und eine bessere wissenschaftliche Begleitung ermöglicht werden. Bemerkenswert auch: Das Ende mancher staatlichen Aktivität zum Lernen mit Medien um die Mitte des letzten Jahrzehnts kann auch mit dem Umbau des Schulsystems nach dem PISA-Schock erklärt werden. Im Gegensatz zu Deutschland nutzen andere Länder digitale Medien aber konsequent im Kampf gegen unbefriedigende PISA-Ergebnisse.

In Deutschland sind 1:1-Projekte vorrangig in der Anfangszeit evaluiert worden (Häuptle und Reinmann 2006; Schaumburg 2003; Schaumburg und Issing 2002; Schaumburg et al. 2007). Die Studien zeigen, dass durch die Ausstattung mit personalisierten Geräten die Nutzungsintensität von Computern steigt. Sie weisen aber auch bereits auf die unterschiedlichen Rahmenbedingungen hin, die erforderlich sind, um Notebooks erfolgreich im Unterricht einsetzen zu können. Häuptle und Reinmann (2006) weisen zudem auf den hohen Erwartungsdruck hin, der durch oft teure Notebook-Projekte entsteht. Die Studien betonen zudem die Bedeutung des Einsatzes von Computern als Werkzeug in Schülerhand. Leistungsmessungen, die in einzelnen Studien durchgeführt wurden, deuten auf Verbesserungen vor allem in der Textproduktion hin (Schaumburg 2003). Hier wären für Deutschland aber weitere und vor allem langfristige Studien erforderlich. Bisher wurden in diesem Kontext etwa die Daten aus zentralen Lernstandserhebungen nicht ausgewertet. Internationale Studien zu Leistungsveränderungen durch 1:1-Ausstattungen zeigen insgesamt ein heterogenes Bild (Cengiz Gulek und Demirtas 2005; Dunleavy und Heinecke 2008; Hu 2007; Lowther, Ross und Morrison 2003; Silvernail und Gritter 2007). Dies deutet darauf hin, dass nicht allein die Ausstattung zu Veränderungen führt, sondern zahlreiche weitere Kontextfaktoren zu berücksichtigen sind.

Spätere Studien zum Einsatz mobiler Geräte an Schulen in Deutschland stellen einerseits unterschiedliche Gerätetypen ins Zentrum; andererseits werden in ausgewählten Projekten auch Klassen mit einer 1:1-Ausstattung mit personalisierten Geräten und Klassen mit Pool-Lösungen zur Ausleihe verglichen (Ludwig, Mayrberger und Weidmann 2011; Müller und Kammerl 2010). Hierbei werden die Vorteile der 1:1-Ausstattungen deutlich, da sich nur so grundlegende Arbeitsweisen der Lernenden verändern und die Technologie als selbstverständliches Werkzeug akzeptiert wird. Dabei ist es aber auch von Bedeutung, dass für die Lernenden eine dauerhafte Nutzung von mobilen Geräten sichergestellt ist. Kurzfristig angelegte Projekte können Veränderungen in der Arbeitsweise der Lernenden bislang nicht aufzeigen (Stolpmann und Welling 2009); es fehlen Studien, die sich über längere Zeiträume erstrecken und die die Bedingungen untersuchen, die für eine nachhaltige Integration in Schulen erforderlich sind. Denn die 1:1-Klassen sind in den meisten Schulen eine Ausnahme geblieben und häufig nicht über einen Erprobungszeitraum hinaus fortgesetzt worden. Insgesamt konnte sich die Idee der Notebook-Klassen und ihrer Varianten bislang kaum durchsetzen. Als wesentliche Hemmnisse erweisen sich einerseits die Kosten für die Eltern und andererseits der hohe administrative Aufwand für die Schulen.

Aktuell steigt die Zahl der sogenannten Tablet-Klassen[6], in denen Lernende mit einheitlichen und zugleich persönlichen Geräten arbeiten. In Pilotversuchen sind dies nicht unbedingt private Geräte, zum Teil werden die Geräte auch von Sponsoren oder Förderern gestellt. Neben den möglichen Erfahrungen und Veränderungen im Unterricht stellt sich in diesen Fällen aber meist die Frage der Nachhaltigkeit der Finanzierung. Die ersten Evaluationsstudien fokussieren vor allem Unterschiede verschiedener Geräte und Betriebssysteme; zudem sind die Untersuchungs-

---

6 Eine Übersicht findet sich bei der Medienberatung NRW: http://www.medienberatung.schulministe rium.nrw.de/Medienberatung/Lern-IT/Ausstattung/Tablets/Beispiele-aus-der-Praxis/.

zeiträume bislang kurz, sodass eine Unterrichtsveränderung bzw. die Entwicklung von Lernkultur noch nicht aufgezeigt werden konnte (Aufenanger und Ludwig 2014).

1:1-Ausstattungen mit mobilen Geräten ermöglichen es Lernenden, jederzeit im Unterricht auf digitale Medien zuzugreifen. So können sich Handlungspraxen grundlegend ändern und digitale Medien von Lernenden konsequent in individualisierte Lernprozesse eingebunden werden.

3.1.5 Mobiles Lernen III: Bring Your Own Device (BYOD)

Vergleichsstudien, in denen parallel »echte« 1:1-Lösungen, d.h. Lösungen erprobt wurden, in denen Lernende dauerhaft auf ein persönliches mobiles Gerät zugreifen können, und Lösungen mit Leihgeräten, die nur stundenweise in den Klassen sind, haben gezeigt, dass die 1:1-Lösungen mit persönlichen Geräten eher dazu geeignet sind Lern- und Arbeitsprozesse von Lernenden dauerhaft zu verändern. Anders als in Deutschland finden sich international mehrere Beispiele, in denen solche 1:1-Lösungen staatlich organisiert werden und damit zumindest regional flächendeckend Wirkung entfalten. In Deutschland haben ähnliche staatliche Ausstattungsinitiativen bislang nicht stattgefunden. Die Gründe hierfür sind vielfältig: Die hohen Kosten werden gescheut, aber auch die komplexe Organisation von Schule mit unterschiedlichen Zuständigkeiten in inneren und äußeren Schulangelegenheiten (Van Ackeren und Klemm 2009) ebenso wie das Kooperationsverbot zwischen Bund und Ländern spielen hier eine Rolle (Geis 2013; Wieland 2012). Daher blieben 1:1-Lösungen in Deutschland bislang eher Randerscheinungen.

Die starke Verbreitung von Smartphones und zunehmend auch von Tablets in Kinderhand (Feierabend und Klingler 2014) eröffnet Schulen allerdings neue Lösungswege: Statt die Ausstattung von Lernenden mit mobilen Endgeräten schulisch zu organisieren, können Schulen Infrastrukturen schaffen, die es den Jugendlichen erlauben, ihre privaten Geräte mit in die Schule zu bringen und dort zum Lernen einzusetzen. Diese Vorgehensweise, international als *Bring Your Own Device* (BYOD) bezeichnet, ermöglicht individuelles Arbeiten der Lernenden; sie bietet auch weitere Vorteile, die zugleich mit Herausforderungen für die schulische Organisation des Lernens verbunden sind.

Wenn Lernende eigene Geräte mit in den Unterricht bringen, gestaltet sich die Lerninfrastruktur einer Schule und einer Klasse sehr heterogen. Schülerinnen und Schüler bringen Geräte verschiedener Hersteller mit verschiedenen Betriebssystemen mit. In den Klassen finden sich Smartphones, Tablets, Note- und Netbooks; Geräte, die auf dem neuesten Stand sind oder die nach der Nutzung durch die Eltern an die Lernenden weitergereicht wurden. Die entstehende Gerätevielfalt bietet aus mediendidaktischer und medienpädagogischer Sicht Vorteile, stellt Lehrkräfte aber auch vor große Herausforderungen. Die Schülerinnen und Schüler lernen nicht nur, ein durch die Schule administriertes Gerät zum Lernen zu benutzen. Sie sind verantwortlich für die Funktionsfähigkeit des eigenen Gerätes und üben dessen Administration. Im Sinne einer kritischen Medienkompetenz lernen sie, verschiedene Geräte, Betriebssysteme und technische Konzepte zu unterscheiden und auszuwählen, welches Medium für eine gegebene Lernaufgabe die beste Unterstützung bietet: Wann ist es besser, mit einem Smartphone Fotos zu machen? Wann hilft ein Notebook beim Schreiben längerer Texte? Welche Vorteile bietet das Tablet für eine schnelle Internetrecherche? Für die Lehrkraft ergibt sich das Problem, dass der Unterricht nicht mehr für alle Lernenden gleicherweise geplant werden kann, weil nicht von einer einheitlichen Ausstattung mit gleichen Geräten und identischer Software ausgegangen werden kann. Eine Lehrkraft kann nicht mehr davon ausgehen, dass alle Schülerinnen und Schüler auf die gleiche Software zugreifen können oder dass eine Software auf allen Geräten und Systemen gleich aussieht und Bedienungselemente gleich gestaltet sind. In vielen Fällen kann hier der Browser den kleinsten gemeinsamen Nenner darstellen und die Lernenden arbeiten mit einem Webangebot. Diese Alternative bietet sich aber nicht immer. Es wird aber auch eine Nähe des Konzeptes zu Aspekten der individuellen Förderung sichtbar; auch hier gehen wir nicht davon aus, dass alle Lernenden die gleichen Lernvoraussetzungen und Lernbedürfnisse haben. Lehrkräfte müssen dann individuell angepasste Lösungen anbieten.

Die Vorstellung, dass Lernende in einer 1:1-Umgebung immer auf einheitliche Software oder Geräte zugreifen, stellt sich aber ohnehin auch in solchen Schulen als Illusion dar, die langfristig mit den oben beschriebenen Notebook-Klassen arbeiten. Auch dort finden sich nach einigen Jahren sehr unterschiedliche Geräte in der Schule und auch in einzelnen Klassen, weil Geräte ausgetauscht werden, neue Schülerinnen und Schüler an die Schule kommen oder die Klasse wechseln müssen. Es zeigt sich, dass Lehrkräfte in solchen Schulen lernen, mit dieser schleichenden Form von Heterogenität umzugehen (Kresse und Heinen 2011).

Erste Projekte zum Einsatz von BYOD zeigen, dass die Geräte hier stärker als individuelle Lernwerkzeuge in Schülerhand genutzt werden denn als von der Lehrkraft planvoll eingesetzte Medien. Darüber hinaus zeigt sich, dass das BYOD-Prinzip (zum jetzigen Zeitpunkt) schulische Endgeräte nicht überflüssig macht. Mobile Geräte in Schülerhand sind aktuell vor allem Smartphones; nur zum Teil sind es auch Tablets und Note- oder Netbooks. Wenn die Schule eine Auswahl an Geräten zur Verfügung hält, ergänzen sich schulische und private Geräte und es entsteht eine vielfältige Lerninfrastruktur. Die Idee von BYOD ist für den Schulkontext vergleichsweise neu. Sie ist bisher nur in einzelnen schulweiten Projekten oder in einzelnen Klassen von engagierten Lehrkräften erprobt worden.[7] Die entsprechenden

---

7 Das bundesweit erste BYOD-Projekt war das Interreg-Projekt »School-IT-Rhein-Waal«, in dem Schulen in Deutschland und den Niederlanden die Nutzung persönlicher digitaler Geräte erprobten. Im Transfer dieses Projektes entstehen lokale Netzwerke von Schulen, die die Nutzung privater Endgeräte in der Schule erproben und sich über ihre Vorgehensweisen und Erfahrungen austauschen.

Untersuchungen thematisieren vor allem die Schulentwicklung und weniger die konkreten Veränderungen im Unterricht (Heinen, Schiefner-Rohs und Kerres 2013).

Das Prinzip BYOD unterstützt individualisiertes Lernen, weil Lernende jederzeit auf ihnen vertraute Technik zugreifen können. Die Herausforderungen, die mit einer heterogenen Ausstattungssituation durch BYOD verbunden sind, ähneln den Veränderungen im Unterricht, die eine stärkere Fokussierung auf individuelle Förderung ebenfalls erfordert. BYOD kann vermutlich von Lehrkräften besser integriert werden, wenn sie individueller Förderung Raum geben, als wenn sie traditionellere Unterrichtsmodelle favorisieren. Dennoch stellt die Arbeit in einer technischen Umgebung, die die einzelne Lehrkraft nicht mehr überblicken kann, eine Herausforderung dar.

3.2 Medien und Didaktik

Im vorangegangenen Abschnitt wurden unterschiedliche Varianten der Nutzung von Computern in der Schule vorgestellt. Dabei sollte deutlich werden, wie eng diese Konzepte mit pädagogischen Fragen der Gestaltung von Lehr-Lern-Prozessen zusammenhängen. Die Frage der Ausstattung kann nicht nach rein technischen Kriterien entschieden werden. Sie betrifft vielmehr die Frage, wie Lernen in der Schule gestaltet werden soll. Das Medienkonzept einer Schule wird in der Regel mehrere der genannten infrastrukturellen Elemente aufgreifen und zu einem Gesamtkonzept zusammenführen.

Bezogen auf das Ziel der individuellen Förderung ist es wichtig, dass das Lernen mit dem digitalen Endgerät – auch spontan – in Lernphasen nahe am eigentlichen Lernort stattfinden kann und dies mit persönlichen Geräten geschieht, die die Lernenden für ihre Anforderungen anpassen können. Die Verfügbarkeit von digitaler Technik und Medien führt dabei noch nicht zu einer didaktischen Innovation oder gar zu einer Lernkultur der individuellen Förderung. Bereits bei der Planung des Medienkonzeptes sind wesentliche mediendidaktische Zielfragen zu überlegen: Welche Ziele verfolgen wir mit dem Medieneinsatz in der Schule? Welche Formen des Unterrichtens und Lernens streben wir an? Wollen wir digitale Medien vorrangig als Werkzeuge in Schülerhand sehen oder geht es uns darum, dass wir Lernmaterialien zusammenstellen, die dann von den Lernenden bearbeitet oder von Lernenden individuell, ggf. in Absprache mit der Lehrkraft genutzt werden?

Wenn man mit diesen Fragen auf die Ausstattung blickt, so befördert das die Erarbeitung eines Medienkonzeptes, das auf pädagogische Anforderungen ausgerichtet ist. Wie können wir uns aber letztlich einen Unterricht vorstellen, der dem Anliegen einer individuellen Förderung verpflichtet ist? Wenn wir die bisherigen Überlegungen zusammenführen, ergibt sich ein klareres Bild davon, wie digitale Medien im Unterricht individuelle Förderung unterstützen. Neben der bereits genannten technischen Ausstattung betrifft dies die Lehr-Lern-Methoden.

A. **Merkmale der Lehr-Lern-Methoden**
    Wir benötigen …
    1) aktivierende Unterrichtsformen mit Arbeitsphasen des selbstständigen und gemeinsamen Lernens
    2) für die Auseinandersetzung mit Wissen,
    3) für die Dokumentation und Reflexion ebenso wie die Diagnostik und Evaluation von Kompetenz(fortschritten);
    4) Arbeitsphasen, in denen Lernende kooperativ zusammenarbeiten und sich gegenseitig unterstützen.

B. **Merkmale der technischen Ausstattung**
    Wir benötigen Computer als ein …
    5) persönliches Gerät, das individuelle Anpassungen erlaubt,
    6) verfügbar am Ort des Lernens,
    7) als Werkzeug in Schülerhand.

3.2.1 Digitale Medien im Unterricht

Individuelle Förderung geht davon aus, dass Lernende sich individuell mit Lerninhalten befassen. Dies kann auch bedeuten, dass sie selbst entscheiden, welche Materialien (aus einem gegebenen Pool) sie wann und wie lange bearbeiten. Lernwerkstätten oder Lernbüros sind gute Beispiele, wie Schülerinnen und Schüler so selbstgesteuert lernen können, wenn diese Arbeitsweisen im Unterricht eingeführt sind und regelmäßig geübt werden. Dabei ist es wichtig, dass die Lernenden direkten Zugriff auf die Lernmaterialien haben. Gleiches gilt für den Einsatz digitaler Medien. Sollen diese sinnvoll im Kontext individueller Förderung genutzt werden, erfordert dies Computer (in allen ihren Varianten, Größen, Formfaktoren …), die die Lernenden als persönliches Gerät nutzen können. Persönliches Gerät meint:

*   Das Gerät gehört möglicherweise der Schule, es steht jedoch dem Einzelnen in vollem Umfang zur eigenen Nutzung zur Verfügung, es kann von der Person nach individuellen Vorstellungen konfiguriert werden und diese Einstellungen bleiben erhalten.
*   Die Geräte stehen am Ort des Lernens zur Verfügung und können geplant ebenso wie spontan genutzt werden.
*   Sie werden in erster Linie als ein Werkzeug für Lernaktivitäten in der Schülerhand verstanden (und nicht primär als ein Medium zur Präsentation vorgefertigter Contents).
*   Um diese Konfiguration für eine Lernkultur individueller Förderung nutzbar zu machen, bedarf es entsprechender mediendidaktischer Konzepte.

- Ganz allgemein sind Unterrichtsformate günstig, die die Lernenden zu selbstständigen ebenso wie kooperativen Lernaktivitäten anregen.
- Dabei geht es um alle Formen der Auseinandersetzung mit Wissen, das unterschiedlich medial aufbereitet sein kann.
- Hinzu kommen die Möglichkeiten, mit digitalen Medien Lernprozesse und Kompetenzfortschritte zu dokumentieren und zu reflektieren sowie diese zu diagnostizieren und zu evaluieren: Die Lernenden werden angeleitet, über das eigene Lernen nachzudenken und Lernfortschritte festzustellen.

Damit wird deutlich, wie sehr sich medientechnische und mediendidaktische Konzepte bedingen. Ihre Umsetzung in den konkreten Unterricht ist je nach fachlichen Anforderungen unterschiedlich auszugestalten und erfordert das planvolle Gestalten einer Fachschaft, die Standards für die einzelne Schule setzt. Die Kreativität der einzelnen Lehrkraft hilft dabei, neue Vorgehensweisen zu entwickeln, die dann schulintern reflektiert und eingeführt werden. Es geht dabei nicht um die eine, »richtige« didaktische Methode oder das eine, »beste« Medium, wie dies regelmäßig postuliert wird. Solche Überlegungen können nicht schablonenhaft angewendet werden, sondern sind als Anregung für eine intensivere Reflexion der eigenen Unterrichtspraxis zu verstehen und müssen sich immer auf die Bedarfe einzelner Lernender beziehen.

Zu hinterfragen ist dabei aber auch, ob der Aufwand, der mit dem Einsatz digitaler Medien verbunden ist, auch als lohnenswert empfunden wird. Digitale Medien stellen nicht per se eine Verbesserung dar.

3.2.2 Stufenweise Veränderung von Unterricht

Mit dem SAMR-Modell stellt Puentedura (2012) eine Stufenabfolge vor, wie Mehrwerte in der Nutzung digitaler Medien entstehen (und beschrieben werden) können. Dieses Modell kann der einzelnen Schule, aber auch der einzelnen Lehrkraft als Skala dienen, um den eigenen Einsatz digitaler Medien zu reflektieren und beurteilen zu können, ob durch diesen Einsatz eine Veränderung der Unterrichtspraxis erreicht wurde. Dabei muss es nicht zwangsläufig Ziel sein, immer die Stufe der Redefinition umzusetzen. Zu fragen ist immer, auf welcher Ebene das gewählte Lernszenario angesiedelt wäre und ob damit die Potenziale digitaler Medien in der gegebenen Lernsituation ausgeschöpft werden.

Auf einer ersten Stufe der **Substitution** (Ersetzung) übernehmen digitale Medien die Aufgaben analoger Medien, etwa wenn ein Text auf einem Bildschirm und nicht in einem Buch gelesen wird. Mit dieser Ersetzung sind aber noch keine methodischen Erweiterungen verbunden. Wenn eine Lehrkraft oder eine Schule beginnt, mit digitalen Medien zu arbeiten, haben auch Szenarien ihre Berechtigung, in denen digitale Medien analoge »nur« ersetzen. Dauerhaft werden so Potenziale aber nicht ausgeschöpft.

Abbildung 2: Das SAMR-Modell nach Puentedura

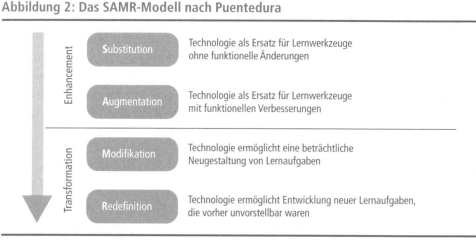

Quelle: eigene Darstellung.

Methodische Veränderungen finden sich auf der zweiten Stufe der **Augmentation** (Erweiterung), wenn digitale Medien im Vergleich zu analogen Medien neue Funktionen eröffnen. Beispiele können etwa die Nutzung einer Rechtschreibhilfe sein, die Erweiterung eines Wörterbuchs durch Tonbeispiele und die Anreicherung digitaler Karten mit zusätzlichen Informationen. Auch auf dieser Ebene sieht Puentedura noch keine grundlegende Veränderung von Unterricht, sondern nur eine Erweiterung des bestehenden Repertoires an Handlungsmöglichkeiten. Mit anderen Worten: Methodisch bleibt der Unterricht ähnlichen Konzepten verschrieben wie dem Unterricht nach der zuvor geübten Praxis mit rein analogen Medien. Allerdings bieten die erweiterten Möglichkeiten bereits Verbesserungen, wenn etwa durch multimediale Inhalte andere/mehr Lernkanäle angesprochen werden.

Grundlegende Veränderungen finden auf der dritten Ebene der **Modifikation** statt. Hier sind grundlegende neue Arbeitsweisen in den Lernprozess integriert, etwa wenn dynamische Mathematiksoftware entdeckendes Lernen unterstützt oder dazu dient, Rechenwege eigenständig zu kontrollieren. Digitale Medien unterstützen Lernende auf dieser Ebene dabei, ihren Lernprozess selbst zu gestalten und zu bewerten. Dabei bedürfen sie aber sicherlich weiter der Betreuung und Beratung durch die Lehrkraft.

Die vierte und letzte Stufe der Medienintegration wird erreicht, wenn digitale Medien dazu führen, dass bestehende Grenzen schulischen Lernens aufgebrochen und überschritten werden (**Redefinition**). Hier werden digitale Medien etwa zur Reflexion und Dokumentation von Lernprozessen genutzt oder es wird über digitale Medien Expertise von außen in den Klassenraum geholt.

Puentedura geht davon aus, dass der pädagogische Nutzen digitaler Medien mit den Stufen zunimmt. Das Modell soll damit anregen, die eigene Nutzung digitaler Medien im Unterricht zu analysieren, und fördern, dass – über den einfachen Ersatz analoger Medien hinaus – kreative Lösungen entwickelt werden, die einen solchen pädagogischen Nutzen beinhalten. Unter dem Blickwinkel der individuellen Förderung ist aber zu berücksichtigen: Auch Szenarien, die deutlich auf der Stufe der Redefinition angesiedelt sind, können für eine individuelle Förderung zu eng gegriffen sein. Eine Skype-Sitzung mit verschiedenen Experten, die die Lernenden recherchieren und ansprechen, würde nach dem SAMR-Modell eine fortgeschrittene Vorgehensweise beschreiben. Wenn hingegen nur ein Experte in die Klasse kommt und die Lernenden einen vorgegebenen Fragenkatalog abarbeiten, geht Potenzial für individuelle Förderung verloren.

Digitale Medien ermöglichen hier eine vielfältige Öffnung des Unterrichtsgeschehens, die sonst nicht möglich wäre.

Die Umsetzung eines solchen Modells in den konkreten Unterricht kann nicht nach festen Schablonen erfolgen. Es wird vielmehr erkennbar, dass digitale Medien von Stufe zu Stufe mehr zu Werkzeugen werden, die durch den Lernenden gesteuert und eingesetzt werden (sollten). Im Folgenden werden die Stufen noch einmal zusammenfassend dargestellt. Dabei sind die Beispiele so gewählt, dass ein direkter Bezug zu Ideen und Zielen individueller Förderung erkennbar wird.

Abbildung 3: Adaption des SAMR-Modells – eigene Darstellung

Stufe	Definition	Beispiele
Substitution	Digitale Medien ersetzen analoge Medien ohne funktionale Erweiterung.	Im Kontext digitaler Förderung erhalten Lernende häufig Arbeits- und Übungsblätter, die ihrem aktuellen individuellen Lernstand angepasst sind. Auf dieser Stufe würden diese Arbeitsmaterialien nur als digitale Dateien zur Verfügung gestellt und nicht in Papierform.
Erweiterung	Digitale Medien ersetzen bestehende Medien, bieten dabei aber funktionale Erweiterungen.	Auf der Stufe der Erweiterung werden Veränderungen erkennbar. Ergänzend zu Arbeitsblättern können Lehrkräfte an den Lernstand der Lernenden angepasste Audios und Videos zur Verfügung stellen. Dies können entweder Erklärvideos sein, mit denen sich Lernende Themen selbstständig erarbeiten können. Es können aber auch Beispiele sein, die den Lernstoff anschaulicher machen. Ein Beispiel wären Hörtexte im Fremdsprachenunterricht, die Lernende individuell steuern können. Eine andere Erweiterung wäre die digitale Aufzeichnung von Unterrichtsergebnissen, wenn etwa Tafelbilder digital gespeichert werden können oder die Ergebnisse von Gruppenarbeiten als gemeinsam erstelltes Dokument vorliegen.
Modifikation	Mithilfe digitaler Medien können Lernaufgaben und Arbeitsweisen grundlegend verändert werden.	Im Kontext individueller Förderung sollen auch unterschiedliche Lernkanäle angesprochen werden. Dazu gehört nicht nur das Wahrnehmen von Informationen auf unterschiedlichen Wegen, sondern auch die Aufbereitung erworbenen Wissens in unterschiedlichen Darstellungsformen. Lernende können eigene Lernergebnisse als Audio oder Video aufbereiten. Diese Produkte können auch als Lernmaterialien von anderen Lernenden verwendet werden. Zudem ermöglichen digitale Medien, dass Lernende gemeinsam an Produkten arbeiten und alle Zugriff auf diese Produkte haben; so können »unterrichtsbegleitend« Blogs und Wikis entstehen, die den Lernfortschritt einer Gruppe (auch für eine interessierte [Schul-]Öffentlichkeit) dokumentieren. Mithilfe digitaler Tools können gezielt Förderbedarfe diagnostiziert werden. Auch können so passende Lerninhalte automatisiert und den Lernenden angeboten werden.
Redefinition	Digitale Medien erlauben die Entwicklung von Lernaufgaben und Arbeitsweisen, die ohne diese nicht möglich gewesen wären.	Auf dieser Ebene findet eine Öffnung des Unterrichts über den Klassenraum hinaus statt. Lernende können Kontakte zu externen Experten aufbauen und so Wissen und Erfahrungen in den Lernprozess einbringen, die sonst nicht möglich wären. Lernende können digitale Portfolios anlegen und so (gemeinsam mit der Lehrkraft) ihren eigenen Lernfortschritt dokumentieren, beobachten und bewerten.

Digitale Medien können Unterricht unterschiedlich stark verändern. Sie können analoge Medien ersetzen oder den Rahmen des didaktisch-methodisch bislang Vorstellbaren erweitern. Immer können damit auch Ziele der individuellen Förderung unterstützt werden.

3.2.3 Kompetenzen von Lehrkräften

Alle diese Stufen können einen Beitrag zur individuellen Förderung leisten. Um digitale Medien auf diese Weise in Lernprozesse einbinden zu können, benötigen Lehrpersonen unterschiedliche Kompetenzen. Das TPCK-Modell (Angeli und Valanides 2009; Koehler und Mishra 2008) fasst diese übersichtlich zusammen und beschreibt die wesentlichen Kompetenzbereiche, um digitale Medien im Unterricht nutzen zu können:

- technological knowlegde (das Wissen über technische Möglichkeiten, über Software und digitale Werkzeuge)
- pedagogical knowledge (das Wissen über die Gestaltung von Lehr-Lern-Prozessen)
- content knowledge (Wissen über die fachlichen Inhalte und über Materialien, die diese in einer zielgruppengerechten Art und Weise präsentieren)

Damit soll deutlich werden, dass methodisch-didaktische Kenntnisse nicht ausreichen, sondern auch die dazu erforderliche Software muss von der Lehrkraft beherrscht werden, und es muss ein Verständnis der zur Verfügung stehenden Materialien bestehen bzw. die Fähigkeit, digitale Materialien zu erstellen und bereitzustellen. Das Gleiche gilt auch in anderer Reihung: Technische Nutzungskompetenzen ohne methodisch-didaktische Kompetenzen sind genauso wenig hilfreich wie das Wissen um einen Fundus an Materialien ohne methodisch-didaktisches Wissen und/oder technische Kenntnisse. Dabei wird die Frage diskutiert, inwieweit es ausreicht, wenn einzelne Lehrkräfte (»Computerexperten«) in einer Schule über diese Kompetenzen verfügen, oder in welchem Ausmaß dieses Wissen als »geteilte« Kompetenz in einem Kollegium vorliegen sollte, um eine Veränderung der Lernkultur für individuelle Förderung zu erreichen. Erst wenn genügend Lehrkräfte einer Schule über die genannten Kompetenzen verfügen, kann sich eine entsprechende Lernkultur entfalten.

Abbildung 4: Darstellung des TPCK-Modells

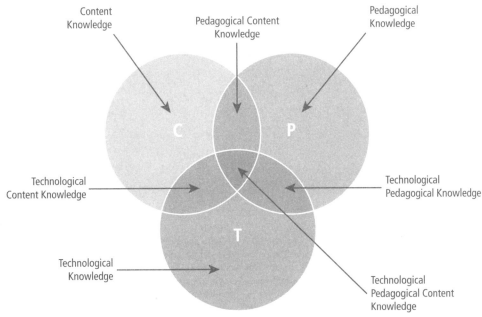

Mit den anspruchsvolleren Nutzungsvarianten, wie Puentedura sie in seinem Stufenmodell beschrieben hat, steigen auch die in dem TPCK-Modell beschriebenen Anforderungen an die Lehrkräfte. Die verschiedenen Wissensbereiche sind zu integrieren und in konkrete Lösungen im Unterricht umzusetzen. Hinzu kommt, dass sich gerade die anspruchsvolleren Nutzungsvarianten in der Unterrichtspraxis nur nachhaltig verankern lassen, wenn sie getragen werden von einer Lernkultur, die das Handeln der Akteure einer Schule prägt. Für Lernende müssen veränderte Handlungspraxen fester Bestandteil ihres Schulalltags sein. Das gilt sowohl für die individuelle Förderung bzw. für individualisierte Lernprozesse als auch für die Nutzung digitaler Medien. Wenn sich beides nur auf den Unterricht einzelner Lehrkräfte bezieht, bleibt es Episode. Lernende brauchen die Sicherheit und den klar definierten Rahmen, in dem sie sich bewegen, wenn sie Lernprozesse gestalten. Eine Lernkultur individueller Förderung kann eine einzelne Lehrkraft kaum allein dauerhaft in ihrem Unterricht durchsetzen, wenn sie nicht erlebt, dass dies vor dem Hintergrund geteilter Überzeugen (dem »Spirit«) einer Einrichtung geschieht.

Zu fragen ist deswegen, wie eine Schule Strukturen und Prozesse entwickeln kann, damit die Lehrkräfte diese Potenziale zunehmend und systematisch in ihrem Unterricht integrieren.[8] Damit sich eine solche Schulkultur entwickelt, sind langfristige und gesteuerte Schulentwicklungsprozesse erforderlich. Eine Schule muss sich insgesamt als lernende Organisation wahrnehmen, in der sich nicht nur der Einzelne kontinuierlich fortbildet, sondern dieses Wissen auch systematisch verbreitet und geteilt wird. Hierzu bedarf es einer klaren schulischen Vision, die von der Leitung vertreten wird. Steuergruppen können helfen, diese Vision zu verankern. Wie solche Entwicklungsprozesse insgesamt beschrieben werden können, wird im folgenden Kapitel dargestellt.

---

8 Nicht näher gehen wir auf die Frage der Anreize ein: Denn selbst wenn die Ausstattung vorhanden ist und die Lehrkräfte über entsprechende Kompetenzen in der Nutzung digitaler Medien verfügen, heißt dies nicht, dass sie dies auch tatsächlich tun (vgl. Petko 2012). Ergebnisse der aktuellen ICILS-Studie legen nahe, dass Lehrkräfte in Deutschland im internationalen Vergleich eine geringe Bereitschaft haben, digitale Medien zu nutzen. Sie vermuten überdurchschnittlich häufig, dass der Einsatz digitaler Medien Probleme verursacht (technische Probleme, Ablenkungen, Sorgen vor Plagiaten etc.), und nehmen selten an entsprechenden Fortbildungen teil.

4 Medienintegration und Schulentwicklung

In den bisherigen Abschnitten des Papieres wurde dargestellt, welche Mehrwerte digitale Medien für individuelle Förderung haben können, welche unterschiedlichen Erweiterungen digitale Medien für den Unterricht bieten können und welche Kompetenzerwartungen damit auch an Lehrkräfte gerichtet werden. Wenn im Nachfolgenden nun fokussiert auf die Integration digitaler Medien eingegangen wird, erfolgt dies unter der Annahme, dass eine Schule bereits für sich geklärt hat, ihren Unterricht so zu gestalten, dass Lernende ein möglichst hohes Maß an individueller Förderung erfahren.

Wann ist Medienintegration in den schulischen Alltag und ihre Verankerung in einer Lernkultur für individuelle Förderung nachhaltig? Einzelne Studien definieren Medienarbeit in einer Schule bereits dann als nachhaltig, wenn eine Einheit, die digitale Medien nutzt, auch zwei Jahre nach ihrer Einführung von einer Lehrkraft weiterhin eingesetzt wird (Eickelmann 2009). Demgegenüber steht die bereits früh formulierte Sichtweise, dass Medienarbeit dann als nachhaltig zu betrachten ist, wenn ...

a) sie den überwiegenden Teil der Kolleginnen und Kollegen einer Schule erreicht hat,

b) eine gewisse Verbindlichkeit vorliegt, die in Vereinbarungen, Verantwortlichkeiten, Strukturen und Prozessen sichtbar wird, und

c) die Schule Wege gefunden hat, ihre Ansätze und Lösungen zu reflektieren und weiterzuentwickeln (Schnoor 1997).

Damit wird die Reichweite möglicher Ansprüche deutlich, die mit der Medienarbeit in Schulen verbunden werden. Es kann einmal darum gehen, die Möglichkeiten der Medien für individuelle Förderung exemplarisch aufzuzeigen, oder um die Frage, wie digitale Medien systematisch und für alle Lernenden in einer Lernkultur für individuelle Förderung nutzbar gemacht werden können. Schließlich würde eine Schule auf einem hohen Entwicklungsniveau die Formen digitaler Arbeitsweisen ebenso wie alle anderen pädagogischen Konzepte immer wieder reflektieren und evaluieren, um Arbeitsformen im Sinne der selbst gesetzten Ziele weiterentwickeln zu können. Viele Projekte, die sich dem Einsatz digitaler Medien in Schulen in der Vergangenheit gewidmet haben, fokussierten häufig nur den ersten Aspekt, auch wenn mit ihnen »eigentlich« die Hoffnung verbunden war, alle Lehrenden und Lernenden einer Schule zu erreichen. Hier erweist sich der Projektstatus vieler Ansätze durchaus als Hemmnis. In Förderprojekten besteht häufig der Anspruch, in eher kurzer Zeit positive Ergebnisse aufzuzeigen. Der Projekterfolg bzw. das Projektergebnis muss über den nachhaltigen Nutzen der Entwicklung für die Schule oder das Bildungssystem gestellt werden. Seufert und Euler (2005) differenzieren bei der Frage nach der Nachhaltigkeit von Innovationsprojekten daher zwischen projekt- und systemorientierter Nachhaltigkeit, die aus unterschiedlichen Gründen in einem Widerspruch zueinander stehen können. Viele Studien zielen auf das Erproben technischer Neuerungen, sie fokussieren einzelne Unterrichtsszenarien, ohne dabei die nachhaltige Implementation auf Systemebene und die damit zusammenhängenden Fragen von Schulentwicklung zu berücksichtigen. So werden auch Projekte, die sich in einer Entwicklungs- und Erprobungsphase als sinnhaft erwiesen haben, häufig nicht über den Projektrahmen hinaus im Schulleben verankert.

Schulentwicklung ist dagegen zu verstehen als ein komplexer Prozess, in dem Schulen als Einrichtung ihre Arbeit zum Gegenstand ihrer Reflexion machen mit dem Ziel, diese besser auf die Anforderungen der Akteure auszurichten. Übergeordnete Instanzen greifen dabei steuernd ein, die Umsetzung von Schulentwicklung bleibt aber Kernaufgabe der Einzelschule (Maag Merki 2008), und sie umfasst mehrere Aspekte. Klassisch ist die Unterscheidung von Unterrichts-, Personal- und Organisationsentwicklung (Rolff 2010), die im Kontext der Diskussion über digitale Medien um die Aspekte der Technologie- und Kommunikationsentwicklung erweitert worden ist (Schulz-Zander 2001).

Grundsätzlich werden in der Schulentwicklungsforschung keine Aussagen über die Rangfolge dieser Aspekte gemacht, d.h. mit welchem Aspekt die Schulentwicklung am besten beginnen sollte. Allerdings haben Maßnahmen in einem Bereich auch Auswirkungen in einem anderen Bereich. Rolff (2010: 35) fast dies in einem Satz zusammen: »Keine UE ohne OE und PE, keine OE ohne PE, keine PE ohne OE und UE.« Zu ergänzen wäre, dass Gleiches auch noch für die Technologieentwicklung gilt.

Damit als hilfreich erachtete Konzepte zur individuellen Förderung auch mit digitalen Medien nachhaltig in Schule verankert werden können, bedarf es langfristiger Schulentwicklungsprozesse, die Aspekte der Personal-, Organisations-, Unterrichts- und Technologieentwicklung berücksichtigen.

Auffallend ist übrigens, dass die beschriebene Erweiterung der Trias der Schulentwicklung im Kontext der medienpädagogischen Diskussion regelmäßig aufgegriffen worden ist, nicht dagegen im Diskurs zu Schulentwicklung und den daran anschließenden Diskussionen zur Educational Governance. Fullan (2012) sieht dies als Versäumnis auch in der eigenen Wahrnehmung der Bedeutung digitaler Medien und kommt zu dem Schluss, dass eine nachhaltige Schulentwicklung heute eben auch die technologischen Aspekte und die Gestaltung von Veränderungsprozessen inkludieren muss.

In der Grundkonzeption ist ein Schulentwicklungsprozess, wie er als »institutioneller Schulentwicklungsprozess« (ISP) (Dalin, Rolff und Buchen 1996) beschrieben wurde, zunächst ergebnisoffen. Die Ermittlung von Bedarfen und Zielen ist als Teil des Prozesses zu sehen. Ausgangspunkte für Schulentwicklungsprozesse werden als allgemeines Bedürfnis nach Veränderung beschrieben bzw. das Bedürfnis nach kontinuierlicher Veränderung. Innovationsforschung hingegen geht von einem durch die Organisation wahrgenommenen Defizit oder einem auslösenden Konflikt aus (Grammes 1989). Sowohl die Intensivierung von Medienarbeit als auch die Einführung individueller Förderung kann als Innovation in einer Schule angesehen werden, denn Innovationen sind nicht – wie oft dargestellt – immer technischer Natur, sondern reagieren auch auf gesellschaftlich-soziale Anforderungen bzw. werden von diesen ausgelöst (Gillwald 2000). Innovationen haben dabei den Anspruch alte Vorgehensweisen abzulösen und bessere Lösungen für anstehende Probleme anzubieten (Zapf 1989). Dies steht in einem Widerspruch zum Grundverständnis des ISP, der eine vorhandene Praxis nicht durch eine neue ersetzen, sondern kontinuierlich verbessern will. Unabhängig von der etwas differierenden Zielsetzung gehen beide Konzepte von ähnlichen Abläufen aus.

Sowohl bei der Schulentwicklung als auch bei der Implementation von Innovationen werden Phasenmodelle unterschiedlicher Komplexität zugrunde gelegt. Eine Zusammenfassung stellt das Modell von Giacquinta (1973) dar, das die drei Phasen Initiation, Implementation und Institutionalisierung beschreibt. Unabhängig davon, ob man sich auf den institutionellen Schulentwicklungsprozess oder auf Modelle zur Innovationsforschung in Schule bezieht, erscheinen einige Merkmale konstituierend:

- die Analyse der Ausgangssituation
- das Zusammentragen von Informationen
- das Planen und Umsetzen von Maßnahmen
- die Überprüfung der Ergebnisse (Evaluation)

Zudem ist davon auszugehen, dass mit dem Überprüfen der Ergebnisse ein Prozess nicht abgeschlossen ist, sondern ein neuer Entwicklungsdurchlauf einsetzt. Die Integration digitaler Medien ist nicht als singuläre Innovation zu betrachten, sondern erfordert eine Vielzahl von Maßnahmen.

Im Kontext von Medienintegration und individueller Förderung ist die Zielsetzung bereits benannt. Es geht darum, die Arbeit mit digitalen Medien zu intensivieren, um Lernende zu einem selbstbewussten, eigenverantwortlichen, kreativen und reflektierten Umgang mit Medien zu befähigen und zugleich individuelle Förderung der Lernenden zu ermöglichen. Wir können beide Aktivitäten als Innovations-prozesse beschreiben.

Die Frage ist nun: Wie breiten sich Innovationen in Organisationen aus? Denn Ziel einer Innovation sollte es ja sein, dass sie möglichst viele Mitglieder einer Ein-richtung erreicht und die Handlungspraxen möglichst aller positiv beeinflusst. Häufig rezipiert worden ist in diesem Zusammenhang die Theorie der Diffusion von Innovationen von Rogers (2003). Er beschreibt, wie sich eine Innovation über verschiedene Gruppen in einer Gesellschaft zunächst langsam, dann schneller und am Ende wieder langsamer ausbreitet, bis (fast) alle erreicht sind. Wichtig ist dabei, dass die einzelnen Gruppen in einem Austausch zueinander stehen und es so zu einer kontinuierlichen Ausbreitung der Innovation kommt.

Auf den Kontext von Organisation (also auch Schulen) ist diese Theorie nicht ohne Weiteres zu übertragen, da Rogers das Verhalten des Einzelnen in der Gesell-schaft in den Blick nimmt und nicht die geplante Veränderung einer Organisation. Hier erscheinen die Überlegungen von Nolan (1973) hilfreich, der die Einführung von Computern in Unternehmen beschrieben hat und dabei von vier Stufen aus-geht. Eine Adaption seiner Überlegungen auf die Einführung von Computern in Schulen findet sich bei Kubicek und Breiter (1998). Sie beschreiben die Ausbreitung einer Innovation über vier Stufen: Initialisierung oder Einführung, Ausbreitung oder Ansteckung, Steuerung und Integration. Sie weisen darauf hin, dass es geziel-ter Steuerung und der Wahrnehmung von Managementaufgaben bedarf, damit im Anschluss an die ersten Stufen eine Innovation nachhaltig und dauerhaft in einer Institution verankert werden kann.

Zusammenfassend lassen sich für Innovationsprozesse von Medien in Schulen vier Stufen beschreiben, die von einer Erprobung über die Einführung und Steue-rung bis zur Integration reichen. Während Schulentwicklungsprozesse häufig als

Abbildung 5: Zusammenspiel von Schulentwicklungsphasen und Medienintegrationsstufen

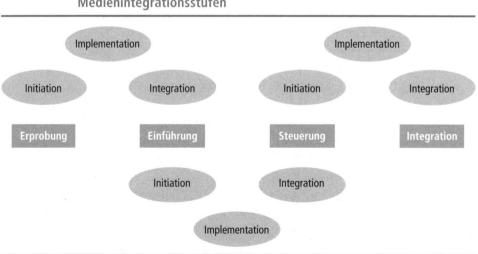

kontinuierliche Prozesse beschrieben werden, sind in den Integrationsprozessen von Medieninnovation einzelne Stufen voneinander abgrenzbar; der Schritt zu einer neuen Stufe kann dabei oft als Antwort auf eine Herausforderung gesehen werden, die sich aus der zuvor erreichten Stufe ergibt. Die Phasen eines Schulentwicklungsprozesses, die mit Initiation, Implementation und Integration beschrieben werden können, sind aber mit diesen Stufen nicht gleichzusetzen. Vielmehr könnten diese Phasen den Übergang von einer Stufe zur nächsten beschreiben. Dies wird auch dem zirkulären Verständnis von Schulentwicklung gerecht.

Mit dem Erreichen einer abschließenden Integrationsstufe sind Entwicklungen nicht als abgeschlossen zu betrachten; mit der andauernden technologischen Entwicklung ergeben sich immer wieder neue Möglichkeiten, die für die pädagogische Arbeit neue Fragen aufwerfen können.

Damit individuelle Förderung mit digitalen Medien über einzelne Pioniere hinaus und nachhaltig gelingt, sind vielfältige Prozesse anzustoßen. Hierbei sind unterschiedliche Handlungsfelder zu berücksichtigen. Zu nennen sind die Unterrichtsentwicklung, Personal- und Organisationsentwicklung, Kooperations- und Kommunikationsentwicklung – unter der vor allem die Kooperation und Kommunikation mit dem schulischen Umfeld, den Eltern und Schülerinnen und Schülern und den übergeordneten Ebenen der Schulverwaltung zu fassen ist – und schließlich die Technologieentwicklung.

Es wurde dargestellt, dass die Implementation von (Medien-) Innovationen in Schulen in abgrenzbaren Stufen abläuft. Zur Beschreibung bietet sich die Einteilung in die Stufen Erprobung, Einführung, Steuerung und Integration an. Als »abgeschlossen« wäre eine Innovation dann zu bezeichnen, wenn in allen Handlungsfeldern die Stufe der Integration erreicht wird. Einsichtig wird dies, wenn man sich vorstellt, dass eine Schule zwar eine sehr gute Ausstattung etwa mit personalisierten Notebooks und der dazu passenden Infrastruktur realisiert (Technologieentwicklung), aber zahlreiche Lehrkräfte der Schule nicht über die notwendigen Kompetenzen verfügen, diese Ausstattung auch sinnvoll zu nutzen (Personalentwicklung). Dies gilt aber auch in umgekehrter Richtung: Es ist vorstellbar, dass eine Schule ein detailliertes Medienkonzept und schulinterne Mediencurricula erarbeitet (Organisationsentwicklung), diese aber nicht umgesetzt werden können, weil die Unterstützung der Eltern nicht gegeben ist (Kommunikationsentwicklung) oder in der Zusammenarbeit mit dem Schulträger eine entsprechende Ausstattung nicht realisiert werden kann (Technologieentwicklung). Gleichzeitig ist zu bedenken, dass Innovationsprozesse nie abgeschlossen sind, sondern sich eher in Zyklen wiederholen.

Im Folgenden wird ein Modell für ein Analyseraster entworfen, das die Implementationsstufen in den verschiedenen Handlungsfeldern beschreibt. Dabei konzentrieren wir uns auf die Schulebene und gehen nicht auf die Ebene der Bildungsadministration oder des Unterrichts ein. So entsteht ein zweidimensionales Raster. Würden alle Ebenen der Schulentwicklung berücksichtigt, würde das Raster entsprechend komplexer und als Handlungsrahmen für Schulen wenig hilfreich sein. Ein solches komplexes Raster haben Kikis, Scheuermann und Villalba (2009) vorge-

legt. Es dient als Vorarbeit, um die Auswirkungen digitaler Medien in Unterrichtskontexten fassbar zu machen. Die Autoren differenzieren die Handlungsfelder etwas anders aus als im Anschluss an die deutsche Schulentwicklungsforschung hier
vorgeschlagen und unterscheiden sechs Domänen. Zwar skizzieren sie grob die
Bedeutung dieser Domänen für die einzelnen Ebenen, eine Ausformulierung der
Stufen bleibt aber aus. Einen ersten Versuch hierzu machen Cabrol und Severin
(2009). Das folgende Raster stellt eine Adaption der Raster dieser Autoren dar und
kombiniert es mit den oben beschriebenen Handlungsfeldern. Die Implementationsstufen stellen dabei eine Steigerung in Intensität und Qualität dar, die im Laufe
der Zeit erreicht wird.

4.1 Handlungsfelder

Zunächst werden die Handlungsfelder beschrieben, im zweiten Teil werden die einzelnen Entwicklungsstufen in den jeweiligen Handlungsfeldern skizziert.

4.1.1 Organisationsentwicklung

Schulprogramm/Schulprofil: Wie dokumentiert die Schule ihre Zielsetzungen in
Programm- und Profilarbeit? Finden sich niedergelegte Konzepte?

Schulleitung/Steuergruppen: Unterstützt die Schulleitung diese Ausrichtung aktiv
durch geeignete Maßnahmen? Werden Gremien geschaffen, die es engagierten
Lehrkräften ermöglichen, Verantwortung zu übernehmen?

4.1.2 Personalentwicklung

Fortbildung: Findet an der Schule eine systematische Planung von Fortbildungsveranstaltungen statt? Sind diese Planungen an der Profilbildung der Schule ausgerichtet? Werden in der Schule fach-, gruppen- oder themenspezifische Teams gebildet? Hat die Schule Möglichkeiten der schulinternen, kollegialen Fortbildung
geschaffen und etabliert?

4.1.3 Unterrichtsentwicklung

Schulinterne Curricula: Setzt die Schule Lehrplanvorgaben in eigene, schulinterne
Curricula um? Definieren die Curricula nicht nur die Inhalte, sondern geben sie
auch Hilfestellung bei der Auswahl etwa von Medien, Methoden und Sozialformen?
Stellen die Curricula ein Abbild der Lernkultur der Schule dar? Erlangen diese Curricula Verbindlichkeit?

Materialentwicklung/-auswahl: Findet in der Schule eine gemeinsame oder übergeordnete Auswahl und ggf. Entwicklung von Materialien statt? Wie ist die Auswahl und Bereitstellung von digitalen Medien organisiert? Werden Lernende in die Unterrichtsentwicklungsprozesse einbezogen?

4.1.4 Kooperations- und Kommunikationsentwicklung

Öffentliche Darstellung der Schule/Zusammenarbeit mit dem Umfeld: Stellt die Schule ihr Programm aktiv nach außen dar? Wird die Profilbildung erkennbar? Werden von der Schule gezielt Kontakte zu Bildungspartnern und Unternehmen gesucht, die die Umsetzung der Ziele unterstützen können?

Elternarbeit: Wie werden Eltern in die Arbeit der Schule einbezogen? Welche Verantwortung übernehmen sie?

Schülerpartizipation: Gibt es Möglichkeiten für die Lernenden, aktiv das Lernen mitzugestalten? Übernehmen Lernende Verantwortung für organisatorische Aspekte der Arbeit mit digitalen Medien?

4.1.5 Technologieentwicklung

Infrastruktur/Endgeräte: Mit welchen Geräten können Lehrende und Lernende arbeiten? Wie gut zugänglich sind diese Geräte? Welche Infrastruktur steht für die Arbeit mit den Geräten zur Verfügung?

Support/Administration: Wie werden Infrastruktur und Geräte gewartet und administriert? Welche personellen Ressourcen stehen hierfür zur Verfügung? Werden professionelle Partner einbezogen?

Finanzierung: Ist die Finanzierung der technischen Ausstattung dauerhaft gesichert? Findet eine systematische und kontinuierliche Budgetplanung statt?

4.2 Entwicklungsstufen

Im Folgenden werden den Handlungsfeldern und Stufen Kurzbeschreibungen hinzugefügt, sodass das Analyseraster genutzt werden kann, um den Status einer Schule zu beschreiben. Die hier vorliegenden Beschreibungen dienen zur Beschreibung und Einordnung der Fallbeispiele. Umgekehrt dienen die Fallbeispiele dazu, das konzeptionell entworfene Raster zu illustrieren. Für eine weitergehende, systematische Nutzung sind Analyseraster und Verfahren einer weiteren methodischen Validierung zu unterziehen.

	Erprobung	Einführung	Steuerung	Integration
1. Organisationsentwicklung				
Schulprogramm	Das Schulprogramm benennt die Bereitschaft, Schule an neue gesellschaftliche Entwicklungen anzupassen.	Im Schulprogramm werden die Ziele definiert, digitale Medien und individuelle Förderung vorantreiben zu wollen.	Die Themen digitale Medien und individuelle Förderung sind fest im Schulprogramm verankert.	Das Schulprogramm wird regelmäßig (in den Themenfeldern digitale Medien und individuelle Förderung) aktualisiert.
Schulleitung/ Steuergruppen	Die Schulleitung unterstützt Initiativen zur Erprobung digitaler Medien und individueller Förderung.	Die Schulleitung richtet eine Steuergruppe ein, die sich den Themenfeldern widmen soll.	Die Steuergruppe koordiniert die Nutzung digitaler Medien und individueller Förderung mit anderen relevanten Gruppen (Fachschaften, Klassen- oder Jahrgangsteams etc.)	Die Themen Individualisierung und digitale Medien werden von allen relevanten Gruppen der Schule kontinuierlich in der Arbeit berücksichtigt.
2. Personalentwicklung				
Fortbildung	Lehrkräfte wählen Fortbildung nach eigenen Interessenlagen aus.	Die Schulleitung/Steuergruppe bietet gezielt thematisch relevante Fortbildungen an oder empfiehlt externe Angebote.	Lehrkräfte der Schule geben eigene Erfahrungen systematisch an KollegInnen weiter.	Die Schule hat eine Kultur der kollegialen Beratung und Unterstützung aufgebaut. Dabei werden auch Schülerinnen und Schüler als Experten einbezogen.
3. Unterrichtsentwicklung				
Schulinterne Curricula	Ausgewählte Unterrichtskonzepte werden von einzelnen Lehrkräften in Pilotgruppen erprobt. Dabei werden unterschiedliche Aspekte fokussiert: Gestaltung von Lernprozessen, Diagnose, Leistungsbewertung u. a. m.	Die Nutzung ausgewählter, in der Erprobung als sinnhaft erkannter Unterrichtskonzepte wird in ausgewählten Jahrgangsstufen oder Fach(gruppen) eingeführt.	Die Schule erarbeitet für alle Fächer und Jahrgangsstufen schulinterne Curricula. So wird für die erprobten Konzepte eine Verbindlichkeit erreicht.	Schulinterne Curricula werden regelmäßig aktualisiert. So wird sichergestellt, dass Konzepte systematisch evaluiert und verbessert werden. Dabei werden auch Lernende als Exper-ten einbezogen.
Materialauswahl/ -entwicklung	Lehrkräfte wählen Materialien selbst aus, die über die eingeführten Schulbücher hinausgehen.	Lehrkräfte wählen gemeinsam Materialien für ausgewählte Lerngruppen aus.	Die Schule sammelt systematisch Lernmaterialien oder stellt diese nach Arbeitsplänen von relevanten Gruppen her (z. B. Fachschaften oder Klassenteams)	Erfahrungen mit Materialien und Lernergebnisse werden regelmäßig dokumentiert und zur gemeinsamen Überarbeitung von Materialien genutzt.

	Erprobung	Einführung	Steuerung	Integration
4. Kooperations- und Kommunikationsentwicklung				
Öffentlichkeits-arbeit und Zusammenarbeit mit dem Umfeld	Die Schule berichtet über einzelne Projekte und arbeitet punktuell mit Bildungspartnern und Unternehmen zusammen.	Die Schule stellt Medienarbeit und individuelle Förderung als Ziel dar. Projekte mit externen Partnern werden systematisiert.	Die Schule nutzt Öffentlichkeitsarbeit gezielt, um auch schulinterne Entwicklungen zu unterstützen. Kooperationen werden so gesteuert, dass alle Lernenden davon profitieren.	Die Schule nutzt Öffentlichkeitsarbeit und Kooperationen für die eigene Schulentwicklung und wirbt für eine weitere Verbreitung der in der eigenen Schule umgesetzten Ideen.
Elternarbeit	Die Schule informiert allgemein über Projektvorhaben.	Die Schule führt gezielt Informationsveranstaltungen für Eltern und/oder Befragungen durch.	Eltern sind an der Arbeit der Schule zu den Themenfeldern digitale Medien und individuelle Förderung in AGs oder durch einzelne Elternvertretungen beteiligt.	Eltern übernehmen eine aktive Rolle in der Arbeit mit digitalen Medien in der Schule.
Schüler-partizipation	Lernende werden dazu angeleitet, andere Lernende in Lernprozessen zu unterstützen.	Die Schule ermöglicht Lernenden, Lernangebote zu entwickeln und in Abstimmung mit Lehrkräften in Lernprozesse zu integrieren.	Lernende haben die Möglichkeit, in abgestimmten Bereichen eigenständig Lernprozesse zu gestalten.	Lernende werden in die Gestaltung von Unterricht in allen Bereichen einbezogen.
Infrastruktur/ Endgeräte	Es ist Lehrkräften freigestellt, im eigenen Unterricht mobile Endgeräte zu nutzen, die Lehrkräfte oder Lernende mit in den Unterricht bringen.	Die Schule stellt mobile Geräte leihweise zur Verfügung, um in ausgewählten Klassen deren Einsatz zu erproben, bzw. wählt Klassen aus, in denen Lernende eigene Geräte nutzen können. Für diese Klassen wird die erforderliche Infrastruktur realisiert.	Die Schule realisiert eine Lösung, die es ausgewählten Klassen ermöglicht, kontinuierlich mit mobilen Geräten zu arbeiten.	In der Schule können alle Lehrenden und Lernenden auf eigene oder schulische mobile Geräte zugreifen. Im gesamten Schulgebäude ist die dafür erforderliche Infrastruktur vorhanden.
5. Technologieentwicklung				
Support/ Administration	Lehrkräfte administrieren die schulische IT.	Lehrkräfte erhalten einen Ausgleich für die Administration schulischer IT und werden von externen Partnern unterstützt.	Die Administration schulischer IT wird durch externe Partner gewährleistet, die durch Lehrkräfte unterstützt werden.	Die Schule verfügt über eigenes Personal, das die schulische IT wartet und pflegt.
Finanzierung	Schulische IT wird über Spenden realisiert.	Die Schule stimmt Neuanschaffungen mit dem Schulträger ab. U.U. werden Eltern in Pilotgruppen eingebunden.	Die Schule hat eine mittel- bis langfristige Budgetplanung mit dem Schulträger, die die schulische IT und ihren Ausbau sichert.	Die Finanzierung der schulischen IT ist langfristig gesichert. Eltern sind in die Verantwortung hierfür umfassend einbezogen.

5 Fallbeispiele

Die bisher dargestellten Überlegungen zur Nutzung digitaler Medien für die individuelle Förderung werden im Folgenden an drei Fallbeispielen veranschaulicht. Vorgestellt werden Schulen, die dem Einsatz digitaler Medien im schulischen Lernen hohe Priorität beimessen und dabei das Ziel der individuellen Förderung in unterschiedlicher Weise berücksichtigen.

5.1 Zur Auswahl der Schulen

Gegenstand der folgenden Analyse sind zwei Gymnasien und eine neu gegründete Schule des längeren gemeinsamen Lernens (Gesamtschule), die aus dem Zusammenschluss einer Realschule mit zwei Hauptschulen hervorgegangen ist. Alle drei Schulen – aus drei verschiedenen Bundesländern – sind oder waren in unterschiedliche Projekte zur Einführung digitaler Medien involviert. Der jeweilige Projekthintergrund wird in den Fallbeispielen kurz vorgestellt. Die Schulen sind auf dem Wege der Integration digitaler Medien unterschiedlich weit fortgeschritten. Im Sinne der beschriebenen Stufenmodelle wäre bei einer Schule von einer abgeschlossenen Integration zu sprechen. Die beiden anderen Schulen können auf den mittleren Stufen der Ausbreitung und Steuerung angesiedelt werden. Sie werden als interessante Beispiele angeführt, weil sie unter unterschiedlichen Voraussetzungen die Fragen der individuellen Förderung als zentrale Ziele ihrer Arbeit sehen und dabei Medienkonzepte zugrunde legen, die zu einer umfassenden Nutzung für alle Lehrenden und Lernenden führen sollen. Die strategische Anlage einer umfassenden Integration kann hier deutlich erkannt werden.

Für die folgende Beschreibung der Fallbeispiele wurden Interviews mit den Schulleitungen geführt, es wurden öffentlich zugängliche Dokumente der Schulen ausgewertet und Daten und Dokumente aus den jeweiligen Projektkontexten genutzt. Die angeführten Unterrichtsbeispiele sind exemplarisch und können nicht den gesamten Umfang der Arbeit mit digitalen Medien in den Schulen wiedergeben.

5.1.1 Gesamtschule Xanten-Sonsbeck

Die Gesamtschule Xanten-Sonsbeck ist eine Schule des längeren gemeinsamen Lernens. Sie wurde 2013 gegründet und löste eine Realschule und zwei Hauptschulen ab. Das Konzept der Schule wurde von einem Team entwickelt, das sich aus Schulleitungen und Lehrkräften der drei ursprünglichen Schulen zusammensetzte. So sollte sichergestellt werden, dass ein kontinuierlicher Übergang aus den Erfahrungen der bestehenden Schulen zur neuen Schule erfolgen konnte. Auch für das Lehrerkollegium und die Schülerschaft sollte so ein guter Übergang geschaffen werden und Elemente des klassen- und jahrgangsstufenübergreifenden Arbeitens erhalten bleiben.

Die (auslaufende) Realschule war Projektschule im Interreg-Projekt »School-IT-Rhein-Waal – Entwicklung von Medienschulen«, in dem in den Schuljahren 2012/13 und 2013/14 zwei Schulen aus Deutschland und zwei Schulen aus den Niederlanden in der Euregio Rhein Waal den Einsatz privater digitaler Geräte als Teil einer schulischen Lerninfrastruktur erprobt haben. Hierbei ging es nicht darum, schulische Geräte durch private zu ersetzen, sondern darum, insgesamt eine lernförderliche Umgebung zu entwickeln. Eine wesentliche Überlegung war dabei, digitale Medien für Lernende in möglichst vielen Klassen verfügbar zu machen. Die vorhandenen mobilen Geräte werden nicht in Klassensatzstärke verliehen, Lehrer haben vielmehr die Möglichkeit, fünf Geräte mit in eine Klasse zu nehmen. Die Überlegung: In vielen Fällen können Lernende in Kleingruppen gemeinsam an einem Computer arbeiten. Schülerinnen und Schüler können für einzelne Stunden ebenfalls individuell einzelne Geräte aus dem Pool der Schule ausleihen. So können sie dann, wenn sie es für hilfreich erachten, mit digitalen Medien arbeiten. Ergänzend dazu sind die Lernenden aber auch eingeladen, ihre privaten Geräte zum Lernen in der Schule zu verwenden. Die Erfahrungen aus dem Projekt wurden in die neu gegründete Schule übertragen.

In den ersten beiden Jahrgangsstufen erhalten alle Lernenden an schulischen Geräten eine informationstechnische Grundbildung, die sie befähigen soll, anschließend selbstständig mit digitalen Medien zu arbeiten. Der Schule ist eine ausgeprägte Feedbackkultur wichtig. Feedback (etwa zu Schülerreferaten) wird daher auch in gemeinsam erstellten Online-Dokumenten gesammelt. Durch das schriftliche Feedback in einem Dokument beteiligen sich mehr Lernende an den Feedbackrunden und das Feedback wird detaillierter und facettenreicher. Die schriftlichen Feedbacks können analysiert und somit konstruktives und wertschätzendes Feedback gefördert werden, das den Lernenden hilft, ihre persönlichen Leistungen einzuschätzen und zu verbessern.

In unterschiedlichen Kontexten setzt die Schule auf Konzepte der Peer-Education. Das Konzept der Medienscouts sieht vor, dass Lernende andere Lernende dabei unterstützen, einen sicheren Umgang mit dem Internet zu trainieren. Auch stehen sie Lernenden und Lehrenden (bis hin zur Gestaltung von Workshops an Lehrerfortbildungstagen) bei technischen Fragestellungen zur Seite. Die Medienscouts übernehmen schließlich auch die Ausbildung ihrer Nachfolger. In Peer-2-Peer-Situationen und gegenüber Lehrenden erleben sich Lernende als kompetent und selbstwirksam. Die Übertragung von Verantwortung an die Schüler stärkt deren Selbstbewusstsein und unterstützt sie so in ihrer individuellen Entwicklung.

Schulprogramm

Die Schule versteht sich als Einrichtung, die ihren Lernenden möglichst lange das gemeinsame Lernen in heterogenen Lerngruppen ermöglichen möchte. Sie versteht sich als inklusive Schule, in der Lernende mit und ohne sonderpädagogischen Förderbedarf gemeinsam lernen. Die Schule bietet alle Abschlüsse der Sekundarstufen I und II an. Damit dies gelingen kann, verpflichtet sich die Schule zur individuellen Förderung eines jeden Kindes. Der Einsatz digitaler Medien und die Entwicklung zur Medienschule sind dem Ziel der individuellen Förderung untergeordnet. So heißt es im Schulprogramm:

»Die große Bandbreite der verschiedenen Begabungen unserer Schülerinnen und Schüler wird zum Ausgangspunkt unserer Schulentwicklung. Den Schwerpunkt dabei sehen wir in der Entwicklung differenzierender Lernformen. Sie sind das Zentrum unserer schulischen Arbeit. Der Ausbau zur Medienschule hilft uns, Begabungen von Schülerinnen und Schülern zu erkennen und ihnen Lernmöglichkeiten zu eröffnen, die ihre Lebens-, Ausbildungs- und Studienkompetenz erweitern und vertiefen.«

Lediglich der Tatsache, dass es sich um eine neu gegründete Schule handelt, die erst im zweiten Jahrgang angelangt ist, ist es geschuldet, dass das Schulprogramm noch nicht aktualisiert wurde.

Schulleitung/Steuergruppe

Die Schulleitung der Realschule hatte bereits im Projektkontext des Projektes »School-IT-Rhein-Waal« eine Steuergruppe zur Medienarbeit eingerichtet. Diese koordiniert sowohl die technische Ausstattung als auch die Maßnahmen zur Personalentwicklung und Präventionsmaßnahmen zur Vermittlung eines sicheren Umgangs mit dem Internet. Zum Transfer der Erfahrungen aus dem Projektkontext wurden die Lehrkräfte aus dem Projekt gezielt an die neue Schule versetzt; dies gilt besonders für die Mitglieder der Steuergruppe. Auch in diesem Bereich kann man von einer weitreichenden Integration auf der Stufe der Steuerung sprechen. Für eine unumkehrbare Integration ist hier vor allem weitere Erfahrung erforderlich.

Personalentwicklung/Fortbildung

Die Schule hat insgesamt ein differenziertes Fortbildungssystem entwickelt. Dazu gehören themenspezifische schulinterne Fortbildungstage genauso wie kurze Fortbildungseinheiten zu Beginn von Konferenzen. Im Rahmen der Projektarbeit beteiligt sich die Schule an schulübergreifenden Lehreraustauschen. Die Schule führt immer wieder Informationsveranstaltungen durch für Schulen, die an der Arbeitsweise interessiert sind. Auch die Vorbereitung solcher Veranstaltungen wird von der Schule als qualifizierende Maßnahme für das Kollegium wahrgenommen. Die Schule lädt gezielt externe Referenten an die Schule ein und wählt gemeinsam Fortbildungsveranstaltungen aus, zu denen einzelne Lehrkräfte entsandt werden, um anschließend die Informationen im Kollegium weiterzugeben. In der Schule ist damit eine umfassende Fortbildungs- und Unterstützungskultur etabliert.

Schulinterne Curricula

Die Projektphase des Projektes »School-IT-Rhein-Waal« wurde von der Schule genutzt, um in den Pilotklassen des Projektes exemplarisch erste Erfahrungen mit dem Lernen mit mobilen Geräten zu sammeln. In der neu gegründeten Schule werden nun in den existierenden Jahrgängen zunächst stundenweise mobile Geräte der Schule genutzt. Ab der Klassenstufe sieben sollen die Lernenden dann auch eigene Geräte nutzen. Hierzu werden die Erfahrungen der Projektphase ausgewertet. Es besteht die Absicht, Beispiele für Unterrichtseinheiten zu sammeln und zu Mediencurricula zusammenzufassen. Die Schule befindet sich hier erkennbar im Übergang von der Erprobungs- zur Einführungsphase.

Materialentwicklung

Die Materialentwicklung orientiert sich an der Curriculumentwicklung. Für die ersten Jahrgänge der neuen Schule liegen Materialsammlungen vor, die sich vor allem auf die Einführung digitaler Medien als Werkzeug beziehen. Im Rahmen der individuellen Förderung findet in den beiden bestehenden Jahrgängen an mindestens drei Tagen Wochenplanarbeit statt, in der die Lernenden an individuell zusammengestellten Wochenplänen arbeiten. Auch hierzu können sie entweder eigene Geräte nutzen oder auf den Leihpool der Schule zurückgreifen. In Arbeitsgemeinschaften und Zeiten für individuelle Begabung werden besonders Stärken der Lernenden gefördert. Systematisiert liegen Materialien zur Einführung der Lernenden in diese Arbeitsweisen vor. Auch hier befindet sich die Schule erkennbar in einer Einführungsphase.

Öffentlichkeitsarbeit/Zusammenarbeit mit dem Umfeld

Die Schule bereitet auf alle Schulabschlüsse der Sekundarstufen I und II vor. Ein Teil der Lernenden wird also auch nach dem Ende der Sekundarstufe I einen Ausbildungsberuf anstreben. Die Schule will daher die enge Zusammenarbeit mit Unternehmen in der Region fortsetzen und ausbauen. Im Projektrahmen wurde diese Zusammenarbeit gezielt auf das Thema »IT im Unternehmen« ausgeweitet. Ob und wie sich diese Zusammenarbeit in der neuen Schule weiterführen lässt, kann aktuell nicht gesagt werden, da die Lernenden hier noch zu jung sind.

Die Schule stellt ihre Aktivitäten aktiv nach außen dar. Sie bemüht sich um Berichterstattung in regionalen Print- und überregionalen Radio- und Fernsehmedien. Die Schulleitung hält Kontakt zu Politikern in der Kommune und im Landtag, um über die Arbeit der Schule zu berichten.

Ausgehend von der Realschule kann die Zusammenarbeit mit dem Umfeld und die Öffentlichkeitsarbeit als fester Bestandteil der Schule gesehen und von einer nachhaltigen Integration ausgegangen werden.

Elternarbeit

Die Schulleitung berichtet von einem vertrauensvollen Verhältnis der Eltern zur Schule. Die Schule informiert ausführlich über ihre Aktivitäten durch Elternbriefe und Informationen auf ihrer Homepage. Eine aktive Beteiligung von Eltern wird durch dreimal im Schuljahr stattfindende Elternabende zu festgelegten Themen – u. a. *Lernen mit digitalen Medien* – und einen Jahrgangsstufentag zur Präsentation des Lernens gepflegt. Weitere Formen direkter Elternbeteiligung über die reguläre Gremienarbeit der Schulpflegschaft hinaus werden angestrebt.

Schülerpartizipation

Im Rahmen der individuellen Förderung war es bereits an der Realschule Ziel der Schule, auch Lernende in die Gestaltung der Schule miteinzubeziehen und ihnen eigenständige Verantwortung nicht nur für den individuellen Lernweg – beispielhaft repräsentiert durch die regelmäßigen Lernentwicklungsgespräche –, sondern auch für die Schule zu übertragen. So sind sogenannte »Medienscouts« der Realschule für die Ausleihe und Wartung mobiler Geräte an Lehrkräfte und Lernende verantwortlich und führen Informationsveranstaltungen und Unterrichtsreihen zu einem sicheren Medienumgang durch. Zudem übernehmen die Medienscouts die Ausbildung ihrer Nachfolger (Medienscoutanwärter) selbst und konzipieren eigenständig Angebote. So entstehen an der Schule Videos über das BYOD-Konzept und interaktive Theaterstücke. Da diese Form der Schülerpartizipation noch auf ausgewählte Gruppen (Medienscouts) beschränkt und in der neuen Schule noch im Aufbau ist, kann hier vom Übergang von der Einführung zur Steuerung gesprochen werden.

Infrastruktur/Endgeräte

Das Ausstattungskonzept zielt darauf ab, Medien möglichst individuell und nah am Unterrichtsgeschehen verfügbar zu machen. Der Schulstandort der auslaufenden Realschule ist mit einem WLAN-Netz ausgestattet. Die Standorte der Hauptschulen verfügen darüber nur eingeschränkt. An allen Standorten ist jeder Lernraum ausgestattet mit PC, Beamer, Lautsprechern und WLAN-Anschluss. Die Schule hält einen umfangreichen Pool an mobilen Geräten vor, die durch Lehrkräfte und Lernende ausgeliehen werden können. Ausleihe und Verwaltung dieser Geräte werden von einer Schülergruppe organisiert. Der Pool besteht aus Notebooks, Netbooks und Tablets. Die Geräte werden in Klassensatzstärke ausgeliehen oder die Mitglieder einer Gruppenarbeit oder Lehrkräfte leihen bis zu fünf Geräte aus, die ausreichen, um in einer Klasse Gruppenarbeitsphasen oder Lernstationen einzurichten. Lernende können einzelne Geräte stundenweise ausleihen, wenn sie diese für selbstgesteuerte Arbeitsphasen nutzen wollen. Ergänzt wird die schulische Ausstattung durch die Nutzung privater Geräte, die die Lernenden mit in die Schule bringen und zum Lernen nutzen dürfen. So können die Lernenden unterschiedliche Geräte kennenlernen und auch eigenständig erproben, wie diese den jeweils eigenen Lernprozess unterstützen. Die gesamte technische Infrastruktur ist darauf ausgerichtet, individuelle Arbeits- und Lernprozesse zu unterstützen und technische Geräte vor allem als Lern- und Kommunikationswerkzeuge der Lernenden zu etablieren. Die Ausstattung ist einerseits weit vorangeschritten, hat aber noch nicht alle Standorte der Schule ganz erreicht. Die Ausstattung mit Präsentationsmedien (Beamer) ist ebenfalls vorangeschritten und auf die jeweils neu in Nutzung genommenen Räume erweitert Als größte Schwachstelle erweist sich die Internetanbindung der ländlich gelegenen Schule. Diese Schwachstelle wird teilweise dadurch kompensiert, dass mobile Geräte nicht ausschließlich als Internetzugangsgeräte genutzt, sondern auch andere Funktionen lernförderlich eingesetzt werden. Auch hier ist die Schule vermutlich auf einer Stufe anzusiedeln, die als Steuerung bezeichnet werden könnte.

Support/Administration

Ein Teil der technischen Wartung der IT-Ausstattung wird durch eine Schülergruppe sichergestellt, die von einer Lehrkraft betreut wird. Die Lehrkraft erhält für diese Aufgaben ein Zeitkontingent zur Verfügung. Die Schule arbeitet bei der Administration der WLAN-Ausstattung, dem Internetzugang und der Benutzerverwaltung mit einem externen Dienstleister zusammen. Diese Zusammenarbeit

Abbildung 6: Grafische Darstellung des Entwicklungsstandes der Gesamtschule Xanten-Sonsbeck

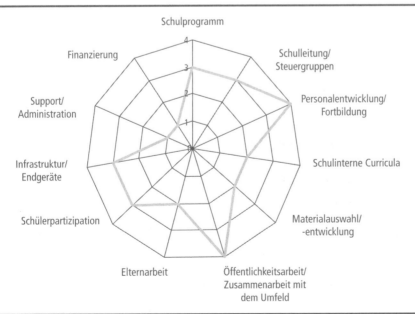

wurde erst im Laufe des Projektes etabliert und aktuell ist nicht sichergestellt, ob die Schule diese Zusammenarbeit fortsetzen kann und will. Zwar können Support und Administration aktuell zuverlässig gesichert werden, sie sind aber langfristig nicht ausfallsicher organisiert. Insofern befindet sich die Schule hier noch eher auf einem Erprobungslevel.

Finanzierung

Der guten Öffentlichkeits- und Projektarbeit der Schule und dem Einsatz der Schulleitung und Steuergruppe ist es zu verdanken, dass die Schule immer wieder Projektmittel einwerben konnte oder Preisgelder erhielt, um die technische Ausstattung aufzubauen und damit mehr zu realisieren, als es mit den Mitteln des Schulträgers möglich gewesen wäre. Durch die Abhängigkeit von solchen Geldern ist aber noch keine mittelfristige Budgetplanung möglich und der Ersatz alter Geräte oder die Erweiterung der Ausstattung können nicht sichergestellt werden. Auch hier muss ein frühes Stadium angenommen werden.

Zusammenfassung

Die Schule verfügt über sehr klare Ziele, die deutlich formuliert und kommuniziert werden und die Medienarbeit möglichst für alle Lernenden im Sinne einer individuellen Förderung etablieren wollen. Dass die Schule im Bereich der Material- und Curriculumentwicklung in einer Einführungsphase steht, ist vor allem dem Schulformwechsel und dem damit verbundenen Neuaufbau geschuldet. Während die Einbeziehung der Eltern weniger ausgeprägt ist, wird der aktiven Beteiligung der Lernenden an der Gestaltung von Schule auch im Themenfeld »digitale Medien« große Bedeutung beigemessen und es sind entsprechende Strukturen im Aufbau.

Die Zuordnung zu den einzelnen Stufen (vgl. Abb. 3) erfolgte auf der Grundlage von Interviews mit der Schulleitung sowie der Auswertung von Dokumenten der Schule. Eine grafische Darstellung macht dennoch deutlich, wie die Schule mit Blick auf die Implementation digitaler Medien in einzelnen Handlungsfeldern der Schulentwicklung unterschiedlich weit vorangeschritten ist. Die Grafik zeigt, dass die Schule wichtige Rahmenbedingungen geschaffen hat, um das Arbeiten mit digitalen Medien im Sinne individueller Förderung zu entwickeln. Optimierungen im Bereich der schulinternen Curricula und der Materialentwicklung sind der erst kürzlich erfolgten Gründung der Schule geschuldet. Support und Finanzierung liegen schwerpunktmäßig im Aufgabenbereich des Schulträgers und können nicht von der Schule selbst optimiert werden.

Die Grafik veranschaulicht den Entwicklungsstand der Gesamtschule Xanten-Sonsbeck. Die einzelnen Handlungsfelder sind Entwicklungsstufen zugeordnet, so werden Stärken und Schwächen sichtbar. Die Darstellung bzw. die Stufenzuordnung müsste in einem nächsten Schritt empirisch überprüft werden.

5.1.2 Gymnasium Ottobrunn

Das Gymnasium Ottobrunn beteiligte sich ab 1999 am Projekt »Netzwerk Medien-schulen« der Bertelsmann Stiftung. Ziel des Projektes war es, mit den beteiligten Schulen Standards für das Lehren und Lernen mit digitalen Medien zu entwickeln. Die Arbeit im Netzwerk war für die Schule Ausgangspunkt für eine bis heute an-dauernde Entwicklung. Die Arbeit mit digitalen Medien war dabei immer eng ver-knüpft mit dem Anliegen, den Lernenden ein umfassendes Methodenrepertoire für das selbstständige Lernen und Arbeiten an die Hand zu geben. Auf diesem Weg hat sich die Schule immer wieder an Projekten beteiligt und mit anderen Schulen ver-netzt. Sie bringt sich intensiv in Aktivitäten des Landes ein und thematisiert das Thema »digitales Lernen« aktiv auf eigenen Veranstaltungen, die bundesweite Sichtbarkeit erlangen. Die im Netzwerk Medienschulen begonnene Entwicklung wurde immer wieder den aktuellen technischen Möglichkeiten und gesellschaftli-chen Entwicklungen angepasst.

Schulprogramm

Das Schulprogramm der Schule ist auf der Webseite umfassend dokumentiert. Da-bei wird in den einzelnen Rubriken auch dessen kontinuierliche Entwicklung deut-lich. Es ist dokumentiert, wie das Schulprogramm durch die Mitwirkung der Lehr-kräfte in bis zu 20 Arbeitsgruppen ständig ergänzt und erweitert wird und eine feste Verankerung in der Schule hat.

Das Schulprogramm benennt Schwerpunkte, die sich in den drei Bereichen In-dividualisierung, Lernkultur und digitale Medien zusammenfassen lassen. Ziel der Schule ist es, in der Gemeinschaft aller Lernenden die Unterschiedlichkeit des Ein-zelnen zu berücksichtigen und jeder und jedem die Möglichkeit zu geben, erfolg-reich zu lernen.

Facetten dieser Arbeit sind ein Medien- und Methodencurriculum, das die Ar-beit mit digitalen Medien einführt und Lernenden Methoden vermittelt, (nicht nur) mit digitalen Medien Lernprozesse selbst zu gestalten. Das Medien- und Methoden-curriculum legt für alle Jahrgangsstufen bis zum Ende der Sekundarstufe I The-men und Projekte für jedes Jahr fest, die zur Schulung der beiden Kompetenzberei-che durchgeführt werden sollen. Die Themen sind dabei immer an den fachlichen Unterricht gekoppelt. So ist sichergestellt, dass in verschiedenen Fächern mit digi-talen Medien gearbeitet wird. Kern des Curriculums ist aber die Überlegung, den Lernenden Handwerkszeug mit auf den Weg zu geben, das es ihnen ermöglicht, in allen Fächern selbstständig, kooperativ und mediengestützt zu arbeiten. Im Fach-unterricht gibt dann ggf. die Lehrkraft nicht mehr die Medien- und Methodenwahl vor, sondern die Schüler haben gelernt, eigenständig zu agieren.

Zur Individualisierung tragen nicht nur diese Methoden bei, sondern auch viel-fältige Förderangebote, eine Referenzmappe (Portfolio) zur Dokumentation von Lernergebnissen und die Gestaltung von Lernlandschaften. Ausgangspunkt der Ar-beit mit digitalen Medien war die Einführung von Notebook-Klassen mit elternfinanzierten, personalisierten Geräten. Dies wurde erweitert durch schulische mobile Geräte, was in allen Klassen einen Standard im Erwerb von Medien- und Methodenkompetenz sicherstellt. Da die Themen »Individualisierung« und »digitale Medien« nicht nur fest im Schulprogramm verankert sind, sondern auch eine kontinuierliche Weiterentwicklung erkennbar ist, ist für den Bereich der Schulprogrammarbeit von einer erfolgreichen Integration auszugehen.

Schulleitung/Steuergruppe

Die Schulleitung vertritt die beiden hier relevanten Themenfelder aktiv nach außen und kommuniziert sie in die Schule. Sie engagiert sich durch intensive Netzwerkarbeit mit anderen Schulen und Projekten (sowohl international als auch im lokalen/regionalen Umfeld), um die Erfahrungen der Schule weiterzugeben und neue Impulse für die Schule zu gewinnen. Dabei ist erkennbar, dass dieses Engagement nicht ausschließlich an einzelne Personen geknüpft ist, da diese Haltung auch bereits personelle Veränderungen in der Schulleitung überdauert hat.

Wie oben dargestellt, wird die Schulprogrammarbeit von unterschiedlichen, zum Teil wechselnden Arbeitsgruppen vorangetrieben. Dabei werden die beiden Themenfelder konsequent mitgedacht bzw. alle weiteren Entwicklungen sind dem Ziel der Lernkultur und der Individualisierung untergeordnet. Für unterschiedliche Aspekte der Lernkultur und der Arbeit mit digitalen Medien hat die Schule Koordinatoren eingeführt, die die Umsetzung des Medien- und Methodencurriculums unterstützen und einfordern. Auch hier kann man von einer dauerhaften Integration einer Arbeitsweise ausgehen.

Personalentwicklung/Fortbildung

Die Zielsetzungen, die heute für die Schule prägend sind, resultieren aus einer Entwicklung, die vor über 15 Jahren begann. In dieser Zeit hat es in der Schule große personelle Veränderungen gegeben, es hat ein »Generationenwechsel« stattgefunden. Damit verbunden mussten neue Lehrkräfte in die Arbeitsweise einbezogen werden. Dies gelang sowohl durch intensive Arbeit in den Fachschaften als auch durch kontinuierliche schulinterne Fortbildungen. Hier hat die Schule eine Kultur gegenseitiger Unterrichtsbesuche aufgebaut, die durch entsprechende Stundenplanungen unterstützt werden. Durch die Beteiligung an Netzwerkprojekten werden Lehrkräfte angeregt, sich mit dem Entwicklungsstand an der eigenen Schule aktiv zu befassen. Die Organisation eigener überregionaler Veranstaltungen stellt einen weiteren Baustein dar. Die Schulleitung erkennt, dass durch unterschiedliche Maßnahmen eine kollegiale Weiterbildung realisiert wurde, betont aber auch, dass es hierfür immer wieder Impulse aus der Schulleitung geben muss. Von daher kann auch hier von einer vollständigen Integration eines schulinternen Fortbildungssystems gesprochen werden.

Das Medien- und Methodencurriculum der Schule wird immer wieder überarbeitet; dabei werden einzelne Module von Arbeitsgruppen entwickelt und dann im Kollegium vorgestellt, diskutiert und ggf. überarbeitet. So findet auch eine kontinuierliche Aktualisierung des Wissensstandes im Kollegium statt.

Schulinterne Curricula

Insbesondere mit dem Medien- und Methodencurriculum hat die Schule einen festen Rahmen für die unterrichtliche Arbeit geschaffen. Den Lernenden stehen damit Methoden und Handlungsmöglichkeiten zur Verfügung, die sie in allen Fächern anwenden können. Dieses Curriculum ist dabei fächerintegriert aufgebaut. Das heißt, es gibt in der Medien- und Methodenausbildung der Lernenden fest definierte Bereiche, die einzelnen Fächern zugewiesen sind. Damit sind für die einzelnen Fächer keine internen Curricula erforderlich. Hier orientieren sich die Lehrkräfte an den Vorgaben der staatlichen Lehrpläne, greifen aber auf das Methodenwissen der Lernenden und die eingeführten Individualisierungsmechanismen der Schule zurück. Insofern liegen schulinterne Curricula für einen Bereich vor, die aber einer regelmäßigen Überarbeitung unterliegen. Fehlende Fachcurricula stellen im Vorgehen der Schule aber keine Lücke dar, sondern beruhen auf planvollem, fächerübergreifendem Handeln.

Das Medien- und Methodencurriculum wird kontinuierlich erweitert und überarbeitet, sodass es seit einiger Zeit für alle Jahrgangsstufen vorliegt. Eine wesentliche Überarbeitung erfuhr das Curriculum mit dem Wechsel von G9 zu G8. Auch hier kann von einer abgeschlossenen Integration ausgegangen werden.

Materialentwicklung

Die Schule erarbeitet vielfältige Materialien, die sie auf einem landesweiten Server öffentlich zugänglich macht. Damit sind diese Materialien nicht nur einer internen Überarbeitung unterworfen, sondern in gewisser Weise auch der Qualitätskontrolle durch eine interessierte Fachöffentlichkeit. Die entstehenden/veröffentlichten Materialien dienen vor allem der individuellen Förderung, da so ein ausreichender Materialpool geschaffen wurde, um Lernenden entsprechend ihren Fähigkeiten forderndes und förderndes Material zur Verfügung zu stellen.

Ein weiterer wichtiger Teilbereich der Materialentwicklung der Schule ist der Aufbau von Diagnosewerkzeugen, um individuelle Leistungsstärken bzw. -schwächen der Lernenden zu identifizieren. Die Auswertung dieser Diagnosewerkzeuge erfolgt zwar aktuell noch durch die Lehrkraft, doch kommen bei der Diagnose mobile Geräte und Lernmanagementsysteme zum Einsatz. Die Diagnose ermöglicht es den Lehrkräften, Lernenden gezielt Materialien anzubieten, bzw. die Lernenden haben durch die detaillierte Diagnose die Möglichkeit, aus dem Materialpool geeignete Übungen auszuwählen.

Die Wirkung dieser Maßnahmen unterliegt in der Schule einem internen Monitoring und einer internen Evaluation. Die Schule strebt an, Diagnosewerkzeuge so weiterzuentwickeln bzw. auf Diagnosewerkzeuge zuzugreifen, die ein automatisiertes Feedback an den Lernenden ermöglichen.

Auch im Bereich der Materialentwicklung kann der Schule eine vertiefte Integration der Arbeitsweisen attestiert werden. Dies umso mehr, als auch hier eine dynamische Weiterentwicklung zu erkennen ist.

Öffentlichkeitsarbeit/Zusammenarbeit mit dem Umfeld

Die Schule entwickelt sich einerseits nach innen kontinuierlich weiter. Sie vertritt aber vor allem das Thema des Lernens mit digitalen Medien aktiv nach außen. Dies erfolgt über das Engagement in gemeinsamen Projekten und durch die Organisation von Kongressen und bundesweiten Fortbildungsveranstaltungen. Damit ist die Schule in ihrem Profil auch deutlich von außen erkennbar. Hinweise auf enge Zusammenarbeit mit dem direkten Umfeld finden sich aber nicht; von daher wird hier trotz systematischen Vorgehens Entwicklungspotenzial gesehen.

Elternarbeit

Die Schulleitung berichtet von einem vertrauensvollen Verhältnis der Eltern zur Schule. Die Schule informiert ausführlich über ihre Aktivitäten. Formen direkter Elternbeteiligung über die reguläre Gremienarbeit der Schulpflegschaft hinaus sind – von einzelnen Ausnahmen abgesehen – noch nicht erkennbar.

Schülerpartizipation

Die Lernenden werden durch die Schule intensiv dazu befähigt und dabei unterstützt, Lernwege eigenständig zu gestalten. Dies betrifft im Wesentlichen den einzelnen Lernenden. Über jährlich durchgeführte Evaluationen haben die Lernenden die Möglichkeit, Rückmeldungen über ihre Zufriedenheit mit der Schule zu geben, die Konsequenzen hieraus zieht aber die Schulleitung. Lernende sind an Weiterentwicklungen nicht beteiligt.

Um Lernende im Umgang mit digitalen Medien zu unterstützen, sind in den Klassen Medientutoren eingerichtet. Dies sind Lernende, die als Ansprechpartner vor allem bei technischen Fragen zur Verfügung stehen. Anzeichen für Aktivitäten dieser Mentoren, die eine eigenständige Arbeitsplanung erkennen lassen, finden sich nicht. Ansätze von Schülerpartizipation sind also erkennbar. Hier ist aber Entwicklungspotenzial vorhanden.

Infrastruktur/Endgeräte

Die Schule ist mit WLAN, Breitband-Internet und Präsentationsmedien in allen Klassenräumen ausgestattet. Für die Umsetzung des Medien- und Methodencurriculums stehen schulische mobile Geräte zur Verfügung. Ergänzt wird diese Ausstattung durch elternfinanzierte Notebook-Klassen, die in der Schule insgesamt zahlreicher werden. Langfristig soll die Zahl der Lernenden, die private Geräte mit in die Schule bringen, erhöht werden. Das System ist über viele Jahre etabliert und nachhaltig eingeführt.

Support/Administration

Die Schule arbeitet in der Administration und dem Support mit lokalen Dienstleistern zusammen. Lernende als Medienmentoren unterstützen den First-Level-Support bei anderen Lernenden. Ein Grund für das Ziel, in Zukunft noch mehr Lernende darin zu unterstützen, eigene Geräte mit in die Schule zu bringen, ist, dass die Schule die Administration einer weiter wachsenden Zahl schulischer mobiler Geräte nicht gewährleisten kann. Über eigenes Fachpersonal für diese Aufgaben verfügt die Schule nicht, sie werden von Lehrkräften wahrgenommen. Hier ist trotz der guten Erfahrungen eine weitere Professionalisierung möglich.

Finanzierung

Die Finanzierung der Infrastruktur und der schulischen mobilen Geräte erfolgt in Abstimmung mit dem Schulträger aus Haushaltsmitteln. Dies gilt aktuell auch für notwendige Ersatzbeschaffungen. Die Arbeit mit digitalen Medien ist damit nicht auf Projektmittel oder Spenden angewiesen. Da eine wachsende Anzahl von Eltern über private Geräte auch finanzielle Verantwortung übernimmt, ist auch hier eine nachhaltige Integration gegeben.

Abbildung 7: Grafische Darstellung des Entwicklungsstandes des Gymnasiums Ottobrunn

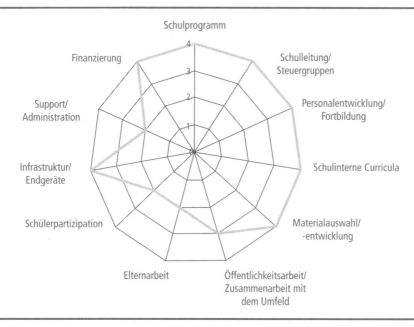

Zusammenfassung

Insgesamt kann festgestellt werden, dass die Arbeit mit digitalen Medien in der Schule einen Stand erreicht hat, der sicherstellt, dass alle Lernenden die Schule mit einer guten Medien- und Methodenausbildung verlassen und dieses Wissen auch schon im schulischen Lernen anwenden können. Wann dieser Status erreicht wurde, lässt sich über die vorliegenden Daten nicht sagen, es wird aber deutlich, dass es sich hierbei um einen Prozess handelt, der vor mindestens 16 Jahren begann. Im Bereich der Elternarbeit und der Schülerpartizipation sind Erweiterungen denkbar, diese würden aber noch einmal das Selbstverständnis der Schule verändern. Das Entwicklungspotenzial im Bereich Support und Administration ist nicht durch die Schule auszuschöpfen; hier bedarf es der Entscheidung des Schulträgers oder der Politik, IT-Administration an Schulen zu professionalisieren. Die Grafik zeigt: Die Schule hat die Arbeit mit digitalen Medien im Sinne individueller Förderung weit vorangetrieben und in vielen Handlungsfeldern nachhaltig in den Schulalltag integrieren können. Das geringe Ausmaß an Schülerpartizipation ist dabei auf die Schulform des Gymnasiums zurückzuführen, das in einem engen zeitlichen Korsett eine Fülle vorgegebener Inhalte bearbeiten muss. Die geringe Schülerpartizipation wird von der Schulleitung nicht als Entwicklungsaufgabe wahrgenommen. Anders stellt sich dies bei Support und Administration dar. Hier sieht die Schule Handlungsbedarf, stößt aber an organisatorische Grenzen, um hier eigenständige Lösungen zu finden.

5.1.3 Wilhelm-Ostwald-Gymnasium, Leipzig

Das Wilhelm-Ostwald-Gymnasium in Leipzig ist ein Gymnasium mit einem stark ausgeprägten MINT-Schwerpunkt. Es ist Mitglied im MINT-EC, dem nationalen Excellence-Schulnetzwerk mathematisch-naturwissenschaftlicher Schulen, und engagiert sich in diesem Netzwerk im IT-Cluster. In diesem Cluster finden sich aktuell ca. 15 Schulen des Netzwerkes, die die MINT-Förderungen mit digitalen Medien verstärkt unterstützen wollen.

Die Schule gehörte in der DDR zum Kreis der Spezialschulen mathematisch-naturwissenschaftlicher Prägung. Diese Schulen sind weiterhin vernetzt, der Schwerpunkt zeigt sich in einem deutlich intensiveren Unterricht in den mathematisch-naturwissenschaftlichen Fächern und in der gezielten Auswahl von Lernenden, die in diesem Bereich sowohl erhöhtes Interesse als auch erhöhte Leistungsfähigkeit mitbringen. Das heißt, in der Schule finden verstärkt Lernende mit einem erhöhten Leistungsspektrum zusammen. Die Schule setzt gerade wegen dieser leistungsfähigen und leistungsbereiten Schülerschaft auf unterschiedliche Formen individualisierter Förderung, um die Schüler gemäß ihren Fähigkeiten zu fordern. Teil dieser systematischen Förderung ist die begleitete Teilnahme einzelner Lernender oder Gruppen an nationalen oder internationalen Wettbewerben.

Seit vier Jahren werden alle Klassen im 8. Jahrgang mit Note- oder Netbooks ausgestattet. Die Initiative ging von den Lehrkräften der mathematisch-naturwissenschaftlichen Fächer aus. Mit den neuen mobilen Endgeräten konnten die im Bundesland vorgeschriebenen grafikfähigen Taschenrechner ersetzt werden. Die entwickelte Lösung ist dabei mit den Prüfungsvorgaben des Landes konform. Die eingesetzten Geräte werden in Prüfungen von einem durch die Schule vorbereiteten USB-Stick gebootet. So steht den Lernenden in der Prüfung eine Umgebung zur Verfügung, die keinen Zugriff auf das Internet oder die Festplatte mit eigenen Dateien erlaubt und dennoch die Software enthält, mit der die Lernenden auch im Unterricht arbeiten.

Die individuelle Förderung mit digitalen Medien ist an der Schule vor allem im Fach Mathematik etabliert. Die Lernenden verfügen hier über eine erprobte Auswahl freier Software, mit der sie eigene Lernwege nachverfolgen, überprüfen und ihre Ergebnisse verbessern können. Bemerkenswert ist die Kombination einer klassischen Vorgehensweise, in der die Schülerinnen und Schüler zunächst mit Papier und Stift arbeiten und dann erst am Computer ihre Rechenwege überprüfen. Die Dokumentation erfolgt dann wieder klassisch als Hefteintrag. Digitale und analoge Medien werden kombiniert und ermöglichen so individualisierte Lernprozesse.

Schulprogramm

Die aktuelle auf der Schulhomepage veröffentlichte Version des Schulprogramms stammt aus dem Jahr 2012. Das Programm benennt das Ziel, die Lernenden in ihren individuellen Fähigkeiten, Talenten und Stärken bestmöglich und differenziert zu fördern. Hierzu werden unterschiedliche Maßnahmen aufgeführt und auch verantwortliche Personen oder Personengruppen benannt, die die Umsetzung dieser Maßnahmen garantieren. Das Schulprogramm benennt Fächer und Bereiche, in denen Materialentwicklung stattfinden wird, und berichtet von schulinternen Evaluationen.

Das Thema digitale Medien wird dabei nur in einem Punkt erwähnt. Die Klassen mit personalisierten Geräten finden hier noch keinen Niederschlag. Zum Zeitpunkt der Erstellung des Programms in der vorliegenden Fassung wurde das Konzept aber auch erst in einem Jahrgang angewandt.

Mit Blick auf das Thema digitale Medien wäre im Programm eine umfassende Überarbeitung möglich, die die letzten Erfahrungen reflektiert. Insofern spiegelt das Schulprogramm hier eine Erprobungsphase wider.

Schulleitung/Steuergruppe

Das Schulprogramm dokumentiert deutlich die Arbeitsweise der Schule, in der Arbeitsgruppen, Fachkonferenzen und Steuergruppen klare Aufgaben zugewiesen sind. Eine Steuergruppe für die Arbeit mit digitalen Medien organisiert die Arbeit in den Klassen, die mit Notebook ausgestattet sind. Der Arbeitsschwerpunkt liegt hierbei aktuell aber noch in den mathematisch-naturwissenschaftlichen Fächern, die auch Keimzelle des Projektes waren.

Die Schulleitung ordnet das Projekt dem Gesamtprofil der Schule und dem Anspruch der besonderen Förderung unter und sieht es als wichtigen Baustein für die Erreichung dieser Ziele.

Einerseits führt die Schule die Arbeit mit mobilen Geräten mittlerweile im vierten Jahrgang durch, andererseits liegt der Schwerpunkt der koordinierten Arbeit aber noch im Bereich der Naturwissenschaften. Die Schule befindet sich hier also in einer Einführungsphase.

Personalentwicklung/Fortbildung

Auch im Bereich der Personalentwicklung und der Fortbildung dokumentiert das Schulprogramm klare Strukturen. Für den Bereich der mathematisch-naturwissenschaftlichen Fächer berichtet die Schulleitung über gemeinsame Materialentwicklung für die Arbeit mit mobilen Geräten sowie die Teilnahme an überregionalen Fortbildungsveranstaltungen bzw. von der Ausrichtung solcher Veranstaltungen. Für die anderen Fachbereiche besteht die Möglichkeit, die technischen Möglichkeiten zu nutzen. Verbindlichkeiten wurden hier aber noch nicht geschaffen, sodass ein Teil der Lehrkräfte hier in einer Erprobungsphase ist und den Austausch sucht, während andere Lehrkräfte beobachtend und abwartend agieren. Auch hier befindet sich die Schule in einer Einführungsphase, da die Arbeitsweise einerseits systematisch und planvoll ist, aber noch nicht auf alle Bereiche der Schule ausgeweitet werden konnte.

Schulinterne Curricula

Für das Fach Technik und Computer liegen in der Schule interne Curricula vor, die beschreiben, wie Lernende in den unteren Jahrgangsstufen an die Arbeit mit digitalen Medien herangeführt werden. Für das Fach Mathematik liegen für einzelne Jahrgänge der Klassen mit mobilen Geräten ebenfalls eingeführte Materialsammlungen vor. Die Ausrichtung der Schule mit dem besonderen Förderschwerpunkt macht es erforderlich, dass für alle Fächer eigene Curricula erarbeitet werden. Eine Anpassung dieser Curricula an die Arbeit mit mobilen Geräten steht aber noch aus, sodass auch hier die Schule in einer Einführungsphase steht.

Materialentwicklung

Der besondere Förderanspruch der Schule verlangt umfangreiche Materialien, die gängige Schulbücher allein nicht bieten. Daher werden an der Schule in verschiedenen Fächern regelmäßig Materialien durch Lehrkräfte erstellt und systematisch eingeführt. Dies beinhaltet einen stufenweisen Prozess, wie er oben beschrieben wurde. Einheiten werden zunächst von einzelnen Lehrkräften entwickelt und dann für alle Klassen eines Jahrgangs eingeführt. Etablierte Verfahren werden immer wieder reflektiert und ggf. angepasst. Für den Bereich des Lernens mit digitalen Medien ist dies bisher vor allem für das Fach Mathematik umgesetzt; eine gesteuerte Ausbreitung kann hier noch erfolgen.

Öffentlichkeitsarbeit/Zusammenarbeit mit dem Umfeld

Die öffentliche Darstellung der Schule ist vor allem auf den mathematisch-natur-wissenschaftlichen Bereich ausgerichtet. Hier bestehen auch intensive Kontakte zu Firmen und Hochschulen, mit denen Kooperationen stattfinden und besondere Fördermaßnahmen möglich werden. Die Arbeit mit mobilen Geräten wird in der Außendarstellung der Schule wenig kommuniziert. Die Medienarbeit ist im Rahmen einer systematischen Öffentlichkeitsarbeit der vorrangigen Profilbildung der Schule untergeordnet. Insofern erscheinen hier Entwicklungen weniger erforderlich als in den vorgenannten Bereichen. Die Zusammenarbeit mit Firmen und Hochschulen ist lange etabliert, die Darstellung als MINT-Schule gut eingeführt. Hier kann von einer abgeschlossenen Integration gesprochen werden.

Elternarbeit

Die besondere Ausrichtung der Schule führt zu einer gezielten Auswahl der Lernenden. Dadurch ist auch ein intensiver Kontakt zu den Eltern gegeben, der sich auch auf die Planung und Umsetzung von Fördermaßnahmen bezieht. Im Kontext der Arbeit mit digitalen Medien finden intensive Informationen der Elternschaft statt. In die konkrete Umsetzung des Netbook-Projektes in jedem Jahrgang werden die Eltern miteinbezogen. Anregungen und Ideen der Eltern werden aufgenommen und umgesetzt. Dies bezieht sich zwar nicht auf die inhaltliche Arbeit; dennoch ist hier eine höhere und systematischere Vorgehensweise erkennbar, als dies in einer Einführungsphase festzustellen wäre.

Abbildung 8: Grafische Darstellung des Entwicklungsstandes des Wilhelm-Ostwald-Gymnasiums

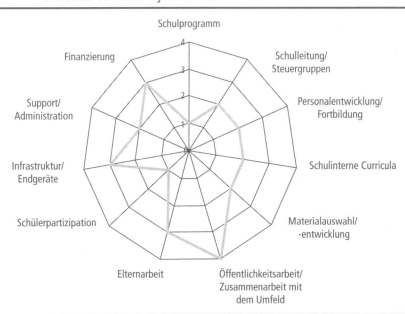

Schülerpartizipation

Die Schule setzt stark auf schüler- und projektorientiertes Arbeiten. Möglichkeiten der Partizipation, die über das an der Schule übliche Maß hinausgehen, konnten bei der Analyse der Arbeit mit digitalen Medien jedoch nicht festgestellt werden.

Infrastruktur/Endgeräte

Die Schule ist umfassend mit Internet, WLAN und Präsentationsmedien ausgestattet. Für die Einführungskurse in den unteren Jahrgängen stehen schulische Geräte zur Verfügung. Durch das Netbook-Projekt, das in allen Klassen eines Jahrgangs durchgeführt wird, ist die Ausstattung aller Lernenden mit Endgeräten gewährleistet. Da das Projekt noch nicht bis in die obersten Jahrgänge hinaufgewachsen ist und daher die erfolgreiche Umsetzung auch im Zentralabitur noch aussteht, kann man bereits von einer systematischen Steuerung, aber noch nicht von einer nachhaltigen Integration sprechen.

Support/Administration

Die Administration der gesamten Schul-IT wird über engagierte und zum Teil zeitlich entlastete Lehrkräfte geleistet; externe Partner werden im Bedarfsfall hinzugezogen. Dies entspricht einerseits dem Vorgehen an vielen deutschen Schulen, ist aber insgesamt nicht als zielführend zu bezeichnen.

Finanzierung

Die Infrastruktur der Schule wird über Mittel des Schulträgers und aus Förderprogrammen des Landes finanziert und ist daher langfristig gesichert. Die Finanzierung der Endgeräte durch die Eltern beinhaltet eine soziale Komponente, sodass auch Lernende, deren Eltern nicht über die nötigen Mittel verfügen, unbürokratisch unterstützt werden können. Das Finanzkonzept kann als planvoll gesteuert bezeichnet werden, seine Nachhaltigkeit dürfte sich erst bei längerer Dauer zeigen.

Zusammenfassung

Bei der Schule handelt es sich um eine Schule, die aufgrund ihrer besonderen Ausrichtung über gute Strukturen der Personal- und Unterrichtsentwicklung verfügt, die sich auch über die Jahre bewährt haben. Die Arbeit mit mobilen Geräten stellt für diese Schule eine Innovation dar, die in einzelnen Bereichen gut eingeführt ist, deren gesteuerte Ausbreitung aber noch aussteht. Diese Innovation wird von der Schulleitung getragen, ging aber erkennbar von einem Fachbereich aus. Die aktuelle Herausforderung, vor der die Schule steht, ist der Übergang der Innovation auf die nicht naturwissenschaftlichen Fächer. Dies zeigt sich auch in der Grafik. Für das Fach Mathematik könnte man bei den schulinternen Curricula und der Materialentwicklung eine höhere Stufe feststellen, dies kann aber noch nicht auf die gesamte Schule übertragen werden. Um diese Situation zu verändern, sind über das einzelne Fach hinaus Steuerungs- und Personalentwicklungsmaßnahmen erforderlich. Auch könnte eine stärkere Verankerung im Schulprogramm die Bedeutung digitaler Medien für die individuelle Förderung unterstützen. Das Programm setzt hier noch andere Prioritäten.

5.2 Gemeinsame Betrachtung der Fallbeispiele

Für alle hier vorgestellten Schulen ist die individuelle Förderung der Lernenden ein zentrales Anliegen und alle Schulen führen digitale Medien systematisch ein, um dieses Ziel zu erreichen. Der Ausgangspunkt ist dabei in den drei Fallbeispielen unterschiedlich gewesen:

*   Zwei Schulen haben ein auf individuelle Förderung ausgerichtetes Schulprogramm entwickelt und sich dabei von Beginn an das Ziel gesetzt, digitale Medien zu nutzen.
*   In einer Schule ging der Impuls zu einer erweiterten Medienintegration von der Arbeit in einem Fach aus. Hier gilt es aktuell, die über eine Erprobung hinausgehende Einführung auch in anderen Fächern sicherzustellen.

Die Medienintegration hat in den drei Schulen unterschiedliche Vertiefungen erfahren. Dabei ist zu berücksichtigen, dass der Prozess der Medienintegration in den Schulen unterschiedlich lange anhält. Die Schule mit der am weitesten gehenden Medienintegration blickt auf einen mehr als 15-jährigen Schulentwicklungsprozess zurück. Ziel der Schulen ist es, digitale Medien durchgängig im Unterricht verfüg- und nutzbar zu machen – als Teil einer neuen Lernkultur. Dabei haben die Schulen unterschiedliche Wege der technischen Ausstattung gewählt, sie erreichen aber alle eine hohe Verfügbarkeit digitaler Medien im Klassenzimmer. Alle drei Schulen haben Formen der gemeinsamen Entwicklung von Unterrichtsmaterial und kollegialer Fortbildung und Unterstützung aufgebaut. Beides ist in den Schulen in unterschiedlichem Maße ausgeprägt.

Die in den Schulen erkennbaren Schulentwicklungsprozesse werden in allen Fällen strategisch von der Schulleitung unterstützt und vorangetrieben. Sie werden von unterschiedlich großen Anteilen des Kollegiums aktiv mitgestaltet. Alle Schulen haben zur Unterstützung dieser Prozesse Strukturen installiert, die die Schulleitung entlasten und die Entwicklungen vorantreiben und koordinieren.

Alle drei Schulen bringen sich zur Unterstützung der Entwicklungsprozesse in Netzwerkprojekte ein und suchen aktiv den regionalen, überregionalen und internationalen Austausch mit anderen Schulen.

Impulse zur Medienintegration, die von übergeordneten Ebenen ausgingen, sind nicht erkennbar. Vielmehr reagieren die Schulen eher auf Missstände, die von ihnen als solche wahrgenommen werden, und entwickeln dabei relativ eigenständig ihren Lösungsweg. Anders ist dies bei Fragen der individuellen Förderung. Hier reagieren die Schulen mit ihren Entwicklungen auf bildungspolitisch weitgehend vorgegebene Ziele.

Die Finanzierung der erforderlichen Ausstattung stellt die Schulen vor Herausforderungen. Es ist erkennbar, dass in Zusammenarbeit zwischen Schule, Schulträger und Eltern an allen drei Schulen unterschiedliche, unter den lokalen Bedingungen tragfähige Lösungen – auch mit externer Unterstützung – gefunden werden konnten.

Als ein Schwachpunkt an allen drei Schulen können die Administration der Technik und der Support identifiziert werden. Hier bestehen übereinstimmend Defizite in der Bereitstellung entsprechender Ressourcen und daher auch Defizite in der Professionalität, mit der elementare Anforderungen wie Verfügbarkeit, Betriebssicherheit, Datenschutz oder -sicherheit gewährleistet werden können. Die Möglichkeiten der Schulen, auf der Ebene der Einzelschule Lösungen zu entwickeln, sind hier deutlich eingeschränkt.

Bemerkenswert ist abschließend, dass in allen drei Schulen auf der Unterrichtsebene keine großen Medienprojekte erwähnt werden. Ziel aller drei Schulen ist es, Lernenden digitale Medien sowie Methoden- und Arbeitsweisen an die Hand zu geben, die sie befähigen, diese dann im Lernprozess einzusetzen.

6 Schlussbetrachtung und Handlungs-empfehlungen für Schulen

Individuelle Förderung mit digitalen Medien kann, das haben die einleitenden Überlegungen, aber auch die Darstellungen in den Fallbeispielen gezeigt, auf ganz unterschiedliche Art und Weise erfolgen. Daher kann es auch keinen vorgezeichneten Weg geben, wie die Zusammenführung der beiden Ansätze (individuelle Förderung und Medienintegration) vonstattengehen kann. Die Fallbeispiele machen deutlich: Der Prozess, der erforderlich ist, um die Potenziale digitaler Medien für das schulische Lernen und insbesondere für die Individualisierung von Lernprozessen nutzbar zu machen, bedarf einiger Zeit. Betrachtet man die immer noch zurückhaltende Nutzung digitaler Medien in Schulen insgesamt, dann wird ersichtlich, dass dieser langfristige Prozess einer aktiven und kontinuierlichen Gestaltung bedarf. Darauf zu hoffen, dass Wandel »einfach passiert« oder dass mit einer neuen Generation von Lehrkräften alles anders wird, greift zu kurz. Die abschließenden Handlungsempfehlungen wollen daher Schulen, die die Potenziale digitaler Medien für individuelle Förderung nutzen möchten, helfen, die eigene Situation zu analysieren, den Prozess zu gestalten und immer wieder zu reflektieren.

Ist-Analyse mediendidaktischer Szenarien

Zunächst empfiehlt es sich, dass eine Schule eine Bestandsaufnahme macht, wann, wo und wie bereits mit digitalen Medien gearbeitet wird. Leitfragen können hierbei sein:

- Haben wir als Schule ein Medienkonzept, das dem Kollegium bekannt ist und das regelmäßig aktualisiert wird?
- Macht das Medienkonzept klare Vorgaben, welche Ziele mit dem Einsatz digitaler Medien verbunden werden sollen?
- Gibt es verbindliche Unterrichtseinheiten, Module oder Kurse, in denen Schülerinnen und Schüler in die Arbeit mit digitalen Medien eingeführt werden?
- Werden digitale Medien vor allem genutzt, um Arbeitsaufträge im Unterricht zu bearbeiten, oder werden die Lernenden befähigt, digitale Medien selbstständig und selbstgesteuert als Lernwerkzeuge zu nutzen?

- Werden mit der Arbeit mit digitalen Medien konkrete Ziele verknüpft, wie etwa die Förderung von Medienkompetenz, die Unterstützung bestimmter Lernergruppen oder die Stärkung der Förderung fachlicher Kompetenzen der Lernenden?

Bestandteil einer Ist-Analyse kann auch die Reflexion über konkrete Anwendungsszenarien sein. Hierbei kann das SAMR-Modell eine Hilfe bieten:
- Welchen Stellenwert haben digitale Medien, wenn sie derzeit im Unterricht eingesetzt werden?
- Können die aktuellen Unterrichtseinheiten durch einen anderen/erweiterten Einsatz digitaler Medien auch didaktisch verbessert werden?
- Können unterschiedliche Unterrichtseinheiten auf verschiedenen Stufen des SAMR-Modells verortet werden oder verharrt die Schule weitgehend bei der Substitution analoger Medien? Könnte eine Veränderung einzelner Einheiten hier Potenziale digitaler Medien für schulisches Lernen besser nutzen?

Für diesen Teil der Analyse ist es hilfreich, wenn Kollegien oder einzelne Fachschaften über Unterrichtseinheiten diskutieren, die von einzelnen Lehrkräften oder verbindlich in bestimmten Fächern oder Jahrgangsstufen durchgeführt werden.

Ein weiterer Aspekt einer Ist-Analyse sollte die Betrachtung der aktuellen Ausstattung sein. Leitfragen können hier sein:
- Reicht die aktuelle Ausstattung aus, damit alle Lehrkräfte, die dies jetzt schon wollen, digitale Medien im Unterricht und zur individuellen Förderung nutzen können? Würde die Ausstattung auch dann noch ausreichen, wenn mehr Lehrkräfte diese Arbeitsweisen übernehmen würden?
- Ermöglicht die Ausstattung der Schulen einen unterrichtsnahen und unkomplizierten Einsatz digitaler Medien oder müssen Raum- und Technikbuchungen oder lange Wege in Kauf genommen werden?
- Können Lernende selbstgesteuert in freien Lernphasen (etwa in der Schulbibliothek oder einer Mediathek) auf digitale Medien zugreifen?
- Können Lernende auch im Klassenzimmer auf digitale (schulische oder private) Medien zugreifen, wenn es ihren individuellen Lernprozess unterstützen würde?
- Sind die Finanzierung, aber auch die Administration und der Support für die vorhandene Technik auch langfristig gegeben?

Eine Ist-Analyse bietet einen ersten Blick auf den Umgang einer Schule mit digitalen Medien, auch unter dem Blickwinkel der individuellen Förderung. In einem zweiten Schritt sollte eine Schule eine gemeinsame Vision oder Zielsetzung formulieren, wie im eigenen Kontext individuelle Förderung mit digitalen Medien unterstützt werden kann. An der Formulierung einer solchen Zielsetzung können und sollten möglichst viele Kolleginnen und Kollegen beteiligt werden. Vorgaben, wie eine Zielsetzung aussehen kann, lassen sich schwerlich machen. Hier ist der Umgang der Schule mit dem Thema »individuelle Förderung« der Ausgangspunkt.

Aus den Fallbeispielen lassen sich aber Komponenten ableiten, die Bestandteil einer langfristigen Zielsetzung sein können. Beispielhaft können hier genannt werden:

- Die Lernenden erwerben kontinuierlich und systematisch Medien- und Methodenkompetenz, um (digitale) Medien selbstgesteuert in ihre Lernprozesse integrieren zu können.
- Die Schule nutzt digitale Medien, um den Lernstand sowie Stärken und Schwächen einzelner Schülerinnen und Schüler diagnostizieren zu können.
- Die Schule stellt den Lernenden digitale und multimediale Lern- und Arbeitsmaterialien bereit, damit sie diese Materialien passend zu ihrem Lernstand auswählen und bearbeiten können.
- Die Schule nutzt digitale Medien, damit Lernende ihre Lernprozesse selbstständig überprüfen und verbessern können.
- Die Schule erweitert die bestehenden Lernräume in den digitalen Bereich, sie schafft örtliche und zeitliche Flexibilität in Lernprozessen.
- Die Schule nutzt digitale Medien, um Lernergebnisse von Klassen und Lernenden kontinuierlich zu dokumentieren.
- Digitale Medien werden in der Schule eingesetzt, um die Kommunikation zwischen Lehrenden und Lernenden und unter Lernenden zu unterstützen.
- Digitale Medien werden genutzt, damit alle am Lernprozess Beteiligten sich besser Feedback zu Lernergebnissen und -prozessen geben können und um Lernprozesse sichtbar zu machen.

Die Liste ist erweiterbar. Entscheidend ist, dass eine Schule überlegt, wie sie bereits jetzt individuelle Förderung umsetzt und wie digitale Medien dieses Vorgehen unterstützen könnten.

Es ist nicht davon auszugehen, dass sich die so formulierten Ziele umgehend umsetzen lassen. Wie weiter oben beschrieben sind hierfür langfristige, geplante und kontinuierlich reflektierte Entwicklungsprozesse in unterschiedlichen Handlungsfeldern erforderlich. Es erscheint dabei wichtig, dass die einzelne Lehrkraft, die digitale Medien auch zur individuellen Förderung einsetzen will, nicht allein gelassen, sondern in eine Gesamtstrategie der Schule eingebunden wird. Nur so kann sich das Potenzial digitaler Medien, aber auch das Engagement der Lehrkräfte für alle Beteiligten entfalten.

Grundsätzlich sollte eine Schule sich des weiter oben angedeuteten Stufenablaufs bewusst sein und daraus ihre Handlungsschritte ableiten.

Erprobung

In einer Erprobungsphase geht es vor allem darum, dass eine (kleine) Gruppe von Lehrkräften beginnt, Arbeitsweisen und Handlungspraxen zu erproben. Hierbei kann die Schulleitung unterstützen, indem sie für diese Gruppe unterstützende Rahmenbedingungen schafft und Ergebnisvorgaben macht:

- Wie können in der Schule Freiräume geschaffen werden, damit Lehrkräfte, die digitale Medien zur individuellen Förderung nutzen wollen, einfach in einen Austausch kommen können?
- Wie kann die vorhandene technische Infrastruktur genutzt werden, um diese Erprobungsversuche zu unterstützen? Wie kann die Infrastruktur kurzfristig verbessert werden, um Erprobungsversuche zu ermöglichen?
- Wie werden die Erfahrungen in der Erprobung dokumentiert und ausgewertet?

Einführung

In einer Einführungsphase geht es darum, die bereits gewonnenen Erfahrungen zu systematisieren. Spätestens jetzt sollte eine Steuergruppe eingerichtet werden, die den weiteren Prozess steuert, mit der Schulleitung abstimmt und gegenüber dem Kollegium vertritt. In dieser Phase erscheint es wichtig, dass für das Kollegium eine Verbindlichkeit entsteht und klar wird, in welchen Bereichen wie gearbeitet werden soll:

- Welche Lerngruppen sollen zunächst ausgewählt werden, um individuelle Förderungen mit digitalen Medien zu unterstützen?
- Wie kann der innerschulische Austausch über Vorgehensweisen, Methoden sowie Probleme und Hürden unterstützt werden? Wie kann das Wissen der Lehrkräfte, die bereits in einer Erprobungsphase mitgewirkt haben, an weitere Lehrkräfte weitergegeben werden?
- Ist sichergestellt, dass für die zunächst ausgewählten Lerngruppen die erforderliche technische Infrastruktur bereitsteht?
- Werden das Vorgehen, die Materialien und die Ergebnisse der Lerngruppen so dokumentiert, dass nachfolgende Gruppen ebenso verfahren können?
- Unterstützt die Schulleitung das Vorgehen? Werden in den Gremien der Schule Abstimmungsprozesse eingeleitet, die die erprobten und eingeführten Handlungspraxen verbindlich machen?

Steuerung

In dieser Phase geht es um die systematische Ausbreitung der gewonnenen Vorgehensweisen. Die Fragen, die sich hier stellen, ergeben sich aus dem Prozessverlauf:

- Können Ausstattung und Support mit der wachsenden Nutzung Schritt halten? Wurden für Finanzierung und Wartung der Technik nachhaltige Konzepte entwickelt?
- Wurde der schulinterne Austausch so etabliert, dass alle Kollegen erreicht werden können und auch neu an die Schule kommende Lehrkräfte gut in die Vorgehensweise der Schule eingeführt werden?

Integration

Die Vermutung könnte naheliegen, dass mit der Stufe der Integration der Prozess abgeschlossen ist. Hier aber stellt sich die Frage, ob es der Schule gelingt, die etablierte Vorgehensweise kontinuierlich zu reflektieren und weiterzuentwickeln:

- Werden bestehende Vorgehensweisen hinterfragt und fortlaufend an sich ändernde Anforderungen angepasst?
- Stellen technische Innovationen eine neue Herausforderung dar? Werden sie eher als neuerliche »Revolution im Lernen« oder als evolutionärer Schritt wahrgenommen?

Die verschiedenen oben vorgestellten Raster können einer Schule als Werkzeuge dienen, die einzelnen Entwicklungsstufen und die Nutzung digitaler Medien im Unterricht und für die individuelle Förderung zu reflektieren und zu entwickeln. Insgesamt sind mit den Fragen, die hier aufgeworfen werden, Aspekte einer systematischen Schulentwicklung adressiert. So lassen sich die Handlungsempfehlungen auch zusammenfassen:

Über einzelne gute Beispiele hinaus, die Lehrkräfte entwickeln und auch kontinuierlich in ihrem eigenen Unterricht nutzen können, ist es von entscheidender Bedeutung, dass eine Schule sowohl das Thema individuelle Förderung als auch deren Unterstützung durch digitale Medien als Schulentwicklungsprozess begreift, der über einen längeren Zeitraum und stufenweise abläuft. Besonders die Einsicht, dass dieser Prozess lange Zeit braucht, um entwickelt zu werden, macht deutlich, dass er der Unterstützung durch die Schulleitung und einer planvollen Koordination durch eine Steuergruppe bedarf. Es geht dabei auch darum, im Kollegium die Entwicklung professioneller Lerngemeinschaften zu unterstützen und gemeinsam nach Lernanlässen zu suchen, die eine kontinuierliche professionelle Weiterentwicklung ermöglichen. Nur so kann es auf Dauer gelingen, dass alle Schülerinnen und Schüler verlässlich individuell gefördert werden und digitale Medien gut nutzen können.

7 Literatur

Angeli, C., Valanides, N. (2009). Epistemological and methodological issues for the conceptualization, development, and assessment of ICT–TPCK: Advances in technological pedagogical content knowledge (TPCK). Computers & Education, 52(1), S. 154–168.

Aufenanger, S., Ludwig, L. (2014). Bericht zur wissenschaftlichen Begleitforschung des Projekts »Tablet-PCs im Unterrichtseinsatz« in vier Wiesbadener Schulen im Auftrag des Schulamts der Stadt Wiesbaden. Wiesbaden.

Bebell, D., Kay, R. (2010). One to One Computing: A Summary of the Quantitative Results from the Berkshire Wireless Learning Initiative. The Journal of Technology, Learning and Assessment., 9(2), S. 1–60. Abgerufen am 27.4.2015 von https://ejournals.bc.edu/ojs/index.php/jtla/article/view/1607.

Benjamin, L. T. (1988). A history of teaching machines. American psychologist, 43(9), 703.

Blees, I., Cohen, N., Massar, T. (2013). Freie Bildungsmedien (OER) Dossier: Offene Bildungsressourcen/Open Educational Resources – Handlungsfelder, Akteure, Entwicklungsoptionen in internationaler Perspektive. Frankfurt am Main: Deutsches Institut für Internationale Pädagogische Forschung. Abgerufen am 27.4.2015 von http://www.pedocs.de/frontdoor.php?source_opus=7868

Bos, W., Eickelmann, B., Gerick, J., Goldhammer, F., Schaumburg, H., Schwippert, K., Wendt, H. (2014). ICILS 2013 Computer- und informationsbezogene Kompetenzen von Schülerinnen und Schülern in der 8. Jahrgangsstufe im internationalen Vergleich. Münster: Waxmann.

Breiter, A. (2014). Medienintegration als Teil der Schulentwicklung. In R. Pfundtner (Hrsg.), Leiten und Verwalten einer Schule (pp. 491-500). Neuwied: Kluwer.

Breiter, A., Aufenanger, S., Averbeck, I., Welling, S., Wedjelek, M. (2013). Medienintegration in Grundschulen. Berlin: Vista.

Breiter, A., Welling, S. (2010). Integration digitaler Medien im Mehrebenensystem Schule In B. Eickelmann (Hrsg.), Bildung und Schule auf dem Weg in die Wissensgesellschaft (pp. 13-25). Münster: Waxmann.

Busch, R. (1995). Schulen an das Netz. Konzeption, Organisation und Durchführung. Bonn.

Cabrol, M., Severin, E. (2009). ICT to improve quality in education – A conceptual framework and indicators in the use of information communication technology for education (ICT4E). In: F. Scheuermann, F. Pedró (Hrsg.), Assessing the effects of ICT in education (S. 83–106). Luxembourg: European Union. Abgerufen am 27.4.2015 von http://www.crie.min-edu.pt/files/@crie/1278088469_Assess ingTheEffectsOfICTinEducation.pdf

Cengiz Gulek, J., Demirtas, H. (2005). Learning with technology: The impact of laptop use on student achievement. The journal of technology, learning and assessment, 3(2). Abgerufen am 27.4.2015 von http://napoleon.bc.edu/ojs/index. php/jtla/article/view/1655

Dalin, P., Rolff, H.-G., Buchen, H. (1996). Institutioneller Schulentwicklungs-Prozess: ein Handbuch. Soest: Landesinstitut für Schule und Weiterbildung.

Drayton, B., Falk, J. K., Stroud, R., Hobbs, K., Hammerman, J. (2010). After Installation: Ubiquitous Computing and High School Science in Three Experienced, High-Technology Schools. The Journal of Technology, Learning and Assessment, 9(3). Abgerufen am 27.4.2015 von http://ejournals.bc.edu/ojs/index.php/jtla/ article/view/1608

Dunleavy, M., Heinecke, W. F. (2008). The impact of 1:1 laptop use on middle school math and science standardized test scores. Computers in the Schools, 24(3-4), S. 7–22. Abgerufen am 27.4.2015 von http://www.tandfonline.com/doi/ abs/10.1300/J025v24n03_02#

Eickelmann, B. (2009). Digitale Medien in Schule und Unterricht erfolgreich implementieren: Eine empirische Analyse aus Sicht der Schulentwicklungsforschung. Münster: Waxmann.

Feierabend, S., Klingler, W. (2014). JIM 2014: Jugend, Information, (Multi-) Media. Basisstudie zum Medienumgang. Stuttgart: Medienpädagogischer Forschungsverbund Südwest. Abgerufen von http://www.mpfs.de/index.php?id=631

Fullan, M. (2012). Stratosphere: Integrating technology, pedagogy, and change knowledge. Pearson Canada.

Geis, M.-E. (2013). Das »Kooperationsverbot« des Art. 91b GG oder: Die bildungspolitische Büchse der Pandora. ZG: Zeitschrift für Gesetzgebung, 28(4), S. 305–317.

Giacquinta, J. B. (1973). The process of organizational change in schools. Review of research in education, S. 178–208.

Gillwald, K. (2000). Konzepte sozialer Innovation (S. 64). Leipzig: Wissenschaftszentrum Berlin für Sozialforschung. Abgerufen am 27.4.2015 von http://www. econstor.eu/handle/10419/50299

Grammes, T. (1989). Reform. In: D. Lenzen (Hrsg.), Pädagogische Grundbegriffe (Bd. 2, S. 1296–1302). Reinbek: Rowohlt.

Hahn, C., Clement, U. (2007). Heterogenität in berufs-und ausbildungsjahrübergreifenden Klassen – individuelle Lernvereinbarungen als Lösungsansatz. Selbstorganisiertes Lernen in der beruflichen Bildung. Berufs- und Wirtschaftspäda-gogik online. bwp@ Ausgabe, (13).

Hattie, J. (2012). Visible learning for teachers: Maximizing impact on learning. Routledge.

Häuptle, E., Reinmann, G. (2006). Notebooks in der Hauptschule. Eine Einzelfall-studie zur Wirkung des Notebook-Einsatzes auf Unterricht, Lernen und Schule. Universität Augsburg.

Heinen, R., Kerres, M., Blees, I. (2014). Unterricht gestalten mit digitalen Bildungs-medien. Bildungsressourcen in informationell offenen Ökosystemen. Compu-ter + Unterricht, 93, S. 12–15.

Heinen, R., Schiefner-Rohs, M., Kerres, M. (2013). Auf dem Weg zur Medienschule: Begleitung der Integration von privaten, mobilen Endgeräten in Schulen. Schul-pädagogik heute, (7/2013).

Heyden, K.-H., Lorenz, W. (1999). Lernen mit dem Computer in der Grundschule: Lernen mit neuen Medien, Einrichten von Medienecken, Unterrichtsbeispiele und Projektideen für die Klassen 1-4. Cornelsen Scriptor.

Hu, W. (2007). Seeing no progress, some schools drop laptops. New York Times, 4, A1.

Kerres, M. (2006). Potenziale von Web 2.0 nutzen. In: A. Hohenstein, K. Wilbers (Hrsg.), Handbuch E-Learning (S. 1–15). München: DWD-Verlag. Abgerufen am 27.4.2015 von http://mediendidaktik.uni-due.de/sites/default/files/web20-a_0.pdf

Kerres, M., Heinen, R., Stratmann, J. (2012). Schulische IT-Infrastrukturen: Aktu-elle Trends und ihre Implikationen für Schulentwicklung. In: R. Schulz-Zander, B. Eickelmann, H. Moser, H. Niesyto, P. Grell (Hrsg.), Jahrbuch Medienpädago-gik 9 (S. 161–174). Wiesbaden: VS Verlag für Sozialwissenschaften. Abgerufen am 27.4.2015 von http://link.springer.com/chapter/10.1007/978-3-531-94219-3_8

Kikis, K., Scheuermann, F., Villalba, E. (2009). A framework for understanding and evaluating the impact of information and communication technologies in educa-tion. In: F. Scheuermann, F. Pedró (Hrsg.), Assessing the effects of ICT in educa-tion. Indicators, criteria and benchmarks for international comparisons (S. 69–82). Luxembourg: European Union. Abgerufen am 27.4.2015 von http://www.crie.min-edu.pt/files/@crie/1278088469_AssessingTheEffectsOfICTinEduca-tion.pdf.

Koehler, M. J., Mishra, P. (2008). Introducing tpck. Handbook of technological peda-gogical content knowledge (TPCK) for educators, S. 3–29.

Kozma, R. B. (2003). Technology, Innovation, and Educational Change: A Global Perspective : a Report of the Second Information Technology in Education Study, Module 2. Eugene: ISTE (Interntl Soc Tech Educ.)

Kresse, M., Heinen, R. (2011). Nutzung privater Hardware im Unterricht – Schüler-befragung an einem Gymnasium. In: DeLFI 2011: Die 9. e-Learning Fachtagung Informatik (S. 31–39). Dresden: TUDPress.

Krützer, B., Probst, H. (2006). IT-Ausstattung der allgemein bildenden und berufsbildenden Schulen in Deutschland: Bestandsaufnahme 2006 und Entwicklung 2001 bis 2006. Bonn: Bundesministerium für Bildung und Forschung (BMBF). Abgerufen am 27.4.2015 von http://www. bmbf. de/pub/itausstattung_der_schulen_2006. pdf.

Kubicek, H., Breiter, A. (1998). Schule am Netz – und dann? Informationstechnik-Management als kritischer Erfolgsfaktor für den Multimediaeinsatz in Schulen. In: H. Kubicek (Hrsg.), Lernort Multimedia. Jahrbuch der Telekommunikation und Gesellschaft (S. 120–129). Heidelberg: v. Decker.

Lowther, D. L., Ross, S. M., Morrison, G. M. (2003). When each one has one: The influences on teaching strategies and student achievement of using laptops in the classroom. Educational Technology Research and Development, 51(3), S. 23–44. Abgerufen am 27.4.2015 von http://doi.org/10.1007/BF02504551.

Ludwig, L., Mayrberger, K., Weidmann, A. (2011). Einsatz personalisierter iPads im Unterricht aus Perspektive der Schülerinnen und Schüler. In DeLFI 2011: Die 9. e-Learning Fachtagung Informatik (S. 7-17). Dresden: TUDPress.

Maag Merki, K. (2008). Die Architektur einer Theorie der Schulentwicklung. Strukturanalyse und Interdependenzen. Journal für schulentwicklung, 12(2), S. 22–30.

Mandl, H., Hense, J., Kruppa, K. (2003). Der Beitrag der neuen Medien zur Schaffung einer neuen Lernkultur: Beispiele aus dem BLK-Programm SEMIK. In: Zur Zukunft der Lehr- und Lernmedien in der Schule (S. 85–102). Springer. Abgerufen am 27.4.2015 von http://link.springer.com/chapter/10.1007/978-3-663-11920-3_4

Mayer, R. E. (2009). Multimedia Learning (2. Aufl.). Cambridge: University Press.

Mayrberger, K., Aufenanger, S. (2004). Lernsoftware im Grundschulunterricht – Bedeutungen, Einstellungen und Nutzungsverhalten von Grundschullehrerinnen und -lehrern. In: Entwicklungszeiten (S. 239–244). Springer. Abgerufen am 27.4.2015 von http://link.springer.com/chapter/10.1007/978-3-663-09944-4_32

Müller, L., Kammerl, R. (2010). Das Hamburger Netbook-Projekt und dessen Evaluation durch die Universität Hamburg. Hamburg: Behörde für Schule und Berufsbildung. Abgerufen von https://www.hamburg.de/contentblob/2685634/data/netbookprojektdownl.pdf

Muuß-Merholz, J., Schaumburg, F. (2014). Open Educational Resources (OER) für Schulen in Deutschland 2014: Whitepaper zu Grundlagen, Akteuren und Entwicklungen. Internet & Gesellschaft Collaboratory. Abgerufen am 27.4.2015 von http://www.collaboratory.de/w/OER-Whitepaper.

Nolan, R. L. (1973). Managing the computer resource: a stage hypothesis. Communications of the ACM, 16(7), S. 399–405.

Petko, D. (2010). Lernplattformen in Schulen. Wiesbaden: VS Verlag für Sozialwissenschaften. Abgerufen am 27.4.2015 von http://link.springer.com/content/pdf/10.1007/978-3-531-92299-7.pdf

Puentedura, R. R. (2012). The SAMR model: Background and exemplars. Retrieved June, 24, 2013.

Racherbäumer, K., Kühn, S. M. (2013). Zentrale Prüfungen und individuelle Förderung. Zeitschrift für Bildungsforschung, 3(1), S. 27–45.

Rogers, E. M. (2003). Diffusion of innovations (5. Aufl.). New York: Free Press.

Rolff, H. (2010). Schulentwicklung als Trias von Organisations-, Unterrichts- und Personalentwicklung. In: T. Bohl, W. Helsper, H. G. Holtappels, C. Schelle (Hrsg.), Handbuch Schulentwicklung (S. 29–36). Bad Heilbrunn: Klinkhardt.

Schaumburg, H. (2003). Konstruktivistischer Unterricht mit Laptops?. Freie Universität Berlin, Universitätsbibliothek.

Schaumburg, H., Issing, L. J. (2002). Lernen mit Laptops. Ergebnisse einer Evaluationsstudie. Gütersloh: Verlag Bertelsmann Stiftung. Abgerufen am 27.4.2015 von http://opus.bsz-bw.de/hdms/volltexte/2004/327/

Schaumburg, H., Prasse, D., Tschackert, K., Blömke, S. (2007). Lernen in Notebook-Klassen. Endbericht zur Evaluation des Projekts »1000mal1000: Notebooks im Schulranzen«. Analysen und Ergebnisse. (S. 141). Bonn: Schulen ans Netz e.V. Abgerufen am 27.4.2015 von http://www.kranich-gymnasium.de/notebook/n21evaluationsbericht.pdf.

Schelhowe, H., Grafe, S., Herzig, B., Koubek, J., Niesyto, H., vom Berg, A. u. a. (2009). Kompetenzen in einer digital geprägten Kultur. Medienbildung für die Persönlichkeitsentwicklung, für die gesellschaftliche Teilhabe und für die Entwicklung von Ausbildungs- und Erwerbsfähigkeit. Bericht der Expertenkommission des BMBF zur Medienbildung. Abgerufen am 27.4.2015 von http://www.dlr.de/pt/Portaldata/45/Resources/a_dokumente/bildungsforschung/Medienbildung_Broschuere_2010.pdf

Schiefner-Rohs, M., Heinen, R., Kerres, M. (2013). Private Computer in der Schule: Zwischen schulischer Infrastruktur und Schulentwicklung. MedienPädagogik. Zeitschrift für Theorie und Praxis der Medienbildung. S. 1–20. Abgerufen am 27.4.2015 von http://www.medienpaed.com/Documents/medienpaed/2013/schiefner-rohs1304.pdf.

Schnoor, D. (1997). Schulentwicklung durch neue Medien. Medienkompetenz im Informationszeitalter. Enquete-Kommission »Zukunft der Medien in Wirtschaft und Gesellschaft«, S. 121–128.

Schulz-Zander, R. (2001). Neue Medien als Bestandteil von Schulentwicklung. In: S. Aufenanger, R. Schulz-Zander, D. Spanhel (Hrsg.), Jahrbuch Medienpädagogik 1 (S. 263–281). Wiesbaden: VS Verlag für Sozialwissenschaften.

Seufert, S., Euler, D. (2005). Nachhaltigkeit von eLearning-Innovationen: Fallstudien zu Implementierungsstrategien von eLearning als Innovationen an Hochschulen. SCIL. Abgerufen am 27.4.2015 von http://www.forschungsnetzwerk.at/downloadpub/2005-01-seufert-euler-nachhaltigkeit-elearning.pdf.

Silvernail, D. L., Gritter, A. K. (2007). Maine's middle school laptop program: Creating better writers (S. 19). Gorham, Maine: Maine Education Policy Research Institute, University of Southern Maine. Abgerufen am 27.4.2015 von http://www.sjchsdow.catholic.edu.au/documents/research_brief.pdf

Silvernail, D. L., Pinkham, C. A., Wintle, S. E., Walker, L. C., Bartlett, C. L. (2011). A Middle School One-to-One Laptop Program: The Maine Experience. (S. 37). Maine: Maine Education Policy Research Institute, University of Southern Maine. Abgerufen am 27.4.2015 von http://usm.maine.edu/sites/default/files/Center for Education Policy, Applied Research, and Evaluation/MLTIBrief20119_14.pdf

Stolpmann, B. E., Welling, S. (2009). Integration von Tablet PCs im Rahmen des Medieneinsatzes einer gymnasialen Oberstufe (S. 121). Bremen: Institut für Informationsmanagement Bremen GmbH (ifib). Abgerufen am 27.4.2015 von http://www.ifib.de/publikationsdateien/Endbericht-TabletPCs-final.pdf.

Tulodziecki, G., Herzig, B., Grafe, S. (2010). Medienbildung in Schule und Unterricht: Grundlagen und Beispiele (1. Aufl.). Bad Heilbrunn: UTB, Stuttgart.

Van Ackeren, I., Klemm, K. (2009). Entstehung, Struktur und Steuerung des deutschen Schulsystems. Wiesbaden: Springer VS. Abgerufen am 27.4.2015 von http://link.springer.com/content/pdf/10.1007/978-3-531-92813-5.pdf.

Weber, W. (2004). SelMa: Selbstgesteuertes Lernen erfordert erweiterte Kompetenzen bei Lehrenden und Lernenden. Innovativer Unterricht mit neuen Medien. Abgerufen am 27.4.2015 von http://www.fwu.de/semik/publikationen/downloads/fwu_innovativerunterricht.pdf#page=99

Welling, S., Breiter, A., Stolpmann, B. E. (2012). E-Learning in der Schule – interdependente organisationale Herausforderungen der Medienintegration. Zeitschrift für E-Learning, 7(3), 27-38.

Weinert, F. E. (1997). Unterschiedliche Lernfähigkeiten erfordern variable Unterrichtsmethoden. Lernmethoden, Lehrmethoden: Wege zur Selbstständigkeit, 15, S. 50–52.

Wieland, J. (2012). Von der Verhinderungsverfassung zur Ermöglichungsverfassung: Bildungsföderalismus und Kooperationsverbot. ZG: Zeitschrift für Gesetzgebung, 27(3), S. 266–277.

Wilbers, K. (2013). Wirtschaftsunterricht gestalten. Lehrbuch. 2. Auflage: Eine traditionelle und handlungsorientierte Didaktik für kaufmännische Bildungsgänge. Karl Wilbers.

Zapf, W. (1989). Über soziale Innovationen. Soziale Welt, S. 170–183.

Zimmer, G. (2003). Aufgabenorientierte Didaktik des E-learning. Handbuch E-Learning, 4, S. 1–14.

Zoyke, A. (2012). Individuelle Förderung zur Kompetenzentwicklung in der beruflichen Bildung. Eine designbasierte Fallstudie in der beruflichen Rehabilitation. Paderborn.

Zoyke, A., Hensing, S. (2011). Individuelle Förderung professionalisieren – Konzepte und Erfahrungen mit Förder- und Entwicklungsansätzen. bwp@ Spezial. Abgerufen am 27.4.2015 von http://www.bwpat.de/ht2011/ws16/zoyke_hensing_ws16-ht2011.pdf

Teil 3

Szenarien lernförderlicher IT-Infrastrukturen in Schulen

Betriebskonzepte, Ressourcenbedarf
und Handlungsempfehlungen

Andreas Breiter, Björn Eric Stolpmann, Anja Zeising

1 Ausgangslage

Die Relevanz der digitalen Medien für das schulische Lernen steht mittlerweile außer Frage, unabhängig davon, ob sie als didaktisches Lernmittel eingesetzt oder von den Schülerinnen und Schülern als Werkzeuge zum Lernen genutzt werden. Parallel dazu gewinnen die Thematisierung digitaler Medien als Unterrichtsinhalt und damit der Erwerb von Medienkompetenz weiter an Bedeutung. Alle drei Aspekte werden nur dann zu einem selbstverständlichen Bestandteil der schulischen Lern- und Lehrkultur, wenn es zu einer breiten und dauerhaften Integration der digitalen Medien in den Schulalltag kommt. Inzwischen nutzen die meisten Lehrkräfte den Computer und das Internet für die Unterrichtsvorbereitung. Die Mehrheit erachtet auch den schulischen Einsatz der digitalen Medien als sinnvoll. Dennoch setzt nur eine relativ kleine Gruppe die digitalen Medien selbstverständlich und regelmäßig im Unterricht ein. Aber selbst dann werden die Medien primär in einer Art und Weise verwendet, die bestehende Unterrichtspraxen unterstützt und bewahrt. Damit wird das Potenzial der digitalen Medien zur individuellen Förderung von Schülerinnen und Schülern derzeit kaum ausgeschöpft.

Aktuelle Studien in Grundschulen (Breiter et al. 2013; Eickelmann et al. 2014) und in weiterführenden Schulen (Bos et al. 2014; Breiter et al. 2010) zeigen, dass die technische Ausstattung der Schulen, der Lehrkräfte und der Schülerinnen und Schüler eine notwendige, wenn auch nicht hinreichende Bedingung darstellt. Hierbei liegen deutsche Schulen im Vergleich zu Schulen in anderen westlichen Industrienationen deutlich zurück. Das gilt für die Verfügbarkeit von interaktiven Whiteboards im Klassenraum über die Verbindungsmöglichkeiten zum Internet über ein lokales WLAN bis zur Nutzung mobiler Endgeräte. Die im Rahmen der ICILS-Studie erhobenen Daten weisen ein Schüler-Computer-Verhältnis in Deutschland (in Schulen, die eine Klasse 8 unterrichten) von 11,5 zu 1 aus (in Norwegen 2,4 zu 1 und in Australien 2,6 zu 1). Die Daten der teilnehmenden Länder sind in Tabelle 1 dargestellt.[9]

---

9 In der Sekundäranalyse von PISA 2012 (OECD 2015) wird von einem Verhältnis von etwa 4:1 berichtet, das den möglichen Zugriff einer Klassenstufe auf Computer meint. Eine erste Skalierung auf Schulebene, basierend auf unseren Daten und Erfahrungswerten aus der kommunalen Medienentwicklungsplanung und weiteren Untersuchungen, stützen die Angaben der ICILS-Studie.

(Bos et al. 2014) kommen zu folgender zentraler Empfehlung: »Modernisierung der schulischen IT-Ausstattung, die sich sowohl an den pädagogischen Bedürfnissen als auch an dem Stand der technologischen Entwicklung orientiert und welche sich technisch reibungslos und flexibel im Unterricht einsetzen lässt« (2014: 19). Leider schreiben sie nicht, wie diese finanziert und dauerhaft betrieben werden soll. Spätestens seit den ersten TCO-Studien aus den 1990er Jahren ist bekannt, dass neben einer IT-Infrastruktur auch Prozesse zu ihrem dauerhaften Betrieb, v. a. für die Unterstützung der Nutzerinnen und Nutzer, unerlässlich sind. Die für Deutschland typische und in keinem anderen Land zu findende Trennung zwischen inneren und äußeren Schulangelegenheiten in einem föderalen Schulsystem macht es erforderlich, nicht nur die zentralstaatliche Ebene des jeweiligen Schulministeriums und die Einzelschule, sondern insbesondere die kommunalen Schulträger als Sachaufwandsträger zu berücksichtigen. Damit werden rechtliche Fragen von Lehr- und Lernmitteln und dem Konnexitätsprinzip[10] adressiert und sie reichen bis hin in sozialpolitische Entscheidungen, wenn ein mobiles Endgerät durch Eltern finanziert werden müsste.

Im Folgenden soll auf die technischen und organisatorischen Bedingungen zur wirtschaftlichen Bereitstellung und dem Betrieb einer lernförderlichen und alltagstauglichen IT-Infrastruktur in allgemeinbildenden Schulen fokussiert werden. Damit werden Chancen und Risiken sowie Wünschenswertes und Machbares dargestellt. Anhand verschiedener Szenarien werden die Herausforderungen dargestellt und Möglichkeiten identifiziert. Im Sinne des Modells der »Medienintegration« (Breiter et al. 2013, Breiter, Welling und Stolpmann 2010) sind dabei alle Facetten berücksichtigt (Kapitel 3), die neben den zentralen technischen Herausforderungen für eine nachhaltige Einbettung relevant sind. Ausgangspunkt ist dabei die Annahme, dass Schülerinnen und Schüler und ihre Lehrkräfte jederzeit und an jedem Ort die Möglichkeit haben müssen, auf eine IT-Lerninfrastruktur zuzugreifen. Dies wird derzeit bei vielen Schulträgern, in den Kultusministerien, aber auch im Kontext der Digitalen Agenda der Bundesregierung diskutiert und weist in letzter Konsequenz den Weg in die Ausstattung der Schülerinnen und Schüler mit (persönlichen) mobilen Endgeräten.

Vor diesem Hintergrund werden verschiedene Nutzungsszenarien untersucht, die diesen Ansatz basierend auf den pädagogischen Anforderungen in geeigneter Weise unterstützen können. Dahinter steht die Frage, wie die schulische IT-Infrastruktur ausgerichtet sein muss, um pädagogischen Anforderungen zu genügen, und zugleich wirtschaftlich betrieben werden kann. Aufgrund der besonderen Rolle von Lehrkräften und Schulen herrschen teilweise stark divergierende Vorstellungen vor. Letztlich muss jede Schule gemeinsam mit ihrem Schulträger diese Anforde-

---

10 Das Konnexitätsprinzip ist eine »verfassungsrechtliche und finanzwissenschaftliche Regel, nach der die Kosten für die Erfüllung einer öffentlichen Aufgabe (Finanzierungshoheit) von demjenigen Aufgabenträger zu tragen sind, der über Art und Intensität der Aufgabenerfüllung entscheidet (›wer bestellt, bezahlt‹)« (Springer Gabler Verlag [Hrsg.]: Gabler Wirtschaftslexikon, Stichwort: Konnexitätsprinzip, online http://wirtschaftslexikon.gabler.de/Archiv/7796/konnexitaetsprinzip-v10.html).

Tabelle 1: IT-Ausstattung an Schulen pro Schülerin und Schüler (Bos et al. 2014: 161)

Teilnehmer	Schüler-Computer-Verhältnis		Anzahl der für Schülerinnen und Schüler zugänglichen Computer	
	M	(SE)	M	(SE)
[1][2] Norwegen	2.4:1	(0,1)	158	(8.2)
Australien	2.6:1	(0.3)	694	(28.6)
[3] Dänemark	4.2:1	(0.4)	177	(14.8)
[3] Niederlande	5.3:1	(0.8)	249	(28.1)
[2] *Kanada (N. & L.)*	5.5:1	(0.0)	92	(0.2)
Kanada (O.)	6.2:1	(0.3)	98	(6.6)
[3] Schweiz	7.0:1	(0.6)	93	(15.6)
[2][3] Hongkong	8.3:1	(0.8)	141	(6.2)
Slowakische Republik	9.3:1	(0.5)	47	(1.8)
Tschechische Republik	9.7:1	(0.3)	46	(1.2)
Polen	10.4:1	(0.5)	29	(1.2)
Deutschland	**11.5:1**	**(0.8)**	**67**	**(3.3)**
VG EU	**11.6:1**	**(0.2)**	**80**	**(3.6)**
Litauen	13.1:1	(0.7)	53	(2.8)
[4] Thailand	13.9:1	(0.9)	144	(8.9)
Slowenien	15.2:1	(0.5)	32	(0.9)
VG OECD	**15.3:1**	**(1.3)**	**132**	**(3.6)**
[2][4] Russische Föderation	17.2:1	(1.0)	56	(3.7)
Internat. Mittelwert	**18.0:1**	**(1.2)**	**105**	**(2.3)**
Republik Korea	19.6:1	(2.3)	57	(2.2)
Chile	21.9:1	(4.6)	54	(3.7)
Kroatien	25.7:1	(0.8)	23	(0.7)
[3] *Argentinien (B.A.)*	32.9:1	(9.4)	33	(5.6)
Türkei	80.1:1	(16.0)	15	(0.7)

Kursiv gesetzt sind die Benchmark-Teilnehmer.
1 Die nationale Zielpopulation entspricht nicht der 8. Jahrgangsstufe.
2 Die Gesamtausschlussquote liegt über 5 %.
3 Die Schüler- und Schulgesamtteilnahmequote liegt unter 75 %.
4 Abweichender Erhebungszeitraum.

rungen bestimmen, spezifizieren, umsetzen und kontinuierlich evaluieren. Hierzu dient das Werkzeug des Medienkonzepts, das in den meisten Bundesländern bzw. durch die kommunalen Schulträger verpflichtend für die Schulen eingeführt wurde.

Die Gesamtausgaben lernförderlicher IT-Infrastruktur sind (im Sinne eines Modells der Total Cost of Ownership) nur schwer zu beziffern. Dies liegt nicht nur an der Verteilung der Aufgaben zwischen Land, Kommunen und Schule, sondern auch an den versteckten Kosten für IT-bezogene Prozesse und den »Eh-da«-Kosten von Lehrkräften (oder Schüler-AGs), die für den technischen Support zuständig sind.

1998 hatten wir bereits in Anlehnung an US-amerikanische Berechnungsmodelle die Gesamtausgaben im Auftrag der Bertelsmann Stiftung zu berechnen versucht (Kubicek und Breiter, 1998). Die damaligen Annahmen, die bereits eine 1-zu-1 Laptop-Ausstattung berücksichtigten, sollen daher an heutigen Erkenntnissen gespiegelt und entlang der Szenarien Eckwerte für eine lernförderliche Basisinfrastruktur der Schulen formuliert werden. Seinerzeit wurden die fünf Szenarien »Computerraum«, »Computerraum plus Medienecke«, »Klassenraum mit 4-zu-1 Ausstattung«, »Klassenraum mit 2-zu-1 Ausstattung« und »Laptops für alle« berücksichtigt und deren Kosten pro Schülerin und Schüler für drei exemplarische Schulgrößen extrapoliert. Als Ergebnis steht eine Preisspanne von 968,33 bis 8.429,00 DM investiver und 447,00 bis 2.523,33 DM konsumtiver jährlicher Ausgaben (Szenario »Computerraum« und »Laptops für alle«) durchschnittlich über die drei Schulgrößen gerechnet. Die Hauptkostenfaktoren wie Netzwerk, Internetanbindung, Endgeräte, Support usw. haben weiterhin Relevanz; die Kosten – wie dieser Bericht ausführen wird – sind tendenziell gesunken, was beispielsweise durch den fortgeschrittenen Ausbau der Breitbandversorgung im Bundesgebiet und den Preisverfall von Endgeräten, Serverhardware, IT-Dienstleistungen etc. bei steigender Leistungsfähigkeit zu begründen ist.

Der Fokus der vorliegenden Expertise liegt auf allgemeinbildenden Schulen der Sekundarstufe I und II, da die beruflichen Schulen nicht nur mit anderen Schülerzahlen rechnen und eng mit den Ausbildungsbetrieben kooperieren bzw. von ihnen getrieben werden, sondern auch eigenständiger sind und zum Teil ihre IT-Prozesse selbst bewältigen wollen und können. Die Grundschulen sind dagegen viel stärker von Supportprozessen durch die kommunalen Schulträger abhängig und aufgrund ihrer Größe und der erforderlichen Anwendungssysteme bzw. Bandbreiten weniger komplex. Die meisten Erkenntnisse lassen sich aber auch auf andere Schulformen übertragen.

2   Medienintegration als Mehrebenenproblem

Inzwischen hat sich eine Vielzahl von Untersuchungen der Frage angenommen, welche Schwierigkeiten die schulische Integration der digitalen Medien begleiten und wie diese gelöst werden können (Breiter 2001; Cuban 2001; Eickelmann und Schulz-Zander 2006; Ely 1999; Schaumburg 2003; Tearle 2003; Tondeur et al. 2008; Weinreich und Schulz-Zander 2000). Trotz bestehender Übereinstimmungen kommen die verschiedenen Untersuchungen an vielen Stellen zu unterschiedlichen Ergebnissen, was u. a. auf nationale, regionale und schulspezifische Unterschiede zurückzuführen ist. Dazu kommt, dass die schulische Medienintegration ein äußerst komplexer Prozess ist, der sich über unterschiedliche Ebenen und Handlungssphären von variierender Prominenz erstreckt. (Hennessy et al. 2005) weisen darauf hin, dass sich die Forschung schwertue, die Komplexität der Medienintegration in geeigneter Weise zu fassen. Darüber hinaus basiert ein Großteil der existierenden empirischen Forschung zum Thema auf groß angelegten Erhebungen, die Informationen über den Umfang der Computernutzung und die Art der verwendeten Anwendungen zur Verfügung stellen, aber nichts über die Art und Eignung dieser Praxen aussagen.

Im Hinblick auf die Komplexität des Themas verstehen wir Medienintegration als nachhaltige und erfolgreiche Einbettung (digitaler) Medien in die Schule mit all ihren Akteuren und Rahmenbedingungen, die geeignet ist, den Bildungserfolg aller Schülerinnen und Schüler in seinen unterschiedlichen Facetten zu verbessern. Es handelt sich bei der Medienintegration um eine Einbettung aller für das Lernen mit und über Medien in der Schule relevanten Faktoren im Sinne eines umfassenden Schulentwicklungsprozesses, die über die Perspektive der Förderung von Medienkompetenz hinausgeht. Dem folgend unterstreicht der Begriff der Medienintegration die Notwendigkeit, eine ganzheitliche Perspektive einzunehmen in dem Sinne, dass die Verbreitung und Aneignung der digitalen Medien in der Schule nicht linear und regelhaft verläuft, sondern unbeständig und konflikthaft ist sowie von kulturell geprägten Bedeutungszuweisungen und Sinnstiftungsprozessen in einer komplexen sozialen Organisation begleitet wird, die es zu verstehen gilt

(Selwyn 2011). Somit beschreibt der Begriff der Medienintegration eine umfassende Betrachtung der Veränderungsprozesse in Schulen, die über den eigentlichen Unterricht und die Lern- und Lehrprozesse hinausgeht und die Schule als Organisation sowie ihre Umweltbedingungen (institutionell, rechtlich, finanziell) miteinbezieht.

Die Ansichten darüber, wie die Bedeutung verschiedener Bereiche für den Integrationsprozess zu gewichten ist, gehen auseinander. Ertmer z. B. sieht die pädagogischen Einstellungen der Lehrkräfte als zentrale Herausforderung (»final frontier«) der Medienintegration (Ertmer 2005). Eickelmann und Schulz-Zander erkennen unter Bezug auf mehrere Untersuchungen einen Mangel an Computerwissen und computerbezogenen Fertigkeiten sowie fehlende pädagogische Konzepte und ungenügende Vorbereitungszeit als Haupthindernisgründe (Eickelmann und Schulz-Zander 2006: 286).

Um die hohe Komplexität schulischer Medienintegration adäquat zu fassen, betten wir unsere Analyse in zwei miteinander verbundene Mehrebenenmodelle ein. Im Zentrum unserer Betrachtung steht ein Dreiebenenmodell, das sich an der in der Schulforschung etablierten Unterscheidung zwischen Mikro-, Meso- und Makroebene orientiert und die kommunale, regionale und nationale Ebene der schulischen Bildungslandschaft adressiert (Kapitel 2.2). Die damit einhergehenden (neuen) Steuerungsprozesse und -modelle werden in der Forschung unter dem Oberbegriff der Educational Governance diskutiert (Altrichter, Brüsemeister und Wissinger 2007). Auf der Mikroebene, die im folgenden Kapitel betrachtet wird, lassen sich aus Schulperspektive Handlungsdimensionen identifizieren, die bei der Medienintegration von Bedeutung sind.

2.1 Dimensionen schulischer Medienintegration

Der Gesamtprozess der Integration der digitalen Medien in den Schulalltag wird inzwischen nicht mehr als isolierter Vorgang, sondern als Bestandteil der Schulentwicklung begriffen, die in diesem Kontext neben ihren traditionellen Säulen (Organisations-, Personal- und Unterrichtsentwicklung) um die Aspekte der Medienentwicklung erweitert wurde. Nur das adäquate Zusammenspiel der einflussnehmenden Dimensionen kann eine nachhaltige Medienintegration gewährleisten. Wir betrachten diese Dimensionen zunächst aus der Schulsicht bzw. Mikroperspektive, da selbst bei gleichen Rahmenbedingungen letztlich die spezifische Situation vor Ort über Umfang und Qualität der Medienintegration entscheidet.

Im Zentrum der Handlungsdimensionen stehen die Lernenden und Lehrenden. Für sie werden Lehr- und Lernprozesse konzipiert und angeboten, die eingebettet sind in schulorganisatorische Fragen. Maßgeblichen Anteil am Verlauf der innerschulischen Medienintegration hat die Führung durch die Schulleitung, die als Machtpromotor für Innovationen verantwortlich ist. Neben der Schulleitung übernehmen Medienbeauftragte wichtige Aufgaben im Rahmen der Medienintegration.

Abbildung 1: Handlungsdimensionen schulischer Medienintegration

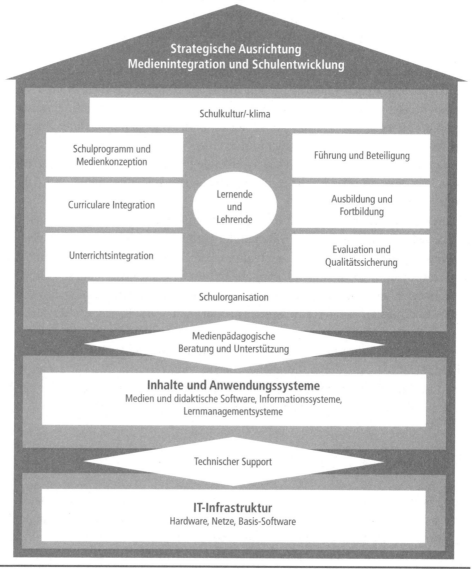

Quelle: Breiter et al. 2010: 42.

Eine Grundvoraussetzung für die Arbeit mit digitalen Medien in der Schule ist eine dauerhaft funktionsfähige IT-Infrastruktur, die heute zunehmend im professionellen Rahmen standardisiert betrieben wird, was definierte Supportprozesse für den Betrieb der Technik ermöglicht. Auf der Basisinfrastruktur bauen Anwendungssysteme auf, die von Lernprogrammen bis zu komplexen virtuellen Lern- bzw. Lehrarrangements reichen können. Mit der steigenden Relevanz von E-Learning für die schulische Praxis nimmt auch die Bedeutung von Lern-Management-Systemen zu. Sie sind auch eine wichtige Voraussetzung für zeit- und ortsunabhängige Lernprozesse, die den Unterricht zunehmend prägen. Genauso wichtig wie die Ausstattung der Schulen mit der technischen Basisinfrastruktur sowie deren dauerhaften Verfügbarkeit ist die Bereitstellung geeigneter Inhalte. Hierbei kommt den Medienzentren eine wesentliche Rolle als Dienstleister zu, die ihre frühere Funktion als Bildstellen mit Ausleihcharakter stark verändert hat. Medienzentren werden in den meisten Bundesländern gemeinsam von Land und Kommunen finanziert und können die Schnittstelle zu den Schulen bilden. Bedeutung und Komplexität des technischen Betriebs und Supports als Absicherung für Lehrkräfte werden oftmals unterschätzt, zumal sich damit erhebliche Folgekosten verbinden (Breiter, Fischer und Stolpmann 2008).

2.2 Mehrebenenmodell der Medienintegration

Die Handlungsdimensionen reichen deutlich über die Sphäre der Einzelschule hinaus. Zudem ergibt sich eine Überschneidung von inneren und äußeren Schulangelegenheiten und damit Aufgaben auf der lokalen, regionalen und überregionalen Ebene. Dem tragen wir Rechnung, indem wir die erläuterten Handlungsdimensionen in ein Mehrebenenmodell der schulischen Medienintegration überführen

Abbildung 2: Mehrebenenmodell schulischer Medienintegration

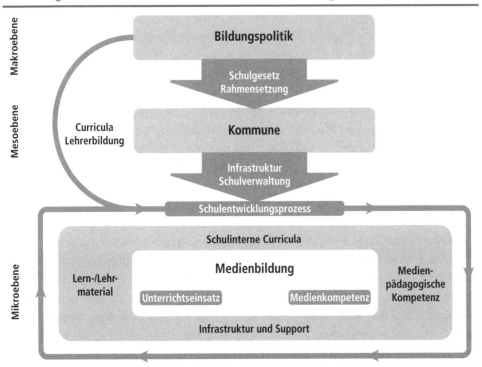

Quelle: Breiter et al. 2010: 48.

(siehe dazu Abbildung 2). Zwischen den dargestellten Ebenen und den jeweiligen Aufgaben existieren unterschiedlich starke interdependente Beziehungen, deren Zusammenspiel von entscheidender Bedeutung ist. Eine holistische Betrachtungsweise von allen Beteiligten über die drei Ebenen und damit ebenso der eigenen zuständigkeitsbedingten Schwerpunktsetzung ist daher essenzielle Voraussetzung der Medienintegration in Schule im Sinne von lernförderlichen IT-Infrastrukturen.

Die **Mikroebene** adressiert schulinterne Curricula in ihrer fachlichen und methodischen Unterrichtspraxis und die damit verbundenen berufsspezifischen Orientierungen und Einstellungen der Lehrkräfte. Diese stehen im engen Zusammenhang mit der Situation in jeder einzelnen Schule. Wir gehen davon aus, dass die Medienintegration im Kontext der jeweiligen Schulkultur auf schulinterne Bedingungen wie Curricula (z. B. Medienkonzept), die technische Infrastruktur und Zugangsmöglichkeiten, Supportangebote wie auch pädagogische Unterstützung und Fortbildungsangebote wirkt.

Auf der **Mesoebene** sind die Kommunen mit den Schulträgern (insbesondere durch die Stärkung der kommunalen Bildungslandschaft als Kooperationsmodell zwischen allen beteiligten Bildungsträgern) und deren Medienentwicklungsplanung, aber auch die Medienzentren und weitere Supporteinrichtungen angesiedelt, die vor allem als die zentralen Säulen des Unterstützungssystems einen wichtigen Anteil am Verlauf der Medienintegration haben. Das zentrale IT-Management als Steuerungsaufgabe für die Schulen ist hier verankert. Auf der anderen Seite steht die staatliche Schulaufsicht mit ihren Führungs-, Kontroll- und Unterstützungsaufgaben.

Die **Makroebene** integriert die Mikro- und die Mesoebene und adressiert insbesondere die bildungspolitischen Ziele und Aktivitäten des Bundeslandes bezüglich der Verbesserung der Schulqualität. Dazu zählen die Kerncurricula unter Berücksichtigung der nationalen Bildungsstandards sowie die Maßnahmen zur Qualitätsentwicklung durch Schulinspektionen. Darüber hinaus sind die Bundesländer für die Richtlinien zur Durchführung der ersten und zweiten Phase der Lehrerausbildung verantwortlich und es sind Einflüsse des bildungspolitischen Diskurses und zunehmende Aktivitäten auf Bundesebene sowie durch supranationale Organisationen wie die OECD (PISA) zu berücksichtigen.

Innerhalb dieses Mehrebenenmodells sind zwei zentrale Handlungsdimensionen zu unterscheiden: Die *technisch-organisatorische Handlungsdimension* – Betrieb und Support sowie die Bereitstellung einer angemessenen Anwendungslandschaft – konstituiert eine Gemeinschaftsaufgabe von Land und Kommunen unter Berücksichtigung der Bedingungen der eigenständigen Schule. Ein dritter Bereich ist die Erweiterung der elektronischen Mediendistribution, die ein Zusammenspiel von Medienzentren und Kultusministerien erfordert. Auf der *pädagogisch-organisatorischen Ebene* der strategischen Schulentwicklung mit und durch digitale Medien haben wir es mit parallel verlaufenden Diskursen zu tun. Während die Schulentwicklung derzeit z. B. von einer verstärkten Output-Orientierung dominiert wird, unterliegt die Medienintegration über weite Strecken einer »Input-Steuerung über umfangreiche Maßnahmen des Bundes und der Länder bezogen auf die IT-Infrastruktur, Curricula und Fortbildung« (Eickelmann und Schulz-Zander 2006: 279). Ein weiterer wichtiger Schritt ist die in den meisten Bundesländern bzw. in den Kommunen verpflichtende Erarbeitung von Medienkonzepten durch die Schulen als Planungsgrundlage für die systematische Integration der digitalen Medien in den Unterricht. Einen Schritt weiter geht die Etablierung schulübergreifender kommunaler Medienentwicklungspläne. Auf Basis der schulischen Medienkonzepte planen die kommunalen Schulträger, die für die Finanzierung der technischen Infrastruktur verantwortlich sind, (meistens) in Kooperation mit den Schulen. Außerdem tragen viele Kommunen einen wesentlichen Teil zur Sicherung der für den Medieneinsatz unverzichtbaren technischen und pädagogischen Supportstrukturen bei. Die technische Ausstattung und die mediendidaktischen und -pädagogischen Zielstellungen sind somit zunehmend miteinander verbunden. Deutlich wird die Notwendigkeit einer Zusammenarbeit zwischen den drei Ebenen des Modells und innerhalb der dazu quer verlaufenden Handlungsdimensionen, gekoppelt mit einem eben solchen Verständnis dieser Strukturen und Zuständigkeiten, als zentrale Voraussetzung einer vollen und damit nachhaltig tragfähigen Medienintegration in Schule.

2.3 Lernförderliche Infrastrukturen

Der Begriff »lernförderliche Infrastrukturen« stammt ursprünglich von (Keil-Slawik 1999) und wurde für Lernräume an Universitäten entwickelt. Er umfasst zwei zentrale Aspekte im Kontext von Lern- und Lehrarrangements: den der durchgängigen Verfügbarkeit und den der Alltagstauglichkeit. »Alltagstauglichkeit untersucht neben dem technisch Machbaren insbesondere die Dimensionen der täglichen Praxis der Einbindung in Lehr- und Lernprozesse sowie ihre Einflussfaktoren auf diese« (Hampel 2001: 2). Die durchgängige Verfügbarkeit bedeutet einerseits die Bereitstellung einer Infrastruktur zu jeder Zeit an jedem Ort unter Berücksichtigung des jeweiligen Lernkontexts und zum Zweiten die Vermeidung von Medienbrüchen (bspw. zwischen Papierklausur und Lernplattform).

Übertragen auf den Schulkontext bedeutet dies eine Basisinfrastruktur für die Unterstützung von Lern- und Lehrprozessen, die noch keine konkrete didaktische Konzeption oder Nutzungsform festlegt, sondern dies den Lehrenden und Lernenden ermöglicht. Dazu zählt eine durchgehende Vernetzung, die stabil und mit ausreichend Bandbreite versehen ist. Endgeräte (seien es schuleigene oder individuelle) können jederzeit an jedem Ort eingesetzt werden und es stehen Informations- und Kommunikationssysteme (Lernplattformen) zur Verfügung, auf die ebenfalls jederzeit an jedem Ort zugegriffen werden kann (zumeist zentral und immer von außen zugänglich). Die Alltagstauglichkeit bedeutet eine an die Bedarfe der Lehrenden und Lernenden angepasste Software- und Hardwarebereitstellung sowie eine Informationsversorgung, die durch ein schulisches Medienkonzept begründet worden ist. In Bezug auf die didaktische Gestaltung schreibt (Kerres et al. 2012: 34) einer lernförderlichen Infrastruktur das »Potenzial einer medial angereicherten Umgebung zur nachhaltigen Unterstützung individueller und sozialer Lernaktivitäten« zu, deren Eigenschaften dann als ubiquitär, pervasiv und user generated beschrieben werden. Die Anforderungen an die IT-Infrastruktur und die Ausstattung mit Endgeräten und Präsentationstechniken können kaum generalisiert werden, denn die Schulformen Grund-, Förder- und weiterführenden sowie die berufsbildenden Schulen bemächtigen sich auf ihre Schülerinnen und Schüler angepasster Lehr- und Lernmethoden. Dennoch lassen sich recht einheitliche Bedarfe in den Schulformen feststellen. Im Zuge der Mediatisierung und der Möglichkeiten zur Verarbeitung großer Datenmengen kommt dem Datenschutz und der Informationssicherheit eine herausragende Rolle insbesondere für die lernförderliche IT-Infrastruktur zur Nutzung durch Minderjährige zu. Scheinbar kosten cloudbasierte Dienste in programmierten Ökosystemen kein Geld – bezahlt wird mit der Herausgabe personenbezogener Daten. Diese Daten im Rahmen des staatlichen Bildungsauftrages zu schützen, wird eine zentrale Bedeutung haben und eine abgesicherte IT-Infrastruktur wirkt sich unmittelbar auf die Kostenstruktur aus.

Neben der Bereitstellung einer skalierbaren und verlässlichen IT-Infrastruktur ist die curriculare Integration digitaler Medien von zentraler Bedeutung. Erst diese erlaubt es den Lehrkräften, die Schülerinnen und Schüler bei ihren Lehrprozessen entlang des vorgesehenen Kompetenzerwerbs wirklich methodisch flexibel zu unterstützen. Ein aktuelles Beispiel ist der *Lehrplan 21* aus der Schweiz, der die Grundbildung vereinheitlicht und landesweit Lernziele in Fachbereichen und Modulen sowie überfachliche Kompetenzen und Bildung vorgibt. Ein neues Modul heißt Medien und Informatik und soll Schülerinnen und Schülern über Kompetenzen in der Anwendung digitaler Medien hinaus auch grundlegendes Informatikwissen vermitteln (Deutschschweizer Erziehungsdirektoren-Konferenz [D-EDK] 2014). Im Lehrplan 21 bekommen die Themen ICT und Medien und Informatik von einer fächerübergreifenden Integration in den Stundenplan den Status eines eigenen temporären Unterrichtsfachs zugeschrieben (Arbeitsgruppe ICT und Medien, 2015). Die zur Umsetzung des Plans benötigte flächendeckende IT-Ausstattung und deren Betrieb folgen dadurch den Lerninhalten und stützen den in diesem Bericht zugrunde liegenden Leitgedanken lernförderlicher Infrastrukturen. Genauere Einblicke liefern die ausführlicher dargestellten Fallbeispiele im folgenden Kapitel, die den Umgang mit Anforderungen technischer, organisatorischer und pädagogischer Art zur Entstehung lernförderlicher IT-Infrastrukturen an Schulen auf den unterschiedlichen Ebenen (Mikro-, Meso-, Makroebene) durch Praxiswissen offenlegen und veranschaulichen sollen.

3 Nationale und internationale Fallstudien

Die Planung, Etablierung und der pädagogische Einsatz lernförderlicher IT-Infrastrukturen im Unterricht sind unter Berücksichtigung politischer Strukturen sowie
aller Beteiligten eine hochkomplexe Aufgabe. Das Bestreben zur zeitgemäßen Integration digitaler Medien in die schulische Bildung kann durch einige Praxisbeispiele belegt werden, die – im Folgenden portraitiert – wertvolles Erfahrungswissen
für vergleichbare Vorhaben verfügbar machen und zugleich eine Idee von den zentralen Herausforderungen in der Umsetzung von schulischer Medienintegration
vermitteln sollen. Bei der Auswahl der Projekte wurde insbesondere auf einen me-
dienintegrativen Charakter im Sinne der Medienintegration geachtet. Auf einen direkten Vergleich der Projekte ist aufgrund der Vielschichtigkeit des Themas und der
individuellen Rahmenbedingungen für jedes Vorhaben verzichtet worden. Die Aufstellung von Projekten entlang festgelegter Kriterien scheint den zuvor als essenzi-
ell betrachteten Facettenreichtum und somit insgesamt Aussagekraft zu entziehen.
Stattdessen werden einzelne Fallbeispiele vorgestellt, die auf die nachhaltige Einführung und Etablierung von Medien im Bildungssektor abzielen und durch ihre
individuelle Ausrichtung und ihre inhärenten Rahmenbedingungen wieder auf die
Komplexität der Medienintegration als Ganzes zurückweisen. Bei Auswahl und
Darstellung der Beispiele wurden vielmehr Korrelationen mit dem Mehrebenenmodell der Medienintegration und darin den benannten unterschiedlichen Funktionen
und Rollen offengelegt, sodass unterschiedliche thematische Schwerpunkte und
Zuständigkeiten adressiert werden.

3.1 Projekte in Deutschland

Bundesweit gibt es eine Vielzahl von Vorhaben und Erfahrungswerten zu Einsatz
und Nutzung digitaler Medien in Schulverwaltung und bzw. oder Unterricht. Meist
sind dies punktuelle Maßnahmen. Die Fallbeispiele sollen einen ersten Eindruck
vermitteln und die Bandbreite aufzeigen; viele weitere, hier unerwähnte Projekte

können ebenso exemplarischen Charakter vorweisen. Der Fokus zur Auswahl der Fallbeispiele liegt auf dem Bestreben nach infrastruktureller Verankerung digitaler Medien. Das Ziel der Verankerung in vorhandene Organisations- und Ausstattungsstrukturen zur nachhaltigen Etablierung der Vorhaben ist ein weiteres Kriterium.

Landesweit manifestieren sich das Bestreben nach organisationsübergreifender Zusammenarbeit für Praxisnähe und das Lernen mit und über digitale Medien beispielsweise in den sog. MINT-Regionen.[11,12] Eine MINT-Region – es gibt 56 (Stand Mai 2014)[13] – ist als ein lokales Netzwerk von Organisationen, Behörden, Bildungseinrichtungen und Unternehmen mit dem gemeinsamen Interesse der regionalen MINT-Förderung zu begreifen. Die Regionen sind weitestgehend selbst organisiert, eigenfinanziert und agieren autark, wenngleich es bundesweit eine Möglichkeit zur Listung beim Initiator »Nationales MINT-Forum«[14] gibt. Größe und Einfluss sowie Aktivitäten der Netzwerke werden maßgeblich von den jeweiligen Akteuren und deren Engagement bestimmt. Auf diese Entwicklung wird in diesem Kapitel mit einem zusätzlichen Abschnitt zu außerschulischen Lernorten eingegangen. Darin werden exemplarisch Einrichtungen vorgestellt, die für den Erwerb von Medienkompetenzen und Informatikwissen ergänzend zur innerschulischen Allgemeinbildung von zunehmender Bedeutung auch im formalen Bildungskontext sein können.

3.1.1 eSchool Düsseldorf, Nordrhein-Westfalen

Die Schulen in Düsseldorf wurden im Rahmen des Vorhabens »eSchool: Pädagogische IT an Schulen« beginnend in 2012 mit einer neuen, auf mobiles Lernen ausgerichteten IT-Struktur und darauf abgestimmter Organisationsstruktur zur Integration von Medien in den Unterricht versehen. Initiiert und koordiniert vom Schulverwaltungsamt der Stadt Düsseldorf, lag der Fokus zunächst auf den Grundschulen. Hervorzuheben ist der Integrationsprozess selbst, der unter Beteiligung und Einbindung aller Stakeholder gestaltet wurde, um zu zweckorientierten und nachhaltigen Lösungen zu gelangen, die gleichzeitig durch eine hohe Akzeptanz gekennzeichnet sind. Akteure wie Schulträger, Schulaufsicht, LVR-Zentrum für Medien und Bildung, Vertreterinnen und Vertreter von Schulen u.a. wurden einbezogen und arbeiteten auf partnerschaftlicher Ebene zusammen, womit im Projekt ein gemeinsames Leitbild und eine konstruktive Arbeitsatmosphäre gebildet und etabliert werden konnte. Diese sei zwingend erforderlich, um Medienintegration an

---

11 http://www.nationalesmintforum.de/mint-regionen.html.
12 Gefördert von der Körber-Stiftung.
13 MINT-Regionen in Deutschland – Eine bundesweite Bestandsaufnahme regionaler Netzwerke für die MINT-Bildung, Stand 05/2014. Verfügbar unter http://www.nationalesmintforum.de/fileadmin/user_upload/gerke/NMF/Dokumentation_MINT-Regionen_in_D_Koerber-Stiftung__Mai_2014_1_.pdf.
14 http://www.nationalesmintforum.de/.

Schulen erfolgreich zu gestalten und zu betreiben, berichtet Udo Kempers vom Sachgebiet 40/16 eSchool des Schulverwaltungsamts.

Verbindliche Vereinbarungen sind getroffen worden, die Themen wie Fortbildungen zu Mediennutzung und -didaktik der Lehrkräfte, First-Level-Support an den Schulen, Second-Level-Support durch den Schulträger, Medienkonzepterstellung etc. zuständigkeitsübergreifend organisieren. Beispielsweise werden zwei Lehrkräfte an jeder Schule zu Medienbeauftragten weitergebildet, die dann Ansprechpartnerin bzw. Ansprechpartner im Kollegium sind und gleichzeitig eine Multiplikatorenrolle einnehmen. Sie erfahren eine auf die Ausstattung der Schule spezifizierte Fortbildung, als Anerkennung dieser besonderen Leistung besteht für die Schulleitung die Möglichkeit, den Lehrkräften Entlastungsstunden zu gewähren. Ein Arbeitskreis »Medienpass« wurde gebildet, der Lehrkräften schulübergreifend als Plattform zum Erfahrungsaustausch und Wissenstransfer dient. Schwierigkeiten in Nutzung und Didaktik werden thematisiert, ebenso werden arbeitsteilig Unterrichtseinheiten in den Fächern erarbeitet und geteilt. Unabhängig von eSchool, wenngleich ergänzend, thematisiert das Projekt Medienpass NRW[15,16] schulisches Lernen mit und über digitale Medien in den einzelnen Jahrgängen und zielt auf eine adäquate Unterstützung zur Unterrichtsvorbereitung ab. Auch in anderen Bereichen seien Synergieeffekte erzeugt und genutzt worden, berichtet Kempers.

Mit Projektbeginn wurde einerseits ausgehend von der pädagogischen Arbeit der Lehrkräfte und andererseits der Perspektive des Schulträgers ein Anforderungskatalog entwickelt, auf dessen Basis das weitere Vorgehen und die benötigte Technologie entschieden wurden. Grundlage für die Ausstattung einer Schule bildet das Medienkonzept, auf dieser Grundlage werden Angebote verfügbar gemacht, die von Schulen wählbar sind. Eine resultierende Anforderung sei die Mobilität der Endgeräte, was einen Ausbau der Netzinfrastruktur mit ausreichendem Internetzugang und WLAN an den Schulen nötig machte. Von den ca. 170 Schulstandorten sind alle an das Internet mit mindestens 16Mbit/s Bandbreite angebunden. Die Anschaffung von Endgeräten und der Ausbau einer Netzstruktur wurden individuell mit den Schulen gemäß ihrem erarbeiteten Medienkonzept und ihren Plänen zur curricularen Einbindung realisiert. Vornehmlich wurden Klassensätze von iPads in Kombination mit einem Mac mini als Schulserver zur zentralen Datenablage und einem MacBook für die Lehrkraft angeschafft. Hierzu gibt es, wie auch in anderen Städten und Kommunen üblich, ein Budget pro Schule, über das diese auch Softwarelizenzen aus einem Warenkorb vom Schulträger erwerben kann. Alle Schulen in der Trägerschaft der Stadt Düsseldorf verfügen über einen von den Lehrkräften konfigurierbaren Jugendschutzfilter, die Endgeräte sind netzfähig und fernwartbar. Derzeit sind über 30 Schulen (inzwischen auch weiterführende Schulen) mit insgesamt fast 800 mobilen Endgeräten ausgestattet. Befürchtungen über fehlende Einsatzfähigkeit von Endgeräten bestätigten sich nicht, berichtet Kempers, es gebe seit dem

---

15   http://medienpass.nrw.de/de.
16   http://www.medienberatung.nrw.de/Medienberatung/Medienpass-NRW/.

Projektstart vor drei Jahren keinen Fall von Diebstahl oder mutwilliger Beschädigung. Kempers Einschätzung nach wird BYOD – der Einsatz privater Endgeräte – an Schulen mittelfristig relevant. Daher wird, erneut in einem kollaborativen Vorgehen mit allen Stakeholdern, der weitere Ausbau der Netzwerkanbindung und des Intranetzes der Schulen angestrebt.

3.1.2 N-21, Niedersachsen

Der Verein n-21[17] unterstützt seit Sommer 2000 die niedersächsischen Schulen bei der Verbesserung der Voraussetzungen für die Medienintegration. Begünstigt wurde die Gründung von netz-21, dem von n-21 Ende 2012 gegründeten niedersächsischen Referenzschulnetzwerk für mobiles Lernen in Niedersachsen, durch das niedersächsische Landeskonzept zur Förderung von Medienkompetenz, insbesondere mit Blick auf die schulpolitische Legitimierung eines solchen Netzwerks. Anfang Februar 2015 gehörten 67 Schulen unterschiedlicher Schulformen dem Netzwerk an. In den Referenzschulen sollte der Unterricht durch den Einsatz mobiler Endgeräte verbessert werden, indem sich Schülerinnen und Schüler aktiver als bisher am Unterricht beteiligen und die Unterrichtsqualität unter Einsatz der digitalen Medien verbessert wird. Im Zentrum der Arbeit von netz-21 steht die Weitergabe von Wissen und Erfahrungen bezüglich des Lernens mit mobilen Endgeräten von erfahrenen an weniger erfahrene Schulen. Das geschieht (1) durch die Möglichkeit, an erfahrenen Referenzschulen zu hospitieren, (2) mittels Durchführung von Fortbildungen an einzelnen Referenzschulen und (3) im Rahmen einer zweimal jährlich stattfindenden Tagung mit reichhaltigem Workshop-Angebot zum mobilen Lernen.

Die Erfahrungen von netz-21 zeigen, dass es nicht reicht, wenn sich nur einzelne Lehrkräfte und Klassen am mobilen Lernen beteiligen. Da die Verbesserung von Unterricht ein Schulentwicklungsprojekt ist, muss sich möglichst das gesamte Kollegium daran beteiligen. Genauso wichtig ist, dass die IT-Infrastruktur beteiligter Schulen auf breiter Basis für das mobile Lernen ausgelegt wird. Insbesondere die langjährigen Referenzschulen besitzen ein sehr hohes Maß an Glaubwürdigkeit, um weitere Schulen für die systematische Entwicklung des mobilen Lernens zu gewinnen.

Auch von netz-21 wird die zentrale Relevanz des Engagements der Schulträger im Bereich der Infrastrukturversorgung betont. Laut Auskunft des Netzwerks wünschen sich viele Schulen dabei aber auch ein stärkeres Engagement der Landesregierung. Laut netz-21 steigt das Interesse der Schulträger an der Entwicklung für das mobile Lernen geeigneter IT-Infrastrukturen.

---

17 http://www.n-21.de.

3.1.3 Bildungscloud, Baden-Württemberg

Der im Jahr 2013 veröffentlichte Bericht von der Working Group Education der Open Source Business Alliance (Working Group Education der OSB Alliance 2013)[18] skizziert die Projektidee einer digitalen Bildungsplattform und argumentiert für einen offenen Standard zur flächendeckenden freien Zugänglichkeit und Nutzbarmachung digitaler Ressourcen in der schulischen Bildung. Dieser sog. Referenzrahmen erfasst Anforderungen an eine solche Bildungsplattform sowie die zu dessen Nutzung nötige IT-Infrastruktur an Schulen unter Berücksichtigung gesetzlicher Vorgaben (bspw. Urheberrecht und Datenschutz).

Dem Rahmen folgend, basiert das Vorhaben einer landesweiten digitalen Bildungsplattform, einer Bildungscloud, in Baden-Württemberg auf dem Grundgedanken von OER (Open Education Resources), also frei zugänglicher Bildungsinhalte und verknüpft diese mit dem Prinzip von Open Source Software, um digitale Inhalte und Anwendungen standardoffen, plattform- und endgeräteunabhängig zur Verfügung zu stellen. Die Plattform soll umfassende Funktionalität für den pädagogischen Betrieb zur Verfügung stellen, in deren Planungsprozess verschiedene Stakeholder involviert waren, berichtet die Fachbereichsdirektion Technik am Landesmedienzentrum BW. Der Zugang zur Cloud soll ortsunabhängig gewährleistet sein. Dies beinhaltet u. a. eine Mediendatenbank für den Austausch von Lehr-/Lernmaterialien, gekapselt als Lerneinheiten zwischen Lehrkräften, die Bereitstellung digitaler Schulbücher oder Lernsoftware/-spiele durch Dritte (z. B. Verlage und Softwareunternehmen) und Funktionen zum kollaborativen und individuellen Lernen oder zentrale Datenablage für alle Nutzerinnen und Nutzer. Schulleitungen und Lehrkräfte formulieren Anforderungen und geben Impulse aus der Praxis heraus. Eine Kostenabschätzung und ein Finanzierungsmodell wurden erarbeitet, die Schätzung der Kosten beläuft sich laut Aussagen des Landesmedienzentrums auf etwa 15 Millionen Euro, die Finanzierung sicherzustellen, sei eine komplexe Aufgabe. Wie auch im Referenzrahmen (Working Group Education der OSB Alliance 2013) thematisiert, unterstreicht das Vorhaben die Notwendigkeit einer adäquaten Ausstattung der Schulen, um sie von der Bildungscloud profitieren lassen zu können. Konkret meint dies die schulinterne Verkabelung, Internetanbindung und zeitgemäße Endgeräte, und zwar flächendeckend im Bundesland. Dies ist zurzeit noch nicht an allen Schulen gegeben, wird aber angestrebt – auch im Hinblick auf BYOD.

Eine weitere zentrale Herausforderung, der sich auch die anderen Bundesländer gegenübersehen, ist die organisatorisch getrennte Zuständigkeit von pädagogischem Betrieb und Schulverwaltung, die aus technischer Perspektive in einer solchen Bildungscloud mit dem Ziel der schulischen Medienintegration abgebildet werden kann, praktisch jedoch auf mehreren Ebenen hochkomplex ist. In Kapitel 2 wurde dies bereits thematisiert.

---

18 Eine überarbeitete Fassung des Berichts ist für Herbst 2015 angekündigt. Diese war zur Drucklegung dieser Studie noch nicht verfügbar.

3.1.4 School-IT-Rhein-Waal, Nordrhein-Westfalen

Zu Beginn des Schuljahres 2012/13 wurde es Schülerinnen, Schülern und Lehrkräften einzelner Klassen in zwei nordrhein-westfälischen Schulen gestattet, mobile Endgeräte mit in den Unterricht zu bringen. Den Rahmen dafür bildet das europäische InterReg-Projekt »School-IT-Rhein-Waal«[19], in dem die Einführung des BYOD-Modells an den Schulen wissenschaftlich begleitet wird. Regelmäßige Reflexion des Projektverlaufs und Erfahrungsaustausch zwischen Schulleitung, Lehrkräften, Schülerinnen, Schülern und Forschenden liefern Hinweise zu Qualität und Herausforderungen und dienen als Instrument zur Selbstevaluation und -steuerung. Schwierigkeiten bei Benutzung und Einrichtung während des Schulbetriebs wird durch die Benennung und Qualifizierung von IT-Assistenten in jeder Klasse begegnet. Einzelne Schülerinnen und Schüler werden dazu von ansässigen Unternehmen weitergebildet und fungieren als erste Ansprechpartner. Die Ergebnisse zeigen eine positive Grundhaltung und Bereitschaft seitens der Lehrkräfte. Als Kernherausforderung für das BYOD-Modell benennen sie neben einer zweckmäßig bemessenen und funktionsfähigen IT-Infrastruktur eine Arbeitszeitgestaltung, die Gelegenheit zum Erfahrungsaustausch im Kollegenkreis bietet. Die hohe Motivation und ihre Haltung zur technischen Ausstattung der Schulen teilen sie mit den Schülerinnen und Schülern, heißt es weiter. Die Ausbreitung vom BYOD-Modell für weitere Klassen und Anwendungsszenarien (z. B. unter dem Stichwort Inklusion) ist in beiden Schulen auch nach Projektende vorgesehen (Heinen, Kerres und Schiefner-Rohs 2013).

3.1.5 Einheitliches Lernmanagementsystem, Bremen

Das Land Bremen verfügt seit den 2000er Jahren über eine landesweit eingesetzte Plattform, die vor allem zur Verbreitung von Informationsmaterialien an die Schulen und seltener für den Unterricht genutzt wurde. Diese Plattform sollte durch ein umfassendes Lernmanagementsystem abgelöst werden. Dies war eingebettet in das Landeskonzept »Masterplan Medienbildung«, das die Bildungsbehörde und das Landesinstitut für Schule zwischen 2010 und 2015 umsetzen wollen. Als eines der zehn Ziele wird formuliert: »Lern- und Kommunikationsplattformen bilden eine unverzichtbare gemeinsame Arbeitsumgebung für Lehrkräfte und Schülerinnen und Schüler«.

Vorausgegangen war ein Pilotprojekt unter Federführung des Zentrums für Medien des Landesinstituts für Schule zur Erprobung verschiedener Lernplattformen durch Schulen, das systematisch ausgewertet wurde. Das Projekt identifizierte technische und funktionale Anforderungen. Neben den Möglichkeiten des Datenaustauschs und der Gruppenkommunikation (Chat, Kalender, Mail usw.)

---

19   Vgl. http://www.school-it-rhein-waal.eu/.

sollte insbesondere die Integration in die in Bremen etablierte LDAP-Struktur für das Identitätsmanagement verwendet werden können. Dies erlaubt die Authentifizierung aktiver Nutzerinnen und Nutzer sowie die schnelle Modifizierung von Rollen und Rechten. Aufgrund der unterschiedlichen Voraussetzungen in den Schulen und des daraus resultierenden Unterstützungsbedarfs wurde eine schrittweise Einführung (und Schulung) in den Schulen empfohlen. Insbesondere die Folgekosten des Betriebs und der kontinuierlichen Unterstützung der Schulen sollten dabei berücksichtigt werden. Aus dem Projekt wurden drei zentrale Kriterien entwickelt, die dann maßgeblich für eine europaweite Ausschreibung waren:

1. Große Vielfalt von Alternativen für Im- und Export von Content
2. Offene Schnittstellen für externe Anbieter
3. Flexibles Kostenmodell für die Einführungsphase

In den Auswahlprozess wurden neben den Pilotschulen und der Aufsichtsbehörde auch Vertreterinnen bzw. Vertreter der Datenschutzbeauftragten und des Personalrats einbezogen. Insbesondere Fragen einer Nutzungsverpflichtung und der möglichen Leistungs- und Verhaltenskontrolle konnten so im Vorfeld geklärt werden.

Nach Abschluss der Ausschreibung wurde ein Produkt eines Herstellers ausgewählt, der aus einem Nicht-EU-Land stammt. Daraufhin wurden aus datenschutzrechtlicher Sicht umfassende Dokumente zur Verfahrensbeschreibung, zum Datenschutzkonzept wie auch zur Auftragsdatenverarbeitung erarbeitet und im Konsens verabschiedet. Dieser Aufwand wurde von Anfang an in die Gesamtkalkulation der Einführung einbezogen. Das Produkt selbst wird als Mietmodell (Euro pro Schülerin bzw. Schüler) bezogen. Des Weiteren wurde von Beginn an ein umfangreiches Fortbildungsangebot geplant und sukzessive in den Schulen umgesetzt. Außerdem hat die Schulbehörde zugesagt, sämtliche Materialien (Erlasse, Info-Blätter, Verordnungen, Bildungsstandards, Lehrpläne usw.) nur noch über die Plattform zu verbreiten.

Zielsetzung war es zunächst, alle bremischen Lehrkräfte sukzessive mit dem Werkzeug vertraut zu machen und dann konsequent auf die Nutzung mit Schülerinnen und Schülern zu erweitern. Um eine flächendeckende Verbreitung zu unterstützen, wurde mit dem Personalrat eine Dienstvereinbarung abgeschlossen, deren zentrales Ziel wie folgt formuliert wurde: »Mit der Bereitstellung der Lernplattform sowie ergänzender organisatorischer und technischer Maßnahmen und Unterstützungen soll ein Beitrag geleistet werden, gute Arbeitsbedingungen für die in den Bremer Schulen beteiligten Beschäftigtengruppen zu gewährleisten. Insbesondere sollen Mehrbelastungen aufgrund informationstechnisch bedingten Datenverwaltungsaufwands vermieden werden.«

Das Vorgehen in Bremen zeigt zwei zentrale Aspekte lernförderlicher Infrastruktur: zum einen die enge Einbeziehung aller relevanten Akteure aus der Schullandschaft und zum Zweiten eine kontinuierliche Begleitung der Schulen im Einführungsprozess. Das ausgewählte Produkt ist dabei eher sekundär.

3.1.6 Lernförderliche Infrastrukturen mit außerschulischen Lernorten

Orte außerschulischen Lernens können im Rahmen institutioneller Bildung für Medien- und Informatikbildung zunehmend interessant werden. Der Begriff wird im wissenschaftlichen und fachspezifisch berichterstattenden Kontext nicht einheitlich verwendet, weshalb keine allgemein gebräuchliche Definition herangezogen werden kann. Das derzeitig vorherrschende Verständnis eines außerschulischen Lernorts hat seinen Ursprung in der Reformpädagogik und meint eine zu unmittelbarer Erfahrung anregende Umgebung außerhalb des Schulgebäudes, die Bezüge zu Anwendungsfeldern schulischer Bildungsinhalte offenbart, deren Rückbezüge zulässt und oftmals zu aktivem Handeln einlädt (vgl. Burk und Claussen 1980; Hellberg-Rode 2004; Birkenhauer 1999, 1995; Reinhold et al. 1998). Das Prinzip des außerschulischen Lernens wird oft ergänzend zu Begriffen wie informellem, handlungs- und erfahrungsorientiertem Lernen verwendet.

Die KMK weist in dem Beschluss »Medienbildung in der Schule« auf die Möglichkeit außerschulischen Lernens von formellen Lerninhalten mit und über Medien als Ergänzung zum Schulunterricht hin (Kultusministerkonferenz 2012: 5). In den Ländern können sich Organisationen und Unternehmen als außerschulischer Lernort anerkennen lassen. Hier findet sich kein länderübergreifend standardisierter Anforderungskatalog zu Kriterien und Auswahlprozess; Verfahren und Nutzen bei positiver Evaluation differieren ähnlich wie die Bedeutung des Begriffs selbst.

Im Schulbetrieb unterliegen außerschulische Lernorte den hinlänglich bekannten Rahmenbedingungen, erfordern beispielsweise Vorbereitung wie die Einverständniserklärung von Eltern, inhaltliche und logistische Planung und Abstimmung etc. Neben einer pädagogisch mitunter gewünschten Abwechslung im Schulalltag ermöglichen sie Schulen den Zugang zu Ausstattung und Umgebungen, die aus diversen Gründen, nicht zuletzt finanziellen, nicht direkt auf dem Schulgelände eingerichtet werden. Bezüge zur Praxis schulischer Lerninhalte können hergestellt und anwendungsorientiert erfahren werden.

Im Folgenden werden einige Beispiele außerschulischer Lernorte und Initiativen gegeben. Sie fokussieren, gemäß dem thematischen Schwerpunkt dieses Berichts, auf den Einsatz digitaler Medien, weshalb Lernorte wie Naturparks, Handwerksbetriebe, Zoos usw. – wenngleich ebenso bedeutsam – keine weitere Erwähnung finden.

FabLabs sind zumeist nicht direkt Schulen zugeordnet, sondern in eigenen Räumlichkeiten ansässige Institutionen. Ein FabLab (Fabrication Laboratory) ist eine Umgebung, die die Realisierung einer individuellen Produktidee mithilfe neuester Technologien ermöglicht. Zur Ausstattung eines FabLabs gehören Maschinen und Werkzeuge wie 3D-Drucker, Lasercutter, CNC-Fräsen, 3D-Scanner, Vinyl-Cutter, Nähmaschinen, eine Werkbank und Zubehör wie Mikrocontroller, Sensoren, Aktuatoren etc. sowie klassische Endgeräte wie PCs. In Deutschland gibt es derzeit etwa 21 FabLabs, viele kooperieren mit grund- und berufsbildenden Schulen. Ein

Beispiel ist das FabLab in Bremen[20], das – mit universitärer Anbindung und Begleit-forschung – neben Workshops mit Schulklassen eine Schülerfirma in den Schuljah-ren 2013/14 und 2014/15 betreut hat. Das FabLab an der RWTH Aachen[21] verfügt über Lehr- und Lernangebote für Kinder und Jugendliche; das FabLab in Bayreuth[22] bietet Schulklassen Workshops an, u.a. mit dem Ziel der Nachwuchsförderung in den MINT-Fächern. In derartigen Workshops eignen sich die Teilnehmenden die für die Realisierung ihrer Produkte nötigen Kompetenzen selbst an und bekommen Impulse von den Workshopleiterinnen und -leitern. Neben klassischen Methoden der Informationsbeschaffung und -bewertung gehören dazu 3D-Modellierung, Gra-fikbearbeitung, Programmierung, elektrotechnisches Praxiswissen und Robotik. Transferkompetenzen zwischen digitaler Präparation bzw. Entwurf und analoger Produktion und umgekehrt, konkreter zwischen digitaler Objektmodellierung, Be-sonderheiten der Herstellungs- bzw. Bearbeitungstechnologien und gegebener Ma-terialbeschaffenheit, wird zudem eine hohe Bedeutung beigemessen.

Zu außerschulischen Lernorten im Bereich der Medienbildung zählen auch Bib-liotheken, in denen digitale Medien und Applikationen seit Langem zugänglich sind und die beispielsweise Material- und Selbstverwaltung ihrer Kunden über das Internet ermöglichen. Hier zeichnet sich ein Trend zur Erweiterung des Angebots ab. In 2013 hat die Stadtbibliothek Köln einen Musik- und Makerspace[23] – Kreativ-werkstätten mit gleicher Ausstattung und Philosophie wie FabLabs – mit einem um-fangreichen Workshopangebot eröffnet. An der Sächsischen Landesbibliothek – Staats- und Universitätsbibliothek Dresden (SLUB) hat nach einem Testbetrieb im vergangenen Jahr zum Januar 2015 ebenfalls ein Makerspace seine Türen perma-nent geöffnet[24], die TU Dresden ist für die Begleitforschung verantwortlich (Noen-ning et al., n.d.). In den Bücherhallen Hamburg[25] stehen seit dem Frühjahr 2014 3D-Drucker zur Verfügung.

Museen und Science Center als Lernorte auch über und mit digitalen Medien kooperieren mitunter eng mit Schulen. Das SalineTechnikum[26] am Technischen Halloren- und Salinemuseum Halle (Saale) ist eine »[...] außerschulische Bildungs-einrichtung für technische Bildung. Ziel ist, das Technikinteresse von Kindern und Jugendlichen aller Bildungsstufen zu fördern, zu stärken, sie für Technik zu begeistern. Es favorisiert eine enge Zusammenarbeit mit Kindergärten und Schu-len aller Schulstufen und Schulformen. Die Projektthemen sind lehrplanorientiert, alltags- und regionalbezogen, handlungsorientiert und berufs- und studienorien-tiert« (Halloren- und Salinemuseum Halle (Saale): SALINETECHNIKUM2014).

20 http://www.fablab-bremen.org.
21 http://hci.rwth-aachen.de/fablab_kids.
22 http://www.fablab-bayreuth.de/index.php/project-5.
23 http://www.stadt-koeln.de/leben-in-koeln/stadtbibliothek/zentralbibliothek/die-4.
24 http://www.slub-dresden.de/service/arbeitsplaetze-arbeitsraeume/makerspace/?type=0%3FcHash%3.
    Dbf97f769a40289626c9948ede37e0d5a.
25 http://www.buecherhallen.de/.
26 http://www.salinetechnikum.de.

Gerade im Hinblick auf die Komplexität zeitgemäßer Medien- und Informatik-bildung und deren Didaktik einerseits und der zunehmenden Existenz offener Zentren und Lernwerkstätten andererseits ist eine strukturelle Integration außerschulischer Lernorte (auch nach der Primarstufe) ein vielversprechendes Modell.

3.2 Internationale Projekte

Die Organisationsstruktur des deutschen Bildungssystems stellt zwar weltweit eine Besonderheit dar und lässt Vergleiche mit Bildungsstrukturen anderer Länder nur bedingt zu. International angelegte Studien und eine fortwährende globale, auch weltwirtschaftlich motivierte Diskussion um Bildung, Kompetenzerwerb und Fachkräfte ziehen jedoch kriterienbasierte Vergleiche und machen eine nähere Betrachtung, auch im Sinne eigener Wettbewerbsfähigkeit, unerlässlich. Sieben Länder haben im Jahre 2014 Projekte in der Größenordnung von jeweils mehr als 500.000 Endgeräten zum Zwecke der 1:1-Ausstattung von Schülerinnen und Schülern angestoßen, berichtet die Education Week über eine Studie von Futuresource Consulting (Molnar 2015). Darunter sind Thailand, die Türkei, Indien und Länder Südamerikas; alle hatten individuelle Rahmenbedingungen und Herausforderungen bei der Einführung. Zukünftig wird ein Marktanstieg erwartet; für den US-amerikanischen Markt sagt Futuresource Consulting beispielsweise eine zehnprozentige Steigerung in der Ausstattung mit mobilen Endgeräten an Schulen voraus. Bewährte und innovative Formen der Medienintegration können identifiziert werden und zur Findung eigener Lösungsstrategien in Deutschland anregen. Einige wenige ausgewählte Fallbeispiele werden im Folgenden aus dem internationalen Raum vorgestellt, bei denen die Integration digitaler Medien in den allgemeinbildenden Schulen strukturell – und mitunter projektbasiert – in Angriff genommen wurde.

3.2.1 Südkorea: Landesweite Medienintegration

Im Bildungssystem Südkoreas sind Informations- und Kommunikationstechnologien fester Bestandteil des Lehrplans und der Lehrpraxis. Politisch ist das »Ministry of Education, Science and Technology« zuständig, das direkt der Regierung unterstellt ist und Regularien wie Curricula plant und die Implementierung steuert. Das Ministerium arbeitet mit den »Metropolitan Provincial Offices of Education« zusammen, die die Bildungseinrichtungen in den 16 Landkreisen verwalten und Vorgaben implementieren. Als weiteres staatliches Organ wurde der »Korea Education and Information Service« gegründet, der die Umsetzung der nationalen ICT-Richtlinie unterstützend vorantreibt (Hwang et al. 2010).

In den 1990er Jahren wurde mit der Einführung digitaler Medien in das Bildungssystem begonnen. In drei sog. »Master Plans« wurden flächendeckend (1) IT-Infrastrukturen an allen Schulen (1996–2000) aufgebaut, (2) ein freier und ortsunabhängiger Zugang zu Lehr- und Lernmaterialien geschaffen und Fortbildungen zu ICT-Kompetenz und -Didaktik durchgeführt (2001–2005) sowie (3) nachhaltige Lehr- und Lernräume sowie -materialien entwickelt. Während der Durchführung des zweiten Masterplans wurde zudem eine landesweite Plattform »National Education Information System« zur Verwaltung der Bildungsangelegenheiten eingeführt. Verschiedene inhaltlich und organisatorisch geprägte Richtlinien wurden aufgestellt und eingeführt, um den Stand der Entwicklung zu überprüfen und die Kompetenzen von Lehrkräften, Schülerinnen und Schülern engmaschig zu evaluieren (Hwang et al. 2010).

Die zugrunde liegende Motivation der Umstrukturierung des Bildungssystems und Erhöhung des Finanzbudgets ist die Steigerung und Erhaltung der Wettbewerbsfähigkeit Südkoreas im internationalen Vergleich. Hier liegt das Land nun in vielen Studien auf den vorderen Plätzen (Hwang et al. 2010; Korea Education and Research Information Service 2013; Sánchez et al. 2011).

Die Exploration innovativer Lehr- und Lernpraktiken wird durch die Verfügbarkeit einer einheitlichen und zuverlässigen IT-Infrastruktur ermöglicht. Beispielsweise werden Systeme in den Unterricht einbezogen, die Gamification – also die Aufbereitung von Inhalten anhand spieletypischer Prinzipien wie Belohnungssystemen, Fortschrittsanzeigen etc. – methodisch zum Kompetenzerwerb nutzen. In einem Pilotprojekt im Jahr 2010 wurden Lehrkräfte für das Unterrichtsfach Englisch per Telepräsenz gewonnen, die auf den Philippinen ansässig waren, wo Englisch neben Filipino offizielle Landessprache ist. Ein Robotertyp namens Engkey, entwickelt von einem Forschungsinstitut des Landes, verkörperlichte die Präsenz der Lehrkraft (Grzybowski 2013). Unabhängig von landesspezifischer Historie und kulturell geprägten Vorstellungen zu Schule und Lernen zeigt das Beispiel einen langfristig gedachten und strukturellen Ansatz der Medienintegration.

3.2.2 USA: Tablets im Los Angeles Unified School District

Im Jahre 2012 hat der Los Angeles Unified School District (LAUSD), zuständig für 900 Schulen sowie 187 sog. Charter Schools[27] und damit der zweitgrößte Schulträger in den USA, das Projekt »Common Core Technology Project« gestartet. Das Projekt sieht eine 1:1-Ausstattung vor; allen Lehrkräften, Schülerinnen und Schülern wird ein digitales Endgerät zur Verfügung gestellt und so sollen (1) Lehr- und Lernpraktiken interaktiver werden, (2) der Erwerb von Mediennutzungskompetenzen gewährleistet, individuelle Förderung verbessert und (3) flächendeckende Zugangsmöglichkeiten zu modernen Technologien geschaffen werden, um dem »Digital Divide« zu begegnen. Eine erste Abschätzung der Investitionskosten für Endgeräte, Softwarepakete und Basis-Netzinfrastruktur an den Schulen belief sich auf 700 Mio. bis eine Mrd. USD (John Deasy, 2012), diese Summe wurde später nach

---

27 Vgl. http://achieve.lausd.net/about.

oben korrigiert. Im Herbst 2013 wurden die ersten Geräte (iPads) an Schulen verteilt, wozu ein Vertrag mit Apple geschlossen wurde. Nach Auswertung dieser ersten Auslieferungsphase sollen 2014–2015 alle Endgeräte verteilt und 2019 jede zweite Unterrichtseinheit online verfügbar sein. Eine Zwischenevaluation des Projekts durch »American Institutes for Research« (Margolin et al. 2014) macht deutlich, dass die Nutzung von iPads die spätere Anschaffung von Tastaturen nötig macht. Die Möglichkeit zu individuellem und projektbasiertem Lernen wurde von Nutzenden als sehr positiv bewertet, ebenso der Zugriff auf interaktive Funktionen und Inhalte zur Vermittlung geografischer Phänomene, historischer Ereignisse oder Personen. Der organisatorische Teil ihrer Arbeit sei seit der Umstellung komfortabler, so die Lehrkräfte. Es gebe Fortbildungsbedarf zum Technologieeinsatz im Unterricht und die gelieferten Geräte sowie die Softwarepakete erfüllten nur bedingt nötige Anforderungen (z. B. fehle es an haptischen Tastaturen und auf das Curriculum abgestimmter Software), wodurch die Akzeptanz unter den Lehrkräften leide, heißt es weiter. Eine der größten Schwierigkeiten seien die bisherige IT-Infrastruktur an vielen Schulen gewesen, die für die Einbindung einer solch hohen Anzahl von Geräten nicht ausgelegt sei, und die limitierten technologischen Fachkenntnisse im Personal. Weiterhin haben die Konfiguration der Geräte für den Schuleinsatz sowie der Support hohen Zeitaufwand in Anspruch genommen; die im Projektplan vorgesehenen Ressourcen für Administration und Support waren nicht ausreichend und die Fachkräfte haben laut Ergebnis ihrer Befragung keine formelle Einweisung in das Projekt oder ihre Aufgabenbereiche bekommen. Langfristige Supportstrukturen an den Schulen wurden nicht etabliert. Ebenfalls kritisch wurde das Datenschutz- und Datensicherheitskonzept evaluiert. Ineffiziente Kommunikationsstrukturen zwischen Schulträger und Schulen, unklare Zuständigkeiten sowie mangelnde Einbeziehung der Eltern wurden seitens des Schulpersonals angemerkt. Auch der Druck öffentlichen Interesses erwirkte Anpassungen seitens der Projektkoordination zu einer progressiven internen und externen Kommunikationsarbeit (ebd.). Im August 2014 wurde die Weiterführung des Projekts zunächst ausgesetzt. Bis dahin wurden 47 Schulen mit Endgeräten ausgestattet, die Anschaffung für und Distribution an weitere Schulen soll fortgeführt werden.[28]

Die Notwendigkeit einer verlässlichen, skalierbaren Basisstruktur schulischer IT und die Berücksichtigung der Besonderheiten des landeseigenen Bildungssystems mit seinen Akteuren werden an diesem Beispiel deutlich, welches wertvolle Erfahrungen und Ergebnisse für ähnliche Vorhaben liefert. Anschaffung und Betrieb geeigneter Endgeräte müssen in die gesamte Medienentwicklungsplanung einer Stadt bzw. Kommune eingebettet werden, um neben ebenso relevanten Themen wie Fortbildungen, Support, Datenschutz und -sicherheit, Zuständigkeiten etc. einen nachhaltigen Mehrwert für den Schulbetrieb (und die Schulverwaltung) leisten zu können.

---

28 http://home.lausd.net/apps/news/article/395954; http://achieve.lausd.net/Page/7132.

3.2.3 Dänemark: Digitale Fabrikation als Pilotprojekt in Schulen

Im Rahmen des dreijährigen Forschungsprojekts FabLab@School.dk[29] werden in drei dänischen Kommunen[30] derzeit FabLabs an Schulen installiert. Initial als offener Treffpunkt zum praxisnahen Experimentieren mit modernen Produktionstechnologien am Center for Bits and Atoms des MIT von Neil Gershenfeldt entwickelt, gibt es weltweit derzeit etwa 437 registrierte FabLabs.[31] Sie bieten Zugang zu digitalen Fertigungstechnologien zum praxisnahen Erwerb von Medien- und Informatikkompetenzen (vgl. Walter-Herrmann und Büching 2013).

Das weltweit operierende Projekt FabLab@School – Digital Fabrication and Hands-on Learning in Education[32], ins Leben gerufen von Paolo Blikstein am MIT, untersucht das Potenzial digitaler Fabrikationstechnologien in vornehmlich schulischen Bildungskontexten und versteht sich als eine mögliche Implementierung von Paperts Konstruktionismus. Danach werden Lernprozesse am besten durch aktives Handeln, »learning-by-making«, also Re-, De- und Konstruktion von für den Lernenden bedeutsamen Artefakten gefördert (Papert 1993; Papert und Harel 1991): eine gekonnte wie naheliegende Verknüpfung, sind FabLabs doch Bestandteil der sog. »Maker Culture« (Walter-Herrmann und Büching 2013).

Die Einrichtung der dänischen FabLabs im Projekt FabLab@School.dk wird, in Kooperation mit FabLab@School, gemäß skandinavischer Beteiligungskultur unter Einbeziehung aller Stakeholder durchgeführt, um eine hohe Akzeptanz und nachhaltige Nutzungsbereitschaft zu fördern. Vertreterinnen und Vertreter von Schulträgern und anderen Behörden, Lehrkräfte sowie Schülerinnen und Schüler werden durch regelmäßige Workshops eingebunden und gestalten die FabLabs maßgeblich selbst – auf organisatorischer und inhaltlicher Ebene. Die Exploration der angewendeten Hardware und Software soll zudem den Aufbau notwendiger Kompetenzen für den laufenden Betrieb und die pädagogische Arbeit sichern. Die organisatorischen Anforderungen an den Betrieb eines Schul-FabLabs sind mit denen eines PC-Kabinetts vergleichbar (z. B. Raumbelegung) die Möglichkeiten der Integration in die Fachdidaktiken und anwendbare Lehr- bzw. Lernpraxen sind größer und vielschichtiger.

29 http://fablabatschool.dk/.
30 Vgl. http://eng.uvm.dk/, Danish Ministry of Education zur Struktur des dänischen Bildungssystems.
31 https://www.fablabs.io/labs.
32 http://fablabatschool.org/.

4 Szenarien lernförderlicher IT-Infrastrukturen

Die Entwicklung von Szenarien für eine lernförderliche IT-Infrastruktur setzt zunächst bei allgemeinen Grundsätzen an. Wir gehen davon aus, dass (1) der Aufbau von Insellösungen in jeder Schule aus heutiger Perspektive weder wirtschaftlich noch lernförderlich ist, auch wenn es Ausnahmen in der deutschen Schullandschaft geben mag. Es haben sich (2) im Zuge fortschreitender Mediatisierung in den letzten zehn Jahren gesetzliche Anforderungen an Informationssicherheit, Datenschutz, Jugendschutz und Urheberrecht entwickelt, die nicht mehr von einer Schule allein verantwortet werden können. Die heutige IT-Infrastruktur muss (3) für einen überschaubaren Zeitraum tragfähig sein und (4) zugleich kontinuierlich erweitert und angepasst werden. Lernförderlich heißt in diesem Sinne, dass ...

- Zugang und Nutzung einfach und ohne Hürden für alle möglich sein müssen.
- die IT-Infrastruktur die Entwicklung von Lern- und Lehrszenarien ermöglicht, die aus Sicht von Lehrenden und Lernenden Vorteile bringt.
- eine Verknüpfung schulischer, betrieblicher, häuslicher oder vollständig mobiler Nutzung der schulischen IT-Infrastruktur gewährleistet ist.
- die Nutzung sicher im Sinne der gesetzlichen Anforderungen an Datenschutz, Jugendschutz und Urheberrecht ist und diese Verantwortung nicht auf die individuellen Nutzenden verlagert wird.

4.1 Aufgabenteilung zwischen Land, Kommune und Schule

Auf Basis dieser allgemeinen Aspekte muss die schulrechtlich festgelegte Aufgabenteilung zwischen Bund, Ländern, Kommunen und Schulen berücksichtigt werden. Deutschland stellt hier eine Besonderheit dar, das Beispiel Südkoreas (siehe Kapitel 3.2.1) zeigt eine weitere Möglichkeit; Bildungspolitik mit Legislative auf Bundesebene. Insbesondere die im deutschen Gesetz verankerte kommunale Selbstbestimmung (Art. 28 Abs. 2 Satz 1 GG) wie auch das Konnexitätsprinzip erfordern die Ausdifferenzierung, da Landes- oder gar Bundesvorgaben zur schulischen Nutzung digitaler Medien unmittelbare Auswirkungen auf die Finanzierung vonseiten der Kommunen haben werden. Eine derartige Unterscheidung erleichtert zudem die Bestimmung der relevanten Kostenfaktoren und verdeutlicht zugleich die Potenziale der übergreifenden Erbringung von Infrastrukturleistungen durch den Schulträger bzw. das Land. Denkbar wären auch gemeinsame Dienstleistungen für mehrere Schulen im regionalen Verbund (bspw. für alle ortsansässigen Berufsschulen). Diese Formen sind allerdings sehr stark abhängig von den Bedingungen vor Ort und genügen daher nicht für eine allgemeine Betrachtung. Basierend auf den Fallstudien und anderen Untersuchungen lässt sich die folgende Erwartung formulieren: Was sind technisch-organisatorische Kernanforderungen, die unabhängig von dem Ausstattungsmodell und der konkreten pädagogisch-didaktischen Ausrichtung zu berücksichtigen sind und in den nächsten Jahren bei weiteren technologischen Innovationsschüben stabil bleiben?

- Internetzugang (Bandbreite abhängig von der Zahl der Endgeräte)
- LAN (bei mobilen Endgeräten auch WLAN)
- Dateiablage (Cloud-Speicher)
- Lernplattform (zentral oder individuell)
- Identitätsmanagementsystem (Authentifizierung, Rechte/Rollen)
- Technischer Betrieb und Support (einschließlich Maßnahmen zur Informationssicherheit und zum Schutz personenbezogener Daten sowie ein Datensicherungskonzept)
- Lizenzmanagement (Kauf, Miete, Open Educational Resources)

4.1.1 Verantwortung des Landes

Reine Landesaufgabe als Personalaufwandsträger ist die Finanzierung der Freistellung von Lehrkräften für die Aufgabe als Medienbeauftragte bzw. Medienbeauftragter[33], die als Kosten für die pädagogische Unterstützung gerechnet werden müssen, auch wenn ihre Rolle häufig die des technischen Supports ist. Hierbei bestehen sehr unterschiedliche Modelle. Im Durchschnitt lassen sich zwei bis vier Stunden pro Person für unsere idealtypische Schule (750 Schülerinnen und Schüler) rechnen, wobei Grundschulen meist ohne Stunden auskommen müssen und berufliche Schulen aufgrund ihrer größeren Selbstständigkeit dafür eigene Stellen besetzen.

Ebenfalls in der ausschließlichen Verantwortung der Bundesländer sind die Lehrerausbildung und die Lehrerfortbildung. Hierfür lassen sich keine Aufwandsschätzungen vornehmen. Gleiches gilt auch für die Prozesskosten bei der Entwicklung von Lehrplänen mit Medienbezug. Insbesondere die Sachausstattung der Studienseminare muss vom Land finanziert werden – im Vergleich zum Kostenvolumen in den Schulstandorten ist dies sicherlich nur ein kleiner Betrag.

---

33 Die Bezeichnungen sind in den Bundesländern sehr unterschiedlich: Pädagogischer IT-Koordinator/in, Multimediabeauftragte/r o. Ä.

Manche Bundesländer bieten auch Lernplattformen als zentrale Infrastruktur-komponenten an, wie das Beispiel Bremen zeigt, in dem derzeit landesweit ein bedarfsgerecht angepasstes Standardprodukt als Lernmanagementsystem eingeführt wird und mit einer umfassenden Planungs- und Testphase vorbereitet wurde (siehe Kapitel 3.1.5). In Baden-Württemberg gibt es mit der Bildungscloud auch Bestrebungen zum Einsatz einer landesweiten Lernplattform (siehe Kapitel 3.1.3), für die eine Planungsphase mit allen Beteiligten und eine detaillierte Anforderungserfassung erfolgten. Hier wird im Gegensatz zum Bremer Modell eine Eigenentwicklung favorisiert; mit dem Bestreben, die Verbreitung offener Standards und Inhalte im formalen Bildungsbereich voranzutreiben. In anderen Bundesländern obliegt dies der Schule, die aus dem Markt auswählt und über die Zuweisungen vom Schulträger finanziert wird. Die Funktionen variieren zwischen den Anbietern, im Kern geht es aber um Kommunikations- und Kooperationsmöglichkeiten, die Verteilung von Hausaufgaben sowie die Terminorganisation usw.

Einige Bundesländer haben zudem Identitätsmanagementsysteme entwickelt, um die Authentifizierung und damit den berechtigten Zugriff auf Online-Ressourcen zu steuern. Ein zentrales ID-Management ist im Übrigen auch Bestandteil der Bremer Lösung.

4.1.2 Verantwortung der kommunalen Schulträger

Technische Basiskomponenten sind vom Schulträger zur Verfügung zu stellen. Dies wird in der Regel im Schulgesetz, allerdings mit erheblichem Interpretationsspielraum festgeschrieben. Sie umfassen Strom, Räume usw., aber auch Internetzugänge (über verschiedene Provider), lokale Verkabelung, aktive Netzkomponenten bis zu WLAN. Hinzu kommen die entsprechenden Personalkosten für den dauerhaften Betrieb und weitere Prozesskosten u.a. für Beschaffung, Ausschreibung und Koordination. Auf Basis einer Studie bei kommunalen Schulträgern (Breiter et al. 2008) haben wir ermittelt, dass diese Kosten in etwa mit der Zahl der Endgeräte (bzw. der Nutzerinnen und Nutzer) skalieren. Hinzu kommt für die kommunalen Schulträger die Bereitstellung einer Basisinfrastruktur für Endgeräte (wie Computerräume mit bis zu 30 Geräten). Hierbei ist zu beachten, dass in dieser Studie Computerräume bewusst zur Basisinfrastruktur gezählt werden, weil sie zum einen nach wie vor erforderlich sein werden (bspw. für Informatikunterricht, für Instruktionsphasen, für die interne Fortbildung oder auch bei der Nutzung komplexerer Softwareprodukte) und sie zum zweiten üblicherweise nach einem festen Schlüssel und in regelmäßigen Abständen durch die kommunalen Schulträger eingerichtet werden. In seiner Aufgabe als städtischer Schulträger hat das Schulverwaltungsamt Düsseldorf den Fokus seiner Medienentwicklungsplanung auf mobiles und individuelles Lernen gelegt und dazu u.a. eine eigene Strategie zur Endgeräteausstattung und zum Basis- und Netzwerkinfrastrukturausbau entwickelt, wie dem Fallbeispiel in Kapitel 3.1.1 zu entnehmen ist. Im internationalen Raum sei auf das

Projekt in Los Angeles verwiesen, mit dem der Schulträger die 1:1-Ausstattung aller Schülerinnen und Schüler zum Ziel hat (siehe Kapitel 3.2.2).

Manche Schulträger stellen zudem eine Lernplattform zur Verfügung. Dies erfolgt häufig als Maßnahme zur Kostenreduzierung, um die Aufstellung von Servern in jeder Schule zu reduzieren und darüber entsprechende Dateiablagen (Cloudspeicher) anzubieten.

Am Beispiel des FabLab@School.dk-Projekts wird die mögliche Kooperation zwischen einzelnen Schulträgern und Forschungseinrichtungen deutlich (siehe Kapitel 3.2.3). Drei dänische kommunale Schulträger erarbeiten entlang einer einheitlichen Rahmung individuelle Konzepte u. a. für Raumgestaltung, Gerätebedarf, -anschaffung, Support, curriculare Einbindung und Fortbildungen. An einer ihrer Schulen wird jeweils ein FabLab als Pilotprojekt konzipiert und betrieben. Dabei stehen die Beteiligten untereinander in Kontakt und tauschen Erfahrungen und Expertenwissen aus. Wissenschaftlich wird dieses Vorhaben durch die Universität Århus begleitet.

4.1.3 Kombinierte Verantwortung von Schulträger und Land

Die meisten Bundesländer stellen Inhalte (gekoppelt an die Lehrpläne) über Medienserver zur Verfügung, die dann je nach Lizenzrechten durch die Kommunen (über die Medienzentren) finanziert werden müssen: Das Land zahlt in der Regel die Server und die Kommunen die Lizenzen. Über die Lizenzkosten gibt es keine verlässlichen Aussagen aus den Kommunen, zumal der Umfang regional stark variiert. Dazu tragen die Kommunen ihre Medienzentren und das Land finanziert das pädagogische Personal – so ist es in den Gesetzen zu den Medienzentren in den Bundesländern zumeist festgeschrieben. In manchen Bundesländern besteht zudem ein Landesmedienzentrum, das ebenfalls gemeinsam betrieben wird.

Darüber hinaus gibt es weitere, bundeslandspezifische Verabredungen über geteilte Verantwortung und Finanzierung, die hier aber nicht berücksichtigt werden können. Der Verein n-21, vorgestellt in Kapitel 3.1.2, dem neben privatwirtschaftlichen Unternehmen u. a. das Land Niedersachsen angehört, ist ein Beispiel für die Zusammenarbeit zwischen Land, Schulträger und weiteren Akteurinnen und Akteuren.

Der Schulträger hat die Aufgabe, den Schulen Softwareprodukte zur Verfügung zu stellen. Diese werden zum Teil über Landeslizenzen günstig erworben. Als Alternative wird bei einigen Schulträgern den Schulen aus dem kommunalen Haushalt ein Budget zur Verfügung gestellt, aus dem diese einkaufen können. Eine genaue Zuordnung ist im Allgemeinen nicht möglich und muss im Konkreten im Rahmen der Medienentwicklungsplanung berechnet werden.

4.1.4 Verantwortung der Schulen

Alle genannten Komponenten, die in großen Konzernen oder auch in der Kernverwaltung zentral zur Verfügung gestellt werden, finden sich auch in der Verantwortung einer einzelnen Schule wieder. Das kann an der begrenzten Bereitstellung durch den Schulträger liegen, an fehlenden Komponenten auf Landesseite, aber auch an Eigenheiten der Schule, weil alle zentralen Angebote den Bedürfnissen nicht entsprechen und es Lehrkräfte an der Schule gibt, die willens und in der Lage sind, die Dienste selbstständig anzubieten. Ob dies bei zunehmender Komplexität hinsichtlich Informationssicherheit und rechtlicher Rahmenbedingungen ein dauerhaft gangbarer Weg ist, ist zu bezweifeln, zumal immer weniger Lehrkräfte bereit (und in der Lage) sind, für den laufenden technischen Betrieb zu sorgen. Im Rahmen des Projektes School-IT-Rhein-Waal (siehe Kapitel 3.1.4) wurde ein Supportmodell entwickelt, das u. a. die fachspezifische Schulung von Schülerinnen und Schülern in praxisorientierter IT-Administration und -Konfiguration vorsieht und die Lehrkräfte so auf ihre pädagogische Arbeit fokussieren lassen soll. Hierbei wird der Einsatz von BYOD-Modellen in der Schule exploriert.

Erfahrungen aus anderen Ländern zeigen (siehe Fallstudien), dass dort entweder die Schulen vollständig autonom über ihre IT-Infrastrukturen und die IT-Dienste entscheiden und ihnen dafür ein ausreichendes Budget zur Verfügung steht, das eine professionelle Dienstleistung (intern oder durch Dritte) erlaubt (Bsp. Großbritannien), oder die Distrikte bzw. Regionen Betrieb und Support zentral übernehmen bzw. dafür Dienstleister beauftragen. Häufig verbleiben in der Schule Supportaufgaben wie die Erstlösung oder qualifizierte Problembeschreibung. Dazu kommen originäre Aufgaben der pädagogischen Unterstützung, die über die pauschal berechneten Ermäßigungsstunden abgegolten werden, aber schulspezifisch sehr unterschiedlich zugewiesen sind, da sie mit anderen Aufgaben (bspw. Leitung, Bibliothek, Sonderaufgaben) in Konkurrenz stehen. Die Schule ist darüber hinaus in den meisten Fällen für die schulspezifische Softwareversorgung (in Zukunft auch der Apps für Tablets) verantwortlich und erhält dafür ein gewisses Budget vom Schulträger. Dies ist in den Kommunen ebenfalls sehr unterschiedlich geregelt.

4.2 Schulbezogene Ausstattungsszenarien

In den folgenden Kapiteln gehen wir bei den Kostenberechnungen von einer Modellschule aus, anhand derer wir die Kosten pro Schüler und Schülerin und Jahr für die einzelnen Positionen errechnen. Die Festlegung auf einen Anwendungsfall und damit bedingt auch einen Gültigkeitsbereich erlaubt es uns letztlich erst, zu konkretisieren und eine Abschätzung finanzieller und personeller Aufwände durchführen zu können. Im Augenmerk stehen dabei die Nachvollziehbarkeit und die Anwendungsnähe der durchgeführten Berechnungen, welche für den Einzelfall als Grundlage herangezogen und individuell angepasst werden können und mit entsprechenden Verschiebungen in den Finanzposten auch auf andere Schulformen übertragbar sind (vgl. auch Kapitel 5.4). Für die Modellschule gehen wir von den folgenden Annahmen aus: Die Modellschule ...

- ist eine weiterführende Schule von der 5. Jahrgangsstufe bis zum Abitur in der 13. Jahrgangsstufe (G9),
- ist dreizügig bei einem durchschnittlichen Klassenfrequenzwert von 28,
- hat 750 Schülerinnen und Schüler,
- hat 55 Lehrkräfte bzw. pädagogisches Personal,
- hat 5 nicht unterrichtende Angestellte (Schulbüro, Hausmeister etc.)
- hat 40 Unterrichtsräume: 27 Klassenräume und 13 Fachräume (Informatik, Biologie, Chemie, Physik, Kunst, Musik, Mehrzweck),
- hat eine Gesamtfläche von etwa 7.500 qm.

Auf Basis dieser Modellschule werden im Folgenden die Kosten ermittelt und pro Schülerin und Schüler berechnet. Auch wenn nicht alle Kostenfaktoren linear mit der Schülerzahl skalieren (wie bspw. Support oder Lizenzkosten), ermöglicht diese Vereinfachung eine zweckmäßige Annäherung im Sinne eines Modells der Total Cost of Ownership.

Die lokalen schulbezogenen Szenarien beziehen sich ausschließlich auf die Endgerätestrategie. Vorausgesetzt ist die Bereitstellung zentraler Infrastrukturkomponenten, die in der Kalkulation der Gesamtausgaben pauschal berechnet werden. Grundidee ist die Erwartung, dass für den spezifischen Unterrichtszweck jederzeit auf computergestützte Lernmittel zugegriffen werden kann. Offen ist die Form (Notebook oder Tablet) wie auch die Strategie der Bereitstellung (z. B. nur in der Schule, Möglichkeit der außerschulischen Nutzung oder die Nutzung privater Endgeräte im Unterricht [BYOD]). Voraussetzung dafür ist eine sichere, zuverlässige Basisinfrastruktur, insbesondere eine WLAN-Abdeckung, Breitbandanbindung und die Zugriffsmöglichkeit auf zentrale Dienste.

Für die Ausstattung mit Endgeräten lässt sich ausgehend von OECD-Empfehlungen feststellen, dass Länder, die häufig als positive Beispiele für die Arbeit mit digitalen Medien genannt werden, eine Schüler-Computer-Relation von mindestens 5:1 umgesetzt haben (Evaluation Support and Research Unit Inspectorate at Department of Education and Science 2008). Die aktuellen Diskussionen gehen sogar deutlich weiter und weisen auf eine 1:1-Ausstattung der Schülerinnen und Schüler mit persönlichen digitalen Endgeräten hin. So fordert z. B. die Enquete-Kommission »Internet und digitale Gesellschaft« des Deutschen Bundestages in ihrem Bericht zur Medienkompetenz (*Zweiter Zwischenbericht der Enquete-Kommission »Internet und digitale Gesellschaft« – Medienkompetenz* 2011) einen Paradigmenwechsel von der Ausstattung der Schulen hin zu einer Ausstattung der einzelnen Schülerinnen und Schüler und deutet in dem Bericht auch den Einstieg in die Elternfinanzierung mit staatlicher Subventionierung als möglichen Weg an. Aus diesen Grundüberlegungen lassen sich im Wesentlichen zwei Szenarien für die künftige Ausstattung der Schulen ableiten. Beide Szenarien bedürfen keiner Festlegung auf ein bestimmtes Endgerät pro Schülerin bzw. Schüler und lassen hier jeweils unterschiedliche Ausstattungsvarianten zu.

Szenario 1: Die Schule verfügt über einen Gerätepool, sodass bei Bedarf allen Schülerinnen und Schülern ein Endgerät zur Verfügung steht

Neben klassischen Computerräumen für den Informatikunterricht kommen hier vor allem auch mobile Klassensätze (Notebooks oder Tablets) für den allgemeinen Fachunterricht zum Tragen. Die Dimensionierung der Pools pro Schule erfolgt auf Basis von Stundenplänen und bisherigen Bedarfen. Ausgehend von der Maßgabe, dass jede Schülerin und jeder Schüler bei einem Soll von 30[34] Unterrichtsstunden pro Woche mindestens eine Stunde pro Tag mit digitalen Medien arbeiten soll, kann die Berechnung der Anzahl von Computerräumen und Notebooksätzen anhand der folgenden Formel erfolgen:

$$\frac{\text{Anzahl Schülerinnen und Schüler}}{\text{Klassenfrequenzrichtwert}} * \frac{\text{5 Wochenstunden Medieneinsatz (1 pro Tag)}}{\text{30 Wochenstunden Unterrichtsversorgung}}$$

Für die Modellschule bedeutet das die Ausstattung mit fünf Computerräumen/mobilen Klassensätzen:

$$\frac{\text{750 Schülerinnen und Schüler}}{\text{Klassenfrequenzrichtwert 28}} * \frac{\text{5 Wochenstunden Medieneinsatz (1 pro Tag)}}{\text{30 Wochenstunden Unterrichtsversorgung}} = 4,5$$

Szenario 2: Alle Schülerinnen und Schüler verfügen über ein individuelles Endgerät

Schülerinnen und Schüler haben mit Eintritt in die weiterführende Schule ab Klasse 5 ein persönliches Endgerät zur Verfügung. Grundsätzlich bestehen zwei Optionen für die Beschaffung:
• Finanzierung über den Schulträger
• Eltern- oder Fremdfinanzierung

Die Höhe der Anschaffungskosten beeinflusst das im Sinne einer Total Cost of Ownership nicht, die Kosten werden lediglich von unterschiedlichen Trägern geleistet.

---

34 Nach einer Vereinbarung der Kultusministerkonferenz müssen von der fünften Klasse an bis zum Abitur 265 Unterrichts-Wochenstunden erteilt werden. Bei einem neunjährigen Bildungsgang (G9) entspricht dies im Schnitt 29,4 Unterrichtsstunden – von je 45 Minuten – pro Woche. Zwischen den neunten und elften Jahrgangsklassen werden diese Werte jedoch häufig überschritten.

Bei einer 1:1-Ausstattung reduziert sich der Bedarf an Computerräumen um den Anteil des allgemeinen Fachunterrichts, der vornehmlich für den Informatikunterricht und zur Abnahme von Prüfungen bestehen bleibt. Unter der Annahme, dass eine Doppelstunde informatiknahen Unterrichts pro Klasse in der Woche stattfindet, verändert sich die Formel wie folgt:

$$\frac{\text{Anzahl Schülerinnen und Schüler}}{\text{Klassenfrequenzrichtwert}} * \frac{\text{2 Wochenstunden Informatik}}{\text{30 Wochenstunden Unterrichtsversorgung}}$$

Für die Modellschule bedeutet das die Ausstattung mit zwei fest installierten Computerräumen:

$$\frac{\text{750 Schülerinnen und Schüler}}{\text{Klassenfrequenzrichtwert 28}} * \frac{\text{2 Wochenstunden Informatik}}{\text{30 Wochenstunden Unterrichtsversorgung}} = 1,8$$

Außerhalb des Unterrichts werden Computerräume nach Aussagen von Lehrkräften ebenfalls für die Durchführung von Fortbildungen mit und über digitale Medien sowie als Besprechungs-/Arbeitsraum (mit medialer Ausstattung) jenseits des Lehrerzimmers genutzt.

4.3 Einbeziehung privater Endgeräte (BYOD)

Aus der Marktentwicklung lässt sich folgern, dass in naher Zukunft immer mehr Jugendliche und Lehrkräfte über eigene mobile Endgeräte verfügen werden, die sich prinzipiell in Lern- und Lehrkontexten einsetzen lassen würden. Diese Einbeziehung privater Endgeräte wird im Firmenumfeld seit Längerem unter dem Stichwort Bring Your Own Device (BYOD) diskutiert und kann für Lehr- und Lernprozesse in der Schule und im außerschulischen Bereich einen deutlichen Mehrwert darstellen. Die wichtigsten aktuellen lehr-/lerntechnologischen Entwicklungen in der Schule sind auch laut dem aktuellen NMC Horizon Report BYOD und Cloud Computing (Johnson et al. 2014). Insbesondere wird das Potenzial von BYOD für personalisiertes, individuelles Lernen in Inhalten und Tempo hervorgehoben. Bei einer 1:1-Ausstattung sei eine »seamless learning experience« (ebd.: 35) nachgewiesen, heißt es weiter. Der unkomplizierte Zugang zu und die geräteunabhängige Verfügbarkeit von stets neuesten Cloud-Computing-Applikationen werden aus Nutzersicht als maßgebliche Argumente der Technologie im Bildungskontext angeführt. Aus pädagogischer Sicht kann kollaboratives Lernen gefördert und können Synergieeffekte zu BYOD erzeugt werden. Relevant werden in den nächsten Jahren zudem u. a. 3D-Druck und virtuelle Assistenten: Themen, die auch in den allgemeinbildenden Schulen in Pilotmodellen erprobt werden (vgl. Kapitel 3.1.6 zu außerschulischen Lernorten, insbesondere FabLabs, und das Fallbeispiel Dänemark in Kapitel 3.2.3).

Durch BOYD haben die Nutzerinnen und Nutzer ihr eigenes und vertrautes Arbeitsgerät, das spontan in jeder Lern- und Lehrsituation genutzt werden kann und damit innovative Lernarrangements unterstützt. Dies führt zu höherer Motivation und Akzeptanz des Einsatzes digitaler Medien. Auf der anderen Seite rücken Fragen der Rechtssicherheit und der Chancengleichheit stärker in den Fokus. Für die Schulträger kann BYOD die Umsetzung und Finanzierung einer 1:1-Ausstattung ermöglichen: Für die Investition in das Endgerät und den Support der eigenen Applikationen auf dem Gerät sind die Nutzerinnen und Nutzer selbst verantwortlich. Der Schulträger muss einen infrastrukturellen Rahmen schaffen, der sicherstellt, dass die Nutzerinnen und Nutzer mit ihrem eigenen Endgerät auf im Unterricht zu nutzende Daten, Applikationen und Medieninhalte (der Länder) zugreifen können. Die verschiedenen Vor- und Nachteile von BYOD im Schulbereich können der Tabelle 1 entnommen werden.

Tabelle 1: Chancen und Risiken von BYOD

	Schulträger/Schule	Nutzerinnen und Nutzer
Chancen	• Private Endgeräte oft aktueller als Schulausstattung • Förderung der Umsetzung von 1:1-Strategien • Einsparung der Anschaffungskosten für Endgeräte • Geringere Kosten für Service und Betrieb der Endgeräte • Langfristig Synergiepotenziale bei den IT-Kosten durch Zentralisierung von Diensten	• Vertrautheit mit dem eigenen Endgerät • Förderung der Akzeptanz des Medieneinsatzes • Spontane Zugriffsmöglichkeiten auf Dienste der Schule bzw. des Schulträgers • Unterstützung von kollaborativem, kreativem und innovativem Lernen • Steigerung der Motivation bei Schülerinnen und Schülern sowie Lehrkräften
Risiken	• Hohe Anforderungen und Erstinvestitionen in IT-Infrastrukturen (z. B. WLAN) und Bandbreiten • Rolle des Schulträgers/der Schule als Diensteanbieter • Kompliziertere rechtliche Rahmenbedingungen in Hinblick auf Datenschutz, Jugendmedienschutz, Urheberrecht • Regelung von Haftungsfragen	• Chancengleichheit vs. soziale Benachteiligung (Ersatzgeräte für Kinder ohne eigene Geräte) • Wahrung von Fernmeldegeheimnis/Datenschutz • Regelungen für Prüfungssituationen schwierig

Für die Umsetzung von BYOD bieten sich im Wesentlichen zwei Vorgehensweisen an, die in Hinblick auf die Komplexität und die rechtlichen Vorgaben höchst unterschiedlich sind.
(1) Der einfachere Weg ist eine rein webbasierte Bereitstellung von Applikationen und Inhalten, z. B. über eine Plattform im Internet. In diesem Fall muss der Schulträger lediglich einen (Gast)Zugang mit Authentifizierung in das Internet ermöglichen. Analog dazu sind Lösungen, wie sie für die mobilen Campus der Universitäten mit entsprechendem Identity-/Campusmanagement bereits vielfach umgesetzt wurden. Entsprechende webbasierte Lernanwendungen sind bisher für Schulen aber nur in geringem Umfang verfügbar. Schnittstellen hierzu können Lernmanagementsysteme oder eine webbasierte Datenablage bieten.

(2) Deutlich voraussetzungsreicher und auch vor dem rechtlichen Hintergrund des Schulträgers als Diensteanbieter in Bezug auf Telemedien- und Telekommunikationsgesetz sowie den Datenschutz problematischer und technisch aufwendiger wäre es, wenn der Schulträger administrative Zugriffe (z. B. zur Installation von Software und Updates) auf die schülereigenen Geräte erhalten soll. Für die schulischen und privaten Daten sollte eine Schutzbedarfsfeststellung erfolgen. Nach Möglichkeit sollte eine Trennung privater und schulischer Daten und Anwendungen erfolgen.

In Hinblick auf Standardisierung und Sicherheitsthemen ist zu entscheiden, welche Anforderungen an ein privates Endgerät gestellt werden müssen, damit es im pädagogischen Netz betrieben werden kann, die dann über entsprechende Nutzungsvereinbarungen auch organisatorisch hinterlegt werden müssen. Entsprechende Regelungen sind zu treffen für:
- die Identifikation von Benutzertypen/-profilen,
- die Daten der Nutzerinnen und Nutzer,
- die Art der Datenübertragung,
- den Zugang zu IT-Infrastrukturen in der Schule bzw. beim Schulträger,
- die Zulassung von Gerätetypen,
- die Authentifizierungsmethoden,
- Kommunikationsbeschränkungen,
- Maßnahmen zur Wahrung der Privatsphäre der Nutzer,
- Maßnahmen bei Diebstahl/Verlust des Gerätes sowie
- den Fall des Austritts aus bzw. des Wechsels der Schule.

Aufgrund dieser Voraussetzungen ist von einer vollständigen Integration privater Endgeräte in schulische Infrastrukturen (Variante 2) eher abzusehen und die erste Variante über die Bereitstellung des Internetzugangs zu bevorzugen.

5 Kostenabschätzung

5.1 Basisangebote der Länder

5.1.1 Distribution digitaler Lernmedien und Materialien

Bisher werden Softwareanwendungen für die pädagogische Nutzung in der Regel lokal auf den (meist stationären) Computern der Schulen installiert bzw. über eine entsprechende Softwareverteilung distribuiert. Digitale Lernmaterialien können über die Online-Mediendistributionen der (Landes-)Medienzentren (z. B. Merlin, EDMOND, SESAM, BMOD usw.) abgerufen werden. Dort enthalten sind oftmals auch die Nutzungsrechte an verschiedenen Medienproduktionen der staatlichen Rundfunkanstalten (je nach Bundesland). Hierzu zählen auch die Angebote des Medieninstituts der Länder (FWU), das den Auftrag hat, audiovisuelle Medien zu produzieren und ihre Verwendung als Lehr- und Lernmittel in Bildung, Erziehung und Wissenschaft zu ermöglichen. Darüber hinaus können die Länder als Gesellschafter auch Beratungs- und Entwicklungsleistungen bei Mediendistributions- und Medieninformationssystemen beauftragen. Die FWU-Mediathek umfasst über 4.000 Medien, die zum Teil über die Landesserver, die kommunalen Medienzentren oder von einzelnen Schulen abgerufen werden. Die Lizenzkosten sind dabei pauschaliert: So erhalten derzeit Schulen für jährlich 600 Euro den Zugriff auf alle Medien (Grundschulen für 360 Euro pro Jahr).

Auf der kommerziellen Seite haben sich die 27 Schulbuchverlage zusammengeschlossen, um digitale Versionen ihrer Printwerke über eine gemeinsame Plattform anzubieten.[35] Das Angebot ist zum Schuljahr 2012/13 erstmals gestartet und es liegen wenige Erfahrungen damit vor. Hier werden insbesondere die Abrechnungs- und Lizenzierungsmodelle Einfluss auf technische Anbindungen haben.

Eine Hoffnung auf finanzielle Entlastung besteht darin, dass zum einen offene Bildungsmedien (Open Educational Resources, OER) stärkere Bedeutung gewinnen

---

35 Vgl. www.digitale-schulbuecher.de.

und zum anderen die urheberrechtlichen Anforderungen und die Kosten der Verwertungsrechte durch veränderte gesetzliche Schranken reduziert werden (wie in der Digitalen Agenda der Bundesregierung angekündigt). Bisher lässt sich Letzteres noch nicht abschätzen und OER sind erst am Anfang ihrer Entwicklung, zumal die Abstimmung mit den Lehrplänen und ihre Qualitätssicherung in den Ministerien noch nicht abschließend geklärt sind.

Es bietet sich unabhängig von den Lizenzmodellen für eine lernförderliche IT-Infrastruktur an, Content zunehmend auf Basis von webbasierten Technologien zu integrieren, damit alle an den Lehr- und Lernprozessen beteiligten Personen jederzeit und von jedem Ort sowie nach Möglichkeit auch unabhängig vom verwendeten Endgerät aus zugreifen können. In Abhängigkeit davon, wie die künftigen Nutzungs- und Distributionsmodelle der verschiedenen Hersteller aussehen werden, müssen die kommunalen Schulträger gegebenenfalls ihre IT-Infrastrukturen anpassen, um die verschiedenen Angebote adäquat zu integrieren. Dafür bieten sich wiederum unterschiedliche Lösungswege an:

- Vom Schulträger selbst betriebene Applikationen könnten zentral gehostet und mit einem Webzugriff versehen werden (cloudbasierter Dienst).
- Eine Softwarebereitstellung auf unterschiedlichen Endgeräten kann auch über Virtualisierungstechniken erfolgen.
- Für standardisierte Bildungsangebote und Applikationen können zunehmend webbasierte Angebote von externen Anbietern eingebunden werden, z. B. als Public-Cloud-Angebote, sofern diese den datenschutzrechtlichen Anforderungen genügen.
- Über die Mediendistribution der Medienzentren werden Film-, Ton- und Bildmaterialien zur Verfügung gestellt. Neben dem zunehmenden Angebot aus den Mediatheken der öffentlichen und privaten Rundfunkanstalten bietet auch das FWU ausgewählte Materialien an.

Alle Materialien müssen für Lehrende und Lernende einfach zugänglich gemacht werden, z. B. über die Schulserverlösung oder eine Lernplattform. Bei der Integration der verschiedenen Angebote besteht für Schulträger daher die Herausforderung darin, die Übergänge zwischen eigenen Angeboten und den Produkten von Drittanbietern so zu gestalten, dass die Angebote für die Nutzerinnen und Nutzer einheitlich präsentiert werden und ohne Medienbrüche genutzt werden können. Dazu müssen externe Angebote (z. B. von Schulbuchverlagen, Contentanbietern oder Hostern von Webapplikationen) in eigene Lösungen integriert werden. Der Zugriff auf Content kann z. B. webbasiert über Einstiegsportale (z. B. Webportal der Schulserverlösung) erfolgen, die an die verschiedenen Altersgruppen der Schülerinnen und Schüler angepasst werden können. Über das Identitätsmanagement muss sichergestellt werden, dass Schülerinnen und Schüler und ihre Lehrkräfte nur auf für sie lizenzierten Content und für sie lizenzierte Applikationen zugreifen können.

Tabelle 2: Kostenannahmen Volumenlizenzen

Gegenstand	Kosten pro Jahr	Kosten pro Schülerin bzw. Schüler u. Jahr der idealtypischen Schule
Lizenzkosten Medien vom FWU	600 Euro pro Schule	0,80 Euro
Softwarelizenzen (Bsp. Großstadt: 70.000 Schülerinnen und Schüler, 3.500 Lehrkräfte)	ca. 100.000 Euro	2,00 Euro

Alle anderen Kosten sind nicht kalkulierbar, weil sie von den jeweiligen Bedingungen vor Ort abhängen.

5.1.2 Zentrale Plattformen und Portale

Sofern das Land neben dem Bildungsportal als Einstieg zu den entsprechenden Angeboten (bzw. über das Portal eines Landesmedienzentrums) auch eine zentrale Plattform betreibt, ist nach derzeitigen Erfahrungswerten mit jährlichen Kosten von etwa 1 Euro pro Schülerin und Schüler zu rechnen. In unserer Berechnung haben wir diese Position allerdings den Kosten für zentrale Dienste beim Schulträger zugerechnet (siehe Kapitel 5.2.3), um die Ausgaben nicht doppelt zu rechnen.

5.1.3 Pädagogische Unterstützung und Fortbildungen

Die Grundannahmen für die pädagogische Unterstützung durch Medienbeauftragte belaufen sich in vielen Bundesländern auf zwei bis vier Ermäßigungsstunden pro Lehrkraft und Jahr. Nimmt man pro Stunde kalkulatorische Kosten von ca. 2.000 Euro pro Jahr an, so lassen sich die Kosten pro Schülerin und Schüler berechnen – auch wenn sie vom Land finanziert werden.

Tabelle 3: Kostenannahmen pädagogische Unterstützung

Gegenstand	Kosten pro Jahr	Kosten pro Schülerin bzw. Schüler u. Jahr der Modellschule
Ermäßigungsstunden	2–4 Std. à 2.000 Euro pro Schule	5,00–10,00 Euro

Für eine wirkliche Vollkostenrechnung im Sinne des TCO-Modells müssten dann noch die Ausgaben für die Ausbildung, die Studienseminare und die Fortbildungen einbezogen werden.

5.2 Basisinfrastrukturangebote der Kommunen

5.2.1 WLAN/Internet

Die Grundlage für die Dimensionierung des Internetanschlusses bilden die künftigen Nutzungsszenarien der Schulen. Hierzu gehören Faktoren wie die Schulform oder die Art der zu nutzenden Geräte und Anwendungen bzw. deren Integration in den Unterricht. Künftige schulische Anwendungen in der mobilen Nutzung erfordern in diesem Zusammenhang neben hohen Downloadraten insbesondere auch deutlich höhere Geschwindigkeiten für den Upload (z. B. für die Datenablage auf einer Lernplattform). Sollen in weiterführenden und berufsbildenden Schulen auch private Endgeräte über ein WLAN das Internet nutzen können, sind ebenfalls deutlich höhere Bandbreiten erforderlich. Für schulische Zwecke müssen dann vor allem die Besonderheiten der Nutzung, wie zum Beispiel die Gleichzeitigkeit des Zugriffs ganzer Schulklassen auf das Internet, und damit entsprechend hohe Aufteilungen der Bandbreite berücksichtigt werden. Anforderungen, die etwa durch mobiles Lernen, die Inanspruchnahme webbasierter Applikationen oder die Integration von Online-Medien entstehen, können durch die aktuell verfügbaren Bandbreiten oft nicht ausreichend unterstützt werden. Vielmehr werden verstärkt symmetrische Netzanbindungen erforderlich sein. Eine auf die zukünftigen Bedarfe hin skalierbare Breitbandanbindung bildet daher die Grundvoraussetzung für die Mediennutzung in den Schulen.

Das für Schulen kostenlos angebotene T@school-Paket liefert 16 MBit/s maximale Downloadgeschwindigkeit und hält damit den genannten Anforderungen nicht stand. Darüber hinaus bietet die Telekom Schulen den schnelleren VDSL-Zugang zu vergünstigten Konditionen an, sofern dieser geografisch verfügbar ist. Andere Anbieter haben vergleichbare Produkte im Angebot; die Kosten für einen solchen asymmetrischen Anschluss belaufen sich auf ca. 50 Euro monatlich bzw. 600 Euro im Jahr. Auch hier ist die Bandbreitengrenze insbesondere in Hinblick auf den Upload schnell erreicht, wenn mobiles Lernen in der Cloud fester Bestandteil des Unterrichts bzw. schulischen Lernens werden soll. Ein entsprechender symmetrischer Zugang (Business-Produkt) kann die o. g. Kosten mit bis zu 1.000 Euro im Monat um ein Vielfaches übersteigen. Als weitere Alternative kann eine Anbindung an bestehende Glasfaserinfrastrukturen der Kommune in Betracht kommen. Neben den laufenden Kosten – gelegentlich auch in Abhängigkeit dazu – stehen hier die Investitionskosten, die gegebenenfalls auch Einmalkosten für Baumaßnahmen erfordern können. Diese sind daher je nach Betreibermodell individuell zu kalkulieren.

Tabelle 4: Kostenschätzung WLAN/Internetanbindung

Variante	Kosten Modellschule	Kosten pro Schülerin und Schüler
(V)DSL / Kabelnetz (asymmetrisch)	600 EUR pro Jahr	0,80 EUR pro Jahr
Breitbandanbindung (symmetrisch)	12.000 EUR pro Jahr	16,00 EUR pro Jahr
Anbindung an das Glasfaser-/Stadtnetz	Individuell zu kalkulieren	Individuell zu kalkulieren

5.2.2 LAN/WLAN

Zugang zu Netzen ist heute unverzichtbares Element der Nutzung von Informationstechnologie für Arbeit, Bildung und Freizeit. Für den Einsatz mobiler Geräte in den Schulen stellen dafür zunehmend funkbasierte Netze eine notwendige Bedingung dar. Das Vorgehen beim Ausbau kann ausgehend von der Klassifizierung der Ziele der jeweiligen Schulen zunächst in eine grundlegende Abdeckung der Schulgebäude und mit zunehmender Nutzungsintensität den Ausbau der Kapazität unterteilt werden. Die folgende Abbildung verdeutlicht mögliche Ziele eines Ausbaus des WLAN in den erwähnten Kategorien.

Um die selbstverständliche, tägliche Nutzung des WLAN zu ermöglichen, muss zum einen die Abdeckung an allen relevanten Einsatzorten, wie Klassen- und Fachräumen, Vorbereitungsräumen, oder an anderen Lernorten, wie z. B. Freiarbeitszonen, gewährleistet sein. Um den gleichzeitigen, stabilen Zugang aller Schülerinnen und Schüler einer Klasse auf große Informationsmengen im Internet über das

Abbildung 3: WLAN – Ziel Abdeckung vs. Kapazität

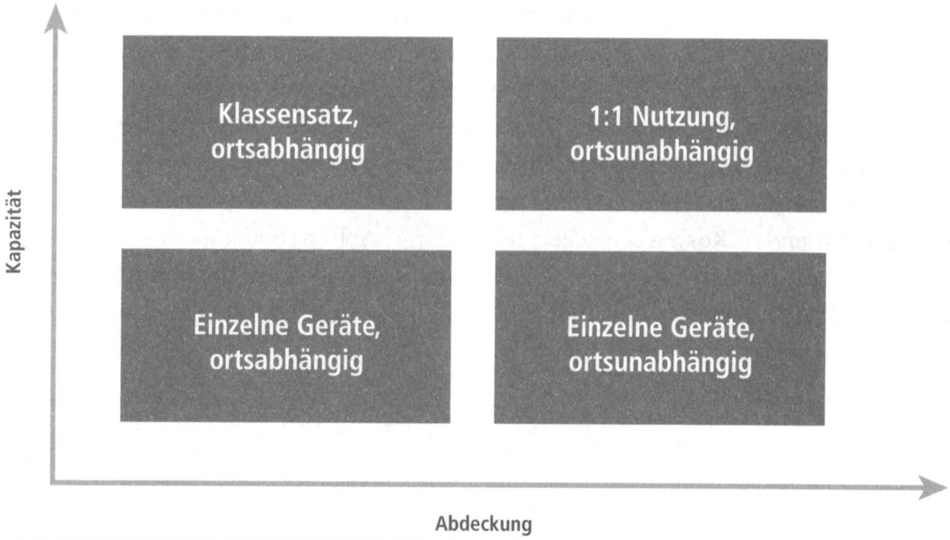

WLAN zu gewährleisten, reicht oft ein auf Abdeckung orientiertes Netz nicht aus. Für eine solche parallele Nutzung muss ausreichend Kapazität (genügend Netzdurchsatz) zur Verfügung stehen. Dieses Ziel erfordert meist eine dichtere Setzung der APs unter Berücksichtigung der spezifischen Gebäudeeigenschaften.

Verfügt eine Schule nicht oder nur teilweise über eine ausreichende Festnetzinfrastruktur, sollte der WLAN-Ausbau als Vollausbau in Zusammenhang mit der Festnetzlösung geplant werden. Ein Ausbau von Festnetz und Funknetz ist stark von den jeweiligen Gebäudegegebenheiten abhängig und sollte durch Netzwerkexperten begleitet werden. Bei der Planung des WLAN-Ausbaus sollte ein Planungshorizont von ca. zehn Jahren betrachtet werden. Hierbei ist zu beachten, dass sich Gerätegenerationen im Gegensatz zur Gebäudeverkabelung leicht auswechseln lassen.

Einer der zentralen Punkte der Sicherheit im WLAN ist die Authentisierung und Autorisierung jedes Nutzers der WLAN-Infrastruktur. Authentisierung bezeichnet die Ausweisung eines jeden Nutzers gegenüber dem Netzwerk. Unter Autorisierung versteht man hingegen die Differenzierung von Berechtigungen im Netzwerk. Eine Zentralisierung des Identity- und Access-Managements sollte in Betracht gezogen werden, damit darüber auch der Zugang zum WLAN gesteuert werden kann. Weiterhin ist kontinuierliche Überwachung erforderlich, um die fehlerfreie Funktionsweise zu gewährleisten. Sinnvoll und oft kostengünstiger ist eine Fernüberwachung durch eine gemeinsame Stelle, die auch die Festnetzkomponenten, die Internetanbindung und bei Bedarf die Schulserver in ihre Alarmierung aufnehmen kann, sodass Fehler bereits behoben werden können, bevor sie den Schulbetrieb beeinträchtigen.

Für die Herstellung der LAN-Vollverkabelung einer Schule mit einer Doppel-Anschlussdose pro Unterrichtsraum kann davon ausgegangen werden, dass für das passive Netz pro Doppelanschlussdose 800 bis 1.000 Euro (für Infrastruktur, Kabel, Brandabschottung, Unterverteilung in Computerräumen etc.) aufgewendet werden müssen. Weiterhin sind zentrale aktive Komponenten erforderlich, bei denen pro Switch mit 24 Ports Kosten von 1.500 bis 1.800 Euro (letztere mit Power over Ethernet, PoE) aufgewendet werden müssen, also ca. 63 bis 75 Euro pro Port. Erfahrungswerte hinsichtlich der Kosten von WLAN-Ausbauvorhaben aus dem Hochschulbereich liegen bei mindestens drei Euro pro Quadratmeter der mit einem Funknetz auszustattenden Grundfläche. Dabei wird davon ausgegangen, dass bereits eine Festnetzverkabelung vorhanden ist, auf der im Wesentlichen aufgebaut werden kann. Eine besondere Schwierigkeit der Funkverkabelung in Schulen stellen möglicherweise ältere Gebäude und insbesondere historische Gebäude mit dicken Wänden dar. Notwendige Baumaßnahmen, massive Erhöhungen der Kapazität und die Qualität der verwendeten Komponenten können diesen Wert noch einmal verdoppeln.

Tabelle 5: Kostenschätzung LAN-/WLAN-Ausbau

Variante	Kosten Modellschule (Einmalkosten)	Kosten pro Schülerin und Schüler
LAN-Ausbau auf eine Doppelanschlussdose pro Unterrichtsraum (900 € pro Dose in 40 Räumen und 75,00 € pro Port für 150 Ports in der Modellschule)	47.250 € Abschreibungswert (10 Jahre): 4.725 € pro Jahr	6,30 € pro Jahr
WLAN-Upgrade auf eine bestehende LAN-Infrastruktur (3,00–6,00 € pro qm Fläche für 7.500 qm in der Modellschule)	22.500–45.000 € Abschreibungswert (10 Jahre): 2.250 € pro Jahr	3,00 – 6,00 € pro Jahr

5.2.3 Zentrale Dienste

Schulserverlösungen werden häufig als integrierte Produktlösungen verstanden, die eine Vielzahl an Funktionalitäten abdecken. Gleiches trifft auf Lernplattformen zu, die viele dieser Dienste redundant zu Schulserverlösungen anbieten. Wie die folgende Abbildung skizziert, werden zunehmend cloudbasierte Lösungen am Markt angeboten, die jeweils einzelne Dienste realisieren. In Summe werden in der Schule eine Vielzahl von Diensten mehr oder weniger intensiv genutzt, deren Erbringungsform entschieden werden muss.

Beispiele für relevante Dienste sind Identity-Management, Datenzugriff, Kommunikation (E-Mail, Instant Messaging, Groupware-Systeme usw.), Filter, z. B. jugendgefährdender Inhalte, sowie Virenschutz, pädagogische und schulorganisatorische Funktionen, zentrale Softwareverteilung, Datensicherung, Drucken usw. Der Einsatz einer einheitlichen Lösung erscheint empfehlenswert, da u. a. Funktionali-

Abbildung 4: Zentrale Dienste einer Schul-IT

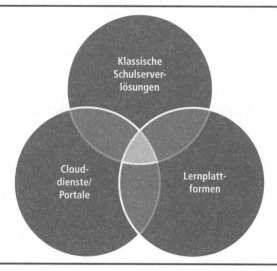

täten wie Dateiablage und Dateiaustausch häufig gewünscht werden. Die Einführung einer entsprechenden Lösung müsste gegebenenfalls ausgeschrieben werden.

Tabelle 6: Kostenschätzung Lizenzkosten zentraler Dienste

Variante	Kosten Modellschule	Kosten pro Schülerin und Schüler
Lizenzkosten abhängig vom Hersteller	3.000 bis 7.500 € pro Jahr	4,00 bis 10,00 € pro Jahr

5.2.4 Wartung und Support

Bei einer internen Lösung für den Support ist weiterhin unabhängig von der gewählten Umsetzung ein erheblicher zusätzlicher Ressourcenbedarf notwendig. Beispiele von Schulträgern zeigen, dass für den Support mit einer Stelle Vollzeitäquivalent (VZÄ) für 300 bis 400 Endgeräte im Support zu rechnen ist. Mit diesem Stellenschlüssel schaffen die Schulträger in der Regel jedoch keinen Fullservice mit garantierten Erreichbarkeits-, Reaktions- und Wiederherstellungszeiten.

Ein Teil dieser notwendigen Ressourcen kann gegebenenfalls dadurch kompensiert werden, dass bestimmte Dienstleistungen an andere Dienstleister übertragen werden, was sich dann allerdings in erhöhten Dienstleistungsentgelten niederschlägt:

- Für die Hardware sollten Rahmenverträge mit einer Garantie über die Laufzeit (fünf Jahre) abgeschlossen werden, sodass Hardwareausfälle über die Laufzeit abgesichert sind. Eine Verpflichtung zur Aufstellung der Endgeräte am Einsatzort und der Netzanschluss mit dem Anstoß der Erstbetankung verlagern die Rolloutaufwände auf den Rahmenvertragspartner.
- Ein zentrales proaktives Monitoring und Management der (W)LANs stellt die Funktionsfähigkeit der Schulnetze sicher.
- Eine Schulserverlösung mit definiertem Herstellersupport (z. B. Ersteinrichtung, Servermonitoring und Störungsbehebung) stellt die Grundversorgung des Schulnetzes sicher.
- Eine zentrale Softwareverteilung für die Erstbetankung und die Rücksetzung der Endgeräte im Fehlerfall reduzieren die Aufwände für Softwarewartung.

Bei einem Betreuungsschlüssel von 1 VZÄ (Entgeltgruppe E/A 9) auf 300 Endgeräte entstehen ca. 15 Euro pro Rechner im Monat bzw. 180 Euro pro Rechner im Jahr an Personalkosten. Darüber hinaus kann der Support auch komplett an einen Dienstleister ausgelagert werden, was in der Regel zu ähnlichen Kosten führen wird.

Tabelle 7: Kostenschätzung Wartung und Support

Variante	Kosten Modellschule	Kosten pro Schülerin und Schüler
5:1-Ausstattung	27.000 € pro Jahr	36,00 € pro Jahr
1:1-Ausstattung	135.000 € pro Jahr	180,00 € pro Jahr

Insgesamt ist hierbei zu berücksichtigen, dass die Kosten für Wartung und Support stark variieren können, je nachdem wie hoch der Standardisierungsgrad (und damit die Einschränkung der Wahlfreiheit) oder die Personalkosten (nach Einstufung bei den IT-Dienstleistern) ausfallen. Ferner sind zentrale Lösungen für die Beschaffung und Inventarisierung der Endgeräte sowie Netzwerkkomponenten zu berücksichtigen, die dauerhaft verwaltet und als Personalkosten fakturiert werden müssen. Aufgrund der Vielzahl unterschiedlicher möglicher Modelle, wie beispielsweise die Auslagerung an einen oder mehrere Dienstleister oder die Mobilisierung bestehender Zuständigkeiten in der kommunalen Kernverwaltung, sind diese nicht in der Kostenabschätzung abgebildet.

5.2.5 Prozesskosten

Für die Planung, Umsetzung und Steuerung eines Medienentwicklungsplanungsprozesses ist dauerhaft eine Verantwortlichkeit zu schaffen, die für Ausschreibungen, Beschaffungsabwicklung, Dokumentation, Controlling und Koordination zuständig ist.

Aus Vergleichen bei Schulträgern kann davon ausgegangen werden, dass hierfür je nach Ausstattungsmodell im Umfang eine volle Stelle (Entgeltgruppe E/A 13) für ca. 2.000 Endgeräte notwendig ist, die entweder neu geschaffen werden muss oder deren Aufgaben anteilig bestehenden Stellen zugeordnet werden. Es entstehen ca. 3 Euro pro Rechner im Monat bzw. 36 Euro pro Rechner im Jahr an Personalkosten.

Tabelle 8: Kostenschätzung Prozesskosten

Variante	Kosten Modellschule	Kosten pro Schülerin und Schüler
5:1-Ausstattung	5.400 € pro Jahr	7,20 € pro Jahr
1:1-Ausstattung	27.000 € pro Jahr	36,00 € pro Jahr

Auch bei den Prozesskosten muss davon ausgegangen werden, dass sie in der Realität der kommunalen Schulträger stärker variieren und nicht linear mit der Ausstattung steigen. Dies hängt wiederum davon ab, wie Beschaffung oder Steuerung jeweils organisiert und ob bereits Zurechnungen im Rahmen einer kommunalen Kosten- und Leistungsrechnung möglich sind.

5.3 Schulinfrastruktur

5.3.1 Endgeräte

Grundlage für die Modellrechnungen auf Basis der beiden Szenarien in Kapitel 4.2 bildet eine Mischkalkulation von mehreren Geräteklassen, die für den Betrieb in

Schulen geeignet sind (aufgrund der sich schnell ändernden Rechnerkonfigurationen am Markt wurde auf eine detaillierte Spezifikation verzichtet):

- Desktop-PC inkl. Monitor, Tastatur, Maus (ca. 500 Euro)
- Notebook, optional Touchscreen (600 Euro)
- Tablet (300 Euro)

Für die Auswahl der Endgeräte ist insbesondere in Hinblick auf Tablets die Auswahl der Geräteplattform relevant, die sich in Hinblick auf die Funktionalität, das Softwareangebot, die Systemleistung und die Sicherheit zum Teil deutlich unterscheidet. Der Einsatz mehrerer unterschiedlicher Plattformen erhöht zudem den Aufwand für den Support deutlich.

Für beide Modellszenarien lassen sich mehrere Varianten abbilden, die davon ausgehen, dass für die Grundversorgung des informatiknahen Unterrichts mindestens zwei fest installierte Computerräume in der Modellschule benötigt werden.

Szenario 1 (insgesamt fünf Computerräume und/oder Notebook-/ Tablet-Klassensätze), alternativ:

- Szenario 1.1: Fünf Computerräume
- Szenario 1.2: Zwei Computerräume und drei Notebook-Klassensätze
- Szenario 1.3: Zwei Computerräume und drei Tablet-Klassensätze

Szenario 2 (zwei Computerräume und schülerindividuelle Notebooks/Tablets), alternativ:

- Szenario 2.1: Zwei Computerräume und schülerindividuelle Notebooks
- Szenario 2.2: Zwei Computerräume und schülerindividuelle Tablets

Tabelle 9: Kostenschätzung Endgeräte

Variante	Kosten Modellschule (Einmalkosten)	Kosten pro Schülerin und Schüler
1.1 (150 Desktop-PCs)	75.000 € Abschreibungswert (5 Jahre): 15.000 € pro Jahr	20,00 € pro Jahr
1.2 (60 Desktop-PCs, 90 Notebooks)	84.000 € Abschreibungswert (5 Jahre): 16.800 € pro Jahr	22,40 € pro Jahr
1.3 (60 Desktop-PCs, 90 Tablets)	57.000 € Abschreibungswert (5 Jahre): 11.400 € pro Jahr	15,20 € pro Jahr
2.1 (60 Desktop-PCs, 750 Notebooks)	480.000 € Abschreibungswert (5 Jahre): 96.000 € pro Jahr	128,00 € pro Jahr
2.2 (60 Desktop-PCs, 750 Tablets)	255.000 € Abschreibungswert (5 Jahre): 51.000 € pro Jahr	68,00 € pro Jahr

Die Kostenbeteiligung von Schule bzw. Schulträger zur Realisierung des Szenarios 2 ist abhängig vom jeweilig favorisierten Finanzierungsmodell der Endgeräte, also inwiefern und ob eine (anteilige) Kostenübernahme durch andere Organisationen, Fördervereine, Sponsoren bzw. Eltern vorgesehen ist. Die Rahmenbedingungen (z. B. eine stabile und ausreichend dimensionierte IT-Basisinfrastruktur) sowie aktuelle Entwicklungen zu BYOD sind in Kapitel 4 aufgeführt und sollten bei der Planung dieses Modells entsprechend berücksichtigt werden.

5.3.2 Apps und Software

Für die Ausstattung mit Apps und Software zeichnen sich Entwicklungen ab, die für den Schulbereich Veränderungen in Hinblick auf die Bereitstellung von Applikationen (und zunehmend auch Content) ergeben werden und eine Kalkulation der Kosten erschweren:

- Über die Online-Marktplätze (»Marketplaces«) der großen Plattformanbieter für mobile Endgeräte, wie z. B. Apple (iOS), Google (Android) und Microsoft (Windows 8/10), werden zum Teil bereits (Bildungs-) Applikationen, Lernspiele und elektronische Inhalte angeboten, die auch für den Schulbereich nutzbar sind. Hierfür sind aber zumeist individuelle Accounts und Abrechnungsfunktionen erforderlich, die den Einsatz von Managementlösungen erfordern.
- Software wird künftig zunehmend webbasiert angeboten. Das trifft bereits auf Office-Produkte (z. B. Microsoft Office 365 für Bildung [live@edu], Google Docs etc.) zu. Aber auch das Angebot an webbasierter Standardsoftware für andere Einsatzbereiche (z. B. Bildbearbeitung) sowie Lernsoftware wird weiter zunehmen. Hier ist vor allem die datenschutzrechtliche Bewertung relevant – insbesondere bei Angeboten, in denen die Leistungserbringung außerhalb der EU liegt.

Der Zugang zu diesen Angeboten stellt neue Anforderungen an die Bereitstellung von Content und Applikationen und einen gesicherten Zugang dazu. Die lokalen Infrastrukturen in den Schulen können diese Anforderungen immer weniger erfüllen.

Grundsätzlich bestehen zwei Welten, die zukünftig zu bewältigen sind:

1. Standard- und Lernsoftware, die lokal auf den standardisierten Geräten des Schulträgers installiert werden
2. Inhalte, die über einen Browser auf beliebige Endgeräte gebracht werden können (z. B. über Terminalservices oder Virtualisierung)

Die Befragung von Lehrkräften hat bei verschiedenen Schulträgern (z. B. Emden, Hannover) gezeigt, dass die weiterführenden Schulen überwiegend Office-Produkte einsetzen (jeweils etwa 50 Prozent). Andere Produkte, wie z. B. Mathematikanwendungen, Mindmapping-Tools, Bildbearbeitungsprogramme, Media Player oder Ergänzungen zu Lehrwerken, werden von wenigen Lehrkräften genannt. In den Grundschulen werden am häufigsten die großen Lernprogramm-Suiten wie Budenberg und Lernwerkstatt genannt. Hingegen werden Office-Anwendungen nur von wenigen Grundschullehrkräften genannt.

Hinzu kommt die erhöhte Verfügbarkeit von digitalen Schulbüchern seitens der Verlage, die über eine Software- oder auch zusätzlich webbasiert eingesehen werden können. Auch (interaktive) E-Books mit Bildungsinhalten werden veröffentlicht. Generell stellt sich hier die Herausforderung fehlender Standards bezüglich der Dateiformate und mitunter daraus resultierender Einschränkungen in Darstellung und Einstellungsmöglichkeiten an speziellen Endgeräten, was den Einsatz in der Schule erschwert.

Eine weitreichende Standardisierung des Softwareangebotes in Schulen ist notwendig, um eine zentrale Steuerung der IT-Ausstattung sowie auf Standardsoftware aufgebaute Supportangebote und Fortbildungen zu ermöglichen. In Bezug auf den Softwareeinsatz in Schulen ergeben sich vier Kernprobleme, denen durch die Standardisierung begegnet werden soll:

1. Lehrkräften steht eine Vielzahl unterschiedlicher Softwareprodukte mit unterschiedlicher pädagogischer Eignung zur Verfügung, deren Auswahl nur schwer zu organisieren ist. Insbesondere neue Lehrkräfte erwarten einen definierten Sockel an Softwareprodukten, die an ihren Schulen bereitstehen.
2. Eine große Anzahl verschiedener Softwareprodukte kann in der Breite kaum effektiv und effizient von einem zentralen Support unterstützt werden.
3. Um die Nutzung von Softwareprodukten an den Schulen zu gewährleisten, ist es erforderlich, die Lehrkräfte im Umgang mit der Software und den Möglichkeiten ihres unterrichtlichen Einsatzes fortzubilden. Gezielte Fortbildungen sind jedoch in der Regel nur für eine begrenzte Anzahl unterschiedlicher Produkte möglich. Durch Definition eines Standards kann das Fortbildungsangebot an die darin enthaltenen Produkte angepasst werden.
4. Das Lizenzmanagement stellt die Schulen und den Schulträger aufgrund der unterschiedlichen Lizenzbestimmungen der Softwarehersteller vor große Schwierigkeiten.

Softwarestandardisierung im Kontext von Schulumgebungen bedeutet hierbei allerdings nicht, auf jedem Computer jeder Schule jeder Schulform die gleiche Software zu installieren. Es lassen sich vielmehr drei Ebenen identifizieren.

Abbildung 5: Softwarestandardisierung – Aufbau der Pakete

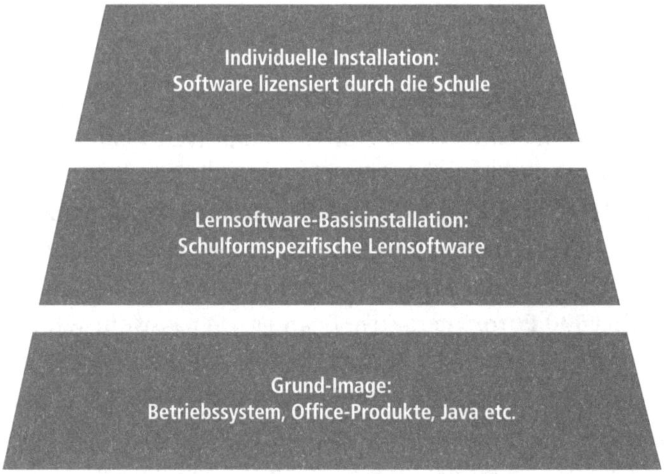

Individuelle Installation:
Software lizensiert durch die Schule

Lernsoftware-Basisinstallation:
Schulformspezifische Lernsoftware

Grund-Image:
Betriebssystem, Office-Produkte, Java etc.

Für die Lizenzierung der Betriebssysteme ist eine Volumen-Lizenzierung gegenüber OEM-Lizenzen vorzuziehen, insbesondere auch um Betriebsprozesse (Softwareverteilung) entsprechend unterstützen zu können. Microsoft bietet über seine Distributoren über einen mit dem Medieninstitut der Länder (FWU) geschlossenen Rahmenvertrag zum einen ein Mietmodell und zum anderen Kauflizenzen (select) zu Bildungskonditionen an. In beiden Fällen handelt es sich um Upgrade-Lizenzen, sodass eine ältere Betriebssystemlizenz vorhanden sein muss. Das Mietmodell hat zudem die Besonderheit, dass die Lizenzkosten auf Basis der in Vollzeit beschäftigten Mitarbeiterinnen und Mitarbeiter der Schule berechnet werden und die Produkte dann auf allen Rechnern der Schule eingesetzt werden dürfen. Für eine Kostenbetrachtung ist zu beachten, dass für das Mietmodell jährliche Kosten anfallen. Bei einem Kaufmodell fallen nur die einmaligen Kosten an. Über die Laufzeit eines Medienentwicklungsplans von fünf Jahren und einer Rechnerausstattung von besser als 5:1 ist das Mietmodell in der Regel günstiger als ein Kauf. Sollen die Lizenzen in der gleichen Version deutlich länger als fünf Jahre genutzt werden, kippt die Wirtschaftlichkeit zugunsten des Kaufmodells. Im Rahmen einer erweiterten Wirtschaftlichkeitsbetrachtung muss neben den Kosten daher auch der Nutzwert des jeweiligen Modells betrachtet werden (z. B. Entfall des Lizenzmanagements).

Tabelle 10: Kostenschätzung Apps & Software

Variante	Kosten Modellschule	Kosten pro Schülerin und Schüler
Basispaket (Betriebssystem, Office, FWU-Vertrag, Mietmodell, ca. 57,00 € pro Vollzeit beschäftigte/n Mitarbeiter/in)	3.420 € pro Jahr (bei 60 Vollzeit beschäftigten Mitarbeitern)	4,56 € pro Jahr
Lernsoftware	Individuell zu kalkulieren	Individuell zu kalkulieren
Fachspezifische/webbasierte Software	Individuell zu kalkulieren	Individuell zu kalkulieren

5.3.3 Präsentationsmedien (IWB, interaktive Beamer)

Die Ausstattung der Unterrichtsräume mit innovativen Präsentationsmedien, wie z. B. Interaktiven Whiteboards (IWBs) oder interaktiven Beamern, ist zunehmend eine Anforderung aus den Schulen. Letztere bieten in Kombination mit einem konventionellen Whiteboard eine günstige Alternative und werden inzwischen von vielen Schulen gegenüber einem IWB favorisiert. Die Preise der unterschiedlichen Herstellersysteme differieren erheblich am Markt. Ein vollständiges IWB kostet durchschnittlich 3.500 Euro, interaktive Beamer mit passivem Whiteboard etwa die Hälfte. In beiden Fällen entstehen zusätzlich Kosten für die Montage. Beide Gerätetypen brauchen für die Interaktion eine Software, die in der Regel in einer Basisversion kostenfrei ist, für den vollen Funktionsumfang aber lizenziert werden muss. Es bietet sich an, hierfür einheitlich eine Software zu beschaffen, die unabhängig von einer speziellen Hardware betrieben werden kann. Für eine Schullizenz können Kosten bis zu 2.000 Euro anfallen. Die Produkte sollten schulträgerweit für alle Schulen einheitlich beschafft werden, um weitere Synergien zu realisieren und den Fortbildungsaufwand zu minimieren. Als dritte Möglichkeit bietet sich der Einsatz konventioneller Beamer ohne Interaktion an. Als Zubehör empfehlen sich generell zusätzliche Lautsprecher und Dokumentenkameras.

Für Schulträger bedeutet eine Vollausstattung somit bereits in der Anschaffung einen erheblichen Kostenaufwand. In größerem Umfang haben die deutschen Schulträger IWBs erst im Rahmen des letzten Konjunkturprogramms der Bundesregierung angeschafft, sodass bisher wenige Langzeiterfahrungen zum Einsatz, insbesondere zu den Folgekosten vorliegen. Erste Erfahrungswerte lassen den Schluss zu, dass die Ausstattung mit echten interaktiven Whiteboards ein Vielfaches gegenüber herkömmlichen Tafeln bei einer wesentlich kürzeren Nutzungsdauer kostet und die Folgekosten erheblich sind.

Trotzdem sollte für eine lernförderliche Infrastruktur die Ausstattung aller Unterrichtsräume mit Präsentationstechnik angestrebt werden. Grundsätzlich ist zu empfehlen, zunächst Computerräume und (naturwissenschaftliche) Fachräume auszustatten. Für die weitere Ausstattung von Klassenräumen ist gegebenenfalls ein jährliches Budget vorzusehen und nach Vorlage von (geprüften) Medienkonzepten eine Zuteilung an die Schulen vorzunehmen. Dazu ist von den Schulen der Einsatz im Medienkonzept zu begründen und der Nachweis über die Fortbildung des Kollegiums zu erbringen. Bei umfangreichen Baumaßnahmen, die auch eine generelle Neuausstattung mit Tafeln nach sich ziehen, kann hingegen über eine sofortige Vollausstattung nachgedacht werden. Bei einer stufenweisen bzw. nachgezogenen Ausstattung ist eine inhomogene Geräte- und Softwareausstattung zu vermeiden.

Tabelle 11: Kostenschätzung Präsentationsmedien

Variante	Kosten Modellschule (Einmalkosten)	Kosten pro Schülerin und Schüler
Interaktives Whiteboard (Stückpreis 4.000 € inkl. Montage, Zubehör, Ersatzteile; Nutzungsdauer: 8 Jahre)	160.000 € Abschreibungswert (8 Jahre): 20.000 € pro Jahr	26,67 € pro Jahr
Interaktiver (Kurzdistanz-)Beamer mit passivem Whiteboard (Stückpreis 2.000 € inkl. Montage, Zubehör, Ersatzteile; Nutzungsdauer: 8 Jahre)	80.000 € Abschreibungswert (8 Jahre): 10.000 € pro Jahr	13,33 € pro Jahr
Beamer mit Projektionsfläche (Stückpreis 1.000 € inkl. Montage, Zubehör, Ersatzteile; Nutzungsdauer: 8 Jahre)	40.000 € Abschreibungswert (8 Jahre): 5.000 € pro Jahr	6,67 € pro Jahr
PC für den Betrieb der Präsentationstechnik (Stückpreis 500 €, Nutzungsdauer: 8 Jahre)	20.000 € Abschreibungswert (8 Jahre): 2.500 € pro Jahr	3,33 € pro Jahr
Softwareausstattung (2.000 € Schullizenz)	2.000 € Abschreibungswert (8 Jahre): 250 € pro Jahr	0,33 € pro Jahr

5.3.4 Multifunktionsgeräte

Wenn in den Schulen zunehmend die Möglichkeiten ausgebaut werden, dass die Lernenden und Lehrenden mit (mobilen) Endgeräten medienbruchfrei digitale Unterrichtsmaterialien und -medien nutzen können, tritt die Druckfunktionalität stärker in den Hintergrund. Nichtsdestotrotz zeigen Untersuchungen, dass selbst die Schülerinnen und Schüler in 1:1-Tablet-Projekten nach wie vor eine hohe Affinität zum Lernen mit Papier behalten, sodass ein vollständiger Verzicht auf Druckfunktionalitäten in den Schulen ausgeschlossen ist.

In den Kernverwaltungen geht der Trend hin zu zentralen Druckerkonzepten (Maurer et al. 2013). Die Ausstattung mit Einzelplatzdruckern wird zunehmend durch die Ausstattung mit netzwerkfähigen Multifunktionsdruckern, die neben dem Druck auch Funktionen zum Scannen und Kopieren bieten, abgelöst. Eine entsprechende Strategie ist auch für den Schulbereich sinnvoll. Alternativ ist auch zu prüfen, ob die bestehenden Kopierer in den Schulen netzwerkfähig sind und im pädagogischen Schulnetz betrieben werden können, da hier häufig Leasinggebühren an die Abnahme von Druckkontingenten geknüpft sind und sich finanzielle Vorteile ergeben können, wenn eine Schule diese bisher nicht ausnutzt.

Wesentliche Voraussetzung für die Integration in das Schulnetz ist entweder die WLAN-Fähigkeit des Multifunktionsgerätes oder ein Aufstellungsort in der Nähe von Festnetzanschlüssen. In der Regelausstattung ist ein Drucker für zwei Computerräume (mit je 30 Arbeitsplätzen) sinnvoll. Weiterhin ist zusätzlich maximal ein Multifunktionsgerät pro Etage oder Gebäudetrakt vorzusehen. Es kann davon ausgegangen werden, dass diese Abdeckung mit der Formel »ein Drucker auf 60 fest angeschlossene Endgeräte« ausgedrückt werden kann. Die Preise für Multifunktionsgeräte (Farblaser) beginnen bei rund 300 Euro und können je nach Ausstattung auf bis zu 1.000 Euro steigen. Es wird daher ein kalkulatorischer Durchschnittspreis von 650 Euro unterstellt.

Tabelle 12: Kostenschätzung Multifunktionsgeräte

Variante	Kosten Modellschule (Einmalkosten)	Kosten pro Schülerin und Schüler
5:1-Ausstattung	1.625 € Abschreibungswert (5 Jahre): 325 € pro Jahr	0,43 € pro Jahr
1:1-Ausstattung	8.125 € Abschreibungswert (5 Jahre): 1.625 € pro Jahr	2,17 € pro Jahr

5.4 Zusammenfassung der Gesamtkosten

Eine Zusammenfassung der einzelnen Kostenblöcke ergibt für das Modell der 5:1-Ausstattung jährliche Kosten pro Schülerin bzw. Schüler von 95 Euro bis zu gut 180 Euro für die Maximalausstattung (vgl. Tabelle 13).

Tabelle 13: Kosten pro Schüler/Schülerin pro Jahr bei einer 5:1-Ausstattung

	min.	max.
Distribution digitaler Lernmedien und Materialien		
FWU-Medien	0,80 €	0,80 €
Software-Landeslizenzen	2,00 €	2,00 €
Zwischensumme	*2,80 €*	*2,80 €*
Pädagogische Unterstützung und Fortbildungen		
Ermäßigungsstunden	5,00 €	10,00 €
Zwischensumme	*5,00 €*	*10,00 €*
Basisinfrastruktur		
WAN/Internet-Anbindung	0,80 €	16,00 €
LAN	6,30 €	6,30 €
WLAN	3,00 €	6,00 €
Zentrale Dienste	4,00 €	10,00 €
Wartung und Support	36,00 €	36,00 €
Prozesskosten	7,20 €	7,20 €
Zwischensumme	*57,30 €*	*81,50 €*
Schulinfrastruktur		
Endgeräte	15,20 €	20,00 €
Standard-Softwarelizenzen	4,56 €	4,56 €
Präsentationsmedien	10,33 €	63,00 €
Multifunktionsgeräte (Druck)	0,43 €	0,43 €
Zwischensumme	*30,52 €*	*87,99 €*
Gesamt	**95,62 €**	**182,29 €**

Für eine durch den Schulträger finanzierte 1:1-Ausstattung liegen die jährlichen Kosten pro Schülerin bzw. Schüler zwischen gut 320 Euro bis 464 Euro für die Maximalausstattung (vgl. Tabelle 14).

Tabelle 14: Kosten pro Schüler/Schülerin pro Jahr bei einer 1:1-Ausstattung

	min.	max.
Distribution digitaler Lernmedien und Materialien		
FWU-Medien	0,80 €	0,80 €
Software-Landeslizenzen	2,00 €	2,00 €
Zwischensumme	*2,80 €*	*2,80 €*
Pädagogische Unterstützung und Fortbildungen		
Ermäßigungsstunden	5,00 €	10,00 €
Zwischensumme	*5,00 €*	*10,00 €*
Basisinfrastruktur		
WAN/Internet-Anbindung	0,80 €	16,00 €

	min.	max.
LAN	6,30 €	6,30 €
WLAN	3,00 €	6,00 €
Zentrale Dienste	4,00 €	10,00 €
Wartung und Support	180,00 €	180,00 €
Prozesskosten	36,00 €	36,00 €
Zwischensumme	*230,10 €*	*254,30 €*
Schulinfrastruktur		
Endgeräte	68,00 €	128,00 €
Standard-Softwarelizenzen	4,56 €	4,56 €
Präsentationsmedien	10,33 €	63,00 €
Multifunktionsgeräte (Druck)	2,17 €	2,17 €
Zwischensumme	*85,06 €*	*197,73 €*
Gesamt	**322,96 €**	**464,83 €**

Die hier dargestellten Schätzungen stellen eine Orientierungshilfe dar. Sie müssen in jedem Einzelfall mithilfe exakter Planungen gerechnet werden, zumal hier Annahmen einer Modellschule der Sekundarstufe zugrunde gelegt wurden und diese auf konkrete Schulen und ihre Bedingungen zu übertragen sind. Eine vorläufige analoge Rechnung für andere Schulformen lässt sich auf Basis dieser Abschätzung mit einer Verschiebung einiger Kostenpunkte realisieren. Ein Hauptkostenfaktor sind die Bereitstellung und der Betrieb der Basisinfrastruktur mit (W)LAN und Breitbandanbindung; weiterhin sind die Betriebskosten der zentralen Dienste, der Lernplattformen und der Serverstruktur zu erwähnen. Diese sind, wie in Kapitel 2.3 und 4 zu lernförderlichen IT-Infrastrukturen diskutiert, essenzieller Bestandteil der IT-Infrastruktur aller Schulformen und müssen entsprechend eingeplant werden. Der Bedarf an zusätzlicher Ausstattung kann nach Schulform und auch mit dem individuellen Profil einer Schule variieren. Während Förderschulen einen größeren Anteil assistiver Technologien einplanen müssen, um Schülerinnen und Schüler entlang ihrer körperlichen, geistigen und auch sozialen Fähigkeiten und optimal in ihrem Kompetenzerwerb unterstützen zu können, benötigen Grundschulen i.d.R. weniger Computerräume im Verhältnis zur Schüleranzahl als Sekundarstufen, weil die techniknahen Unterrichtsinhalte in den höheren Jahrgangsstufen eine größere Rolle spielen und sich in Grundschulen die Einbindung digitaler Medien tendenziell eher in Unterrichtsformen wie einer Binnendifferenzierung anbietet, die die Verfügbarkeit von Präsentationstechnik und Endgeräten in den anderen Unterrichtsräumen erfordert. An Förder- und Grundschulen ist erfahrungsgemäß mit einem leicht höheren Supportaufwand für die Endgeräte zu rechnen, da weniger Entlastungsstunden und zumeist keine Lehrkräfte mit techniknahem Fachschwerpunkt im 1st-Level-Support zur Verfügung stehen und Schülerinnen und Schüler nicht unterstützen können. Für eine Aufwandsschätzung an berufsbildenden Schulen können vergleichbare Faktoren wie an einer großen Schule der Sekundarstufe angelegt werden; jedoch ist die besondere Berücksichtigung der abgedeckten Berufsfelder und sich daraus ergebender Ausstattungsbedarfe (z. B. für Werkstätten in Hard- und Software, spezielle Programmierumgebungen, Filmschnitt und -analyse, Kalkulationssoftware u.ä.) vonnöten, die die Bereitstellung zusätzlicher finanzieller Mittel erfordert.

Derzeit gibt es keine verlässliche Gesamtkostenermittlung für BYOD mit Elternfinanzierung für eine Schulregion bzw. kommunale Schulträger, sondern Erfahrungswerte aus einzelnen Schulen, die oftmals auch durch ein hohes Eigenengagement getragen werden und somit kaum in die TCO-Berechnung einfließen. Tendenziell ist nicht von einem hohen Einsparpotenzial seitens der Schulträger bei der Einführung von BYOD im Gegensatz zu einer Eigenanschaffung der Endgeräte auszugehen, da Hauptkostenfaktoren wie Netzwerktechnik, Breitbandanbindung sowie zentrale Dienste bleiben und der Supportaufwand mitunter steigt. Die Aufwände hängen stark von den individuellen Rahmenbedingungen und weiteren Faktoren wie der Ausstattungsstrategie ab und müssen im Einzelfall berechnet werden.

Bei einer vollständigen Elternfinanzierung reduzieren sich die Kosten für die Endgeräte, manche Softwarelizenzen und zum Teil für Wartung und Support, sofern es sich um Reparaturen handelt. Auf der anderen Seite werden die Kosten für die Bereitstellung der technischen Infrastruktur steigen, da es sich wahrscheinlich um unterschiedliche Endgeräte handelt, die wiederum zusätzlichen Aufwand bei der Einbindung und technischen Absicherung verursachen. Außerdem ist dabei immer zu beachten, dass eine Elternfinanzierung auch zu sozialpolitischen Konsequenzen führen wird, da nicht erwartet werden kann, dass in allen Regionen in Deutschland gleiche Voraussetzungen vorliegen. Somit ist eine schulspezifische Regelung durchaus denkbar, eine flächendeckende Ausstattung in dieser Form derzeit eher unwahrscheinlich.

Wenn man die ermittelten Zahlen für eine grundlegende lernförderliche IT-Infrastruktur allein für die Gesamtschülerzahl der weiterführenden allgemeinbildenden Schulen in Deutschland (5,63 Mio.) hochrechnet, müssten für die Umsetzung des 5:1-Modells mindestens 538 Mio. Euro und für die Umsetzung des 1:1-Modells bis zu 2,62 Mrd. Euro von den Ländern und Kommunen aufgewendet werden.

6   Fazit und Handlungsempfehlungen

Die Bereitstellung einer lernförderlichen IT-Infrastruktur ist eine notwendige, wenn auch nicht hinreichende Bedingung für die Integration digitaler Medien in Lern- und Lehrprozesse einer Schule. Aus den Fallstudien und den vorliegenden Kostenschätzungen wird deutlich, dass es sich hierbei um Aufgaben handelt, die sich über alle Ebenen des Schulsystems erstrecken und in Zukunft auch die Bundesebene betreffen werden (siehe den aktuellen Beschluss des Deutschen Bundestages). Gleichzeitig wird auch deutlich, dass dies nicht mehr von einer Schule oder einer kleinen Gemeinde als Schulträger allein geleistet werden kann. Aufgrund der rechtlichen Rahmenbedingungen, aber auch der technischen Komplexität muss eine lernförderliche IT-Infrastruktur professionell aufgebaut und gewartet werden – wie dies in anderen Ländern durchaus üblich ist. Eine Delegation auf die Einzelschule und dortige Lehrkräfte mag im Einzelfall möglich und erfolgreich sein – ein Konzept für die Breite ist dies nicht. Der Vergleich mit den Kostenmodellen von 1999 zeigt, dass insbesondere die Hardware- und Telekommunikationskosten sowie die Wartungskosten durch die Standardisierung deutlich gesunken und die damals kalkulierten aufwendigen Maßnahmen zur Basisqualifikation der Lehrkräfte heute nicht mehr so relevant sind.

Die geschätzten Kosten pro Jahr und Schülerin bzw. Schüler machen deutlich, dass auch eine Elternbeteiligung zu erheblichen Kosten bei den kommunalen Schulträgern führen wird, zumal diese sozialpolitisch keineswegs abgesichert ist. Die hier aufgezeigten Spannbreiten basieren auf der Annahme einer Modellschule der Sekundarstufe. Alle weiteren konkreten Berechnungen müssen im Rahmen von Medienentwicklungsplänen erfolgen, die auch eine Akzentuierung bestimmter Szenarien ermöglichen. Somit ergeben sich je nach Akteursebene des Schulsystems unterschiedliche Herausforderungen, die durch eine strategische Planung und verbindliche Verabredungen adressiert werden sollten.

Landesebene	Kommunale Ebene	Schulebene
• Kooperationsvereinbarung mit Kommunen über Übernahme von Kostenanteilen • Entwicklung eines Landeskonzepts Medienbildung • Bereitstellung von Landeslizenzen (FWU-Medien) • Bereitstellung von Plattformen (Medien, Kollaboration usw.) • Verknüpfung von Identitätsmanagementsystemen mit den Schulträgern • Bereitstellung vergleichbarer IT-Infrastrukturen in den Studienseminaren (nahtlose Nutzung in der Ausbildung und im Schulalltag)	• Zusammenführung der schulischen Medienkonzepte in einen kommunalen Medienentwicklungsplan • Aufbau von Koordinations- und Kommunikationsstrukturen • Gremienarbeit • Bestandsaufnahmen und kontinuierliches Anforderungsmanagement • Infrastrukturplanung, Beschaffung und Rollout • IT-Service-Management • Finanzplanung	• Medienkonzept als Teil des Schulprogramms • Interne Abstimmung der Endgerätestrategie • Planung des Softwarebedarfs • Organisation der lokalen Unterstützung • Verknüpfung mit außerschulischen Lernorten

Die fundamentale Bedeutung einer holistischen Betrachtungsweise und Zusammenarbeit über die Ebenen Land, Kommune, Schule und damit Zuständigkeiten hinweg, die im Mehrebenenmodell der Medienintegration als Mikro-, Meso- und Makroebene bezeichnet werden, wird beispielsweise in der kommunalen Medienentwicklungsplanung deutlich. Eine zentrale Grundlage für die IT-Ausstattung sind die individuellen Bedarfe der Schulen, die diese u. a. aus ihrem schulform- und schulprofilabhängigen Curriculum, ihrer pädagogischen Unterrichtsgestaltung, bestehenden Ausstattung und dem Fortbildungsstand der Lehrkräfte ableiten und in deren Zentrum die Ziele zum Kompetenzerwerb der Schülerinnen und Schüler stehen. Die Prüfung und Implementierung von Landesvorgaben, etwaiger durch das Land bereitgestellter zentraler Dienste sowie deren Ergänzung durch kommunal finanzierte, schulübergreifende Dienste ist dabei u. a. ebenfalls Bestandteil der Medienentwicklungsplanung und bedarf der ebenenübergreifenden Zusammenarbeit. Für die Bereitstellung und Instanthaltung lernförderlicher Infrastrukturen im Sinne einer vollständigen Medienintegration an Schulen ist keines der vorgestellten Ausstattungsszenarien hervorzuheben; vielmehr ist eine solide IT-Basisinfrastruktur erforderlich, die Schülerinnen und Schüler sowie Lehrkräfte in Lern- und Lehrprozessen und in ihrer pädagogisch-didaktischen Konzipierung unterstützt und dann mit einer entsprechend angepassten Endgerätestrategie individuellen Bedarfen gerecht werden kann.

7 Literatur

Altrichter, H., Brüsemeister, T., Wissinger, J., 2007. Educational Governance. Handlungskoordination und Steuerung im Bildungssystem. VS Verlag, Wiesbaden.

Arbeitsgruppe ICT und Medien, 2015. Schlussbericht der Arbeitsgruppe zu Medien und Informatik im Lehrplan 21.

Birkenhauer, J., 1999. Außerschulische Lernorte, in: Didaktik der Geographie – Begriffe. Oldenbourg Wissenschaftsverlag, München, S. 14f.

Birkenhauer, J., 1995. Außerschulische Lernorte: HGD-Symposium Benediktbeuern 1993, Geographiedidaktische Forschungen; 26. Selbstverl. des Hochschulverbandes für Geographie und Didaktik, Nürnberg.

Bos, W., Eickelmann, B., Gerick, J., Goldhammer, F., Schaumburg, H., Schwippert, K., Senkbeil, M., Schulz-Zander, R., Wendt, H., 2014. ICILS 2013: Computer- und informationsbezogene Kompetenzen von Schülerinnen und Schülern in der 8. Jahrgangsstufe im internationalen Vergleich. Waxmann, Münster, Westf.

Breiter, A., 2001. IT-Management in Schulen. Pädagogische Hintergründe, Planung, Finanzierung und Betreuung des Informationstechnikeinsatzes. Luchterhand, Neuwied.

Breiter, A., Aufenanger, S., Averbeck, I., Welling, S., Wedjelek, M., 2013. Medienintegration in Grundschulen. Vista, Berlin.

Breiter, A., Fischer, A., Stolpmann, B.E., 2008. Planung, Analyse und Benchmarking der Gesamtausgaben von IT-Systemlösungen für die pädagogische Nutzung neuer Medien in Schulen. Benchmarkingstudie über die Gesamtausgaben in vier Schulprojekten. Schulen ans Netz e.V., Bonn.

Breiter, A., Welling, S., Stolpmann, B.E., 2010. Medienkompetenz in der Schule, Schriftenreihe Medienforschung der LfM. Vistas, Berlin.

Burk, K., Claussen, C., 1980. Lernorte außerhalb des Klassenzimmers: didaktische Grundlegung und Beispiele: Methoden Praxisberichte Hintergründe. Arbeitskreis Grundschule.

Cuban, L., 2001. Oversold and underused: Computers in classrooms. Harvard University Press, Cambridge, MA.

Deasy, J., 2012. Common Core Technology Project Plan.

Deutschschweizer Erziehungsdirektoren-Konferenz (D-EDK)) (Ed.), 2014. Medien und Informatik, in: Lehrplan 21.

Eickelmann, B., Lorenz, R., Vennemann, M., Gerick, J., Bos, W., 2014. Grundschule in der digitalen Gesellschaft. Befunde aus den Schulleistungsstudien IGLU und TIMSS 2011. Waxmann, Münster.

Eickelmann, B., Schulz-Zander, R., 2006. Schulentwicklung mit digitalen Medien – nationale Entwicklungen und Perspektiven, in: Bos, W., Holtappels, H.G., Klemm, K., Pfeiffer, H., Rolff, H.-G., Schulz-Zander, R. (Eds.), Jahrbuch der Schulentwicklung: Daten, Beispiele und Perspektiven. Band 14. Juventa, Weinheim, München, S. 277–309.

Ely, D.P., 1999. Conditions that facilitate the implementation of educational technology innovations. Educ. Technol. 42, S. 23–27.

Ertmer, P.A., 2005. Teacher pedagogical beliefs: The final frontier in our quest for technology integration? Educ. Technol. Res. Dev. 53, S. 25–39.

Evaluation Support and Research Unit Inspectorate, Department of Education and Science (Eds.), 2008. ICT in Schools – Inspectorate Evaluation Studies. Dublin.

Grzybowski, M., 2013. Educational technologies in South Korea. Gen. Prof. Educ. 2013, S. 3–9.

Halloren- und Salinemuseum Halle (Saale): SALINETECHNIKUM [WWW Document], 2014. URL http://www.salinetechnikum.de (abgerufen am 12.12.14).

Heinen, R., Kerres, M., Schiefner-Rohs, M., 2013. Bring your own device: Private, mobile Endgeräte und offene Lerninfrastrukturen an Schulen, in: Karpa, D., Eickelmann, B., Graf, S. (Eds.), Digitale Medien und Schule. Zur Rolle digitaler Medien in Schulpädagogik und Lehrerbildung. Schriftenreihe »Theorie und Praxis der Schulpädagogik«. Prolog, Immenhausen, S. 129–145.

Hellberg-Rode, G., 2004. Außerschulische Lernorte, in: Unterrichtsplanung und Methoden, Basiswissen Sachunterricht. Schneider Verlag Hohengehren, Baltmannsweiler, S. 145–150.

Hennessy, S., Ruthven, K., Brindley, S., 2005. Teacher perspectives on integrating ICT into subject teaching: Commitment, constraints, caution, and change. J. Curric. Stud. Educ. Eval. 37, S. 155–192.

Hwang, D.J., Yang, H.-K., Kim, H., 2010. E-Learning in the Republic of Korea.

Johnson, L., Adams Becker, S., Estrada, V., Freeman, A., 2014. NMC Horizon Report: 2014 K-12 Edition. Austin, Texas: The New Media Consortium.

Keil-Slawik, R., 1999. Evaluation als evolutionäre Systemgestaltung. Aufbau und Weiterentwicklung der Paderborner DISCO (Digitale Infrastruktur für computerunterstütztes kooperatives Lernen), in: Projektevaluation in der Lehre – Multimedia an Hochschulen zeigt Profil(e), Medien in der Wissenschaft. Waxmann Verlag, Münster, S. 11–36.

Kerres, M., Heinen, R., Stratmann, J., 2012. Schulische IT-Infrastrukturen: Aktuelle Trends und ihre Implikationen für Schulentwicklung, in: Schulz-Zander, R., Eickelmann, B., Moser, H., Niesyto, H., Grell, P. (Hrsg), Jahrbuch Medienpädagogik 9. VS Verlag für Sozialwissenschaften, Wiesbaden, S. 161–174.

Korea Education and Research Information Service (Ed.), 2013. White Paper on ICT in Education Korea – Summary. Pure Communications, Daegu.

Kubicek, H., Breiter, A., 1998. Die Finanzierung neuer Medien in Schulen. Gutachten für die Bertelsmann Stiftung. Gütersloh.

Kultusministerkonferenz (Ed.), 2012. Medienbildung in der Schule.

Margolin, J., Haynes, E., Heppen, J., Ruedel, K., Meakin, J., Hauser, A., Blum, J., Chavez, S., Hubbard, A., 2014. Evaluation of the Common Core Technology Project: Interim Report.

Maurer, M., Stolpmann, B.E., Wind, M., Zajac, G., 2013. Informationstechnik – IT-Steuerung mit Kennzahlen und Organisation der IT, in: KGSt-Bericht aus der Vergleichsarbeit. Köln.

Molnar, M., 2015. Global 1-to-1 Computing in Schools Expected to Grow 12 Percent [WWW Document]. Educ. Week - Marketpl. K-12. URL: http://blogs.edweek.org/edweek/marketplacek12/2015/03/global_1-to-1_computing_in_schools_expected_to_grow_12_percent.html?cmp=SOC-SHR-FB (abgerufen am 31.03.2015).

Noenning, J.R., Oehm, L., Wiesenhütter, S., n.d. Fablabs für die Forschung.

Papert, S., 1993. Mindstorms: Children, Computers, and Powerful Ideas, 0002 ed. Basic Books.

Papert, S., Harel, I., 1991. Situating Constructionism, in: Papert, S., Harel, I. (Eds.), Constructionism. Ablex Publishing Corporation, Norwood NJ, S. 1–12.

Reinhold, G., Pollak, G., Heim, H., 1998. Pädagogik-Lexikon. Oldenbourg Wissenschaftsverlag, München.

Sánchez, J., Salinas, Á., Harris, J., 2011. Education with ICT in South Korea and Chile. Int. J. Educ. Dev. 31, 126–148. doi:10.1016/j.ijedudev.2010.03.003

Schaumburg, H., 2003. Konstruktivistischer Unterricht mit Laptops? Eine Fallstudie zum Einfluss mobiler Computer auf die Methodik des Unterrichts (Diss.). Freie Universität Berlin, Berlin.

Selwyn, N., 2011. Schools and Schooling in the Digital Age. Routledge, London.

Tearle, P., 2003. ICT implementation: what makes the difference? Br. J. Educ. Technol. 34, S. 567–583.

Hampel, T., 2001. Virtuelle Wissensräume. Ein Ansatz für die kooperative Wissensorganisation. Paderborn.

Tondeur, J., van Keer, H., van Braak, J., Valcke, M., 2008. ICT integration in the classroom: Challenging the potential of a school policy. Comput. Educ. 51, 212–223. doi:http://dx.doi.org/10.1016/j.compedu.2007.05.003

Walter-Herrmann, J., Büching, C., 2013. FabLab: Of Machines, Makers and Inventors, Auflage: 1., Aufl. ed. Transcript, Bielefeld.

Weinreich, F., Schulz-Zander, R., 2000. Schulen am Netz. Ergebnisse der bundesweiten Evaluation. Ergebnisse einer Befragung der Computerkoordinatorinnen und Computerkoordinatoren an Schulen. Z. für Erzieh. 4, S. 577–593.

Working Group Education der OSB Alliance, 2013. Digitale Medien, Bildungsplattformen und IT-Infrastruktur an Schulen auf Basis offener Systeme und Standards – Referenzrahmen.

Zweiter Zwischenbericht der Enquete-Kommission »Internet und digitale Gesellschaft« – Medienkompetenz (No. Drucksache 17/7286), 2011.

Teil 4

Chancen der Digitalisierung für individuelle Förderung im Unterricht – zehn gute Beispiele aus der Schulpraxis

Jöran Muuß-Merholz

Einleitung: Neun Thesen zu digitalen Medien im Unterricht

Pioniere und Avantgarde

Eine Anmerkung für alle, die diesen Text in ferner Zukunft lesen: 2015 war es in Deutschland die Ausnahme von der Regel, wenn digitale Medien im Schulunterricht genutzt wurden. Fast alle anderen gesellschaftlichen Bereiche waren vom digitalen Wandel erfasst worden – alleine das Bildungswesen und insbesondere die Schule zögerten. 2015 war die Entscheidung für digitale Medien im Unterricht maßgeblich davon abhängig, ob sich einzelne Schulleitungen und vor allem Lehrkräfte mit individuellem Engagement auf neue Wege wagten.

Vor diesem Hintergrund kann man die vorliegenden zehn Beispiele nicht nur als Fallstudien von Unterricht verstehen, sondern auch als Porträt und Anerkennung der konkreten Lehrkräfte, die als Pioniere und Avantgarde gelten können.

Selbstverständlich sind zehn Gespräche keine ausreichende Grundlage, um daraus allgemeingültige Folgerungen zu ziehen. Einige übergreifende Beobachtungen sollen aber im Folgenden skizziert werden, auch um Diskussionsanstöße zu liefern, die die Debatte vorantreiben. Sie sollen einen kleinen Baustein für den Weg von der Avantgarde hin zur Etablierung in der Breite liefern.

These 1: Auf den Pädagogen kommt es an!

Um es vorwegzunehmen: Alle interviewten Lehrkräfte wären sicherlich auch ohne digitale Medien tolle Pädagogen und Pädagoginnen. Ihr Unterricht ist klar strukturiert und von einem hohen Anteil an Lernzeit gekennzeichnet. Ihre Methoden sind abwechslungsreich und aktivierend. Mit digitalen Medien erweitern sie ihr professionelles Handlungsrepertoire und die Lernwelt der Schüler.

Umgekehrt gilt (auch wenn dafür kein Beispiel in den zehn Fallstudien vorliegt): Auch mit digitalen Medien kann man schlechten Unterricht machen.

Insofern sind die zehn Praxisfälle nicht nur Beispiele für den Einsatz digitaler Medien, sondern auch für guten Unterricht. Die Grundfrage lautet nicht: »Wie können wir digitale Medien einsetzen?«, sondern vielmehr: »Wie gestalten wir Unterricht, in dem individuell und selbstgesteuert gelernt werden kann?« Digitale Medien sind Teil der Antwort, nicht Teil der Frage.

These 2: Digitale Medien unterstützen den Rollenwandel für Schüler und Lehrkräfte.

Blickt man auf das Gesamtbild, das sich aus den zehn Beispielen ergibt, so erkennt man den Wandel der Lernkultur, wie er auch unabhängig vom Medieneinsatz in Deutschland diskutiert und gefordert wird. Der Lehrer ist nicht mehr (in erster Linie) Wissensvermittler, sondern (auch) Lerncoach und -berater, der den Schülern hilft, ihren eigenen Lernprozess erfolgreich zu gestalten.

Gleichzeitig werden die Schüler vom eher passiven Empfänger von Unterricht zu aktiven Lernenden. Ein Satz, der in den Interviews häufiger fiel, lautet: »Die Schüler können nicht mehr abtauchen.« Positiv gewendet: Bei einer intelligenten Individualisierung und dem Einsatz digitaler Medien können Schüler ihre eigenen Interessen, Fähigkeiten und Begabungen stärker einbringen. Die digitalen Medien erhöhen die Verbindung zu ihrer Lebenswelt. So wurde in den Interviews mehrmals davon berichtet, dass Schüler bei der Arbeit mit Videos oder in einem Blog Talente einbringen konnten, von denen die Lehrkräfte vorher nichts ahnten.

Digitale Medien unterstützen dabei potenziell alle anstehenden Aufgaben. In den präsentierten Beispielen stehen dabei häufig die Informationsbeschaffung und die Produktion von Lernergebnissen im Vordergrund. Auch Übungen und Feedback mit digitalen Medien werden häufig hervorgehoben. Andere Themen wie adaptive Lernsoftware, Big Data oder Serious Games spielen bislang allenfalls eine untergeordnete Rolle.

These 3: Der Arbeitsaufwand für die Lehrkräfte verschiebt sich.

Keine der interviewten Lehrkräfte hat über den zusätzlichen Aufwand geklagt, den die Nutzung digitaler Medien für ihren Arbeitsalltag bedeutet. Vielmehr besteht ein Konsens, dass sich der Aufwand für die Vorbereitungsphase von Unterricht erhöht, sich diese Investition aber im Unterricht selbst auszahlt, weil dann die Schüler die Arbeit machen. Die Lehrkraft wird bei schülerzentrierten Methoden davon entlastet, Inhalte vorzubereiten und zu präsentieren. Bei Input und Übungen liegen zwei Stärken digitaler Medien.

Dies bedeutet allerdings nicht, dass digitale Medien die Lehrkraft überflüssig machen. Sie entlasten sie nur von bestimmten Aufgaben, vor allem beim Input und bei der Kontrolle von Schülerübungen. Die gewonnene Zeit wird in einem solchen

Unterricht benötigt, um Schüler individuell begleiten und beraten zu können sowie um gemeinsame Phasen in Gruppen und im Plenum zu strukturieren. Eine Aktivierung der Schüler bedeutet also nicht eine passivere Rolle der Lehrkraft. In einem guten Unterricht sind alle Beteiligten aktiv.

These 4: More is different – digitale Medien ermöglichen eine neue Qualität.

Sehr häufig finden sich in den Fallbeispielen Aussagen, dass eine hochgradige Differenzierung von Materialien, Aufgabenstellungen, Kommunikation oder Lernprodukten auch ohne digitale Medien möglich war, nur dass der Aufwand um ein Vielfaches höher war. Daraus könnte man ableiten, dass mit digitalen Medien vor allem mehr vom Selben möglich ist. Doch dieser Schluss greift zu kurz. Aus dem graduellen Unterschied kann ein qualitativer Unterschied werden.

Der Physik-Nobelpreisträger P. W. Anderson hat im naturwissenschaftlichen Bereich die Beobachtung »More is different« dokumentiert. Wenn der *quantitative* Unterschied eine bestimmte Größe erreicht, so verändert sich auch die *Qualität* eines Gegenstands. Mit digitalen Medien lässt sich nicht (nur) das Gleiche wie vorher einfacher oder schneller machen. Die informationelle Welt funktioniert mit digitalen Medien so radikal anders, dass auch die Welt von Lernen und Lehren grundsätzlich davon betroffen ist.

These 5: Kleine Dinge machen große Unterschiede.

Häufig sind es die vermeintlich kleinen Dinge, die große Unterschiede für die Praxis bedeuten. Das gilt auf der Ebene der Technik wie auch für den methodischen Unterrichtseinsatz. Ein Grund für die Beliebtheit von Tablet-Computern könnte darin liegen, dass sie die Zuverlässigkeit der Technik von 95 Prozent auf 99 Prozent steigern. Diese Veränderung macht den Unterschied, ob eine Lehrkraft sich auf die Technik verlässt oder sie nur als optionale Möglichkeit einplanen kann. Das gilt analog für die zeitliche Ebene: Für die Unterrichtspraxis macht es einen großen Unterschied, ob ein Schüler beim Nachschlagen erst drei Minuten warten muss, bis ein Laptop hochgefahren ist, oder drei Sekunden, die sein Smartphone braucht.

Bisweilen braucht es auch nicht die weltweite Vernetzung, die ein Smartphone ermöglicht. Alleine der einfach verfügbare Bild-/Video-/Audio-Rekorder im Smartphone ermöglicht eine ganze Reihe neuer Anwendungsmöglichkeiten.

Umgekehrt darf man nicht unterschätzen, welche Rolle gutes Design und klare Funktionalität spielen. Schon verhältnismäßig niedrige Hürden wie das wiederholte Eintippen von Zugangsdaten in einem Lernmanagementsystem können dafür sorgen, dass Systeme weniger Akzeptanz im Medienalltag finden und nicht genutzt werden.

Auf der methodischen Ebene betonen mehrere Lehrkräfte, dass kleine Vereinfachungen große Auswirkungen haben, z. B. auf logistischer Ebene. »Heft vergessen gibt es nicht mehr« ist ein Satz, der immer wieder zu hören ist. So sind es häufig kleine Vereinfachungen, die Unterricht grundsätzlich verändern können. Beispiel Nachschlagewerke: Wer einen digitalen Text zusammen mit einem digitalen Wörterbuch liest, kann Wörter in einem Bruchteil der Zeit nachschlagen, die es im papierenen Wörterbuch benötigte. Damit ändert sich grundlegend auch die Auswahl der Texte für den Unterricht. Schüler können nun selbstbestimmt Texte lesen, die sie ihren individuellen Interessen entsprechend im Web finden.

These 6: Digital und analog sind Teile derselben Welt.

Wenn andernorts grundsätzlich und bisweilen ideologisch über die »totale Digitalisierung«, die »Virtualisierung« oder eine »Revolution« gestritten wird, gehen die interviewten Lehrkräfte sehr pragmatisch vor. Es geht nicht um die Abschaffung der Schule durch E-Learning, sondern um die Erweiterung der Möglichkeiten im Unterricht. Selten werden 100 Prozent digitale Lösungen angestrebt. Vielmehr werden Analog und Digital pragmatisch gemischt und kombiniert, wenn zum Beispiel handgeschriebene Arbeiten per Smartphone-Kamera digitalisiert und verschickt werden. »Das Digitale ist kein Selbstzweck« – dieser Satz ist für die interviewten Lehrkräfte vermutlich eine Plattitüde.

Die interviewten Lehrkräfte teilen ihre Ideen und Konzepte und berichten offen von ihren Schwierigkeiten und Fehlschlägen – online und offline. Die (digitale) Vernetzung ist für sie auch Teil ihrer Professionen. Fast alle betreiben eigene Blogs oder sind auf Twitter aktiv. Sie treffen sich auf selbst organisierten Veranstaltungen wie den Educamps. Und häufig stellen sie ihre Arbeiten nicht nur öffentlich zur Verfügung, sondern versehen sie auch mit einer Lizenz zur Weiternutzung als Open Educational Resources (OER) (siehe Glossar).

These 7: Es gibt eine große Vielfalt bei Hardware und Software.

Schaut man quer über die zehn Fallbeispiele, findet man die ganze Bandbreite unterschiedlicher Technik. Bei der Hardware sind es Tablets, Notebooks, Smartphones, PC-Ecken oder auch der Computerraum. Es gibt nicht »die beste Hardware« für den Einsatz in der Schule. Wenn man einen Trend identifizieren sollte, wäre es wohl das Konzept BYOD (siehe Glossar), das mal mehr, mal weniger offiziell Einzug in Schulen hält. BYOD steht für »Bring Your Own Device«, also für die Nutzung der Geräte, die Schüler ohnehin schon in ihrem privaten Besitz haben.

Dieselbe Vielfalt findet sich auch auf der Ebene der Software wieder. Hier werden oft die vom Schulträger gestellten Lernmanagementsysteme wie Moodle oder iServ genutzt. Dort wo es erlaubt ist, kommen auch Dienste wie Google Drive, Dropbox oder Evernote zum Einsatz. Für die kollaborativen Arbeiten gibt es Blogs und Wikis, Etherpad und Google Docs. Hinzu kommen Programme und Webangebote für Inputs und Übungen. Auch hier gilt: Das perfekte System für die Schule gibt es nicht. Die Lehrkräfte entscheiden individuell, abhängig von ihren Rahmenbedingungen und Zielsetzungen.

Dabei ist der Stellenwert von generischen Angeboten häufig mindestens genauso hoch wie der von speziellen Lehr-Lern-Angeboten. (»generisch« meint hier, dass die Software/Services nicht speziell für Unterricht und Schule gedacht sind, sondern zu verschiedenen Zwecken genutzt werden können – eine Textverarbeitung ist ein klassisches Beispiel für eine generische Software).

These 8: Datenschutz bleibt ein ungelöstes Problem.

Gerade wenn es um die Nutzung von Online-Angeboten geht, bleibt die Frage nach dem Datenschutz eine zentrale Herausforderung. Viele Praktiker bemängeln, dass ihnen institutionelle bzw. staatliche Stellen strikte Vorgaben machen, was alles nicht zu nutzen sei, dass ihnen aber gleichzeitig Alternativen fehlen. So bleibt die Verantwortung letztlich bei der einzelnen Lehrkraft oder der Schule, die damit zwangsläufig überfordert sein muss. Dabei gibt es vereinzelt durchaus Initiativen, bei denen Schulen, Schulträger und Schulaufsicht Hand in Hand gehen, um Rechtssicherheit und einen geschützten Raum für die Nutzung digitaler Medien zu schaffen (vgl. die nationalen Fallbeispiele in der Studie von Breiter, Stolpmann und Zeising in Teil 3).

These 9: Die EVA-Didaktik vernachlässigt den Mittelpunkt – das Lernen.

Das EVA-Prinzip stammt aus der Informatik. EVA steht für die drei Phasen Eingabe – Verarbeitung – Ausgabe, in die sich die Informationsverarbeitung eines Computers untergliedern lassen kann. Ein Beispiel: Nach der Eingabe über die Tastatur findet die Verarbeitung der Daten im Prozessor statt und resultiert in der Ausgabe eines Ergebnisses auf dem Monitor.

In vielen Beispielen findet sich ein EVA-Prinzip auch für den Unterricht mit digitalen Medien. In der Eingabephase recherchieren die Schüler nach Informationen, wofür sich digitale Medien und vor allem das Web außerordentlich gut eignen. In der Ausgabephase werden Lernergebnisse als digitale Produkte entwickelt. Auch hier gibt es im digitalen Bereich großartige Möglichkeiten: von der Textverarbeitung oder Hypertexten in Blogs und Wikis über Videos und Hörstücke bis zu interaktiven Formaten wie Zeitstrahl, Landkarte oder Geocache. Dazwischen liegt die Phase der Verarbeitung, in der vermutlich das Entscheidende stattfindet: das Lernen.

Zu dieser mittleren Phase finden sich weniger Überlegungen als zu Eingabe und Ausgabe, sowohl zur Methodik als auch zu den Werkzeugen. Die Phase der Verarbeitung, also die individuellen Lernprozesse, die mögliche Unterstützung durch Lehrkräfte und das Potenzial von digitalen Werkzeugen, verdient besondere Aufmerksamkeit in der Weiterentwicklung von Unterricht mit digitalen Medien.

Zehn Lehrkräfte von der Nordseeinsel bis zur Schweiz

Zehn Beispiele können keinen Anspruch auf Vollständigkeit erheben. Aber anders herum gilt: Schon zehn Beispiele zeigen, wie groß die Vielfalt ist, mit der digitale Medien im Unterricht eingesetzt werden können:

1. Das erste Beispiel führt in eine Realschule nach Bayern, wo Schulleiter Markus Bölling Unterricht zeigt, in dem 100 Prozent der Schüler aktiv sind. Wie genau das aussieht, zeigen Beispiele aus den Fächern Biologie, Mathe, Englisch und Deutsch.

2. Von Bayern springen wir zur Insel Langeoog, auf der es insgesamt 48 Schüler im Grundschulalter gibt. Ihre Lehrerin Christiane Schicke macht deutlich, dass digitale Medien nicht »nur ein Werkzeug« sind: »Wir können damit buchstäblich die Welt auf unsere Insel und in unsere Klasse holen.«

3. In Hamburg arbeitet Lisa Rosa, die mit verschiedenen Schulen groß angelegte Blogprojekte durchgeführt hat, zum Beispiel zur KZ-Gedenkstätte Neuengamme. Rosa argumentiert gegen die in Schulen verbreitete Filtersoftware und für eine Ersetzung des Begriffs »Individualisierung« durch »Personalisierung« des Lernens.

4. »Digitale Medien helfen nicht bei der Individualisierung – sie ermöglichen die konsequente Individualisierung erst!« Das sagt Daniel Bernsen, Lehrer für Geschichte, Französisch, Spanisch an einem Gymnasium in Koblenz. Seine Beispiele zeigen, dass Geschichte und Medienbildung vieles gemeinsam haben.

5. Wenn Monika Heusinger Spanisch und Französisch in Saarbrücken unterrichtet, dann setzt sie konsequent auf digitale Medien. Die Digitalisierung steigert Effizienz, Authentizität und nicht zuletzt die Motivation der Schüler: »Das ist ihr natürlicher Weg, den sie auch zu Hause gehen, wenn sie Informationen suchen. Das fördert die Motivation enorm!«

6. Achim Lebert ist Schulleiter in München. Er ist selbst unter den Pionieren ein alter Hase. »Im Jahr 2001 unterrichtete ich das erste Mal in einer Notebook-Klasse. Nach einem Jahr hielt ich diese Form des Arbeitens für absoluten Unsinn. Heute ist das Arbeiten in solchen Klassen für mich zur Selbstverständlichkeit geworden. Das Unterrichten in alten Formen fällt mir zunehmend schwer.«

7. In Wuppertal besuchen wir eine neu gegründete Gesamtschule und sprechen mit Lehrer Felix Schaumburg. Er setzt auf das »Universalwerkzeug Tablet«, mit dem er eine große Ausweitung von Themen und Lernwegen ermöglicht: »Ich habe alles zur Verfügung und kaum noch Limitierungen.«

8. Zwei konkrete Projekte stehen im Zentrum des Fallbeispiels von Mandy Schütze, Lehrerin im fränkischen Gerabronn. Mit einem »Ethik-Blog« und einem »Geographie-Wiki« arbeitet sie an Möglichkeiten, mit denen Schulklassen ihre Arbeit nicht mehr in 28 getrennten Schulheften, sondern gemeinsam dokumentieren.

9. Ein Beispiel aus der beruflichen Bildung kommt aus Kassel, wo Heinz Dieter Hirth die Selbstorganisation der Lernenden auf die Spitze treibt. Für ihn ist die Didaktik auch eine Frage von Mündigkeit: »Die Lernenden müssen erstmal ihre Konsumhaltung ablegen. Sie sollen ihren Lernprozess aktiv gestalten. Sie müssen ›Prosumenten‹ werden.«

10. Im letzten Beispiel schauen wir auf die Arbeit von Philippe Wampfler, der Deutsch und Philosophie in der Schweiz unterrichtet. Für Wampfler steht das Schreiben im Mittelpunkt: »Wichtig ist mir, dass die Schüler überhaupt schreiben. Sie sollen viel schreiben – mehr als ich jemals korrigieren kann!«

Zum Vorgehen

Diese Sammlung von Fallbeispielen wurde erstellt, um gute Praxis konkret und anschaulich darzustellen. Für die einzelnen Case-Studies wurden themenzentrierte, halbstrukturierte-leitfadenorientierte Intensivinterviews geführt. Der thematische Fokus lag dabei auf der Frage, inwieweit der Medieneinsatz konkret zur Binnendifferenzierung des Unterrichts und zur Individualisierung des Lernens beiträgt. Die Interviews wurden im Juli und August 2015 geführt, teils Face to Face, überwiegend fernmündlich.

Die Auswahl der Lehrkräfte orientierte sich daran, ein möglichst breites Gesamtbild zu zeigen, also Praxis aus verschiedenen Schulfächern, Schultypen, Bundesländern und Altersstufen abzubilden. Selbstverständlich kann bei zehn Fällen kein Anspruch auf Vollständigkeit oder Repräsentativität gestellt werden. Vielmehr soll die Publikation Schlaglichter auf gute Praxis werfen. Die Beispiele sollen konkret und anschaulich zeigen, wie schon heute digitale Medien in den Schulalltag integriert werden können, um individuelle Förderung zu stärken.

Großer Dank geht an die zehn Interviewpartner, die mit uns in großer Offenheit und mit hohem Engagement zusammengearbeitet haben.

Fall 1: Digitale Medien erfordern neue Rollen – Markus Bölling

Schweineherz-Sezieren mit YouTube

»Der erste Schnitt geht in die linke Herzhälfte. Wir schneiden hier vom Herzohr nach unten zur Herzspitze«, erklärt die Stimme von Frank Lohrke, Lehrer an der Realschule am Europakanal in Erlangen. Lohrke steht zwar gerade vor seiner Biologieklasse. Seine Stimme kommt aber von einem YouTube-Clip. Das Video haben schon 10.000 Personen angesehen. Dabei hat Lohrke es eigentlich nur für seine Biologiestunden gemacht. Die Schüler schauen sich das Video als Vorbereitung zu Hause an. Das digitale Sezieren wird nicht etwa als abstrakter Ersatz der Praxis genutzt, sondern zur Verbesserung der Übung. In der Unterrichtsstunde liegen vor jedem Schüler ein Schweineherz und ein iPad. Die Schüler schneiden nun selbst das Herz auf und nutzen das Video als Vorlage. Dafür können sie das Video immer wieder auf Pause stellen oder zurückgehen, um sich einen Schritt noch einmal anzuschauen.

»Das ist eine wunderschöne Stunde!«, schwärmt Markus Bölling, Schulleiter der Realschule am Europakanal. »Diese Unterrichtsstunde gab es früher klassisch mit Foto und Text im Schulbuch und Ping-Pong-Unterricht dazu. Vielleicht hatte ich auch Schweineherzen und eine schriftliche Anleitung dazu. Die Stunde von Herrn Lohrke ist jetzt die Königsdisziplin! Die Schüler können professionell das Herz aufschneiden.« Ping-Pong ist Böllings Beschreibung für die vielerorts vorherrschende Form von Unterricht, bei der die Aktivität der Lernenden auf das Zuhören und das vereinzelte Beantworten von Fragen beschränkt wird.

Der Unterricht mit dem Tablet wirkt natürlich moderner als mit Papier und Stift. Aber bringt das neue Medium wirklich einen Mehrwert für das Lernen? »Auf jeden Fall!«, sagt Schulleiter Bölling. »Im Vergleich zum Arbeiten mit der schriftlichen Vorlage gibt es deutlich weniger Fehler in der Übung als vorher. Und unsere Leistungstests haben ergeben, dass die Behaltensrate gegenüber Buch und Ping-Pong-Unterricht besser ist.«

Diese Schulstunde, in der das Tablet so selbstverständlich vorhanden ist, dass es fast nebensächlich wirkt, ist für Bölling ein Beispiel für die veränderte Lehrerrolle: »Wenn der Lehrer klassisch vorne steht und steuert, dann haben wir eine Schüleraktivität von 10 bis 20 Prozent. Hier haben wir jetzt 100 Prozent Aktivität.« Alle Schüler sind aktiv. Lehrer Lohrke geht derweil herum und kann auf individuelle Fragen eingehen. Mit dem Video hat er sich quasi 26-fach multipliziert: Auf 25 Bildschirmen ist er in individuellem Tempo zu sehen, und der 26. Herr Lohrke steht leibhaftig für individuelle Nachfragen bereit.

Auch für die Lernkontrolle nutzt Lohrke die digitalen Medien. Mit LearningApps hat er eine Übung gebaut, in der man ein Foto von einem Schweineherz sieht. Die Schüler müssen die einzelnen Bestandteile und deren Funktionen den korrekten Positionen auf der Abbildung zuordnen. Das Programm gibt sofort Rückmeldung, sodass die Schüler ihr Lernen selbst prüfen können.

Lehrer Lohrke nutzt dieses Vorgehen inzwischen häufig, auch im Fach Chemie. Eines seiner Videos wurde auf YouTube bereits 50.000-mal aufgerufen. Auch viele Übungen sind <u>öffentlich im Netz</u> zu finden. Die Schule hat dafür unter <u>edu.real-euro.de</u> den »OpenClassroom der iPad-Klassen« eingerichtet.

In Bayern gibt es die Möglichkeit, dass Lehrer von Unterrichtsverpflichtungen entlastet werden, um Lernvideos zu erstellen. Ermöglicht wird dies im Rahmen des Projektes »<u>Lernreich 2.0</u>« im Rahmen des Bildungspakts Bayern, in dem Kultusministerium und Wirtschaft kooperieren. Im Projekt erproben 45 Schulen neue Wege, wie Üben und Feedback digital unterstützt werden können.

Mehr Aufwand, neue Aufgaben

Die Biologiestunde mit den Schweineherzen ist ein deutlicher Mehraufwand. Gegenüber dem klassischen Unterricht musste Lehrer Lohrke ja nicht nur einen Klassensatz Schweineherzen besorgen, sondern auch noch das YouTube-Video produzieren. Muss ein derartiger Aufwand zum Normalfall werden? »Die Unterrichtsvorbereitung ist am Anfang aufwendiger und schwieriger«, gibt Schulleiter Bölling zu. »Aber im Unterricht selbst werde ich entlastet.« Und genau diese Entlastung kann für die individuelle Förderung genutzt werden, wenn die Lehrkraft ihren Freiraum entsprechend nutzt. Bölling: »Schüler müssen wahrgenommen werden oder brauchen manchmal schlicht Unterstützung, um weiterzukommen. Für Feedback und individuelle Rückmeldungen brauchen Lehrer also mehr Zeit. Digitale Medien können diese Zeit schaffen, wenn sie den Lehrer vom Input entlasten. Dann müssen Lehrer allerdings auch herumgehen und aktiv die Schüler ansprechen. Sie können nicht einfach vorne sitzen bleiben.« Die neue Lehrerrolle: die Lehrkraft als wandelnder Ratgeber. *Entlastung* meint also nicht, dass digitale Medien die Lehrkraft überflüssig machen. Sie entlasten sie nur von bestimmten Aufgaben, vor allem beim Input und bei der Kontrolle von Schülerübungen. So kann sie mehr Energie in ihre neue Rolle als Unterstützer individueller Lernprozesse stecken.

Auch bei der Frage nach dem Aufwand für die Unterrichtsvorbereitung gibt es hoffnungsvolle Perspektiven: Das Schweineherz-Video hat den Vorteil, dass es nur ein einziges Mal produziert werden musste und nun immer wieder einsetzbar ist. Da es auf YouTube steht, können alle anderen Biologielehrer und -schüler darauf zugreifen. Ganz neue Formen der Arbeitsteilung werden möglich. Man stelle sich nur vor, dass jeder der Zigtausend Biologielehrer im deutschsprachigen Raum durchschnittlich nur ein einziges gutes Video bereitstellt ...

Digitales Storytelling mit Pocahontas als Comic

Wir wechseln die Klasse und besuchen den Englischunterricht bei Johannes Offinger. Es geht um Listening Comprehension, also Übungen zum Hörverstehen. Schulleiter Bölling erinnert: »Klassischerweise kommt der Lehrer mit Kassetten- oder CD-Player rein und drückt auf die Play-Taste. Die Schüler hören zu und bearbeiten auf einem Arbeitsblatt einen Multiple-Choice-Test oder einen Lückentext.« In der Klasse von Johannes Offinger hat jeder Schüler Kopfhörer und iPad. Sowohl die Hörbeispiele als auch die Übungsblätter sind digital verfügbar. Lehrer Offinger kann auf diesem Weg drei Probleme des alten Modells beheben:

1. Asynchronität: Das Hörbeispiel läuft nicht mehr für alle gleichzeitig. Jeder Schüler kann individuell die Geschwindigkeit verändern, zurückspulen oder Pause drücken.
2. Aktualität: Typischerweise kamen die Übungen früher aus Ergänzungsmaterialien zu Schulbüchern, die nicht immer ganz neu waren. Johannes Offinger sucht stattdessen Podcasts oder Videos aus dem Internet, die in Simple English aktuelle Themen behandeln.
3. Vielfalt und Differenzierung: Im analogen Modell hörten alle denselben Text. Im schlechtesten Fall war davon die Hälfte der Schüler unter- und die andere Hälfte überfordert. Auf den Tablets stehen unterschiedliche Hörbeispiele und Aufgaben mit verschiedenen Schwierigkeitsstufen zur Verfügung. So ist eine Differenzierung nach Vorkenntnissen möglich.

Ein weiterer Englischlehrer hat das sogar schon als interaktives E-Book umgesetzt, in dem die Schüler dann nach eigenen Interessen und Niveaus Übungen auswählen konnten.

Dieses Modell der Listening Comprehension ist ein deutlicher Fortschritt in Richtung Individualisierung. Es ist nur eine Optimierung des traditionellen Modells. Schulleiter Bölling sieht weiteres Potenzial und schildert die Unterrichtseinheit »Pocahontas«, in der die Schüler eine digitale Comicgeschichte erstellen und vertonen. Dafür bereitet die Lehrkraft zunächst eine Sammlung von Materialien (Texte und Hörbeispiele) rund um das Thema »Pocahontas« im Web vor. Die Schüler erarbeiten sich damit in 3er-Gruppen selbstständig die Inhalte und fassen sie für sich zusammen. Daraus erstellen sie anschließend einen kleinen Comic, der die Geschichte wiedergibt. Mit der App »ComicStripMaker« geht das schnell und einfach. Und vor allem: Die Schüler vertonen den Comic, indem sie den Text dafür selbst einsprechen. Das Ergebnis sind kurze Videos, die an die Lehrkraft geschickt und im Klassenverbund gemeinsam angeschaut werden können.

Diese Form der Unterrichtsergebnisse hat mehrere Vorteile, berichtet Markus Bölling: »Die Schüler müssen zunächst englischsprachige Inhalte hören, verstehen und zusammenfassen. Sie schreiben und sprechen eigene Texte. Und sie sind stolz, wenn sie ein vorzeigbares Ergebnis haben.« Und auf Lehrerseite? »Der Lehrer kann alle Ergebnisse einsammeln und bewerten. Er kann nicht nur zwei oder drei Beispiele zeigen, sondern alle Ergebnisse sichten und über den Klassenblog zur Verfügung stellen.« Für die (Doppel-)Stunden, in denen dieses Projekt stattfindet, skizziert Bölling das gleiche Bild wie schon im Biologieunterricht: »Der Lehrer wird frei. Er kann in der Klasse herumgehen und individuell coachen – und zwar nicht nur die Schwachen, sondern auch die Schnellen, die sonst gebremst werden würden. Und nicht zuletzt: Dieses Arbeiten fördert die Selbstständigkeit und die Medienkompetenz der Schüler.« Auch hier gilt: Der Lehrer hat zumindest einmalig mehr Aufwand mit der Unterrichtsvorbereitung. »Aber nicht nur das«, sagt Bölling. »Das bringt auch höhere Ansprüche an den Lehrer mit sich als der Frontalunterricht. Es funktioniert auch nicht unbedingt beim ersten Mal. Aber wenn man die Struktur beherrscht, kann es immer wieder funktionieren. Man kann die Methode dann in verschiedenen Situationen einsetzen, zum Beispiel wenn es um das Lesen von Büchern geht. Die Schüler müssen sinnentnehmend lesen, die Ergebnisse zusammenfassen und in eigenen Worten präsentieren.«

Schlechter Unterricht mit digitalen Medien

Markus Bölling ist als Schul- und Seminarleiter für die Fort- und Ausbildung von Lehrkräften zuständig. Er kommt auf 400 bis 500 Unterrichtsstunden pro Jahr, die er besucht und beobachtet. Seine Erkenntnis: »Man kann da deutliche Unterschiede sehen. Ich kann auch schlechten Unterricht mit digitalen Medien machen. Das ist dann alter Wein in neuen Schläuchen, und zwar bitterer Wein ... « Dennoch sieht Bölling grundsätzlich großes Potenzial in den digitalen Medien. Er hat für die Realschule am Europakanal acht Tablet-Klassen von der 7. bis zur 10. Jahrgangsstufe eingerichtet. Die Schule folgt dem Konzept *Bring Your Own Device (BYOD)* (siehe Glossar), sodass jeder Schüler ein persönliches Gerät hat, das er auch zu Hause nutzt. Die Schule stellt flächendeckend WLAN und Beamer.

Dabei ist das Digitale kein Selbstzweck für Markus Bölling, der sich selbst einen »Freund der Diversität« nennt. Bölling berichtet davon, dass sowohl die Schüler wie auch die Eltern häufig die Benutzung der digitalen Geräte einfordern. Nicht immer stimmt Bölling zu. »Es muss zur Didaktik und Methodik passen. Ich brauche nicht immer und zu 100 Prozent das iPad. Es bedarf immer auch Gruppenarbeiten, Vorträge, Diskussionen etc. Der häufigste Fehler beim Einsatz digitaler Medien ist, dass man eine 100-Prozent-Lösung anstrebt. Aber die Mischung macht es!«

Außerdem dürfe man nicht alle Fächer über einen Kamm scheren. »Geschichte und Erdkunde profitieren am meisten von den Medien, da beide Fächer inhaltlich authentisches multimedial angereichertes Material zur besseren Veranschaulichung als Basis brauchen«, sagt Bölling. In seiner Schule sieht er derzeit außerdem die Fächer Englisch, Biologie, Physik und Mathematik vorne.

Dynamische Geometrie

Ein weiteres Beispiel für den sinnvollen Einsatz der Tablets kommt aus Markus Böllings Matheunterricht. Es geht um die Mittelsenkrechte, also die Menge der Mittelpunkte aller Kreise, die durch zwei gegebene Punkte gehen. Zunächst eine eher abstrakte Sache. Bölling erklärt: »Normalerweise zeige ich als Mathelehrer vorne ein Beispiel, vielleicht auch zwei oder drei. Aber eigentlich brauche ich 30 oder 40 Beispiele, damit sich das Prinzip dahinter wirklich erschließt. Deswegen gibt es dazu viele Übungen.« Wenn das klassisch im Schulheft mit Zirkel und Geodreieck passiert, braucht man schon mehrere Minuten für ein einziges Beispiel. Bölling demonstriert die Übung auf dem Tablet: »Hier kann ich mit dem Finger direkt auf dem iPad zeichnen. Ich kann Linien und Kreise verschieben oder zusammen- und auseinanderziehen. Dabei sehe ich direkt, wie sich welche Veränderung auswirkt. Ich kann in unserem Beispiel sogar beobachten, wie eine Mittelsenkrechte entsteht.«

Die App dafür heißt »sketchometry«. Der Fachbegriff lautet »Dynamische Geometrie« und Bölling ist davon begeistert. »Man kann sich das viel besser vorstellen, wenn man nicht aus zwei oder drei Beispielen einen Zusammenhang ableiten muss. Konkrete Übungen und die abstrakte Erkenntnis verschmelzen miteinander.«

Neue Rollen für Lehrer und Schüler

Die Realschule am Europakanal in Erlangen ist eine ausgezeichnete Schule. 2003 und 2006 bekam sie den Bayerischen Schulinnovationspreis, 2010 als erste Regelschule aus Bayern den renommierten Deutschen Schulpreis. 950 Schüler lernen hier in 34 Klassen, davon arbeiten acht Klassen durchgängig mit Tablets. Prinzipien wie Doppelstunden, Projektunterricht, Profilklassen und durchgängige Teamstrukturen im Kollegium sorgen dafür, dass die Schule auch ohne digitale Medien sehr gut wäre.

Schulleiter Markus Bölling trennt die Frage nach digitalen Medien nicht von der Schulentwicklung. Wenn man mit ihm über seine »iPad-Klassen« spricht, kommt er immer wieder auf die veränderte Lehrerrolle zurück – und auf die neue Rolle für die Schüler. Der Lehrer müsse weg vom Frontalunterricht, weg vom Entertainer, hin zum Lerncoach und zum Lernbegleiter. Na gut, »der klassische Frontaler« müsse auch mal sein. Aber vor allem geht es für Bölling um mehr Betreuung durch Lehrer, um mehr Zeit für besseres Feedback für die Lernenden. »Theoretisch ist das auch ohne digitale Medien möglich«, glaubt Bölling. »Aber der Aufwand wäre gigantisch. Ich schätze, er wäre um den Faktor 3 größer.«

Und was ändert sich für den Schüler? »Er muss mehr arbeiten«, antwortet Bölling. Während man sich im klassischen Unterricht häufig zurücklehnen konnte, muss der neue Schüler ständig aktiv werden. Er eignet sich im eigenen Tempo Inhalte an, erledigt Übungen, arbeitet in Gruppen. »Die Schüler können nicht mehr abtauchen«, nennt Bölling das. »Manchmal sagen die Schüler: ›Das ist viel anstren-

235

gender.‹ Aber oft sagen sie auch: ›Die Zeit verfliegt.‹« Dieses eigenständige Arbeiten muss auch erst gelernt werden. »Die Schüler wurden bisher durch Frontalunterricht entmündigt. Jetzt müssen sie selbst Entscheidungen treffen. Dieses Fördern des eigenständigen Lernens – das tun wir noch viel zu wenig.«

Die Demokratisierung des Beamers

Ein Beispiel für die Art und Weise, wie sich die Lernkultur in der Realschule am Europakanal wandelt, ist die Funktionsweise des Beamers. Die Schule hat sich für eine kabellose Lösung entschieden, bei der die Signale über das lokale WLAN übertragen werden. Damit kann jeder – Lehrer und Schüler gleichermaßen – Bild und Ton vom eigenen Gerät senden und steuern. Bölling nennt das »die Demokratisierung des Beamers«.[36] Die gemeinsame Präsentations- und Arbeitsfläche, traditionell die Domäne der dozierenden Lehrkraft, wird jetzt von Schülern und Lehrern gleichberechtigt und interaktiv genutzt. Ein Sinnbild für den Rollenwechsel beim Lehren und Lernen in der Realschule am Europakanal.

---

36 Eine Formulierung von Axel Krommer (Universität Erlangen), mit dem die Schule zusammenarbeitet. Ausführlich: Krommer, Axel (2015). »Bring your own device!« und die Demokratisierung des Beamers. Deutschdidaktische Dimensionen digitaler Technik«. *Medienvielfalt in der Deutschdidaktik.* Erkenntnisse und Perspektiven für Theorie, Empirie und Praxis. Hrsg. Julia Knopf. Baltmannsweiler. 36–47. www.deutschdidaktik.phil.uni-erlangen.de/Dokumente/krommer-2015-byod.pdf [22.08.2015].

Eckdaten zu Person und Schule

Name	**Markus Bölling**
Fächer	Mathematik, Physik, Informationstechnologie
Schule	Realschule am Europakanal (Erlangen)
Aufgaben in der Schule	• Schulleiter • Seminarleiter
Berufsbiographie	• 1995 Studium Mathematik/Physik für Lehramt an Realschulen an der Universität Erlangen-Nürnberg • 1996 Referendariat an der Realschule in Hof • 1998 Lehrer an der staatlichen Realschule in Oberasbach/Zirndorf • 1998 Versetzung an die Realschule am Europakanal in Erlangen • 1999 Dozent für Informatik an der Universität Erlangen-Nürnberg (FAU) • 1999 Mitglied des Bayerischen Realschulnetzes • 2000 Mitglied in der Projektleitung des Bayerischen Realschulnetzes, Technischer Leiter des Bayerischen Realschulnetzes • 2003 Beratungsrektor für Systembetreuung • 2006 1. Konrektor Realschule am Europakanal • 2011 Mitglied im Innovationszirkel Schule2015+ der Stadt Erlangen für IT • 2012 Schulleiter und Seminarleiter der Realschule am Europakanal
Links	• www.real-euro.de Homepage der Schule • http://edu.real-euro.de EDU-Blog der Schule • https://twitter.com/mboelling Markus Bölling auf Twitter

Links

YouTube-Clip Präparation Schweineherz https://www.youtube.com/watch?v=Jwt3u NXdXac

Übungen zur Präparation eines Schweineherzens http://edu.real-euro.de/2014/04/praeparation-eines-schweineherzens-3/

OpenClassroom der iPad-Klassen http://edu.real-euro.de/

Projekt »Lernreich 2.0« im Rahmen des Bildungspakts Bayern http://bildungspakt-bayern.de/lernreich-2-0/

App für dynamische Geometrie http://de.sketchometry.org/

Fall 2: Eine Verbindung in die Welt – Christiane Schicke

In der Kiebitzklasse

Wenn man die Kiebitzklasse in der Inselschule Langeoog besucht, dann kann es sein, dass die Drittklässler gerade höchst unterschiedliche Dinge machen. Sie arbeiten an ihrem Wochenplan, für den Lehrerin Christiane Schicke ihnen verschiedene Aufgaben gegeben hat. Schicke setzt analoge Lernbausteine gleichberechtigt zu Übungsprogrammen im Web, als Apps oder auf CD-ROM ein. Manche Kinder vertiefen ihr Zahlenverständnis mit der »Mumin-Mathe-App« andere üben Rechtschreibung mit den »Deutschpiraten«. Dabei setzt Schicke Schüler als Multiplikatoren ein: »Wenn einzelne Kinder bestimmte Programme beherrschen, dann kann man andere Kinder dazusetzen, die sich das abgucken oder erklären lassen.«

Am interaktiven Whiteboard hüpfen Schüler bei einer Matheübung von Lösung zu Lösung. »Das ist ein guter Lernort für Kinder, die gerade mal viel Platz brauchen«, sagt Schicke. Manche Schüler üben mit der Grundschrift-App noch Buchstaben; derweil erstellen zwei Schüler ein Quiz zu einem Buch, das sie gelesen haben. Andere sind in der Schule unterwegs und machen Fotos von bestimmten geometrischen Formen.

Individualisierung auf der Insel

Wenn eine Schule 120 Schülerinnen und Schüler zwischen der 1. und der 10. Klasse hat, liegt die durchschnittliche Klassengröße zwischen zehn und fünfzehn Schülern. Dies bietet gute Möglichkeiten, binnendifferenziert nach Schulformen und individuellen Stärken und Schwächen zu unterrichten.

Der Grundschulbereich auf Langeoog hat 48 Schüler. 15 davon sind in der Kiebitzklasse, die Christiane Schicke vor drei Jahren zum Schulstart begrüßt hat. Nach der Grundschule geht es im Klassenverband gemeinsam mit allen Schülern weiter, die andernorts auf Gymnasium, Haupt-, Real- und Förderschule aufgeteilt werden würden. Wer Abitur machen will, wechselt spätestens nach der 10. Klasse ins Internat aufs Festland. Eine andere Möglichkeit gibt es nicht, wenn man auf Langeoog lebt.

Kooperation zwischen Langeoog und Amerika

Neben der Individualisierung gibt es eine weitere große Chance des digitalen Wandels, die in der Inselschule bei Christiane Schicke besonders deutlich sichtbar wird: »Wir können uns global vernetzen. Wir können in die weite Welt blicken und die Welt zu den Kindern holen. Das ist gerade für uns hier auf der Insel wichtig, wo nach 1.700 Bewohnern erst einmal eine ganze Weile nichts kommt.«

Schicke arbeitet deswegen in zahlreichen Kooperationsprojekten mit anderen Schulen und weiteren Partnern. »Ich will den Schülern zeigen, dass sie alles nutzen können, was es gibt. Ich will stärker ins Bewusstsein bringen, dass die digitalen Medien nicht nur ein Werkzeug sind, sondern Möglichkeiten zur kollaborativen Zusammenarbeit eröffnen.«

Mit einer Schule in der Schweiz haben Schüler zusammen Musik gemacht. Mit Klassen in den USA hat man gemeinsam Wikis erstellt. Mit anderen Klassen, z. B. in Bolivien, gab es Video- und Blogprojekte. Einmal hat die Klasse via Twitter einen Schäfer interviewt, der in Baden-Württemberg 1.000 Schafe hütet. Und manchmal treffen die Schüler via Skype auf eine Klasse, deren Standort ein Geheimnis ist.

Im Projekt »Mystery-Skype« verbinden sich zwei Klassen über Videokonferenz, die zunächst gar nicht wissen, wo die andere Klasse sich befindet. Durch Fragen muss jede Seite herausfinden, wo die Schüler auf der anderen Seite sitzen. Sprachenlernen, Geographie, Geschichte und andere Fächer können eine Rolle spielen. Nebenbei lernen die Schüler viel über ihre eigene Heimat, die sie mit Antworten oder Tipps präsentieren müssen. Wenn zwei Schulen in deutlich verschiedenen Zeitzonen liegen, können die Videonachrichten auch als Aufzeichnung verschickt werden.

Schwierigkeiten beim Finden von Kooperationspartnern hatte Christiane Schicke nie: »Man ist ein gefragter Partner im Ausland, weil es in Deutschland noch wenige Lehrer gibt, die so etwas machen.«

E-Learning auf den Inseln

Auch auf regionaler Ebene ist Langeoog digital vernetzt. Das Land Niedersachsen startete 2012 die »School of Distance Learning Niedersachsen« (SDLN), die erste »virtuelle Schule Niedersachsens«. Die Website formuliert noch etwas umständlich: »Dieses bundesweit einmalige Projekt bietet die Möglichkeit, Unterricht mit einem Videokonferenzsystem dezentral stattfinden zu lassen.« Tatsächlich verbirgt sich dahinter eine Revolution im deutschen Schulwesen. E-Learning im Sinne von räumlich verteiltem Lernen ist bisher an deutschen Schulen nicht vorgesehen.

Wenn auf einer Insel ein Fachlehrer fehlt, setzt sich ein Lehrer im Internat in Esens für den Unterricht vor die Webcam. Seine Klasse setzt sich dann unter Umständen aus Schülern vor Webcams auf den verschiedenen Inseln zusammen. Auch die Inselschulen können Videokonferenzen untereinander und mit dem Festland initiieren. Für die Elternarbeit des Gymnasiums setzt man ebenso auf Videokonferenzen, berichtet Christiane Schicke: »Zum Elternabend konnten bisher nur die Eltern kommen, die ein Boot hatten.«

»Der Flache Franz« reist um die Welt

Ein anderes Beispiel für die Vernetzung der Kiebitzklasse in die große weite Welt ist die konsequente Fortsetzung eines Briefprojektes. Aus dem internationalen Projekt »Flat Stanley« (auf Deutsch: »der Flache Franz«) hat Christiane Schicke ein multimediales Wiki-Projekt gemacht. Flat Stanley entstammt ursprünglich einem Kinderbuch von 1964, in dem ein Junge namens Stanley Lambchop durch einen Unfall ganz flach gepresst wird. Dank seiner neuen Eigenschaft kann er die Welt bereisen, indem er zusammengefaltet in einem Briefumschlag verschickt wird. 1995 machte ein kanadischer Lehrer daraus das »Flat Stanley Project«: Zwei (oder mehr) Schulklassen an verschiedenen Orten finden sich über eine Website zusammen. Eine Klasse bastelt papierene Flat Stanleys und schreibt ein kleines Tagebuch von Stanleys Aktivitäten an ihrem Heimatort, Fotos inklusive. Stanley und das Tagebuch werden dann per Post (oder E-Mail) zur Partnerklasse geschickt, die das Tagebuch liest, mit neuen Erlebnissen ergänzt und zurückschickt.

Christiane Schicke hat an ihrer Schule bereits mehrere Weltreisen mit Flat Stanley durchgeführt, sodass die Schüler auf Langeoog Freundschaften nach Oregon und Florida geschlossen haben. Schicke hat die Idee der Brieffreundschaft ausgebaut und in einem Wiki zwischen den Partnerklassen fortgesetzt. Die Schüler schreiben hier Texte in Deutsch und Englisch, teilen Fotos von Stanleys Abenteuern, nehmen Lieder und Videos auf, zeichnen virtuelle Reisen auf Google Earth und vieles andere mehr. Für Schicke ist klar: »Immer steht eine authentische Frage im Vordergrund: ›Was wollen wir der Klasse am anderen Ende der Welt zeigen?‹ Dadurch entsteht große Ernsthaftigkeit in der Erarbeitung von Inhalten und hohe Motivation. Wir können damit buchstäblich die Welt auf unsere Insel und in unsere Klasse holen.«

Von der Bauingenieurin zur Lehrerin

Christiane Schicke ist seit 2008 Lehrerin auf Langeoog. Sie war 43 Jahre alt, als sie hier ihre erste Stelle als Lehrerin angetreten hat. Zunächst war sie auf dem Weg zur Bauingenieurin unterwegs. In der Familienzeit näherte sie sich über die Elternrolle der Schule und den digitalen Medien. »Ich habe 1998 HTML gelernt, um die Homepage für die Schule meiner Kinder zu gestalten. Dann habe ich die Computer-AG in der Schule geleitet, dann auch Lernsoftware installiert, dann irgendwann auch die Hardware übernommen.«

Während des Studiums zum Ende der Familienzeit kamen dann die pädagogischen Grundlagen dazu: Maria Montessori, Peter Petersen, Anton Makarenko, Lew Tolstoi, Falko Peschel. Die digitalen Kompetenzen eignete sich Schicke selbst an. »Ich habe ganz viel mit den Kindern mitgelernt, vor allem als mein Sohn in der 8. und 9. Klasse immer am Computer saß.« Ihre Fortbildungsangebote hat Christiane Schicke im Netz gefunden: internationale Communities, das deutschsprachige

ZUM.de, ihr Blog moewenleak.wordpress.com und Twitter sind Orte, an denen Schicke Gleichgesinnte und Anregungen findet.

Inzwischen interessieren sich auch ihre Kolleginnen auf der Insel immer mehr für digitale Medien und fragen bei Christiane Schicke nach. »Ich bin die 24/7-Hotline für alles. Die melden sich auch mal am Wochenende, weil der Drucker nicht funktioniert.« Auch die Schulleitung steht hinter Schicke. »Das ist ganz klar. Wir sehen jeden Tag, dass hier auf der Insel nichts mehr ohne Internet funktioniert. Deswegen wollen wir auch in der Schulentwicklung in diese Richtung gehen.«

Um die Unterrichtsideen umsetzen zu können, reicht ein Computer mit Internetanschluss aus. So hat die Inselschule vor einigen Jahren angefangen. Dadurch, dass die Schule von einem aktiven Förderverein unterstützt wird, der von vielen Langeoogern mitgetragen wird, verfügt die Inselschule inzwischen in Zusammenarbeit mit dem Schulträger über eine solide Grundausstattung. Zurzeit ist die Hälfte der Klassenräume mit einem interaktiven Whiteboard ausgestattet, alle Klassenräume besitzen Internetzugang.

Globales Eckenrechnen

Ein weiteres Beispiel dafür, wie Christiane Schicke mit dem Internet die Insel Langeoog und den Rest der Welt zusammenbringt, ist der World Maths Day. Schicke nennt es »globales Eckenrechnen, aber ohne Ausscheiden«. Weltweit nehmen Millionen (!) Schüler an diesem Wettbewerb teil, bei dem es darum geht, in vorgegebener Zeit möglichst viele Matheaufgaben richtig zu bearbeiten.

Schon drei Wochen vorher beginnt die Trainingsphase. Jeder Schüler bekommt einen individuellen Zugang zur Plattform im Web, kann seinen Namen eingeben, einen Avatar und seine Landesflagge auswählen. »Viele trainieren dann auch von zu Hause, ganz freiwillig«, berichtet Schicke. »Manch einer kommt da auf 4.000 Aufgaben, die er in einer Woche erledigt.« Am Wettbewerbstag selbst sitzen dann alle Schüler im Computerraum vor den Aufgaben. Die Plattform macht zunächst einen Eingangstest und sortiert nach Alter, Klassenstufe und Vorwissen. So wird gewährleistet, dass jeder Schüler ungefähr gleich starke Gegner zugeteilt bekommt. »Das ist sehr motivierend, auch für die schwachen Kinder. Jeder hat Erfolgserlebnisse.«

Für Deutsch und Naturwissenschaften gibt es inzwischen ähnliche Wettbewerbe. Christiane Schicke nimmt mit ihrer Klasse auch an der jährlichen »Computer Science Education Week« teil. An der darin stattfindenden »Stunde des Programmierens« (Hour of Code) nahmen nach Veranstalterangaben zuletzt weltweit 20 Millionen Menschen teil.

Inklusion und Nachteilsausgleich

Schaut man sich in der Kiebitzklasse die Freiarbeit oder die Arbeit am Wochenplan an, so werden auch die Potenziale der digitalen Medien für die inklusive Schule deutlich. Angesichts der individuellen Aufgaben beim Üben ist Christiane Schicke überzeugt: »Digitale Medien können einen Nachteilsausgleich bringen, vor allem bei Behinderungen. Aber es profitieren alle durch die Individualisierung – auch diejenigen, die schneller sind und schon mal vorlaufen können.«

Es sind schon kleine Schritte, die große Erleichterungen bringen: »Wenn ich ein Kind mit feinmotorischen Schwächen einen Text mit der Tastatur anstatt mit dem Stift schreiben lasse, dann kann es um den Inhalt gehen, für den Schüler und für mich. Da entstehen dann plötzlich viel längere und bessere Texte, weil der individuelle Nachteil durch Technik ausgeglichen wird.«

Der geduldige Computer

Auch jenseits der besonders markanten Beispiele schätzt Christiane Schicke die Vorteile von Lernprogrammen, Apps und Online-Übungen für das individuelle Lernen: »Eine stärkere Differenzierung wird schon dadurch möglich, dass die digitalen Medien der Lehrkraft Arbeit abnehmen. Programme geben sofort Rückmeldung, sind geduldig und nehmen nichts persönlich. Mit ihnen kann man auch keine Machtspielchen treiben oder verhandeln nach dem Motto: ›Wenn ich mich dumm genug anstelle, erlässt du mir einen Teil der Aufgaben?‹ Programme stellen sachlich ihre Aufgaben und warten.«

Große Probleme mit dem Ablenkungspotenzial digitaler Medien hat Schicke nicht. Das liegt zumindest teilweise daran, dass die Geräte in ihrem Klassenzimmer gar keine großen Alternativen bieten. »Ein PC oder ein Tablet ohne Internet und mit ausgesuchten Anwendungen bietet keine Möglichkeit zu entkommen. Selbst wenn das Kind ein anderes als das vorgesehene Programm wählt, bleibt es auf Lernprogramme beschränkt.« In dieser Konstellation sieht Schicke die digitalen Medien sogar im Vorteil: »Die Programme an sich bieten relativ wenig Möglichkeiten, etwas anderes mit ihnen zu machen als vorgesehen. Wenn ich Kinder mit enaktivem Material alleine lasse, werden die Rechenstäbe durchaus zu Bauklötzen. Und durch die Glassteine kann man wunderschön die Gegend in Bunt betrachten.«

Diagnostik und adaptives Lernen

Eine große Versprechung der digitalen Lernsoftware lautet: Adaptive Learning. Dahinter steht die Idee, dass die Programme aus den Fehlern ihrer Benutzer »lernen«, welche Unterstützung sie jedem Lernenden individuell anbieten müssen. Christiane Schicke ist skeptisch: »Standardisierte Tests wie die Hamburger Schreibprobe zeigen regelmäßig, dass es immer wieder neue Fehler gibt.« Nicht nur das Lernen, sondern auch das Fehlermachen wäre demnach höchst individuell.

»Die Diagnostikfähigkeit des Lehrers ist durch den Algorithmus nicht zu ersetzen«, sagt Schicke voraus. »Das Auge des Lehrers bleibt überlegen. Gerade bei Inklusion kann kein Programm die möglichen Probleme abdecken.« Das automatische Feedback ist für Schicke dennoch eine deutliche Erleichterung. Denn in 90 Prozent der Fälle handelt es sich um einige wenige, einander ähnliche Probleme. In den anderen zehn Prozent sind es sehr individuelle Probleme, bei denen Standardunterstützungen nicht weiterhelfen, sondern persönliche, individuelle Rückmeldungen benötigt werden. Und dafür braucht es wieder eine persönliche, individuelle Diagnose.

Videoanalyse

Zur Diagnose lässt sich Schicke statt durch Adaptive Learning von einer deutlich einfacheren Technik unterstützen: ihrer Handykamera. »Wenn es zeitlich geht, werte ich zuerst die Arbeitsergebnisse aus und schaue dann dem Kind beim Arbeiten zu, um herauszufinden, wie es besser unterstützt werden kann.« Wenn die Zeit im Unterricht dafür nicht reicht, stellt sie ihre Handykamera neben das Kind und wertet das Video nach dem Unterricht in Ruhe aus. »So kann ich sehr genau hinschauen, welches Kind was macht und braucht.« Auch sonst nutzt Schicke häufig Film- oder Tonaufnahmen zur Unterrichtsdokumentation und -auswertung. »Vereinzelt habe ich mich bei problematischem Verhalten auch schon mit dem Kind und/oder mit einer zweiten Lehrkraft hingesetzt und Videoausschnitte angeschaut und analysiert.«

Wikis

Für Christiane Schicke ist es selbstverständlich, dass große Teile ihrer Arbeit öffentlich einsehbar sind. In Form von Wikis dokumentiert sie zum Beispiel ihren Unterricht und Projektwochen auf inselschule.wikispaces.com und die Arbeit mit der Kiebitzklasse auf kiebitzklasse.wikispaces.com. Auf den Seiten der Wikis finden sich zum Beispiel Links zu Unterrichtsmaterialien, Spiele, Elterninfos, Hausaufgaben und die Dokumentation zahlreicher Projekte. Eigene Inhalte veröffentlicht Christiane Schicke dort unter freier Lizenz, sodass andere sie weiternutzen können. Getreu ihrem Credo: »Die digitalen Medien machen das Lernen offener.«

Eckdaten zu Person und Schule

Name	**Christiane Schicke**
Fächer	Mathematik, Musik, Sachunterricht, fachfremd: Informatik
Schule	Inselschule Langeoog • Schulform: Grund-/Haupt-/Real- und Förderschule • ca. 120 Schülerinnen und Schüler • Gymnasial empfohlene Schüler verbleiben im Realschulzweig der Schule möglichst bis einschl. Klasse 10 • Klassen jahrgangsgebunden, also bis zu 3 Schulformen in einer Klasse, einzügig • Mitglied der School of Distance Learning Niedersachsen
Aufgaben in der Schule	• Fachleiterin Musik • Fachleiterin Informatik • Beauftragte für neue Medien • Homepagebetreuung • Mitglied der IServ-Admin-Gruppe • Leitung des Grundschulchores • Klassenleitung
Berufsbiographie	• 1982 Studium des Bauingenieurwesens (Küstenwasserbau, Hydrologie, Siedlungswasserwirtschaft) TU Braunschweig • 1984–1986 stud. Hilfskraft am Institut für Vermessungskunde TU Braunschweig • 1987–2002 Familienzeit • 2002–2007 Studium Lehramt GHR (Mathematik, Musik, Sachunterricht) TU Braunschweig • 2007 1. Staatsexamen: »Portfolio als Möglichkeit zur Leistungsbewertung im Sachunterricht« • 2008 wiss. Hilfskraft mit Examen am Institut für Erziehungswissenschaften TU Braunschweig, Projekt GASS • 2008 2. Staatsexamen: »Systematischer Erwerb von Strategien zur Bewältigung mathematischer Problemlöseaufgaben im Unterricht einer dritten Grundschulklasse« • seit 2008 Lehrerin Grund-/Haupt-/Realschule an der Inselschule Langeoog • 2012 Zusatzqualifikation »Didaktik der Informatik« • seit 2013 Lehraufträge zum Thema »Digitale Medien im Grundschulunterricht« an der Pädagogischen Hochschule Freiburg in Zusammenarbeit mit Prof. Dr. Wolfram Rollett

Links	• Homepage der Schule: www.inselschule-langeoog.de
	• Fach-Wiki: http://inselschule.wikispaces.com (und deren Ableger)
	• Klassen-Wiki: http://kiebitzklasse.wikispaces.com
	• Blog: http://moewenleak.wordpress.com
	• Twitter persönlich: @frandevol
	• Twitter Klasse: @kiebitze
	• School of Distance Learning des Landes Niedersachsen: www.sdln.de

Links

Projekt »Mystery Skype« https://education.skype.com/mysteryskype/how-it-works

School of Distance Learning Niedersachsen http://www.sdln.de/

Das »Flat Stanley Project« https://www.flatstanley.com/find_host

Übergang zum Wiki https://ontheroadwithflatstanley.wikispaces.com/Stanley+Goes+to+Germany

Blog von Christiane Schicke http://moewenleak.wordpress.com/

Wiki-Dokumentation des Unterrichts und der Projektwochen

http://inselschule.wikispaces.com/

http://kiebitzklasse.wikispaces.com/

Fall 3: Personalisiertes Lernen in Blogprojekten – Lisa Rosa

Projekttag 1: Die eigene Frage finden in der KZ-Gedenkstätte

Das große Blogprojekt in der Projektwoche der Hamburger Zwölftklässler beginnt offline, an einem physischen Ort: der KZ-Gedenkstätte Neuengamme. Ein Guide der Gedenkstätte hält keinen langen Vortrag, sondern übernimmt eine besondere Rolle. Sie hilft bei der Orientierung: »Wo sind wir? Was gibt es hier? Was findet man wo in der Gedenkstätte?« und begleitet danach die Schüler als »Guide by the Side«, indem sie sich auf Anfrage zur Beratung zu Verfügung hält. Denn die Schüler erkunden das Gelände selbstständig nach eigenen Interessen. In kleinen Gruppen ziehen sie los und haben als Arbeitsauftrag nur: »Fotografiert alles, was euch besonders anspricht, ob positiv oder negativ.«

»Stimulated Recall« nennt sich diese Methode, die zwei Stunden später in die nächste Phase geht: Die Schüler kommen im Plenum wieder zusammen. Jeder muss sich für ein Foto entscheiden, das er am Beamer zeigt und zu dem er erklärt, was ihn daran berührt, aufgeregt, geärgert oder irritiert hat. Das Foto stimuliert dabei alle seine Gedanken, die er dazu hatte, und die Gespräche, die die kleine Gruppe an diesem Ort vielleicht darüber geführt hat. Lisa Rosa moderiert den Lernprozess: »Jeder Schüler bzw. jede Kleingruppe ein Foto – das dauert natürlich. Aber es ist wahnsinnig produktiv! Hier wird die Grundlage für das Lernen mit dem Blogprojekt entwickelt: die eigene Fragestellung.« Denn die Schüler werden mit anderen Perspektiven konfrontiert: Sie erfahren andere Sichtweisen zu ihren eigenen Gedanken und haben die Möglichkeit, sie infrage zu stellen, zu differenzieren oder zu korrigieren.

Die Moderatorin sammelt und visualisiert die Kernpunkte der Fragen und Statements. Für jeden Schüler schreibt sie eine Moderationskarte und sortiert sie: Handelt es sich um eine Frage zum Gegenstand erster Ordnung, also dem Konzentrationslager und den Ereignissen in der NS-Zeit? Oder ist es eine Frage zum Gegenstand zweiter Ordnung, also zur Nachgeschichte, zur Geschichte der Gedenkstätte oder zur Erinnerungspolitik? Das Wichtigste dabei ist, dass die Fragen echte, eigene Fragen sind, die aus der Beziehung der eigenen Person zum Gegenstand entstehen und nicht – wie so oft in Schule – einem vermeintlich sachlogischen Fragenkatalog entstammen nach dem Muster »Was könnte oder müsste man hieran eigentlich lernen?« Stattdessen steht »Was will ich hier lernen?« im Zentrum.

Die Schüler werden beim Ausformulieren ihrer persönlichen Fragen und dem daraus folgenden Arbeitsvorhaben individuell beraten. Danach stellen sie ihre Fragen und Arbeitsvorhaben im Plenum vor. Dabei besteht bei großen Gruppen die Möglichkeit, ähnliche Fragen in einer gemeinsamen Formulierung zusammenzufassen und Tandems oder kleine Teams zu bilden, die sich gemeinsam der Bearbeitung widmen. Damit ist die Grundlage gelegt. Für die nächsten beiden Tage der Projektwoche wird jeder Schüler bzw. jedes Tandem oder Team an seiner eigenen Fragestellung zum Thema arbeiten. Dabei wird ein gemeinsames Blog entstehen, in dem Schüler Antworten auf ihre Fragen präsentieren, die auch von Menschen außerhalb der Schule gelesen und kommentiert werden können.

In den letzten beiden Tagen arbeiten die Schüler als Gesamtgruppe daran, ihre Erfahrungen zum Lerngegenstand und zur Arbeit mit dieser Methode auszutauschen und eine geeignete Präsentation in der Schule zu entwerfen und auszuarbeiten. Am Ende der Projektwoche werden die Schüler im Feedback sagen: »Das Beste war, dass wir an unseren eigenen Fragen gearbeitet haben. Das Zweitbeste war, dass wir ›in Echt‹ geschrieben haben, in einem öffentlichen Blog, den ›echte‹ Leute gelesen und kommentiert haben.«

Zusammenarbeit von Lehrenden

Das Projekt des Geschichtskurses im Emilie-Wüstenfeld-Gymnasium ist bereits auf der Ebene der Lehrenden auf Kollaboration ausgelegt. Wochen vor dem Start haben sich die Geschichtslehrer Boris Steinegger und Stefanie Voigtsberger, die Guide Rosa Fava vom Museumsdienst sowie Lehrerin und Fortbildnerin Lisa Rosa zusammengesetzt, um das Projekt zu planen. Ziemlich schnell war man sich über die Eckpunkte klar. »Es braucht dann noch eine geschickte Organisation für die Prozessstruktur«, sagt Lisa Rosa.

Lisa Rosa war 20 Jahre lang Lehrerin für Musik, Politik und Geschichte – zunächst an einer Gesamtschule in Westberlin, dann an einem Hamburger Gymnasium. Seit 2005 arbeitet sie am Hamburger Landesinstitut für Lehrerbildung und Schulentwicklung. Ihre Themen: Demokratielernen, Projektlernen, Lernen in der Wissensgesellschaft, Lernen 2.0. »Das gehört für mich alles sachlich zusammen!«, sagt sie. »Und wenn es auch in der Lernprozessgestaltung zusammenkommt, ist es für mich der Königsweg.« Regelmäßig entwickelt und erprobt sie ambitionierte Konzepte mit Lehrern an Hamburger Schulen. Ihr Blog »shift. Weblog zu Schule und Gesellschaft« (shiftingschool.wordpress.com) und umfangreiche Aktivitäten via Social Media bescheren Lisa Rosa immer wieder Einladungen für Vorträge und Interviews.

Projekttag 2: Ein gemeinsames Arbeitsvorhaben entwerfen

Der zweite Tag der Projektwoche beginnt mit Tipps der Expertin. Die Gedenkstätten-Guide gibt einen Überblick: Wo finde ich geeignete Materialien zu meiner Frage? Worauf sollte ich bei der Recherche achten?

Dann bilden die Schüler Tandems, die gemeinsam arbeiten. In Ausnahmefällen können sie sich auch zu dritt oder viert zusammentun. Dafür muss die eigene Frage mit den persönlichen Fragen anderer zusammengebracht werden. Für Lisa Rosa ist das eine methodische Herausforderung. »Manche Schüler wollen lieber mit bestimmten anderen Schülern zusammenarbeiten. Das ist bei Erwachsenen ja auch nicht anders. Da muss der Lehrer gut beraten, damit die persönliche Frage nicht zugunsten einer gewünschten Zusammenarbeit untergeht.«

Die Schüler arbeiten immer noch an der Gedenkstätte – jetzt in den Ausstellungen und Archiven. Da das Blog nur zur Kommunikation der fertigen Arbeitsprodukte dient, spielt es auch am zweiten Tag noch keine Rolle.

Digital bedeutet nicht automatisch motiviert

Lisa Rosa hält es für einen Irrglauben, dass Schüler alleine dadurch zu begeistern sind, dass sie irgendein Projekt mit digitalen Medien machen können. »Sie hatten das Projekt nicht frei gewählt. Sie wussten, dass sie viel schreiben müssen – das war auch für die Abiturvorbereitung wichtig. In der Vorbesprechung kam da keine Begeisterung auf. Aber das Feedback am Ende war ganz klar. Die Schüler sagten: ›Am Anfang hatten wir keine Lust drauf. Aber dann wurde es sehr spannend und produktiv!‹«

Projekttag 3: »Das ist euer Blog«

Am dritten Tag ist es so weit. Lisa Rosa steht neben der Leinwand und zeigt: »Das ist euer Blog!« Für die Einführung in das Blog wird die Klasse in zwei Gruppen aufgeteilt. Eine Hälfte bekommt vormittags die Einführung, die andere arbeitet weiter an ihren Arbeitsvorhaben. Am Nachmittag geht es entsprechend umgekehrt weiter. Für Lisa Rosa ist klar: »Du musst etwas vorbereiten, ein echtes Blog, nicht nur eine leere Standardvorlage. Dann gibt es Begeisterung. Du musst den Schülern sagen: ›Ihr könnt hier im Blog alles verändern!‹ Sofort gibt es die ersten Verhandlungen untereinander. Als Erstes: ›Wir wollen das Headerbild verändern.‹ Schüler haben eines ihrer eigenen Fotos in den Kopf der Website hochgeladen.

Die Schüler erproben erste Artikel im Blog, meist kürzere Texte. In dieser Phase beobachtet Lisa Rosa immer wieder Aha-Momente. »Den Schülern wird schnell klar: ›Das kann jetzt jeder lesen!‹ Dann wollen sie ihre Inhalte überarbeiten und verbessern.«

Das Ganze funktioniert, weil tatsächlich Menschen aus der »echten Welt« das Blog besuchen und kommentieren. Lisa Rosa hat das Interesse über ihr persönliches Netzwerk auf Twitter und ihrem eigenen Blog organisiert. Und so stehen plötzlich Kommentare mit Fragen und Tipps unter den Artikeln der Zwölftklässler. »Da waren die Schüler platt. Es hat sie so motiviert, dass manche sogar noch nachts gearbeitet haben. Wichtig war, dass alle Schüler als Administratoren ins Blog eingepflegt wurden. Das bedeutet, jeder hatte alle Rechte, alles im Blog zu verändern. Bei dieser Gruppe führte das zu einem besonders hohen Verantwortungsbewusstsein und zu einer besonders intensiven Kollaboration.«

Projekttag 4: Bloggen

Die Arbeit an den eigenen Texten geht am nächsten Tag weiter. Der Lehrer beantwortet Fragen, berät und unterstützt bei allen Arbeiten. Es werden kurze Rückspra-
chen mit der Guide der KZ-Gedenkstätte gehalten. Dabei wird auch geklärt, dass
Fotos aus der Gedenkstätte im Blog veröffentlicht werden können.

Die Schüler schreiben ihre Artikel in einer Textverarbeitung und lesen sie zu-
nächst gegenseitig Korrektur. Dann veröffentlichen sie ihre Texte nach und nach im
Blog und kommentieren sich zunächst gegenseitig. Der Computerraum wird zur
Blogwerkstatt.

Der Lehrer als Beobachter und Coach

Was macht eine Lehrerin eigentlich, wenn 26 Schüler den ganzen Schultag über
selbstständig arbeiten? Lisa Rosa sagt: »Wenn ich Menschen erlaube, individuell zu
lernen, sind sie in der nächsten Minute schon auseinander und brauchen einzelnes
oder Team-Coaching. Die gute Botschaft ist: Die machen alleine schon ganz viel
richtig. Da habe ich die Zeit und kann rumgehen und gucken, wer was braucht. Ich
notiere mir, was ich fürs nächste Zusammentreffen für wen mitbringen muss.«
Derweil ist für Lisa Rosa hoch individuelle Beratung vor Ort angesagt. »Der eine
braucht nur eine Ermunterung, auch mal einen langen Text zu lesen. Eine Gruppe
kämpft noch damit, ihre Fragestellung in eine bearbeitbare Form zu bringen. Oder
ich merke, dass noch für viele wichtige Grundlagen fehlen, die ich in der nächsten
Plenumszeit nachliefern muss. Die Sache kann so dringlich sein, dass gleich jetzt
eine Ansage für alle zwischengeschaltet werden muss. Man muss dafür sehr wach
sein, denn vieles ist nicht planbar! Wenn die Schüler selbstständig und an individuellen Fragen arbeiten, heißt das nicht, dass man sich zurücklehnen oder verdrücken
kann.«

Projekttag 5: Das Projekt geht offline »on-line«

Am letzten Tag der Projektwoche macht sich die Klasse Gedanken über die Präsentation des Projektes für den Tag der offenen Tür der Schule. Lisa Rosa: »Die erste
Idee ging in die Richtung, Monitore im Schulgebäude aufzustellen. Das wurde ver-
worfen, denn dort könnte man sich die Blogtexte nicht in Ruhe anschauen. Also
mussten die Schüler andere Formen finden.« Die Kunstlehrerin kommt mit eigenen Vorschlägen dazu. Die Schüler wollen die Adresse des Blogs bekannt machen,
also wird die Adresse als riesige Buchstaben aus Styropor ausgeschnitten und im
Foyer der Schule von der Decke gehängt. Außerdem setzen die Schüler ihr Online-
Projekt ins Physische um. Die Artikel werden einzeln ausgedruckt und auf eine

großen Leine (»on line«) im Treppenhaus aufgehängt, sodass auch Offliner sie sehen können.

Lisa Rosa ist begeistert, wenn sie von der Motivation der Schüler berichtet. »Einige Gruppen erarbeiteten Plakate, die in der Ausstellung im Schulgebäude in die einzelnen Themen einführten. Für einige war die Statistik, welche Artikel wie oft aufgerufen wurden, ein großer Anreiz, sodass sie sich bemühten, durch weitere Posts und Verbesserungen der Texte noch höhere Klickzahlen zu bekommen. Eine Schülerin, die gerade zum Austausch in Texas gewesen war, wollte das Blog unbedingt ihren Freunden in Texas vorführen. Also hat sie einen einführenden Text in Englisch verfasst. Alle haben dabei ihr Lernen vertieft, weil sie den Inhalt noch einmal in eine neue Form bringen mussten, die sich an konkrete Adressaten richtete.«

Am Abend nach dem Tag der offenen Tür gibt es dann einen großen Ansturm auf die Website. Und natürlich neue Artikel im Blog, in denen Fotos von den Aktionen in der Schule veröffentlicht werden.

Personalisierung statt Individualisierung

Für Lisa Rosa wird der Begriff der Individualisierung für das Lernen häufig falsch interpretiert. »Der Begriff der Individualisierung ist oft nicht durchdacht. Man geht davon aus, dass das Lernziel festgelegt ist und der Weg dorthin individuell beschritten wird. Die Schüler werden häufig auf dem Lernweg alleine gelassen. Dabei brauchen die Lernenden doch gerade bei den Wegen Unterstützung. Genau das sollte doch unsere Expertise als Lehrer sein!«

Lisa Rosa bevorzugt den Leitbegriff des personalisierten Lernens. »Personalisierung heißt nicht, dass ich mir Fragen aus dem Katalog des Lehrers aussuche. Personalisiertes Lernen heißt, dass ich an Fragen arbeite, die tief im Inneren für mich Bedeutung haben. Das bedeutet zwangsläufig, dass das Ergebnis des Lernens nicht vorher festgelegt ist. Die Lernenden müssen *ihre* Lösung finden auf Fragen, die für sie Bedeutung haben. Die komplizierten Wege dorthin, die Arbeitsmethoden, die Auf- und Abs in Motivation und Zuversicht, die muss der Lehrer professionell anregen und fördernd begleiten.«

Personalisiertes Lernen bedeutet für Lisa Rosa nicht Vereinzelung. Die Schüler arbeiten individuell, in Tandems oder in kleinen Gruppen. Jeder Lernende muss zu den Fragen arbeiten, die ihn persönlich interessieren, wobei es stets einen großen, komplexen Gegenstand als verbindendes Dach gibt. »Nur so lässt sich immer wieder die Gemeinsamkeit herstellen, auf die man im Plenum eingehen kann. Nur so funktioniert es, dass Lernende sich etwas zu sagen haben und ihre eigenen Perspektiven mit den Perspektiven der anderen konfrontieren können. Auch das braucht es ja für das Lernen. Ohne Dialog geht es überhaupt nicht. Diese Konfrontation muss der Lehrer organisieren.«

Projekt »Migration und Integration«

Lisa Rosa hat große Blogprojekte auch mit anderen Schulen erprobt. »Es braucht nicht immer eine Projektwoche. Und es muss auch nicht eine Schülergruppe in einem Gymnasium sein. Wir machen das auch in der Stadtteilschule Bahrenfeld, die hat Sozialindex-Stufe 3.« In Hamburg gibt es die Stufen 1 bis 6, wobei 6 für die beste soziale Lage steht.

In der Stadtteilschule Bahrenfeld hat Lisa Rosa zusammen mit dem Lehrer Max von Redecker ein Blogprojekt über 20 Wochen hinweg in den regulären Unterricht eines Profilkurses integriert. Dafür wurden in Jahrgang 12 die Stunden für Geschichte, Kunst und das sogenannte Seminarfach genutzt. Das Thema aus dem Lehrplan lautete: Migration und Integration. »Als wir den Schülern das Thema genannt haben, waren die alles andere als begeistert. ›Schon wieder?‹, haben die gefragt«, berichtet Lisa Rosa. »Und wir haben gesagt: ›Ja. Aber dieses Mal mit euren eigenen Themen!‹«

Ein vorbereitetes Blog als Materiallager

»In diesem Fall haben der Lehrer und ich vorab ein Blog als vorbereitete Materialsammlung erstellt. Das ist riesig, ein überbordendes Lager«, erklärt Lisa Rosa. »Davon können die Schüler sich inspirieren lassen. Natürlich können sie auch selbst Material darüber hinaus suchen und das in den Materialpool hochladen.«

Die Grundannahme für den Einstieg ins Thema lautete: Jeder hat einen Migrationshintergrund. In der ersten Stunde des Projektes zeigt Lehrer Max von Redecker seinen eigenen Stammbaum und erzählt die Geschichte seiner Familie. »Danach macht er erst einmal nichts«, schildert Lisa Rosa. »Er steht nur da und wartet. Dann erzählen die Schüler entweder ihre eigenen Geschichten oder äußern Gedanken zum Gegenstand und erklären ihr Wissen. Und der Lehrer protokolliert das auf Karten, um die Beiträge festzuhalten und beim Anpinnen zu strukturieren.«

In der zweiten Stunde werden Fragen gesammelt, kollaborativ in einem Etherpad. Anschließend geht es wie im Gedenkstätten-Projekt darum, persönliche Fragen zu identifizieren und Arbeitsvorhaben dafür zu entwerfen. Die Schüler schreiben im Verlauf der 20 Wochen drei Texte: ein Abstract zum Vorhaben, einen Fachartikel und eine abschließende Reflexion zum Lernprozess. Alle drei Texte werden benotet.

»In diesem Projekt wurde selten zu zweit und fast immer alleine gearbeitet. Die Fragestellungen waren zum Teil sehr persönlich«, berichtet Lisa Rosa. Der Computerraum wird zur stillen Werkstatt: Die Schüler sitzen vor ihren Rechnern, lesen, verarbeiten, schreiben. »Wenn das gut läuft, dann wollen die Schüler gar nicht aufhören. Die Schulklingel kann man dann vergessen! Der Lehrer muss aufpassen, dass das zeitlich passt.«

Überhaupt sieht Lisa Rosa gerade bei der selbstständigen Arbeit den Lehrer in der Verantwortung. »Die Schüler müssen ja nicht nur undidaktisiertes Material zusammentragen und durchlesen. Wenn sie das noch nie vorher gemacht haben, weil ihnen alles immer schon zugeschnitten vorgesetzt wurde, dann können sie nicht von selbst wissen, wie sie Texte sinnvoll auswerten und wie sie Antworten auf ihre Fragen bekommen. Das muss man ihnen zeigen – entweder im Plenum oder einzeln im Coaching.«

Die Bedeutung des Plenums

»Je größer der Anteil der Einzelarbeit ist, desto mehr müssen wir darauf achten, dass es Zusammenarbeit gibt und dass am Ende ein gemeinsames Ergebnis da ist.« Dafür hat Lisa Rosa im Projekt das Zwischenstandsplenum vorgesehen. Die Schüler sind noch mitten im Arbeitsprozess und holen mal Luft und schauen sich an, wie weit ihre Vorhaben gediehen sind. Noch sind Korrektur und Umkehr aus Sackgassen gut möglich. Hier holt man sich neue Motivation und neue Aspekte für das eigene Thema. Es findet ein intensiver Austausch statt: sowohl zu inhaltlichen wie zu methodischen Fragen.

Allerdings muss es für Lisa Rosa nicht immer der Lehrer sein, der den Schülern Dinge erklärt. »Wir haben die Peer-Beratung eingeführt. Die Schüler haben sich im Plenum gegenseitig vorgestellt, was sie machen, und gegebenenfalls auch ihre Probleme damit geäußert. Die anderen Schüler mussten sich da reindenken und reinfragen. Das ist ein gegenseitiges Lerncoaching. Wenn man den Schülern zeigt, wie das funktioniert, dann ist das wahre Kollaboration!«

Auch das gemeinsame Produkt am Ende ist wichtig. Zum Projektabschluss verwandelten die Schüler aus ihren Einzelaspekten ein Theaterstück zum Gegenstand Migration – Integration, das öffentlich aufgeführt und als Video im Blog veröffentlicht wurde. Anschließend mussten sie einem großen Publikum von Erwachsenen Rede und Antwort zum Gegenstand, zu ihren Positionen und zur Qualität ihres Stückes stehen.

Wirtschaftswachstums-Dilemma

Mit einem analogen Vorgehen haben Lisa Rosa und Max von Redecker auch das Thema »Wirtschaftswachstums-Dilemma« bearbeitet. An diesem Beispiel macht Lisa Rosa deutlich, dass es nicht unbedingt die Textform sein muss, die im Ergebnis dominiert. »Wir hatten hier eine enorme Vielfalt. Eine Schülerin hat ein eigenes Videoblog ›Selbstversuch vegan leben« geführt, andere haben Raptexte geschrieben und aufgenommen, andere Comedyformen erprobt oder eben auch eine 17-seitige Facharbeit geschrieben.«

In diesem Projekt gibt es mündliche Noten für Kommentare zu den Artikeln von Mitschülern. Lisa Rosa kann von überraschenden Folgen berichten: »Ein Schüler, der unbedingt seine Note verbessern wollte, hat über die Osterferien 60 Artikel gelesen und kommentiert. Ich denke, das ist eine legitime Motivation. Solange es Noten gibt, müssen wir sie als Lernmotiv honorieren.«

Kulturzugangsgeräte ohne Schulfilter

Welche Rolle spielt das Internet beim Projektlernen? Ginge vieles davon nicht auch offline? Lisa Rosa: »Projektlernen geht grundsätzlich auch ohne digitale Medien. Aber vor allem Personalisierung und ›Kollaborativisierung‹ gehen nur mit Social Media! Man braucht ein offenes Netz für die Beschaffung von Ressourcen. Das Internet bietet nicht nur didaktisiertes und klein gehacktes Material, sondern alles: die »echte Welt« in ihrer ganzen Vielfalt!«

Und was braucht es dafür im Klassenraum? »Das ist eigentlich einfach,« sagt Lisa Rosa. Es braucht einen Beamer, damit man gemeinsam Sachen anschauen und besprechen kann. Es braucht ein Kulturzugangsgerät, also Computer mit Internetzugang – und zwar für jeden einzelnen Schüler einen eigenen und ständigen Zugang; sonst kann er nicht wirklich personalisiert arbeiten. Und ganz wichtig für die Schulen: Es braucht einen ungefilterten Zugang. Unsere Projekte waren nur möglich, weil jemand den Schulfilter abstellen konnte. Mit den Standardeinstellungen in den Hamburger Schulen wäre die ganze Arbeit nicht möglich gewesen! Die Schüler müssen teilweise nach Hause gehen, um Bilder hochladen zu können. Oder man muss mit dem eigenen Smartphone einen Zugang schaffen, um überhaupt vernünftig arbeiten zu können. Diese Schulfilter sind die totale Entmündigung! Und sie bilden leider auch für die meisten Lehrer so hohe Verkomplizierungen ihrer eh schon komplizierten Arbeitsbedingungen, dass schon allein deswegen die meisten gar nicht erst ausprobieren wollen, mit den Social Media-Formen zu arbeiten.«

Dokumentation und Materialblog

Nicht nur die Blogprojekte der Schüler sind weiterhin online zu finden. Auch die parallelen Materialblogs zu den Projekten »Migration und Integration« und »Wachstum« stehen zur Verfügung. Die kompletten Blogs können als Steinbruch und Materiallager für eigene Projekte genutzt werden. Das Migration-Integration-Materialblog wurde außerdem anlässlich der Flüchtlingskrise aktualisiert und mit neuen Materialien ergänzt. Durchführung der Blogprojekte und Prinzipien der Projektmethode wurden in gedruckten Lehrerhandreichungen dokumentiert, die inzwischen in vierstelligen Auflagen nachgefragt wurden (vgl. Links im Infokasten).

Aufwand, Effektivität und Effizienz

Neue Wege, intensive Vorbereitung, Zusammenarbeit mit mehreren Lehrern, widrige Technologien – lohnt sich dieser Einsatz am Ende, Frau Rosa? »Ja, das ist ein großer Aufwand. Man muss das gut vorbereiten, ständig reflektieren und wach sein. Aber wenn man das erst einmal hat, dann hat man in der Schule viel mehr Zeit als in einem Unterricht, bei dem man jede Stunde vortanzen muss. Die Lernarbeit machen ja die Schüler.« Lisa Rosa empfiehlt, es einfach auszuprobieren. Es gibt nur eine Einschränkung: »Das geht nicht, wenn man keine Freude daran hat. Aber es klappt! Der Unterricht macht sogar viel mehr Spaß. Und er ist nicht so erschöpfend, wie wenn man ständig selbst vortragen oder Disziplin einprügeln oder Schüler aktivieren muss.«

Und was kommt am Ende dabei raus? »Das Projektlernen wie in den Blogprojekten ist keine ›Effizienz-Methode‹ – aber es ist unglaublich effektiv! Die Schüler erwerben alle möglichen Skills, die im 21. Jahrhundert zu den wesentlichen Lernzielen zählen. Und man erreicht gleichzeitig ein Deep Learning zum Gegenstand. Das ist kein Widerspruch! Es ist ein Vorurteil, dass man sich zwischen Soft Skills und Hard Skills als Lernziel entscheiden muss. Im Gegenteil! Man kriegt am besten beides zusammen. Dafür braucht es eine geschickte und kluge Lernorganisation. Projektlernen in Kombination mit digitalen Medien ist bisher das Beste, was ich dafür gefunden habe.«

Eckdaten zu Person und Schule

Name	Lisa Rosa
Fächer	Lehrerbildung; Geschichte, Politik
Schule	Landesinstitut für Lehrerbildung und Schulentwicklung Hamburg
Aufgaben in der Schule	• -
Berufsbiographie	• 20 Jahre Musik-, Politik-, Geschichtslehrerin an Gesamtschule (Westberlin) und Gymnasium (Hamburg) • seit 2005 Unterrichtsentwicklung und Lehrerfortbildung in Hamburg • Demokratie- und Projektlernen, Lernen in der Wissensgesellschaft, Lernen 2.0 • Zusammenarbeit mit diversen Hamburger Schulen und verschiedenen KollegInnen in ihrem Unterricht
Links	• Aufgabengebiet Demokratiepädagogik am Landesinstitut für Lehrerbildung und Schulentwicklung Hamburg: http://li.hamburg.de/demokratie • shift. Weblog zu Schule und Gesellschaft – Blog von Lisa Rosa: http://shiftingschool.wordpress.com • Blogwerkstatt von Lisa Rosa: http://lisarosa.wordpress.com • Drei Projektblogs: https://migrationintegration.wordpress.com https://ewgprojektblog.wordpress.com https://mehristweniger.wordpress.com • Publikation »Integration ist für mich (k)eine Frage!«; Unterrichtsvorhaben zum Tam »Migration – Integration« http://li.hamburg.de/publikationen/3861046/artikel-integration-unterrichtsvorhaben/

Link

Blog zum »shift Weblog zu Schule und Gesellschaft« http://shiftingschool.
  wordpress.com/

Fall 4: Geschichte bedeutet immer Medien – Daniel Bernsen

Classroom4.eu – ein multimediales, europäisches Schulbuch

Unter www.classroom4wiki.eu findet man ein Schulbuch zur europäischen Kulturgeschichte. Der Geschichtslehrer Daniel Bernsen gehört zum Gründungsteam der Online-Plattform. Die Überschriften der Artikel lauten zum Beispiel »Die Daguerreotypie – Einführung der Fotografie in Koblenz«, »Postzensur nach dem Ersten Weltkrieg«, »Tasteninstrumente – eine Einführung« oder »Portraitkünstler Januarius Zick (1737–1790)«. Es gibt Artikel auf Deutsch, Englisch, Französisch, Niederländisch und Spanisch. Was man auf den ersten Blick nicht unbedingt erkennt: Die Autoren der Inhalte sind Schüler aus verschiedenen Ländern Europas. Einige von ihnen stammen aus dem Eichendorff-Gymnasium Koblenz und haben ihre Essays im Leistungskurs Geschichte bei ihrem Lehrer Daniel Bernsen geschrieben.

Auf lokaler Ebene europäische Geschichte schreiben

Das groß angelegte Projekt Classroom4.eu verbindet regionale und europäische Geschichte. Daniel Bernsen erklärt: »Schüler in Sek II recherchieren selbstständig zur Geschichte ihrer Stadt, suchen nach den regionalen Verflechtungen in Europa und stellen die Ergebnisse in Form von Essays online.« Am Anfang stand die Idee, das Ganze als europäischen Wettbewerb zu organisieren und die besten Schüleraufsätze in einem Buch zu veröffentlichen. Daniel Bernsen und seine Mitstreiter haben sich stattdessen für eine Website auf Wiki-Basis entschieden. »Wir sind relativ schnell auf die Vorteile eines interaktiven Online-Schulbuchs gekommen: 1. Es besteht keine Begrenzung hinsichtlich des Umfangs. Das ›Buch‹ kann also ständig erweitert werden, wobei insbesondere lokale, regionale oder nationale Sonderentwicklungen abgebildet werden können. 2. Über die Verlinkungen zwischen verschiedenen Artikeln wird unsere Grundidee abgebildet, Europa als einen über Personen vernetzten Kommunikationsraum darzustellen. Und 3. sind als Inhalte nicht nur Texte und Bilder, sondern perspektivisch auch Videos, Übungen oder Lernspiele denkbar.«

Fragen an die Geschichte

Daniel Bernsen nutzt das Projekt, um seinen Leistungskurs Geschichte zu Beginn von Jahrgang 11 an die Methoden des Fachs heranzuführen. »Da geht es um grundlegende Dinge: Wie funktioniert dieses Fach überhaupt? Wie recherchiere ich? Wie forsche ich? Wie schreibe ich? Das lässt sich sehr gut lernen, wenn man einen Essay für Classroom4.eu schreibt.«

Zu Beginn zeigt Bernsen den Schülern die Website, stellt ihnen die verschiedenen Themenbereiche vor und erklärt die Projektidee. Dann gibt er die Hausaufgabe: »Überlegt euch bis zur kommenden Woche, welches Thema euch so interessiert, dass ihr für vier Wochen dazu arbeiten wollt! Es muss zu einem der Themenbereiche auf der Website passen und einen Bezug zu eurem Wohnort haben.« Die Schüler sollen auf diese Weise lernen, wie man Fragen an die Geschichte stellt.

In der nächsten Stunde werden die Themen gesammelt, angepasst und konkretisiert. Für die erste Recherchephase können sich Schüler zusammentun, die zum gleichen Oberthema arbeiten. Bernsen geht mit dem Kurs in den Computerraum. »Zunächst machen die Schüler eine allgemeine Recherche: ›Was gibt es zu dem Thema? Was finde ich dazu in Bezug auf Koblenz?‹ Häufig kommt dabei heraus, dass es zum lokalen Bezug keine Quellen online gibt. Dann müssen wir vor Ort in die wissenschaftliche Landesbibliothek gehen.«

Für den 11. Jahrgang bereitet Bernsen eine Einführung vor. »Wie geht das überhaupt mit der Recherche? Wie erstelle ich eine Bibliographie? Wie funktioniert die Bibliothek? Das erkläre ich möglichst so, dass die Schüler zum selbstständigen Arbeiten befähigt werden. Oft buche ich dazu auch einen Termin in der Bibliothek.« Außerdem unterstützt Bernsen die Schüler beim Erstellen eines Arbeitsplans: »Welche Schritte muss ich einplanen? Wie viel Zeit brauche ich dafür? Wie kann ich das in vier Wochen mit je vier Unterrichtsstunden umsetzen?«

Dann geht es an die eigentliche Arbeit. Aus dem Computerraum wird eine Mischung aus Bibliothek und Redaktion. Die Schüler sollen ihre Essays im Unterricht und nicht zu Hause schreiben, damit sie sich untereinander austauschen und Rückmeldungen von Lehrer Bernsen bekommen können. »Ich sehe das als Propädeutik. Unter Anleitung lernen die Schüler nicht nur etwas über ihr Thema, sondern vor allem über selbstständiges und wissenschaftliches Arbeiten im Fach Geschichte.«

Am Ende der vier Wochen senden dann alle Schüler ihre Texte als Worddatei an Lehrer Bernsen, der sie überprüft und Rückmeldungen für eine Überarbeitungsrunde gibt. »Die Veröffentlichung auf der Website erfolgt nicht durch die Schüler selbst. Wir sehen uns da in der Verantwortung für die redaktionelle Sicherung. Und es ist mir wichtig, dass Schüler in ihrem Lernprozess nicht bloßgestellt werden.«

Nach der Überarbeitung können die Schüler entscheiden, ob sie den Text durch Lehrer Bernsen veröffentlichen möchten und ob sie ihren echten Namen dafür nutzen wollen. »Die Veröffentlichung ist freiwillig – aber bisher wollte jeder«, berichtet Bernsen. »Es gab nur einen Fall, in dem eine ehemalige Schülerin drei Jahre nach dem Abitur ihren Namen entfernt haben wollte. Obwohl die Arbeit exzellent war und ja auch ein Datum dabeistand, war sie der Meinung, dass der Text nicht mehr ihren Ansprüchen genüge. Dann haben wir den Namen entfernt.«

Alle Inhalte im Projekt Classroom4.eu werden unter einer Creative-Commons-Lizenz veröffentlicht, sodass sie als Open Educational Resources (OER) (siehe Glossar) weiter nutzbar sind. Bernsen ist von der Grundidee des translokalen Ansatzes überzeugt, bei dem Schüler auf die Vorarbeiten aus anderen Jahrgängen und anderen Ländern zugreifen können. Schaut man heute auf die Website www.classroom

4wiki.eu, so findet man vor allem Beiträge aus Schulen, die an der Gründung beteiligt waren. »Ich finde das schade«, bilanziert Bernsen, »und ich weiß noch nicht
genau, woran es liegt, dass da wenig Resonanz kommt. Meine Vermutung ist, dass
Themen und die Arbeitsweise den Lehrplänen entgegenstehen.«

Daniel Bernsen – Blogger und GPS-Gerät

Daniel Bernsen unterrichtet seit 2007 am Eichendorff-Gymnasium in Koblenz in
den Fächern Geschichte, Spanisch und Französisch. Er koordinierte seit 2013 ein
BYOD-Projekt (siehe Glossar) in der 7. und 8. Klasse. Viele seiner Ideen und Erfahrungen teilt er: in wissenschaftlichen Publikationen oder im Netz. Dort führt er das
Blog zum BYOD-Projekt (byodkoblenz.wordpress.com), bereits seit 2009 das Blog
»Medien im Geschichtsunterricht« (geschichtsunterricht.wordpress.com) und neu-
erdings auch ein Blog »Bildung, Netz & Politik« (bipone.wordpress.com).

Wenn man Bernsen nach seinem Selbstverständnis als Lehrer fragt, zitiert er
eine Metapher des kalifornischen Lehrers Aarons Sams: »Wenn das Lernen ein individueller Weg ist, dann übernimmt der Lehrer die Aufgabe eines GPS-Geräts. Er
unterstützt den Lernenden bei der Erreichung des Ziels, indem er unterschiedliche
Routen vorschlägt. Der Lernende kann den Vorschlägen folgen, er kann aber auch
Abkürzungen und Umwege nehmen oder eigene Routen entwickeln. Wichtig ist,
dass der Lernende nicht ›per Anhalter‹ oder ›im Lehrerauto‹ zum Ziel gebracht
wird.«

Ende der Kopierschlachten

Daniel Bernsen erinnert sich daran, dass ihm im Referendariat ab 2002 immer wieder ein großes Wort vorgesetzt wurde: Binnendifferenzierung! »Das war so ein Zau-
berwort. Uns wurde in der Ausbildung gesagt, dass das ganz wichtig sei. Aber wie
man es konkret macht, wurde uns nicht beigebracht. Man hat dann gelernt, dass es
darum geht, möglichst viele verschiedene Materialien mit in den Unterricht zu
bringen. Das waren wahre Kopierschlachten.«

Mit dem Einzug digitaler Medien sieht Daniel Bernsen ganz neue Möglichkeiten
für die Binnendifferenzierung. »Wir können stark differenzieren, was die Lerninhalte angeht. Und wir können stark differenzieren, was die Lernprodukte und damit
in der Folge auch was die Lernwege angeht. Digitale Medien helfen nicht bei der
Individualisierung – sie ermöglichen die konsequente Individualisierung erst!«
Bernsen sieht die Konsequenzen der Digitalisierung nicht auf die didaktische Ebene
begrenzt. »Solange man nicht die große Wahl zwischen Inhalten und Formen hatte,
musste man auch nicht darüber nachdenken. Das kam erst mit dem Digitalen.
Auch in der Arbeitswelt spielt das eine immer größere Rolle: Ich muss ständig entscheiden, in welcher Form ich etwas aufbereite. Schüler müssen alle Formen ken-

nenlernen, um zu entscheiden, wann sie womit gut lernen können. Damit werden auch persönliche Lernumgebungen relevanter. Man hätte auch vor 20 Jahren darüber nachdenken können. Aber die Frage stellt sich erst jetzt, aus den Möglichkeiten heraus. Das ist auch eine Individualisierung des Lernen-Lernens.«

Digitale Landkarte zum Ersten Weltkrieg

Bernsen hat Geschichtsprojekte mit digitalen Medien in vielfältiger Weise erprobt. »Die Struktur ist dabei immer gleich. Ich stelle ein Thema vor, das vom Lehrplan vorgegeben ist. Dann sammeln wir eigene Fragen zu diesem Thema, zum Beispiel einfach auf Papier an der Pinnwand. Wir clustern die Fragen und Schüler entscheiden sich, welche Aspekte sie bearbeiten möchten.«

Anschließend geht es um die Form, in der die Lernergebnisse präsentiert werden sollen. Bernsen fragt die Schüler, welche Form sinnvoll ist. »Das ist ganz unterschiedlich. Manchmal ist es eine Zeitung, manchmal ein Comic. Wir machen Kurzfilme oder Fotogeschichten. Beliebt sind auch digitale Karten. Eine 8. Klasse kann zum Beispiel zum Thema »Erster Weltkrieg« historische Orte auf einer digitalen Landkarte markieren und an jedem Ort unterschiedliche Medien einbinden, die die Geschehnisse und Spuren dokumentieren.«

Aber woher nehmen die Schüler die Kompetenzen, entsprechende digitale Dienste und Werkzeuge einordnen und nutzen zu können? »Die Lernenden müssen altersgemäß mit den Eigenheiten der Erzählformen vertraut sein. Aber das ist nicht neu, sondern bereits heute fester Bestandteil vieler Unterrichtsfächer. Da müssen wir als Lehrer das Spektrum um die Möglichkeiten digitaler Erzähltechniken ergänzen. So kann die Entscheidung über die Form des Lernprodukts zunehmend in die Verantwortung der Lernenden gestellt werden.«

Die Entscheidung über Aufwand und Art der Recherche fällt Bernsen je nach Projekt und Vorkenntnissen der Schüler: »Manchmal reicht das Schulbuch als Grundlage aus. Bei anderen Projekten gehen die Schüler raus und suchen Denkmäler in Koblenz und recherchieren dort.«

Macht das nicht viel Arbeit, Herr Bernsen? »Natürlich ist Frontalunterricht mit Schulbuch einfacher und schneller. Wenn ich da eine Stunde einmal vorbereitet habe, brauche ich in den Folgejahren nur noch fünf Minuten Vorbereitung.« Bernsens Urteil über die neuen Arbeitsformen fällt dennoch eindeutig positiv aus: »Es lohnt sich! Die Motivation der Schüler ist gesteigert, wenn sie nach eigenen Interessen arbeiten können. Das geht schon heute, in dem vorgegebenen Rahmen, auch mit 45-Minuten-Takt und Lehrplan. Es funktioniert gut – überraschend gut, denke ich manchmal.«

Geschichte – das heißt immer Medien!

Daniel Bernsen ist nicht nur Geschichtslehrer, sondern auch Fachberater für Geschichte im Schulaufsichtsbezirk Koblenz. Wenn man ihn fragt, wo denn die Verbindungen zwischen Geschichte und digitalen Medien liegen, wird Bernsen energisch: »Geschichte bedeutet immer Medien! Die Vergangenheit ist nicht direkt zugänglich, Geschichte ist immer nur medial vermittelt. Deswegen sehe ich eine hohe Affinität zwischen Geschichte und Medienbildung. Man muss sich zum Beispiel in beiden Fällen fragen: Ist diese Quelle vertrauenswürdig? Wie beurteile ich diesen Inhalt?«

Auch auf der didaktisch-methodischen Ebene hält Bernsen den Geschichtsunterricht für besonders geeignet, um digitale Medien einzusetzen. »Da steht oft ein Arbeitsauftrag im Zentrum, der den Schülern ein konkretes Produkt vorschreibt. Das sind im Geschichtsunterricht zum Beispiel das Verfassen eines Tagebucheintrags, eines Protokolls oder eines Briefs, die schriftliche Beantwortung einer Frage oder das Anlegen einer Zeitleiste. Digitale Medien erweitern dieses Spektrum der möglichen Lernprodukte erheblich, gerade wenn es um das Narrative geht. Es können multimediale Zeitleisten, virtuelle Geschichtsausstellungen, Filmdokus, Geocaches erstellt, Wiki-Artikel, Online-Kommentare, Blogbeiträge etc. geschrieben werden. Das meiste davon ging schon vorher – aber jetzt sind Kreation, Veröffentlichung und Vernetzung deutlich einfacher geworden.«

Wie viele andere Lehrer sieht Bernsen Potenziale bei der Veröffentlichung von Lernprodukten: »Schule wird transparenter, das ist grundsätzlich begrüßenswert. Die Veröffentlichung kann auch die Motivation bei den Schülern steigern, denn sie arbeiten nicht mehr nur für den Lehrer.« Allerdings warnt Bernsen davor, die Veröffentlichung als Selbstläufer anzusehen: »Die Motivation kann auch schnell in Frust umschlagen, wenn die Klicks ausbleiben und niemand die Ergebnisse bemerkt. Deswegen muss man gemeinsam mit den Lernenden eine Zielgruppe benennen und überlegen, wie man diese Gruppe erreichen kann.«

Internationale Partnerschaften

Wenn es um Zielgruppen für Lernprodukte geht, setzt Bernsen vor allem auf Partnerklassen und internationale Projekte. »Wir richten unsere Präsentationen zum Beispiel an eine Partnerklasse in Frankreich, England oder Spanien. Auch mit Polen, Aserbaidschan oder Kanada haben wir schon zusammengearbeitet.« Am Anfang steht häufig eine Videokonferenz zum gegenseitigen Kennenlernen. Bernsen empfiehlt die Möglichkeiten der Plattform eTwinning, einem Netzwerk für Schulen in Europa, das in Deutschland vom Pädagogischen Austauschdienst organisiert wird.

»Die Motivation ist sehr hoch, wenn Schüler Ergebnisse für andere Schüler in anderen Ländern erarbeiten. Umgekehrt kommt dann auch etwas aus der anderen Schule zu uns. Solche Projekte sind nur digital möglich. Früher hat man manchmal einen Brief geschrieben. Das hatte einen ganz anderen Rhythmus und direkte Zusammenarbeit war gar nicht möglich.« Nach Bernsens Erfahrung laufen konkrete, überschaubare Projekte besser als große Partnerschaften mit vielen Beteiligten: »Die Koordination unter den Lehrkräften ist sehr aufwendig. Und manchmal ist die Zusammenarbeit auch recht unverbindlich. Gleichzeitig bietet sich inzwischen auch die Möglichkeit, Kooperationen auf Lehrerebene zu individualisieren.« Bernsen findet viele Kontakte inzwischen auf Konferenzen oder über Twitter.

Französisch subversiv

Neben Geschichte unterrichtet Daniel Bernsen auch Französisch. In diesem Fach führt er häufig deutsche und französische Lerngruppen über digitale Medien zusammen – mitunter mit unerwarteten Folgen. »Ich hatte in Französisch eine Schülerin, eine sehr gute Schülerin. Als ich im 12. Jahrgang in ihren Hausaufgaben einen Fehler korrigiert hatte, war sie ganz außer sich. Sie war überzeugt, dass ihr Text richtig sein müsse. Als ich sie fragte, warum sie sich so sicher sei, kam folgende Geschichte heraus: In Jahrgangsstufe 11 haben wir immer ein Projekt, in dem eine Klasse bis zu zwei Monate lang mit einer Partnerklasse in Frankreich verbunden ist. Dabei arbeiten zwei Schüler aus Deutschland mit zwei Schülern aus Frankreich in einer Gruppe zusammen. Diese Schülerin hatte nun die Verbindung nach Frankreich auch nach dem Projekt fortgeführt. Sie hat seit 1,5 Jahren immer zusammen mit den französischen Schülern die Hausaufgaben in Französisch und Deutsch gemacht! Sie haben sich gegenseitig geholfen und einander Texte und Aufgaben korrigiert. Man sieht, dass Schüler das Internet auch eigenständig, ohne die Lehrkraft nutzen können. Das Netz hat geradezu ein subversives Potenzial für die Schule.«

Ein BarCamp im 45-Minuten-Takt

Bernsen erprobt neue Formen nicht nur beim Lernen mit digitalen Medien, sondern auch, wenn die Medien selbst zum Thema werden. 2014 hat er ein BarCamp (siehe Glossar) im Unterricht durchgeführt, eingepasst in den gegebenen 45-Minuten-Takt. »In der 8. Klasse diskutierten wir darüber, wie krass die Heterogenität in Technikfragen war. Da gab es einige, die quasi schon halbe Hacker waren, während andere nicht mal Dateien von einem USB-Stick öffnen konnten.« Bernsen fiel auf, dass die Schüler sich in Technikfragen oft gegenseitig unterstützten und dass es nicht immer der Lehrer war, der die größte Expertise im Raum hatte. Deswegen entwickelte er die Idee für ein BarCamp im Unterricht.

Das BarCamp-Format, auch »Unkonferenz« genannt, basiert darauf, dass das Programm gemeinsam von allen Anwesenden gestaltet wird und jeder selbst ein Angebot im Rahmen dieses Programms macht. Beim Thema »Computer« sind alle

Schüler zugleich auch Experten und können selbst ein Lernangebot für ihre Mitschüler machen«, berichtet Bernsen. »Da war klar: Wir machen ein BarCamp!«

Das BarCamp wurde in insgesamt sechs Unterrichtsstunden umgesetzt, die sich auf drei Wochen verteilten. In der ersten Stunde wurden die Themenwünsche ermittelt. Jeder Schüler schrieb anonym auf, welche Probleme er in letzter Zeit mit digitaler Technik hatte, die er selbst nicht lösen konnte. Auch weiterführende Fragen waren willkommen. Bernsen sammelte die Vorschläge ein, fasste ähnliche Fragen zusammen und erstellte daraus eine Themenliste.

In der zweiten Stunde erklärte Bernsen seinen Schülern die Methode BarCamp. Jeder Schüler sollte (alleine, zu zweit oder zu dritt) zu einem Thema aus der Themenliste einen kleinen Workshop vorbereiten. Bernsen war selbst etwas überrascht, wie gut das funktionierte. »Die vorbereitete Themenliste war sehr hilfreich. Einzelne Schüler waren zunächst der Meinung, dass sie gar keinen eigenen Beitrag liefern könnten. Dann hat aber jeder in der Liste ein Thema gefunden, zu dem er einen Workshop vorbereiten konnte.«

Die Vorbereitung der Workshops erfolgte in den Stunden drei und vier individuell bzw. mit der Kleingruppe. Dabei machte Bernsen keine Vorgaben zur Form. »Manche haben einen kleinen Vortrag erarbeitet, andere eine Diskussionsrunde vorbereitet oder eine praktische Anleitung erstellt. Um die Orientierung zu erleichtern, habe ich eine Liste mit Arbeitsschritten verteilt.«

In der dritten Woche fand dann in den Stunden fünf und sechs das BarCamp statt. Bernsen hatte die Themen in einem Zeitplan so verteilt, dass für jeden Workshop ca. 20 Minuten Zeit waren und dass drei oder vier Workshops parallel stattfanden. »Das hat sogar in einem Raum funktioniert, in dem die Workshops je in einer Ecke stattgefunden haben. Wir haben dabei auch eine Grundregel des BarCamps umgesetzt: Jeder konnte den Workshop wechseln, wenn ihn das Thema nicht mehr interessierte.«

Bernsen bewertet das BarCamp im Unterricht als vollen Erfolg: »Die Rückmeldungen der Schüler waren überwältigend! Jeder hat selbst etwas gelernt – und zwar zu den Themen, die ihn besonders interessiert haben. Und mindestens genauso wichtig: Jeder Einzelne hat sich selbst als kompetent erlebt.«

Eckdaten zu Person und Schule

Name	**Daniel Bernsen**
Fächer	Geschichte, Französisch, Spanisch
Schule	Eichendorff-Gymnasium Koblenz (Rheinland-Pfalz) • ca. 900 Schülerinnen und Schüler • Zwei Profilschwerpunkte: Musik und UNESCO-Projektschule
Aufgaben in der Schule	• Jugendmedienschutzbeauftragter • Klassen- und Stammkursleiter • Koordinator BYOD-Projekt (2013–2015)
Berufsbiographie	• 1995–2001 Studium in Bonn, Brüssel und Münster, Stipendiat der Friedrich-Ebert-Stiftung • 2002–2004 Referendariat am Studienseminar Trier • 2004–2007 Lehrer am St. Willibrord-Gymnasium Bitburg • Seit 2007 Lehrer am Eichendorff-Gymnasium Koblenz • 2009–2012 Teilabordnung als regionaler Koordinator im Landesprogramm »Medienkompetenz macht Schule« • Seit 2011 zusätzlich: Regionaler Fachberater für das Fach Geschichte im Schulaufsichtsbezirk Koblenz
Links	• Schulhomepage: www.eichendorff-koblenz.de/ • Blog »Medien im Geschichtsunterricht«: http://geschichtsunterricht.wordpress.com/ • Blog »Bildung, Netz & Politik«: http://bipone.wordpress.com/ • Twitter @eisenmed

Links

Die Website »Classroom4.eu« http://www.classroom4wiki.eu/
Blog zum »BYOD-Projekt« http://byodkoblenz.wordpress.com/
Blog »Medien im Geschichtsunterricht« http://geschichtsunterricht.wordpress.com/
Blog »Bildung, Netz & Politik« http://bipone.wordpress.com/

Fall 5: Authentischer Sprachen lernen – Monika Heusinger

Recherche für einen digitalen Reiseführer über Madrid

»Was Du machen kannst, wenn Du Madrid besuchst« ist ein typisches Kapitel im Spanisch-Lehrwerk. Lehrerin Monika Heusinger ist damit nicht ganz glücklich. »Es sind nicht immer die aktuellen Themen, die im Schulbuch zu finden sind. Und Neuntklässler finden dort nicht unbedingt die Sehenswürdigkeiten, die sie interessieren. Die gehen nicht ins Theater. Die finden das Fußballstadion spannend!«

Also erstellen die Neuntklässler in ihrem zweiten Jahr Spanisch am Otto Hahn Gymnasium Saarbrücken einen eigenen Reiseführer. Für Monika Heusinger, Lehrerin für Spanisch und Französisch, ist der schülerzentrierte Zugang wichtig: »Wenn die Schüler im Web recherchieren, können sie Themen wählen, die sie persönlich interessieren, und zusätzliche Aspekte erarbeiten, die im vorgegebenen Material nicht vorkommen.«

Im ersten Schritt geht es um die Verteilung der Themen. Die Schüler arbeiten zu zweit oder dritt und sollen unterschiedliche Themen wählen. »Was gibt es in Madrid und was würde Dich interessieren?«, lautet Heusingers Leitfrage für die ersten 15 Minuten. Die Schüler greifen sich ein Tablet pro Gruppe, verschaffen sich mit Hilfe von Google einen schnellen Überblick und entscheiden sich für eine Sehenswürdigkeit. Sie tragen dann den Namen ihrer Gruppe und ihres Themas in eine Liste ein.

Der Clou: Die Themenliste ist eine Tabelle in Google Docs, in die alle Schüler gleichzeitig schreiben können. Entsteht da Chaos, Frau Heusinger? »Gar nicht, im Gegenteil! Das regelt sich automatisch. Es funktioniert deutlich besser und schneller als eine Themensammlung an der Tafel oder gar über Loseziehen. Früher musste die komplette Themenliste noch verschriftlicht und verteilt werden. Jetzt ist die Liste am Ende der Themenwahl fertig und alle Schüler haben Zugriff.«

Eine zusätzliche Regel motiviert zu schneller Arbeit: Wenn dasselbe Thema von mehreren Gruppen gewählt wird, so bekommt es diejenige zugesprochen, die sich zuerst in die Liste eingetragen hat. In Streitfällen wäre das über die Versionsgeschichte der Liste genau nachvollziehbar.

Nach 20 Minuten beginnt die nächste Arbeitsphase. Die Schüler sammeln Informationen zu ihrer Sehenswürdigkeit und tragen sie in einem Google Doc zusammen. Heusinger erklärt: »Jede Gruppe legt dafür ein eigenes Dokument an, das im gemeinsamen Projektordner gespeichert wird. Das geht in wenigen Sekunden. Ich als Lehrerin (und potenziell auch alle Mitschüler) können dadurch immer auf die Zwischenstände aller Gruppen schauen.«

Die Schüler können für ihre Recherche alle frei im Web verfügbaren Materialien nutzen. »Denkt daran, dass ihr immer eine Quelle angeben müsst. Wenn ihr eine neue Seite aufruft, kopiert die Adresse immer direkt in euer Dokument!«, gibt Heusinger ihren Schülern vor. »Ihr könnt später wieder löschen, was ihr nicht braucht.« Neben grundsätzlichen Informationen sollen die Schüler auch ein gutes

Foto der Sehenswürdigkeit finden und die Adresse des Bildes in ihr Dokument kopieren.

In der 9. Klasse haben die Schüler bereits gelernt, was sie bei der Angabe von Quellen und in Sachen Bildrecht beachten müssen. Falls sie dazu etwas nachschlagen wollen, sind Infoblätter als Gedächtnisstütze in der digitalen Arbeitsumgebung sofort zur Hand.

Themenvielfalt, Medienvielfalt

Die Arbeit mit dem Internet ermöglicht für Monika Heusinger nicht nur Individualisierung bei den Themen, sondern auch bei den Medienformen, über die Schüler sich Wissen aneignen. »Früher habe ich als Lehrerin das Material besorgt. Ich habe zum Beispiel Prospekte von der Tourismuszentrale in Madrid mitgebracht. Jetzt können die Schüler selbst ihren Eingangskanal für Informationen auswählen. Sie entscheiden, ob sie sich Texte durchlesen, Bilder anschauen, Videos ansehen oder einen Podcast hören.« Viele Schüler bevorzugen visuelle Darstellungsformen. »Sie nutzen häufig nicht Google, sondern YouTube. Ich persönlich wäre da zu ungeduldig, weil ich im Video nicht scannen kann, sondern es mir durchgucken muss. Aber wenn sie das lieber machen, sollen sie das auch. Das ist ihr natürlicher Weg, den sie auch zu Hause gehen, wenn sie Informationen suchen. Das fördert die Motivation enorm!«

Für die Unterrichtspraxis hat Monika Heusinger einen einfachen Weg gefunden, wie auch bei vielen Arbeitsgruppen Videos genutzt werden können, ohne dass der Ton von zehn Videos oder Podcasts im Klassenraum durcheinandergeht. »Es gibt kleine Audiosplitter, die das Kopfhörersignal auf bis zu vier Kopfhörer pro Tablet verteilen. Das ist praktisch.«

Artikel für den digitalen Reiseführer

In der folgenden Woche wird die Arbeit am Reiseführer über Madrid fortgesetzt. »Man sieht in der zweiten Stunde einen weiteren Vorteil des digitalen Arbeitens. Wenn wir mit Papier gearbeitet hätten, würde jetzt bestimmt genau der Schüler krank sein oder sein Heft vergessen haben, der in der letzten Woche die Notizen gemacht hat«, lacht Monika Heusinger. »Sie gewöhnen sich einen digitalen Workflow an, der auf Dauer effektiver als die Zettelwirtschaft ist. So etwas wie ›Heft vergessen‹ oder ›Ich hatte die Liste nicht‹ gibt es einfach nicht mehr.«

In der zweiten Stunde geht es darum, aus den gesammelten Notizen einen eigenen Text zu machen. Im Arbeitsdokument werden die Notizen nach und nach gelöscht und stattdessen der eigene Text ausgearbeitet. Manche Schüler nutzen parallel ein zweites Gerät, häufig ihr eigenes Smartphone, um Vokabeln nachzuschlagen.

Nach einer halben Stunde soll der Text fertig sein. Es folgt eine Phase der »Peer Evaluation« oder »Peer Correction«. Jede Gruppe nimmt sich den Artikel einer anderen Gruppe vor, überarbeitet ihn sprachlich und korrigiert Fehler. Die Organisation für diesen Arbeitsschritt dauert wieder nur Sekunden. Jede Gruppe nimmt den Artikel, der in der Gesamtübersicht in der Zeile unter dem eigenen Eintrag steht. Der Text selbst ist mit einem Klick aufgerufen. »Die Schüler sind im Feedback sehr offen«, berichtet Heusinger. »Die trauen sich auch Rückmeldungen, bei denen ich vorsichtiger wäre. Wenn ein Text nur sehr kurz geworden ist, dann kommt schon mal ein spontaner Ausruf: ›Wie jetzt? Das war's schon?!‹«

Heusinger zieht eine Zwischenbilanz: »Die Schüler haben sich mit Madrid auf individuelle, aktuelle und authentische Weise auseinandergesetzt, wie es ohne digitale Medien in zwei Schulstunden nicht möglich gewesen wäre. Die Arbeitsorganisation ist deutlich straffer, als wenn wir mit Materialien auf Papier gearbeitet hätten.«

Nach der zweiten Stunde nimmt Monika Heusinger sich alle Texte zu Hause noch einmal zur Korrektur vor. Anschließend erstellt sie aus den einzelnen Dokumenten ein gemeinsames Werk. »Das geht schnell. Ich nutze dafür Liberio. Das ist eine Software aus Berlin, mit der ich aus allen Dokumenten eines Ordners auf Google Drive mit einem Klick ein E-Book erstellen kann.«

Mit diesem Ergebnis geht Monika Heusinger in die dritte Stunde. »Natürlich sieht man den Ergebnissen an, dass die Schüler erst im zweiten Jahr Spanisch lernen und nur zwei Unterrichtsstunden Zeit hatten. Dennoch ist die Wertschätzung der Ergebnisse sehr wichtig.« Alle Schüler lesen nun alle anderen Beiträge. Anschließend sollen sie eine Sehenswürdigkeit (nicht die eigene) auswählen, die sie gerne ansehen würden. Im Plenum wird dann rundum mündlich die Auswahl vorgestellt und begründet.

Individualisierung mit Tablets

Heusinger koordiniert den Einsatz von Tablet-Computern an ihrer Schule. Außerdem ist sie Fachleiterin für das Fach Spanisch am Studienseminar des Saarlandes und Dozentin für Fachdidaktik Spanisch an der Universität des Saarlandes. Mediendidaktik und Fachdidaktik möchte sie nicht voneinander trennen. »Individualisierung bedeutet für mich, dass jeder Schüler die Eigenverantwortung für die Gestaltung des Lernprozesses übernimmt und damit die eigenen Interessen und Stärken einbringen kann. Durch die digitalen Medien entstehen da ganz neue Möglichkeiten. Und mit den Tablets und der digitalen Umgebung wird der Arbeitsfluss sehr leicht.«

Bisher gibt es an der Schule 20 iPads, demnächst sollen es 40 sein. Die Schule hat sich bewusst für ein System mit zentraler Ausleihe und gegen die Eins-zu-Eins-Ausstattung von nur einer Klasse entschieden, um möglichst vielen Schülern die Nutzung zu ermöglichen. Außerdem können die Schüler im Unterricht auch eigene Geräte nutzen. Monika Heusinger sieht durch die Tablets einen deutlichen Wandel in der Computernutzung: »Wir haben auch Notebooks zur Ausleihe und einen Computerraum. Seit die Tablets da sind, werden die Notebooks aber so gut wie gar nicht mehr ausgeliehen. Den Computerraum brauchen wir höchstens noch für längere Textproduktionen oder bestimmte AGs.«

Wie hast Du's mit Google?

Als Lernmanagementsystem setzt Monika Heusinger seit 2013 auf Google Drive. »Das ist für mich wirklich eine Lernumgebung«, zeigt sich Heusinger überzeugt. »Hier sind Materialien und ganz viele Werkzeuge beieinander und einfach zugänglich. Ich kann alle Materialien zentral bereitstellen und am selben Ort können die Schüler damit arbeiten.« Bei Google Drive zählen zu den Werkzeugen Textverarbeitung, Tabellenkalkulation, Präsentationssoftware sowie zahlreiche Erweiterungen wie Mindmapping- oder Übersetzungsprogramme. Außerdem können weitere Materialien im Web über Links angeboten werden.

In Deutschland stellt sich bei der Arbeit mit Google Drive sofort die Frage nach dem Datenschutz. Die Nutzung ist im Saarland grundsätzlich gestattet. Außerdem hat Monika Heusinger die Materialien so eingerichtet, dass sie komplett ohne individuelle Anmeldung genutzt werden können. »Im Unterricht ist jedem Gerät, nicht jedem Schüler ein Account zugeordnet. Für die Arbeit zuhause sind alle Inhalte über einen Link erreichbar, für den es keine Anmeldung braucht.« Die Anmeldung über einen eigenen Google-Account ist also nicht notwendig. Dennoch nutzen einige Schüler sie. »Sehr viele Schüler haben einen eigenen Google-Account, schon weil sie häufig Android-Smartphones haben. Die legen den Schulordner dann auch in ihrer eigenen Ablage ab. Das ist ganz individuell. Jeder kann damit arbeiten, wie er möchte.«

Die individuelle Nutzung wird von den Schülern nach Heusingers Erfahrung bei Google Drive stark angenommen: »Für die Schüler ist es ganz wichtig, dass es eine App gibt. Jedes Mal im Browser die Adresse aufrufen, Zugangsdaten eingeben etc. – das ist zu viel. Wenn es ein bisschen umständlich ist, wird es nicht gemacht, wenn man mal zehn Minuten im Bus oder im Wartezimmer hat. Dafür müssen Inhalte und Werkzeuge auch für das Smartphone optimiert sein.« Usability und gute Aufmachungen sind wichtige Eigenschaften für Heusinger bzw. ihre Schüler: »Bei unserem Intranet früher oder bei Moodle wirkte die Umgebung für die Schüler schon an der Oberfläche verschult. Google Drive sieht so aus wie die Dinge, die sie auch privat nutzen. Der Workflow ist viel angenehmer.«

Blogs zu Skigebieten, Karten zu Kolumbien, Gedichte auf Pinterest

Die Methode zum »Reiseführer Madrid« hat Monika Heusinger bereits in vielfachen Varianten durchgeführt. Dabei findet sich immer wieder das gleiche Vorgehen: Am Anfang stehen digitale Materialien oder eine Recherche im Web; danach müssen die gefundenen Informationen sortiert und aufbereitet werden und drittens wird als Ergebnis ein kreatives digitales Produkt erstellt. Abschließend werden die Ergebnisse gemeinsam gesichtet und besprochen.

Auf diese Weise haben Heusingers Schüler schon im ersten Unterrichtsjahr ein Blog erstellt, in dem verschiedene Skigebiete vorgestellt werden. Oder sie unternahmen eine virtuelle Reise durch Kolumbien, wobei Informationen zu interessanten Orten als interaktive Landkarte angelegt wurden.

Eine Recherche zu den Comunidades Autónomas (den 17 Regionen Spaniens) wurde im 11. Jahrgang in Form von Plakaten umgesetzt. »Der Lehrplan sagt, wir sollen eine Region exemplarisch behandeln. Aber wir können mit dem Internet ja auch alle Regionen bearbeiten. Die Informationen sind ja da und die Schüler können nach ihren eigenen Interessen recherchieren.« Im Ergebnis entstand eine Sammlung von Plakaten, die für einen virtuellen Rundgang auf der Plattform Pinterest (siehe Glossar) veröffentlicht wurden. Zur Erstellung nutzen die Schüler das Präsentationsprogramm Keynote und Fotos, die als Public Domain frei verwendbar sind.

Ähnlich ging Monika Heusinger vor, als sie fortgeschrittene Lernende in der Oberstufe Gedichte schreiben ließ. Auch hier war Pinterest für sie die erste Wahl zur Veröffentlichung der Ergebnisse. »Für mich ist das eine super Plattform, um Produkte visuell ansprechend auszustellen. Früher hatten wir einen Rundgang in der Klasse, wo sich immer wieder alles gestaut hat. Jetzt können die Schüler sich mit dem Tablet in eine Ecke setzen und alles in Ruhe anschauen. Das entspannt die Situation sehr. Die Ergebnissichtung ist viel ruhiger und individueller möglich.« Für die Nutzung von Pinterest gibt es einen gemeinsamen Account der Klasse. Die Sichtung der Ergebnisse ist ohne Anmeldung möglich.

Digital üben

Neben dem projekt- bzw. produktorientierten Lernen nutzt Monika Heusinger auch verschiedene Formen des webbasierten Übens. »Die Schüler arbeiten sehr gerne mit Quizlet, LearningApps oder Kahoot. Sie können im eigenen Tempo arbeiten und bekommen sofort ein Feedback. Sie erfahren dabei auch, dass sie für das Lernen nicht immer einen Lehrer brauchen. Das befähigt sie zudem zum lebenslangen Lernen. Sie nehmen ihren Lernprozess selbst in die Hand!«

Zeitung lesen ohne Rollkoffer

Eine beliebte Methode im Sprachunterricht ist die Lektüre von authentischen Texten, zum Beispiel von Artikeln aus Zeitungen oder Zeitschriften. Zum Nachschlagen von unbekannten Vokabeln fehlt dafür häufig eine Arbeitshilfe. Heusinger: »Meist arbeitet man mit Nachschlagewerken erst in der Oberstufe. Das sind dann dicke, schwere Wörterbücher. Wenn man zwei oder drei Sprachen lernt, braucht man alleine für die Wörterbücher schon einen Rollkoffer.«

Um dennoch die Arbeit mit Zeitungsartikeln zu ermöglichen, werden Original-
texte daher mit einem Vokabelapparat am Ende versehen – einer Liste der Begriffe,
die wahrscheinlich erklärungsbedürftig sind.

Im Unterricht von Monika Heusinger können die Schüler anstelle des Vokabel-
apparats Wörterbücher im Web oder als App nutzen: entweder auf den iPads oder
einfach auf den Smartphones, die sie ohnehin dabeihaben (und die deutlich leichter
sind als ihre papierenen Äquivalente).

Selbstvertrauen dank digitaler Arbeitshilfen

Monika Heusinger findet das nicht einfach nur praktisch. Mit dem traditionellen
Vorgehen hat sie drei Probleme: »Erstens macht die Erstellung eines Vokabelappa-
rats viel Arbeit. Zweitens ist die Auswahl nie individuell genug, sodass Schüler oft
sagen: ›Ich kenne alles, was da steht. Aber das, was ich brauchen würde, fehlt in der
Liste.‹ Und drittens suggeriere ich ein Defizit, in dem ich dem Schüler signalisiere:
›Du kannst einen authentischen Zeitungstext nur lesen, wenn du von mir die Vokabeln dazu bekommst.‹«

Digitale Wörterbücher lösen für Monika Heusinger alle drei Probleme: »Es ist
eine echte Zeitersparnis für mich. Ich vermeide viel Frust, denn ich muss nicht
mehr antizipieren, wo die Schüler wohl Unterstützung brauchen könnten. Und
schließlich lernen die Schüler, dass sie selbstständig arbeiten können. Sie können
prinzipiell jeden Zeitungsartikel lesen – und nicht nur die, die man ihnen aufbereitet vorgelegt hat.« Damit ändert sich grundlegend auch die Auswahl der Texte für
den Unterricht. Schüler können selbstbestimmt Texte lesen, die sie ihren individuellen Interessen entsprechend im Web finden.

Bei den sogenannten Ganzschriften, also vorrangig Romanen, sieht Heusinger
einen weiteren Vorteil digitaler Texte: »In Materialien der Schulbuchausleihe oder
Ganzschriften, die im Abitur verwendet werden dürfen, dürfen die Schüler keine
Markierungen und Notizen machen – in digitalen Kopien geht das.« Hinzu kommt,
dass bei digitalen Lesegeräten und Apps ein Wörterbuch in der Regel integriert ist.
Das Nachschlagen nimmt so nur noch einen Bruchteil der Zeit ein, die es im papierenen Wörterbuch benötigte.

Verabredungen per WhatsApp

Für Heusinger lassen sich Schulbuch und WhatsApp gut miteinander verbinden.
Ein Klassiker des Fremdsprachenlernens ist die Verabredung mit anderen Men-
schen. Heusinger: »Das traditionelle Lehrwerk bietet den entsprechenden Input
und schlägt dann als Hausaufgabe vor: ›Schreibe einen Dialog, in dem sich zwei
Personen verabreden!‹« Heusinger nutzt noch den ersten Teil, also den Input.
»Dann gebe ich als Hausaufgabe: ›Suche dir über WhatsApp drei Mitschüler, mit

denen du dich auf Spanisch verabredest! Lehne zwei Angebote ab und nimm das dritte an!‹ Das kommt bei den Schülern viel besser an und führt zu deutlich längeren Dialogen. Es ist einfach authentischer!«

Zugriff auf die Welt

Die Arbeit mit authentischen Inhalten und für authentische Verwendungszwecke ist für Monika Heusinger ein Schlüssel für Fremdsprachen. »Das Lernen muss nicht in der didaktisierten Lehrbuch-Welt verbleiben. Ich habe Zugriff auf authentische Materialien. Ich habe Zugriff auf die Welt!«

Nicht nur über die Materialien will Monika Heusinger das Sprachenlernen näher am echten Leben ausrichten. »Ich kann die fremdsprachliche Welt auch über Menschen in den Klassenraum holen, weil ich Zugriff auf ganz viele Muttersprachler habe.« Über Videogespräche mit Muttersprachlern oder Kooperationsprojekte mit anderen Schulen können die Schüler nicht nur enger mit der Sprache, sondern auch mit der Alltagskultur anderer Länder in Kontakt kommen.

Der Unterricht mit digitalen Medien hilft Heusinger bei einer zentralen Herausforderung des Sprachenlernens: »Ich kann den individuellen Redeanteil enorm erhöhen. Ich kann die Sprechfähigkeit schulen, indem ich zum Beispiel Podcasts und Hörspiele produzieren lasse.« Heusingers Fazit: »Mein Unterricht wäre ohne digitale Medien gar nicht mehr möglich. Das wäre ein enormer Verlust an Qualität und an Möglichkeiten, das Lernen individualisiert und kooperativ zu gestalten.«

Eckdaten zu Person und Schule

Name	**Monika Heusinger**
Fächer	Spanisch und Französisch
Schule	Otto Hahn Gymnasium Saarbrücken (Saarland) • ca. 700 Schülerinnen und Schüler
Aufgaben in der Schule	• Koordinatorin für den Einsatz der iPads • Vorsitzende der Fachkonferenz Spanisch
Berufsbiographie	• Studiendirektorin für die Fächer Spanisch und Französisch am Otto Hahn Gymnasium Saarbrücken • Fachleiterin für das Fach Spanisch am Staatl. Studienseminar des Saarlandes für die Sekundarstufen I und II an Gymnasien und Gemeinschaftsschulen • Teilabordnung als Dozentin für Fachdidaktik Spanisch an der Universität des Saarlandes
Links	• Homepage der Schule: http://ohg-sb.de • Blog zur Dokumentation des iPad-Einsatzes: https://ohgpads.wordpress.com • Website: http://monika-heusinger.info • Twitter: https://twitter.com/M_Heusinger • Mehr Infos zur Person: https://about.me/monika.heusinger

Links

Spezielle Lernprogramm zum webbasierten Üben:
Liberio http://www.liber.io/
Quizlet https://quizlet.com/
LearningApps https://learningapps.org/
Kahoot https://kahoot.it/#/

Fall 6: Üben, Feedback und Teamarbeit mit dem Notebook – Achim Lebert

Grammatikübungen am Computer

»Wenn die Schüler ihre Übungen am Rechner machen, bekomme ich viel mehr von ihnen mit!«, schwärmt Schulleiter und Deutschlehrer Achim Lebert. Am Otto-brunn-Gymnasium in München werden Grammatik, Rechtschreibung oder Wortschatz am Notebook geübt.

Zu Beginn der Unterrichtsstunden hat Lebert Links zu Online-Übungen im Bereich Grammatik bereitgestellt. Die Arbeitsanweisung ist einfach: »Erledigt diese Übungen und notiert euch, wie viel Prozent der Aufgaben ihr bei den Übungen richtig habt. Wer acht Übungen mit mindestens 90 Prozent richtig erledigt hat, meldet sich bei mir.« Nun sitzen die Schüler vor den Laptops und üben entweder alleine oder in Tandems. Was ist der Vorteil davon, solche Übungen auf einem digitalen anstatt auf dem analogen Arbeitsblatt zu machen, Herr Lebert?

»Wenn ich ein Arbeitsblatt für alle auf Papier verteile, dann ist das höchst ineffizient! Für manche Schüler ist das absolut langweilig, weil sie das schon können. Ich stoße als Lehrer gar nicht darauf, dass der Ludwig nach zwei Minuten komplett fertig war und dass der Hans die Regel noch gar nicht verstanden hat.« Aber Binnendifferenzierung gibt es doch auch mit Papier? »Der Lehrer kann Massen an Kopien anfertigen – für verschiedene Übungstypen und verschiedene Schwierigkeitsstufen. Das Problem: Geben Sie dafür am Ende mal Rückmeldungen für 25 oder 30 Schüler! Mit digitalen Medien kriegen wir das einfacher hin. Über Software sind ganz starke, individuelle Feedbacksysteme möglich, wie es sie früher nicht gegeben hat. Mit entsprechender Software sehe ich das für alle Schüler sofort.«

Und was ist das für Software? Die Frage scheint Achim Lebert fast langweilig zu finden, so selbstverständlich ist für ihn die Antwort. »Für Online-Übungen gibt es im Netz alleine für Deutsch bestimmt 40 oder 50 Websites wie zum Beispiel ›Suzannes Seite Deutsch‹ (http://suz.digitaleschulebayern.de). Wir haben außerdem auf unserer Lernplattform Moodle einen großen Übungs- und Testraum.« Die Pädagogik hinter den Online-Übungen wirkt nicht gerade revolutionär. Es gibt Multiple-Choice-Tests, Lückentexte, Ergänzungs- oder Zuordnungsübungen. Nichts, was nicht auch schon auf Papier da gewesen wäre. Die Schüler sind trotzdem eifrig dabei. Lebert erklärt: »Den Schülern macht das ganz anders Spaß, weil der Computer sofort Rückmeldung gibt, was richtig und was falsch ist. Und wenn ich nicht weiterkomme, bietet das System mir schrittweise Hilfe, um zur richtigen Lösung zu gelangen.«

Unmittelbares Feedback und graduelle Unterstützungssysteme, das klingt dann doch pädagogisch sinnvoll. Und wofür braucht es dann noch den Lehrer? »Der Lehrer muss aufpassen, dass er nicht einfach nur Übungen machen lässt, sondern diese in einen Rahmen einbindet.« Lebert lässt seine Schüler dokumentieren, welche Übungen sie machen und wie ihr Erfolg dabei ausfällt. Dafür haben sie einen »Onlineübungspass« – eine Tabelle, in die sie jede Übung mit Datum, Dauer und Erfolgsquote eintragen. Diese Ergebnisse besprechen sie dann mit dem Lehrer. Wenn die Übungen über die schuleigene Lernplattform Moodle erledigt werden, bekommt der Lehrer dort detaillierte Rückmeldung über den Lernerfolg. Lebert ist begeistert: »Ich kriege sofort eine Übersicht über alle Übungen – eine Diagnose sowohl für jeden einzelnen Schüler wie auch für die ganze Klasse. Das ist zum Beispiel für eine Einstiegsstunde zu einem Thema sehr hilfreich.«

Diagnose und Feedback – für Schüler und Lehrer

Bei digitalen Arbeitsblättern hilft der Computer als individuelles Diagnose- und Feedbacksystem. Ganz nebenbei entlastet er natürlich auch schlicht auf der handwerklichen Ebene. Lehrer Lebert hat in der Grammatikstunde bei 25 Schülern, die je acht Übungen bearbeitet haben, keine einzige Korrektur gemacht.

Dabei ist nicht zu unterschätzen, dass die Schüler auch ihre eigenen Fortschritte sofort sehen. »Das steigert die Motivation«, berichtet Lebert, »und die Fehlerquote geht im Vergleich zum traditionellen Unterricht ganz deutlich nach unten.« Der »traditionelle Unterricht« ist für Lebert zum Beispiel die Arbeit mit dem Schulbuch. »Die vorhandenen Schulbücher sind auf individualisiertes Lernen gar nicht eingestellt. Manchmal merke ich bei einem Schüler in Klasse 8, dass ihm Grundlagen fehlen, die eigentlich in Klasse 5 dran waren. Andere Schüler sind vielleicht schon viel weiter. Das Schulbuch ist in dieser Hinsicht absolut begrenzt. Es fängt die Schwachen nicht ab, aber es lässt auch die Starken alleine.«

Wer wird (Lektüre-)Millionär?

Mit dem Computer lassen sich auch Tests und Leistungsmessungen ganz anders angehen. Aber zuerst lassen wir uns ein anderes Beispiel aus Leberts Deutschunterricht zeigen. In der 9. Klasse führt die Schule seit sieben Jahren mit allen Klassen parallel ein »Moodle Lektüre-Projekt« durch. Am Anfang steht die Buchlektüre. Dann bearbeiten Gruppen drei größere Aufgaben, wobei der Computer in allen drei Aufgaben sehr kreativ eingesetzt wird:

- In Woche eins erstellen die Schüler 15 Quizfragen zur Lektüre. Nach dem Modell von »Wer wird Millionär?« muss die erste Frage sehr einfach und die 15. Frage sehr schwierig gestaltet sein. Jede Frage muss sich aus der Lektüre beantworten lassen. Dabei findet eine vertiefte Auseinandersetzung mit dem Inhalt statt, weil nicht nur die richtige Antwort, sondern auch drei falsche, aber prinzipiell plausible Antwortalternativen entworfen werden.
- In der zweiten Woche werden die Beziehungen zwischen den handelnden Personen aus der Lektüre grafisch dargestellt.
- Und in der dritten Woche geht es um die kreative Auseinandersetzung mit einem Aspekt der Lektüre. Hier erarbeiten die Schülergruppen zum Beispiel einen Film oder einen Comic.

Am Ende jeder Woche werden die Ergebnisse der Schülerinnen und Schüler auf der schuleigenen Lernplattform Moodle veröffentlicht. Dort gibt es dann ein ausformuliertes Feedback und eine detaillierte Bewertung entlang von zuvor festgelegten Kategorien durch die Lehrkraft.[37] Lebert ist überzeugt: »Hier sieht man, was möglich ist: ganz andere Aufgabenformate, ganz andere Formen, wie man Schüler zum Schreiben und zum Denken bringt. Und auch ganz anderes Feedback, als man es sonst typischerweise unter einem Deutschaufsatz findet.«

Das Gymnasium Ottobrunn

Man darf nicht glauben, dass Schulleiter Achim Lebert seine Begeisterung aus der Neuheit der Technik heraus begründet. Er ist ein alter Hase. Das Gymnasium Ottobrunn war seit 2007 Teilnehmer am »Innovative School Program« von Microsoft. Notebook-Klassen gibt es bereits seit 2003. Und schon an seiner vorherigen Schule, dem Michaeli-Gymnasium in München, leitete Lebert das Projekt Notebook-Klassen. »Im Jahr 2001 unterrichtete ich das erste Mal in einer Notebook-Klasse. Nach einem Jahr hielt ich diese Form des Arbeitens für absoluten Unsinn. Heute ist das Arbeiten in solchen Klassen für mich zur Selbstverständlichkeit geworden. Das Unterrichten in alten Formen fällt mir zunehmend schwer.«

Hat Achim Lebert Vorbilder? »Eigentlich nicht direkt. Man lernt viel aus den eigenen Erfahrungen. Es ist prägend, wenn beim Lernen irgendwann bei Schülern das Fliegen anfängt. Man sieht, dass Schule ganz anders gehen kann, als man sich das bisher gedacht hat.«

Leistungserhebung/Test

Noch einmal zurück in die Grammatikstunde. Achim Lebert wollte noch erklären, inwieweit auch die Leistungsmessung durch digitale Medien individueller gestaltet werden kann: »Das hängt nicht nur an digitalen Medien. Insgesamt suchen wir ja nach Formen, wie wir Leistungsmessungen nicht mehr nur punktuell angehen – alle schreiben denselben Test zur selben Zeit. Da geht es viel in Richtung Portfolio, auch da helfen digitale Formen natürlich.«

Aber bei Grammatikkenntnissen? »Auch da kann man individuelle Formen finden. Ich gebe am Anfang einer Lerneinheit bekannt, bis wann welche Tests absolviert sein müssen. Und die Schüler entscheiden dann selbst, wann sie so weit sind.« Achim Lebert hat dieses Vorgehen inzwischen erweitert. Beispielsweise gehen nur die zwei besten von drei Tests in die Bewertung ein. Oder ein Test kann wiederholt

---

37 Das Projekt basiert auf einer Konzeption, die von der Studentin Mareike Schemmerling 2008 als Bachelorarbeit dokumentiert wurde: Schemmerling, Mareike (2008). Konzeption und Implementation einer problemorientierten kooperativen Blended-Learning-Umgebung im Deutschunterricht am Gymnasium. http://websquare.imb-uni-augsburg.de/files/BA_Arbeit_Schemmerling.pdf (23.08.2015).

werden, solange der Zeitraum noch nicht abgeschlossen ist. »Und fast alle wollen noch einen Anlauf nehmen«, berichtet Lebert. »So kann ich als Lehrer auch noch einmal zusammen mit dem Schüler gucken, wo die Probleme liegen.«

Besteht dann nicht die Gefahr, dass Schüler den Test schon kennen, weil sie ihn bei anderen vorher gesehen haben? Auch hier hilft der Computer. Die Schüler gehen zum Testen in einen anderen virtuellen Raum auf der Lernplattform. Der Test wird ihnen erst angezeigt, wenn sie ihn starten – so hat jeder auch exakt gleich viel Bearbeitungszeit. Die Aufgaben werden auch nicht alle untereinander angezeigt, sondern erscheinen immer erst nach der Beantwortung einer Aufgabe. Und schließlich kann das Programm die Fragen jedes Mal nach dem Zufallsprinzip neu anordnen.

Erörterungen als Teamarbeit

Noch ein Praxisbeispiel. In der 8. Klasse steht im Deutschunterricht das Thema »Erörterung« im Lehrplan. Lebert macht daraus für vier Wochen mit je zwei Doppelstunden eine Art Großraumbüro mit Arbeitsteams. Ihr Auftrag: Am Ende der vier Wochen sollen sie gelernt haben, wie man eine Erörterung schreibt. Den Weg dorthin müssen sie eigenständig gestalten. Die Arbeitsanweisungen sind knapp und klar formuliert:

a. Ihr seid ein gemeinsames Lernteam für den Bereich Deutsch Erörterung.
b. Definiert in eurer Gruppe, in welchen Bereichen ihr bereits gut seid und wo ihr noch Lernbedarf habt. Erstellt dazu ein entsprechendes Überblicksblatt, wo ihr die verschiedenen Punkte eintragt.
c. Erstellt gemeinsam einen Arbeitsplan, wie ihr eure Ziele erreichen wollt.

Unterstützende Materialien hat Lehrer Lebert in einem Moodle-Kurs bereitgestellt. Außerdem nutzen die Schüler das Internet für weitere Fragen, die der Lehrer nicht voraussehen kann. Lebert: »Es kann sein, dass manche Schüler auf Probleme stoßen, die sich nicht über ein Schulbuch beantworten lassen. Sie haben online ganz andere Quellen.« Damit das selbstständige Arbeiten gelingt, gibt Lebert Struktur und Leitfragen vor. Die Selbstständigkeit steht immer im Vordergrund. So gibt es in den erweiterten Arbeitsanweisungen zum Beispiel den Punkt: »Ihr gebt euch gegenseitig ggf. unterschiedliche Hausaufgaben bzw. fordert vom Lehrer entsprechende Hausaufgaben ein.« Die eigentliche Arbeit findet also in den Teams statt. Die Schüler sitzen vor ihren Laptops und schreiben eigene Texte oder lesen Entwürfe ihrer Teammitglieder gegen. Review und Feedback finden zuerst in den Teams statt – und zwar häufig ausführlicher, offener und kritischer als im herkömmlichen Unterricht. Das sieht dann nach einer Mischung aus Lesesaal in der Bibliothek und Großraumbüro aus. Irgendwo mittendrin ist auch Lehrer Lebert als Ansprech- und Gesprächspartner bei Fragen und Problemen unterwegs. Außerdem muss er Aufsätze korrigieren – »und zwar deutlich häufiger mehr Texte als früher!«

Was kommt am Ende dabei raus? Lebert: »Es gibt keine schlechteren, eher sogar bessere Notendurchschnitte. Mir ist etwas anderes noch wichtiger: Man hat auch die

Schüler mitgenommen, die sonst kaum aktiv werden oder die im normalen Unterricht häufig abtauchen.« Profitieren also vor allem die schwachen oder ruhigen Schüler? Lebert sagt, generell profitierten zunächst die starken Schüler, die schon eigenständig arbeiten und das nun voll ausspielen können. Aber auch für die Schwachen ist diese Arbeitsweise hilfreich. Lebert: »Vielleicht sind die Ergebnisse manchmal auch mager, wenn einem Schüler das selbstständige Arbeiten schwerfällt. Aber es muss ja gerade unser Ziel sein, dass auch diese Schüler eigenständig werden! Das ist anstrengender. Und natürlich klappt es auch nicht immer. Manchmal muss man für Einzelne auch mal die Methode wechseln, wenn sie damit gar nicht zurechtkommen.«

Teams: Individualisierung und Zusammenarbeit

Die Arbeit in Teams ist etwas, was Lebert beschäftigt. Bei der Arbeit zum Thema »Erörterung« arbeiten vier Personen zusammen. Es gibt klare Aufgaben. Jede Gruppe muss Aufgaben wie Teamleiter, Hausaufgabenmanager, Qualitätsmanager, Medientutor oder Protokollant festlegen. Leberts großes Ziel: Er möchte Lernteams etablieren, die über längere Zeit zusammenarbeiten: »Warum setzt denn die Wirtschaft auf Teams? Weil es die Effizienz steigert! Weil Wohlbefinden und Motivation steigen und am Ende auch die Ergebnisse! Dafür braucht es Teams, die über längere Zeit stabil bleiben.«

Warum ist Lebert das Thema »Teams« so wichtig? »Wenn man jeden Schüler ganz alleine am Rechner sitzen lässt, dann ist er auch alleine.« Droht mit der Individualisierung also tendenziell eine Vereinzelung? »Das steht und fällt mit den Aufgabentypen. Man kann die Laptops so einsetzen, dass jeder Lernende einzeln arbeitet und nur mit dem Lehrer zu tun hat.« Entsprechend viel hat dann jeder Lehrer auch zu tun, wenn 25 oder 30 Schüler einzeln mit ihm kommunizieren. Für Lebert ist aber nicht nur die Entlastung für die Lehrkraft wichtig. »Wer in Teams oder auch einfach zu zweit arbeitet, ist im Gespräch. Die Schüler versuchen dann, gemeinsam Probleme zu lösen. Wir müssen Schule so strukturieren, dass es Zusammenarbeit und Dialog gibt. Lernen, Feedback und Kommunikation hängen so eng zusammen!« Bei Achim Lebert setzt sich das auch online fort. Dort gibt es zum Beispiel Aufgabenstellungen, bei denen die Schüler ihre Ergebnisse in ein Forum stellen und sich gegenseitig Feedback geben müssen.

»Die Schüler in den Dialog bringen!«, wiederholt Lebert sein Plädoyer für Teams. »Aber die Zusammensetzung der Teams ist kritisch. Die Wirtschaft gibt da unglaublich viel Geld aus. Schlechte Teams bringen schlechte Ergebnisse.« Fast möchte man Achim Lebert ins Wort fallen und sagen: In einem Unternehmen würde wohl auch kein Manager auf die Idee kommen, dass er die Zusammensetzung eines Teams auslosen lässt. Lebert hat daher ein Konzept entwickelt, bei dem sich die Teamleiter freiwillig melden und dann ihre Gruppenmitglieder selbst aussuchen können. Aber Lebert ist schon weiter: »Schüler haben häufig die Möglichkeit, mit Freunden zusammenzuarbeiten – das mögen sie unglaublich gerne! Das Lernen geht dann ganz heftig nach vorne! Und da kommen phantastische Ergebnisse dabei raus. Die treffen sich dann auch noch am Nachmittag und arbeiten weiter.«

Wenn man Lebert über Computer und über Teams im Unterricht sprechen hört, dann kommt einem irgendwann der Verdacht, dass das viel mehr miteinander zu tun haben könnte. Tatsächlich hat Lebert eine Erklärung, warum seine beiden Lieblingsthemen in der Schule eher die Ausnahme als die Regel sind: »Computer haben sich in der Wirtschaft deswegen durchgesetzt, weil sie hervorragend geeignet sind ein selbst organisiertes Arbeiten in Teams zu unterstützen. In den Schulen haben sie sich deswegen nicht durchsetzen können, weil diese immer noch stark von der alten Belehrungskultur bestimmt sind und noch zu sehr der passive Zuhörer im Vordergrund steht.«

Klassenarbeit mit dem Computer schreiben

Das Ottobrunn-Gymnasium ist auf dem Weg, Medien und Schulkultur gleichzeitig umzubauen. Achim Lebert ist ein Schulleiter, der die Sache vorantreibt. Gleichzeitig weiß er, dass solche Umbauten nicht eine Sache von zwei oder drei Jahren sind. Schon vermeintlich kleinere Umstellungen wie die vom Stift zur Tastatur sind mühsam. Ein Beispiel:

Vergleicht man schriftliche Arbeiten, die mit dem Computer erstellt wurden, mit solchen, die mit dem Stift auf Papier gebracht wurden, sieht Lebert: »Die Schüler schreiben mit der Tastatur durchschnittlich ein Drittel Text mehr – vorausgesetzt, dass sie mit 10 Fingern tippen können. Auch die Qualität nimmt zu, weil im digitalen Text Umstellungen, Ergänzungen und Überarbeitungen viel einfacher sind.

Die Schüler am Gymnasium Ottobrunn schreiben auch Klassenarbeiten mit dem Notebook. Bis zur 8. Klasse werden die Grundlagen dafür gelegt: Jeder Schüler muss das 10-Finger-Schreiben beherrschen. Wer will, kann manche geeignete Leistungserhebungen ab Klasse 8 am Rechner schreiben. In Klasse 9 und 10 ist der Computer Standard – aber danach wird wieder auf Papier und Stift umgestellt. Grund sind die Abiturprüfungen. Die dürfen nämlich in Bayern und in ganz Deutschland nicht mit dem Computer geschrieben werden. Damit Schüler ihre Arbeitsweise nicht zu sehr umstellen, müssen sie in Jahrgang 11 und 12 in Klassenarbeiten auf das Notebook verzichten.

Nicht alle finden das richtig. Vor einigen Jahren hat sich ein Schüler sogar an einen Landtagsabgeordneten gewandt, um das zu ändern. Vergebens. »Schulen sind da anachronistisch aufgestellt. In der Wirtschaft würde niemand auf die Idee kommen, irgendwas Relevantes mit der Hand zu schreiben«, kritisiert Lebert. Gleichzeitig zeigt er, der selbst früher sechs Jahre lang im Bayerischen Kultusministerium arbeitete, Verständnis: »Das System Schule und auch die Universität sind dafür insgesamt einfach noch nicht vorbereitet. Die Sachaufwandsträger müssten dann natürlich auch für eine angemessene Ausstattung mit IT an den Schulen sorgen. Doch langsam erreicht die neue Wirklichkeit den Staat und auch die Schulen.«

Eckdaten zu Person und Schule

Name	**Achim Lebert**
Fächer	Deutsch, Geschichte, Sozialkunde
Schule	Gymnasium Ottobrunn (München) • ca. 1.150 Schülerinnen und Schüler • ab 2007 Teilnahme am Microsoft Innovative School Program • von 2010 bis 2015 Zertifizierung als MODUS-Schule mit Möglichkeit von der Schulordnung abzuweichen • Zertifizierungen als MINT-freundliche Schule, MINT_EC-Schule in 2014, Umweltschule 2015, Schule ohne Rassismus 2015 • Notebook-Klassen seit 2003 • Auslagerung der Schule von 2013 bis Februar 2016 nach Höhenkirchen-Siegertsbrunn bis Fertigstellung des Neubaus im Februar 2016
Aufgaben in der Schule	• Schulleiter • IT-Gruppe im Neuaufbau durch Weggang von Kollegen und neuen Systembetreuer
Berufsbiographie	• 1987 Referendariat • 1989 Lehrer für Deutsch, Geschichte, Sozialkunde Albertinum Coburg • 1995–2000 Mitarbeiter am Staatsministerium für Unterricht und Kultus • 2000 bis 2005 stellvertretender Schulleiter am Michaeli-Gymnasium München, zugleich Projektleitung Notebookklassen • Seit 2005 Schulleiter am Gymnasium Ottobrunn • 2003–2005 Mitarbeit im Arbeitskreis Notebook des Instituts für Schulpädagogik • 2005–2007 Mitglied im Arbeitskreis des Staatsinstituts für Schulpädagogik zur Einführung der P-Seminare in Bayern
Links	• Homepage der Schule: www.gymnasium-ottobrunn.de • Blog von Achim Lebert: http://warumistdieschulekrumm.de/ • Initiative »Tage des digitalen Lernens«: www.tag-des-digitalen-lernens.de • Präsentationsfolien »Diagnoseorientierte individuelle Förderung mit Lernplattformen« von Achim Lebert: http://slideplayer.org/slide/666875/

Link

Website zu »Suzannes Seite Deutsch« http://suz.digitaleschulebayern.de/index.php?id=4

Fall 7: Ausweitung der Themen und Lernwege – Felix Schaumburg

Wattenmeer und Galapagos in Uellendahl-Katernberg

Nur zwei Worte stehen zu Beginn an der Tafel: »Wattenmeer« und »Galapagos«. Das ist der knappe Input, den Felix Schaumburg seiner 6. Klasse im Fach Gesellschaftslehre gegeben hat. Schaumburg hat gerade anhand des Zillertals den Zusammenhang zwischen Tourismus und Ökologie erarbeitet. Jetzt geht es um die Vertiefung. Die Aufgabenstellung zu den zwei Begriffen an der Tafel ist allgemein gehalten: »Entscheidet euch für einen der beiden Begriffe. Tut euch zu zweit oder dritt zusammen und recherchiert mögliche Fragestellungen zum Thema ›Tourismus‹ und diesem Begriff.« Die Schüler legen los, ausgestattet mit Tablets oder Smartphones. Sie haben zwei Stunden Zeit.

Die Gesamtschule Uellendahl-Katernberg in Wuppertal ist erst zwei Jahre alt. Felix Schaumburg gehört zum Gründungsteam, die Sechstklässler zum ersten Jahrgang der neuen Schule. Sie hat noch provisorische Räume, aber immerhin schon überall WLAN. Die Schule setzt auf das Konzept »Bring Your Own Device (BYOD)« (siehe Glossar), nach dem die Schüler auch in der Schule ihre eigenen Geräte nutzen können. Die Smartphone-Dichte in der 6. Klasse liegt bei 80 bis 90 Prozent. Ein Computerraum ist nicht vorgesehen. Mit den Mitteln hat die Schule stattdessen mobile Gerätewagen mit Tablets angeschafft, aus denen die Schüler sich bei Bedarf bedienen. Alle Arbeitsergebnisse, egal auf welchem Gerät sie erarbeitet wurden, müssen auf dem schulischen Dateiserver gespeichert werden.

Die Recherche der Sechstklässler verläuft unspektakulär. Die Schüler geben meist »Wattenmeer« oder »Galapagos«, manchmal noch »Tourismus« als Suchbegriffe bei Google ein, schauen sich die ersten Ergebnisse an und versuchen, daraus zentrale Inhalte festzuhalten. Das soll eine effiziente Methode sein, um sich das Thema »Massentourismus oder sanfter Tourismus« zu erschließen? Wahrscheinlich ginge das schneller, wenn man alleine auf die fachliche Ebene blickt. Aber Felix Schaumburg geht es in der 6. Klasse gerade um mehr: »Es dreht sich nicht nur um das Thema ›Wattenmeer oder Galapagos‹. Die Schüler lernen in diesen zwei Stunden auch etwas über die Recherche mit Google, über das Zusammenfassen von Informationen, über das Erschließen eines neuen Themas, über Zusammenarbeit, über Zeitmanagement und anderes mehr. In einer 6. Klasse muss ich da stark unterstützen. Ich kann nicht nur sagen ›Recherchiert mal!‹ und mich dann zwei Stunden zurücklehnen.«

Und so ist der Lehrer ständig in der Klasse unterwegs, schaut über Schultern und fragt nach, gibt Tipps und berät die Schüler in ihrem jeweiligen Arbeitsschritt. Oft setzt er sich zu einer Gruppe und bespricht mit ihnen das aktuelle Thema oder Fragen zum Vorgehen. So vielfältig bei dieser Arbeitsweise die thematischen Aspekte sein können, so unterschiedlich sind auch die Arbeitsmittel. Manche Gruppen recherchieren auf einem Tablet und dokumentieren auf einem zweiten Gerät in einer Textverarbeitung oder einem Präsentationsprogramm. Andere wiederum nutzen Papier für ihre Notizen. Lehrer Schaumburg macht hier keine Vorgaben: »Wir haben eine gemeinsame Ausgangsbasis und ein gemeinsames Ziel – aber die Wege zum Ziel sollen die Schüler individuell gestalten.«

»Die Grenzen für das individuelle Lernen ausweiten«

Die Gesamtschule Uellendahl-Katernberg ist eine staatliche Neugründung. Das pädagogische Konzept wurde von einem Team von Lehrern entwickelt, die wie Schaumburg vorher an einer anderen Gesamtschule in Wuppertal arbeiteten, die 2015 mit dem Deutschen Schulpreis ausgezeichnet wurde. Was treibt einen Lehrer wie Felix Schaumburg, der doch offenbar an einer hervorragenden Schule gearbeitet hat, viel Energie in einen Neuanfang zu stecken? Schaumburg sagt: »Ich will die Grenzen für das individuelle Lernen ausweiten. Wenn man der konstruktivistischen Lerntheorie folgt und anerkennt, dass Lernen immer individuell ist, dann kommt man schnell an die institutionellen Grenzen. Eigentlich müssen wir Fächer und Altersstufen auflösen. Mit der Umsetzung über die drei Säulen Lernbüro (siehe Glossar), Projekt und Werkstatt können wir das hier ein Stück weit entwickeln.«

Im Fach Gesellschaftslehre kommt die Recherchephase zum Ende. Zunächst gleichen die Gruppen mit demselben Oberbegriff »Wattenmeer« oder »Galapagos« ihre Ergebnisse untereinander ab. Anschließend präsentieren die Gruppen mündlich und ohne Präsentationstechnik ihre Ergebnisse vor der Klasse. Rund um die Begriffe »Wattenmeer« und »Galapagos« stehen nach den zwei Stunden Recherche viele verschiedene Aspekte an der Tafel. »Ich sammle manchmal analog an der Tafel und manchmal digital mit einer Mindmap. Der Vorteil des Digitalen zeigt sich bei komplexeren Themen, wo ich digital einfach besser verschieben und clustern kann. Außerdem lässt sich das Ergebnis digital einfacher dokumentieren.« Aufbauend auf diese Themensammlung entwickelt Schaumburg jetzt in einem Unterrichtsgespräch die Konzepte von Massentourismus und sanftem Tourismus weiter.

Plädoyer für den Kontrollverlust

Wie plant man so ein Unterrichtsgespräch, wenn die Ergebnisse der Recherche vorab nicht feststehen? Schaumburg: »Bei der Online-Recherche verliere ich als Lehrer völlig die Kontrolle über die Inhalte. Die Schüler finden mehr Wissen, als ich als Lehrer haben könnte. Auch das ist neu und verändert meine Rolle als Lehrer.« Schaumburg hat gelernt, mit diesem Kontrollverlust des individuellen Lernens umzugehen. Gleichzeitig sieht er bei vielen Kollegen hier große Vorbehalte. Viele würden stärker strukturierte Methoden wie z. B. WebQuests (siehe Glossar) vorziehen, die die Inhalte und das Vorgehen im Detail vorgeben. Schaumburg kann damit wenig anfangen: »Das WebQuest ist als Einstieg gut, stößt aber sehr schnell an seine

Grenzen. Es ist ein digitales Arbeitsblatt. Nicht mehr.« Er plädiert für den Kontroll-verlust: »Wer sich von der rein fachlichen Ebene löst, wird zum echten Didaktiker. Er bietet die Möglichkeit an, auch etwas über den Weg zu lernen: über die Art und Weise des Arbeitens, zum Beispiel To-do-Listen, Quellenbewertung, Projektma-nagement.«

Der Unterricht als BarCamp

Im Fach Gesellschaftslehre geht es eine Woche später mit einer neuen Aufgaben-stellung weiter: »Entwickelt ein Konzept, wie man im Wattenmeer/auf den Galapa-gos sanften Tourismus umsetzen kann!« Wieder haben die Schüler zwei Stunden Zeit und müssen am Ende präsentieren. Dieses Mal jedoch nicht (nur) mündlich, sondern mit einem vorzeigbaren Produkt. Das kann eine Präsentation oder eine Grafik sein, die digital erstellt wurde. Oder auch eine Zeichnung auf Papier. Mit dem Tablet als Dokumentenkamera wirft Schaumburg dann das Analoge über den digitalen Beamer an die Wand. Die Produkte sind die Grundlagen einer gemeinsa-men Diskussion in der Klasse, die am Ende der Unterrichtseinheit steht. Schaum-burg erzählt begeistert von den Konzepten, die dort entwickelt werden: »Es ist enorm, welche Kreativität und Motivation freigesetzt werden kann, wenn die Kinder ihre eigenen Ideen verfolgen können. Dabei kommt es überhaupt nicht drauf an, ob die Ergebnisse in digitaler oder analoger Form vorliegen. Das Digitale erweitert ein-fach die Möglichkeiten.«

Die Ergebnispräsentationen erfolgen immer mit der ganzen Gruppe. »Damit ver-hindere ich, dass einzelne Schüler sich in den Gruppenphasen vollkommen zurück-ziehen. Jeder weiß, dass am Ende alle mit dem Ergebnis vorne stehen.« Wie passt das zusammen – einerseits große Offenheit bei der Recherche, andererseits klare Vorgaben, z. B. wer präsentiert und wo Dateien gespeichert werden? »Von der Idee her denke ich Unterricht wie ein BarCamp (siehe Glossar). Auch wenn ich es nicht so nenne. Ich will eine feste Struktur schaffen, aber innerhalb dieser Struktur größtmögliche Freiräume für eigene Interessen und individuelle Lernwege ermög-lichen.«

Auf die Frage, wie er seine Unterrichtsmethoden näher beschreiben würde, re-agiert Schaumburg nachdenklich: »Wenn etwas durchmethodisiert ist, finde ich das ganz furchtbar. Wenn ein Raster meine eigenen Fragen nicht zulässt, dann fühle ich mich beim Lernen behindert.« Gleichzeitig ist ihm wichtig, dass es immer auch einen roten Faden gibt, dem man folgen kann, wenn man keinen eigenen Fa-den spinnen mag. Immer wieder findet man diesen Spagat in Schaumburgs Unter-richt: großen Freiraum ermöglichen und gleichzeitig ausreichend Halt bieten. Digi-tale Medien sind immer dabei, ohne dass sie der Ausgangs- oder Mittelpunkt der Überlegungen wären.

Das Ende der Ressourcenlimitierungen

»Das ist nicht gerade revolutionäre Didaktik, oder?«, lacht Schaumburg im Gespräch über seinen Unterricht. »Individualisierung ist für mich digital nicht unbedingt etwas anderes als analog. Alle Möglichkeiten waren prinzipiell schon vorher da. Man konnte prinzipiell auch ohne digitale Medien den Lernenden große Informationssammlungen zur Verfügung stellen, Texte, Videos, Arbeitsblätter etc. Aber das waren dann wahre Materialschlachten mit riesigem Aufwand.«

Schaumburg beschreibt das gleiche Muster auch auf der Ebene der Mittel, mit denen Schüler im Unterricht Lernprodukte erstellen können. Auch ohne Smartphone und Tablet konnte man ja Videos und Radiosendungen, Texte und Zeichnungen, Wandzeichnungen und Fotocollagen anfertigen: »Man konnte prinzipiell auch ohne digitale Medien verschiedene Produkte erstellen lassen. Das war total wertvoll, aber unglaublich aufwendig. Das ging vielleicht einmal im Jahr in der Projektwoche. Jetzt habe ich das Universalwerkzeug Tablet. Ich habe alles zur Verfügung und kaum noch Limitierungen.«

Das Ende der Begrenzungen sowohl auf der Ebene der Materialien wie auch bei den Werkzeugen für Lernprodukte – das ist für Schaumburg der Kern des Digitalen. Hier sieht er die Chancen für Individualisierung und Differenzierung: »Die Schüler können eigene Themen bearbeiten und eigene Arbeitsformen wählen – und zwar unabhängig davon, welche Materialien und Werkzeuge ich als Lehrender vorbereitet habe. Das ist die große Veränderung! Individuelle Lernarrangements werden durch digitale Medien nicht erst ermöglicht, aber deutlich erleichtert. Es ist dann nicht mehr eine Frage der Ressourcen, sondern ›nur noch‹ eine Frage der Kompetenz der Lehrenden und eine Zeitfrage auf Unterrichtsebene.«

Auch wenn Schaumburg natürlich recht hat, wenn er sagt, dass Individualisierung auch ohne digitale Medien möglich und jetzt nur viel einfacher geworden ist, so ist der Unterschied dennoch nicht nur graduell. Frei nach dem naturwissenschaftlichen Postulat »More is different« des Physik-Nobelpreisträgers P. W. Anderson kann man vermuten: Wenn der *quantitative* Unterschied eine bestimmte Größe erreicht, so verändert sich auch die *Qualität* eines Gegenstands. Mit digitalen Medien lässt sich eben doch nicht das Gleiche wie vorher machen, nur jetzt einfacher, schneller und bunter. Mit digitalen Medien funktioniert die informationelle Welt so radikal anders als vorher, dass auch das Lernen und Lehren grundsätzlich neu gedacht werden kann.

Manche Fächer sind freier als andere

Felix Schaumburg nennt sich selbst »einen schlechten Didaktiker oder Methodiker«. Er scheint grundsätzlich mit der Idee der Methodik zu fremdeln: »Jede Methode raubt den Schülern mögliche individuelle Lernwege.« Gleichzeitig hält er nicht alle Fächer für gleichermaßen geeignet für individuelles Lernen und sieht entsprechend andere Potenziale für digitale Medien. Im Fach Gesellschaftslehre, das Themen aus den Bereichen Erdkunde, Geschichte und Politik bearbeitet, gibt es eine höhere Freiheit in der Bearbeitung eines Themas. Hier geht es für Schaumburg eher um allgemeine Kompetenzen als um konkrete Inhalte. Ziel des Unterrichts ist häufig die Entwicklung eines Lernprodukts. Dabei können die Themen weiter gefasst, die Arbeitsprodukte vielfältiger und die Wege dahin offener sein.

Anders verhalte es sich in den Hauptfächern Mathe, Deutsch und Englisch, die an Schaumburgs Schule als Lernbüro organisiert sind. Hier stehen Basiskompetenzen im Vordergrund, die auf einen fachlichen Kanon aufbauen. Dabei gibt es zum einen Inputphasen für alle, zum anderen die Arbeit an vorgegebenen Lernbausteinen. Diese Arbeit ist zwar im Lernbüro so organisiert, dass Schüler sich individuell für Reihenfolge und Schwerpunkte entscheiden. Aber letztlich sind die Inhalte, die innerhalb eines Schuljahres bearbeitet werden, vorgegeben. Auch die Arbeitsformen sind in der Regel vordefiniert. Das Lernbüro ist für Schaumburg also einerseits »die höchste Form der Individualisierung«, andererseits sind Inhalte und Formen jedes einzelnen Bausteins vorgegeben. Von daher sieht Schaumburg hier auch nicht die größten Potenziale für digitale Medien in seiner Schule: »Natürlich könnte man alles auch in einer Online-Plattform wie Moodle umsetzen. Man könnte viel mehr auf das Lernen mit Apps setzen. Aber das wäre dann nicht primär eine Förderung von Individualisierung. Vielleicht kann man bei den Tests ansetzen, die zu individuellen Zeitpunkten geschrieben werden können. Digital ließe sich häufiger testen und schnellere Rückmeldung geben. Aber das wollen wir gar nicht unbedingt. Wir wollen Lernprozess und Prüfung voneinander trennen. Wir wollen, dass man beim Üben anonym Fehler machen kann – digital ist das schwierig.«

So wird das Material für die Lernbüros zwar digital und in Arbeitsteilung erstellt, aber weiterhin auf Papier verteilt. »Digitalisierung könnte hier vieles bequemer machen. Aber das ist auch eine Ressourcenfrage«, sagt Schaumburg. »Zu viel Digitalisierung auf einmal überfordert manche Kollegen einfach.«

Und so sieht Felix Schaumburg die Potenziale für den Einsatz digitaler Medien zuvorderst in offeneren Arbeitsformen und Projektarbeiten, bei denen eine freiere Themenwahl und die Gestaltung eines Lernprodukts im Vordergrund stehen. Beim Lernen, zu dem nicht nur fachliche Kompetenzen, sondern auch Soft Skills und übergreifende Kompetenzen zu den Lernzielen gehören, besteht die Gefahr, dass Lerner von der Offenheit und möglichen Ablenkungen überfordert sind und die zugemutete Selbstständigkeit ablehnen? »Das passiert schon. Aber das hat meist nichts mit den Medien zu tun, sondern mit Grundsätzlicherem. Meistens passiert das Gegenteil: Schüler kommen beim selbstständigen Arbeiten in einen Flow. Sie sind häufig vom Ende der Stunde überrascht und sagen: ›Oh, das ging jetzt aber schnell!‹ Wenn Schüler fragen, ob sie noch etwas weiterarbeiten können, dann ist das das beste Feedback, das man als Lehrer bekommen kann.«

Eckdaten zu Person und Schule

Name	**Felix Schaumburg**
Fächer	Chemie, Sozialwissenschaften in Sek I und II, Neue Technologien
Schule	Gesamtschule Uellendahl-Katernberg in Wuppertal, Schule im Aufbau mit 405 Schülerinnen und Schülern im dritten Schuljahr (2015–2016). Voll Inklusiv.
Aufgaben in der Schule	• Koordination Medien • stellvertretende Schulleitung (kommissarisch)
Berufsbiographie	• Referendariat bis 2008 und Lehrer bis 2013 an der Gesamtschule Barmen (Wuppertal) • Seit 2013 Gesamtschule Uellendahl-Katernberg: Mitglied im Gründungsteam der Schule. Aufbau einer inklusiven Schule mit Lernbüros, Werkstätten und Projekten.
Links	• Homepage der Gesamtschule Uellendahl-Katernberg in Wuppertal: www.ge-nord.de • Privater Blog »EduShift – Laut gedacht« von Felix Schaumburg: www.edushift.de • Felix Schaumburg auf Twitter: https://twitter.com/schb

Fall 8: Ethik-Blog und Geographie-Wiki – Mandy Schütze

Sechs Quadratmeter Rückmeldungen zu den Hausaufgaben

Würde man die Rückmeldungen zur Hausaufgabe »Wirkungsgefüge zum Stadtklima« ausdrucken, wäre die notwendige Leinwand ca. 2x3 Meter groß. Sieben oder acht Schüler könnten also gleichzeitig davor stehen und die Ergebnisse anschauen. Sie könnten nicht nur sichten, was ihre Lehrerin Mandy Schütze bei ihren eigenen Aufgaben kommentiert hat, sondern auch die Entwürfe ihrer Mitschüler und das Feedback dort. Das wäre praktisch, denn so könnten sie zusätzlich voneinander lernen. Es würde ihren individuellen Interessen entgegenkommen, denn während die eine Schülerin nach allgemeinen Anregungen in den Entwürfen sucht, will der andere Schüler vergleichen, was andere zu genau dem Punkt geschrieben haben, der bei seiner Arbeit noch zu kurz gekommen war.

Es gibt zwei logistische Probleme: Zum einen muss man erst einmal 2x3 Meter Leinwand schaffen. Und dann sollen nicht sieben oder acht, sondern 25 Schüler gleichzeitig davor stehen und nach eigenen Schwerpunkten und Zusammenhängen suchen können. Und das am besten auch noch vertiefend im Rahmen der Hausaufgaben. Es bräuchte also für alle 25 Schüler je eine Kopie der 2x3 Meter großen Leinwand. Oder eine digitale Lösung.

Wir befinden uns im Geographie-Kurs am Gymnasium im beschaulichen Gerabronn: 25 Schüler von Lehrerin Mandy Schütze haben je ein Wirkungsgefüge zum Thema »Stadtökologie« entworfen. Auf Papier. Dann haben sie mit ihren Smartphones die eigenen Ausarbeitungen abfotografiert und an Lehrerin Schütze geschickt. Ihre Lehrerin arrangierte alle Fotos nebeneinander auf einer großen (virtuellen) Leinwand des Internetdienstes »Conceptboard«. Mithilfe von (virtuellen) Post-Its und (virtuellen) Pfeilen kommentierte sie dann die Schülerarbeiten. Anschließend gab sie den Link zum Gesamtwerk an ihre Schüler frei. Diese können nun in Ruhe die Ergebnisse sichten – nicht auf 2x3 Meter Papier, sondern einfach auf dem Bildschirm ihrer Computer, zu Hause oder im Klassenraum.

Das ist nicht nur ein logistischer, sondern auch ein pädagogischer Vorteil, findet Mandy Schütze. »Das Feedback ist für die Schüler so viel intensiver. Sie können sich alles in Ruhe nach eigenen Schwerpunkten angucken. Wenn die das so machen, haben sie total viel über Wirkungsgefüge gelernt!«

Mandy Schütze hat ihr Conceptboard so eingestellt, dass die Schüler ohne Anmeldung eigene Post-Its ergänzen und so eigene Anmerkungen hinzufügen können. Oder sie können direkt am Kommentar Rückfragen zum Lehrer-Feedback stellen. Danach beginnt eine Überarbeitungsrunde. Schüler können auf der digitalen Leinwand auch einzelne Elemente aus den verschiedenen Wirkungsgefüge-Darstellungen kopieren und neu zusammensetzen. So lernt man nicht nur mehr über Wirkungsgefüge, sondern gleich auch sinnvolles Arbeiten mit Copy & Paste.

Frau Schütze in Raum 78

Mandy Schütze unterrichtet Geographie und Ethik. Ihre Stunden finden meistens in Raum 78 statt – der einzige Klassenraum der Schule, in dem es nicht nur ein interaktives Whiteboard, sondern auch sechs Computer mit Internetzugang gibt. Eigentlich ist der Raum Mandy Schütze nicht fest zugeordnet. Allerdings ist die Konkurrenz überschaubar. »Ich habe nicht so viele Kollegen, die da ständig rein wollen«, berichtet Mandy Schütze. »Im Kollegium weiß man: ›Frau Schütze ist die, die mit den Medien arbeitet.‹«

In letzter Zeit gibt es verstärkt Nachfragen von anderen Lehrern: »Sag mal, wie machst du das denn? Kannst du mir das mal erklären?« Während die Nachfrage bei Fortbildungsangeboten zu digitalen Themen überschaubar war, kommen die Nachfragen inzwischen häufig im Alltag. Im Lehrerzimmer des Gymnasiums Gerabronn stehen die Computerarbeitsplätze so, dass die Kollegen auf dem Weg zur Kaffeemaschine daran vorbei müssen. »Da gucken die einem dann häufig über die Schulter und fragen nach.«

Auch jenseits der Schule ist Mandy Schütze in Sachen Zusammenarbeit zwischen Lehrern aktiv. Sie führt bereits seit 2002 ihr eigenes Blog unter frauschuetze. de. Seit 2009 arbeitet sie im Vorstand der Zentrale für Unterrichtsmedien, kurz: ZUM e.V.[38] Dort übernimmt sie die Kommunikation und arbeitet in verschiedenen Wiki-Projekten mit.

Geographie-Wiki: ein gemeinsames Schulheft der ganzen Klasse

Wikis setzt Mandy Schütze auch im Unterricht ein, z. B. im Geographiekurs in den Stufen 11 und 12. Jeder Kurs bekommt ein eigenes Wiki, das mittels Passwort nur für Lehrerin und Schüler zugänglich ist. Gleich in der ersten Stunde im neuen Kurs stellt Mandy Schütze den Schülern die Grundidee vor: »Das Wiki ist unser gemeinsames Heft. Hier kommt alles rein, was wir behandeln und was wir vereinbaren.«

Schüler und Lehrer füllen das Wiki nun zwei Jahre lang gemeinsam mit Inhalten. Bereits zu Beginn steht die Stundenstruktur für das kommende Schuljahr im Wiki. Die Schüler haben so eine Orientierung, wann welche Themen anstehen werden. Im Mittelpunkt der Arbeit steht die Dokumentation der Unterrichtsinhalte. Jede Stunde ist ein anderer Schüler dafür zuständig, einen entsprechenden Eintrag ins Wiki zu schreiben. Dies geschieht noch im Unterricht. Während Phasen der Ergebnissicherung wird der entstehende Artikel mittels Beamer gezeigt, sodass Schüler und Lehrerin die Ergebnisse »live« gemeinsam dokumentieren. Dazu gehört auch, dass auf Papier erarbeitete Ergebnisse wie Plakate abfotografiert und ins Wiki hochgeladen werden.

---

38 ZUM-Interview: Mandy Schütze. http://www.zum.de/portal/blog/zumteam/zum-interview-mandy-sch%C3%BCtze (23.08.2015).

Häufig trägt Lehrerin Schütze dann nach der Stunde noch Inhalte nach, zum Beispiel Arbeitsblätter, Links zu weiteren Materialien, Videos oder Podcasts zum Thema. Außerdem sorgt sie dafür, dass die Inhalte korrekt sind. »Die Schüler sollen sich darauf verlassen können, dass das stimmt, was im Wiki steht. Schließlich ist es ihre Grundlage für Nacharbeiten und Wiederholen, auch wenn sie mal fehlen. Und nicht zuletzt ist es die Vorbereitung für die Abiturprüfung.« Das »gemeinsame Heft« Wiki wird im Kurs durchgängig genutzt, sodass vor den Abschlussprüfungen alle Inhalte dort an einer zentralen Stelle zu finden sind.

Anhand von Klausuren und Prüfungen erkennt man, wie das gemeinsame Wiki organisatorische Fragen erleichtert sowie Verbindlichkeit und Klarheit erhöht. »Früher gab es kurz vor den Prüfungen stets eine Welle von Nachfragen der Schüler. Ich habe dann dieselben Fragen drei- oder viermal beantworten müssen, entweder am Lehrerzimmer oder per E-Mail. Jetzt werden alle Fragen und Antworten an zentraler Stelle im Wiki gesammelt«, erklärt Mandy Schütze. »Die Schüler kommen auch nicht in die Situation, dass sie bestimmte Inhalte nicht mehr in ihren Unterlagen finden. Und es kann auch kein Schüler mehr sagen: ›Das hatten wir aber nie besprochen!‹ Alles ist im Wiki für alle dokumentiert.«

Auch Gruppenarbeiten werden im Wiki verschriftlicht. Jede Arbeitsgruppe bekommt eine eigene Wiki-Seite, sodass bei Präsentationen vor der Klasse alle Inhalte im Wiki dokumentiert sind. Gibt es längere Phasen selbstständigen Arbeitens, so werden Zwischenergebnisse im Wiki abgespeichert. So hat die Lehrerin stets einen Überblick, wo die einzelnen Gruppen gerade stehen. Für individuelles Üben können interaktive Lernmodule zum Beispiel von WebGeo.de über das Wiki bereitgestellt werden. So bietet das Wiki gleichermaßen Funktionen für die gemeinsame Arbeit wie für vertiefende Individualisierung.

Wie hoch ist der Zusatzaufwand, den man als Lehrerin investieren muss? »Für mich ist er nicht wirklich höher als vorher. In mancherlei Hinsicht spare ich sogar Zeit. Ich kann zum Beispiel Inhalte von einem Kurs einfach in einen anderen kopieren.« Man merkt, dass Mandy Schütze ein Fan von Wikis ist. Gibt es für sie gar keine Nachteile? »Diskussionen im Wiki funktionieren nicht. Das haben wir probiert, aber es ist zu unübersichtlich.« Und was sagen die Schüler zum Wiki? »Die sind schon davon überzeugt. Ein Jahrgang hat zum Abitur sogar die Abizeitung mit einem Wiki gestaltet, weil sie es so praktisch fanden.«

Reflexion

Ist das Wiki also das perfekte gemeinsame Schulheft? Mandy Schütze ist selbst noch auf der Suche nach einer Antwort: »Mir ist selbst noch nicht klar, inwieweit ein gemeinsames Heft wirklich die eigenen Hefte ersetzen kann. Eigentlich brauchen die Schüler gar kein eigenes Heft mehr. Dennoch führen viele Schüler parallel einen Hefter, in den sie auch ausgedruckte Inhalte aus dem Wiki einfügen und in dem sie individuelle Mitschriften anfertigen. Die vergleichen sie dann zu Hause noch einmal mit dem Wiki. Ich finde gerade erst heraus, inwieweit das für das Lernen notwendig ist.«

Ethik-Weblog – »Da steppt der Bär im Blog!«

Fachwechsel. In den Ethikkursen von Mandy Schütze gibt es zwei Jahre lang keine Hausaufgaben – aber ein Weblog. Für dieses Blog gibt es klare Vorgaben: Jeder Schüler muss pro Halbjahr einen eigenen Artikel veröffentlichen, der sich zum Diskutieren eignet, fünf Kommentare zu anderen Artikeln verfassen und eine Mitschrift zu einer Unterrichtsstunde schreiben. Die Inhalte im Blog fließen auch in die Benotung mit ein.

Das Blog »Ethik13« entstand 2011 (der Name rührt daher, dass es sich um den Abiturjahrgang 2013 handelte). Zum Ende der Schulzeit haben die Schüler entschieden, dass das Blog vom nächsten Kurs fortgesetzt werden sollte und so wurde das Blog schon mehrfach »vererbt« und fortgeführt.

Zum Einstieg mit dem Blog steht am Anfang von Jahrgang 11 eine Einführung an. Mandy Schütze zeigt hier weniger die Technik (»Das ist so intuitiv, da braucht es minimalen Input.«), sondern stellt vor allem die Grundsatzfragen: Soll das Blog öffentlich geführt werden? Warum sollen die Schüler mit Pseudonymen arbeiten? Was muss in Sachen Urheberrecht beachtet werden?

Für die eigenen Artikel steht den Schülern sowohl der Inhalt als auch der Zeitpunkt frei. Bei den Themen stehen die »Weltverbesserungsthemen« ganz vorne: vegane Ernährung, Textilwirtschaft, Schulnoten ... »Das sind die Themen, die die Schüler auch so beschäftigen«, erklärt Schütze. »Da gibt es immer wieder Wechselwirkungen aus analoger und digitaler Welt. Die diskutieren etwas in der Cafeteria und dann entscheidet sich jemand, das Thema in einem Blogbeitrag zu vertiefen. Und dann setzt sich die Diskussion im Blog und in der Cafeteria fort.« Auch zwischen den Unterrichtsthemen und den Blogthemen gibt es immer wieder Bezüge.

Die Schüler schreiben ihre eigenen Artikel und Kommentare zu Hause und können selbst entscheiden, wann im Halbjahr sie ihre Beiträge veröffentlichen. »Ich sage fast jede Woche: ›Macht das nicht alle auf den letzten Drücker!‹« Aber genau so kommt es: Die Hälfte macht es in den letzten Wochen. »Da steppt dann der Bär im Blog! Das macht richtig Spaß! Und ich denke mir: ›Das könnten wir auch früher haben.‹ Aber so ist das bei individuellem Zeitmanagement. Die Schüler sollen ja lernen, sich die Zeit frei einzuteilen.«

Wenn man sich das gesamte Blog anschaut, wird ein zusätzliches Potenzial deutlich: Es gibt immer häufiger Bezüge über die Zeit hinweg. Schüler können ja nicht nur sehen, was die Jahrgänge vor ihnen gemacht und diskutiert haben, sondern die Diskussion über neue Kommentare wiederaufnehmen. Mandy Schütze hat das inzwischen auch schon mit einer 10. Klasse genutzt, indem sie den Schülern dort Arbeiten aus dem Blog der »Großen« als Arbeitsgrundlage gegeben hat.

Mit dem Blog lassen sich auch räumliche Grenzen überwinden. Mehrmals hat Mandy Schütze ihr Blog mit einem ähnlichen Projekt einer Lehrerin der Kaiserin-Augusta-Schule in Köln vernetzt. Die Schüler kommentierten dann Beiträge der jeweils anderen Schule. »Da entsteht noch mal eine ganz andere Motivation!«

So wächst das Blog immer weiter. Und Mandy Schütze hat noch viele Ideen zur Erweiterung des Projektes: »Man könnte jedem Schüler einen anderen Schüler als Reviewer zuordnen, der den Artikel gegenliest und Feedback gibt. Oder man macht die Zusammenfassung einer Unterrichtsstunde nicht immer schriftlich, sondern auch mal als Podcast.« Auch müsse die Arbeit mit dem Blog nicht auf die höheren Klassen begrenzt sein. »Ich habe das auch schon einmal mit Klasse 7 gemacht. Da gab es zum Beispiel die folgende Aufgabe: Schreibt einen Kommentar, indem ihr folgenden Satz vervollständigt: ›Es gibt (k)einen Gott, weil ...‹ Am Ende gab es insgesamt über 100 Einträge mit Kommentaren und Nachfragen – auch von außerhalb des Klassenzimmers.«

Eine neue Qualität

»Es geht mir um selbstständiges Arbeiten. Selbstständig die Zeit wählen und das Thema aussuchen, selbstständig einen zusammenhängenden Text schreiben und einen eigenen Standpunkt formulieren«, bilanziert Mandy Schütze ihr Blogprojekt. »Im Blog setzt man sich mit anderen Meinungen auseinander und muss die eigene Meinung überdenken. Das machen wir sonst zu selten, das kommt immer zu kurz.« Mandy Schütze bereitet solche Unterrichtseinheiten vor, indem sie jenseits des Blogs Essays schreiben lässt. Im Blog kommt dann eine neue Qualität hinzu. »Die Schüler brauchen sehr lange für einen Kommentar. Die sagen: ›Das ist ja öffentlich, da muss ich mir das gut überlegen und ordentlich formulieren.‹ Das ist ganz wichtig, dieses Wissen ›Mein Text wird von anderen gelesen!‹«

Für die Lehrerin gab es beim Arbeiten mit dem Blog immer wieder Überraschungen: »Es profitieren ganz besonders die Schüler, die sonst eher ruhig sind. Die sind im Unterricht ganz still – und im Blog schreiben sie die unglaublichsten Beiträge!«

Vielleicht ist das das entscheidende Argument für die digitalen Medien im Unterricht von Mandy Schütze: Sie kann jeden einzelnen Schüler sehen: »Manchmal gehe ich nach 45 Minuten raus und denke: ›Heute habe ich nicht mit jedem reden oder ihn zumindest wahrnehmen können. Das ist für mich das Gegenteil von Individualisierung. Ich muss jeden Einzelnen sehen können. Die digitalen Medien können für mich die 45 Minuten entzerren. Ich kann zu Hause noch mal nachschauen, was eigentlich wer macht.«

Kann Frau Schütze sich noch vorstellen, ohne digitale Medien zu unterrichten? »Klar könnte ich. Aber wenn die Möglichkeiten da sind, dann muss ich sie auch nutzen. Zu wissen, dass es da etwas gibt, dass es funktioniert und etwas bringt– und es dann nicht zu machen, das wäre fatal!«

Eckdaten zu Person und Schule

Name	**Mandy Schütze**
Fächer	Ethik, Geographie
Schule	Gymnasium in Gerabronn (Baden-Württemberg)
Aufgaben in der Schule	• Fachbeauftragte Ethik • Betreuung der Schülerzeitung • Neben der Schule: Vorstandsmitglied bei ZUM e.V. (Zentrale für Unterrichtsmedien im Internet)
Berufsbiographie	• 1997 Abitur in Radeberg • 1997–2003 Studium Lehramt Geographie/Ethik für Gymnasium in Dresden (Abschluss: 1. Staatsexamen) • 2000–2006 Arbeitskreis Ethik der TU Dresden • 2006–2009 Referendariat in Leipzig (Geographie/Ethik) – (Abschluss: 2. Staatsexamen) • Seit September 2009 Studienrätin im Gymnasium Gerabronn (Geographie/Ethik) • seit November 2009 im Vorstand des ZUM Internet e.V. • Publikationen (Auswahl): »Ethikunterricht im Web 2.0 – Wikis und Weblogs optimal eingesetzt«, *ZDPE* 2/2008; »Das Weblog: das Ende der Privatheit von Unterricht«, *Ethik und Unterricht* 2/2011; »*Digitale Medien im philosophischen Unterricht*«, in: Nida-Rümelin, Julian; Spiegel, Irina; Tiedemann, Markus: Handbuch Philosophie und Ethik, Band 1, UTB September 2015 (zusammen mit Donat Schmidt)
Links	• Homepage der Schule: http://gymnasium-gerabronn.de • Blog Frau Schütze: http://frauschuetze.de/ • @ma_y auf Twitter: http://twitter.com/ma_y • Blog mit Schülern im Fach Ethik: http://ethik13.wordpress.com/ • Zentrale für Unterrichtsmedien im Internet (ZUM) e.V.: http://zum.de

Links

Internetdienst »Conceptboard« http://conceptboard.com/
Blog von Mandy Schütze http://frauschuetze.de/
Interaktives Lernmodul »WebGeo« http://webgeo.de/
Blog »Ethik13« https://ethik13.wordpress.com/
Das Projekt einer Lehrerin der Kaiserin-Augusta-Schule in Köln https://philokurs.
   wordpress.com/

Fall 9: Berufliche Bildung selbstgesteuert – Heinz Dieter Hirth

Das Ende der Schultasche

Als Lehrer Heinz Dieter Hirth eines Morgens zur Schule kam, rief ihm eine Kollegin zu: »Mensch, H. D.! Du hast nie eine Schultasche dabei, wenn du morgens kommst. Wie machst du das bloß?« Hirth antwortete: »Da wo ich hingehe, ist mein Schulmaterial schon vorhanden. Ich brauche nur mein Handy. Und Kaffee und Essen kriege ich in der Kantine.«

An der Oskar-von-Miller-Schule funktioniert das, denn die berufliche Schule hat einige Bereiche komplett digitalisiert und alle Materialien in die Cloud verlagert. Gleichzeitig hat sie eine eigene Didaktik entwickelt: das Lernschrittkonzept[39], mit dem individuelles und selbstständiges Lernen aufseiten der Schüler und Teamwork aufseiten der Lehrer konsequent umgesetzt werden.

Kfz-Werkstatt und Großlernbüro

Wer die Oskar-von-Miller-Schule besucht, kommt an einen Ort, der äußerlich nicht besonders revolutionär wirkt. Ein leiser Verdacht keimt an der Eingangstür auf. Dort klebt nicht etwa der an Schulen verbreitete Aufkleber »Handys verboten«, sondern ein Schild »Finde uns auf Facebook!«. Drinnen gibt es die Räume, die man an einer praktisch ausgerichteten Schule für technische Berufe erwarten würde: eine Kfz-Werkstatt, diverse Räume mit technischer Ausstattung. Aber wo sind die Klassenräume? Der Besucher wird stattdessen in das »Maxi« geführt, eine Art Großraumbüro. Oder besser: ein Großlernbüro. Hier sitzen junge Menschen an Tischinseln, meist vor einem Laptop, bisweilen auch mit Büchern oder Smartphones beschäftigt. Dazwischen gibt es ein paar Zimmerpflanzen und Regale, einen Kopierer, eine Kaffeeküche und Besprechungsecken. Ein Lehrer ist auf den ersten Blick nicht zu erkennen. So soll die digitale Avantgarde des Lernens aussehen?

Die Oskar-von-Miller-Schule

Die Oskar-von-Miller-Schule bietet Ausbildungsgänge in den Bereichen Elektrotechnik, Informationstechnik, Fahrzeugtechnik und Anlagen- und Versorgungstechnik. Insgesamt gibt es ungefähr 2.100 Lernende in der Berufsvorbereitung, der Berufsfachschule, der Berufsschule und der Fachschule für Technik. Seit 2015 hat die Oskar-von-Miller-Schule den Status einer rechtlich selbstständigen beruflichen

---

39   Dietmar Johlen, Heinz-Dieter Hirth. Das Lernschrittkonzept. Schritt für Schritt auf dem Weg in eine neue Lehr- und Lernkultur. Juni 2012. http://pb21.de/wp-content/uploads/2014/09/broschuere_lernschrittkonzept_2.pdf (30.8.2015).

Schule. Die großen Umbrüche hat die Schule bereits in den Jahren ab 2005 vollzogen, als sie für wesentliche Bereiche des Unterrichts das sogenannte Lernschrittkonzept entwickelte. Federführend waren der damalige Abteilungsleiter Dietmar Johlen und Heinz Dieter Hirth, der Lehrer ohne Schultasche. Die Devise der »Wende im Kopf« (Johlen) lautete damals: »Wir wollen dabei helfen, dass junge Menschen von der Abhängigkeit in die Unabhängigkeit gelangen.«

Lernfelder und Lernschrittkonzept

Die Schüler an der Berufsfachschule sind zwischen 15 und 18 Jahre alt. Sie kommen am Montag um 8.00 Uhr in die Schule. In der Oskar-von-Miller-Schule wurden Fachtheorie und Fachpraxis zusammengeführt und große Teile des Unterrichts in (Block-)Wochen gegliedert. Hier steht dann jeweils eine Lernsituation in einem Lernfeld im Mittelpunkt.

Am Montagmorgen gibt es eine Einführung in das Thema der Woche. Die Schüler müssen sich einen Überblick verschaffen: Um was geht es? Wozu brauche ich das? Wie funktioniert es? Die Schüler bekommen einen Input vom Lehrer, schauen in Lehrbüchern nach oder stöbern in den Arbeitsergebnissen von Schülern aus vorherigen Jahrgängen.

Diese erste Auseinandersetzung mit dem Thema dauert ungefähr zwei Stunden. Danach legen die Lernenden im von der Schule selbst entwickelten Lernschrittplaner ihre Wissens- und Kompetenzziele für diese Woche fest. Dabei wird vom Ende her gedacht. Die Leitfrage lautet: »Wie kann ich am Ende der Woche einer anderen Person zeigen, dass ich das kann, was ich hier als Kompetenzziel definiere?« Für die Planung helfen ein Kompetenzraster, eine Sammlung von Themen- und Checklisten sowie Vorschläge für mögliche Formen, in denen der Lernnachweis am Ende erbracht werden kann. All das finden die Schüler im Moodle, dem Lernmanagementsystem der Schule.

Moodle und Mahara

Die Oskar-von-Miller-Schule setzt auf eine Kombination aus Moodle und Mahara. Hirth ist für die Verwaltung von beiden Lernplattformen verantwortlich: »Moodle gehört den Lehrenden, Mahara gehört den Lernenden. Moodle wird als Lernmanagementsystem genutzt, in dem Arbeitsaufträge und Materialien bereitgestellt werden. Mahara ist das E-Portfolio, quasi die private Aktentasche der Lernenden. Hier dokumentieren die Schüler ihre eigene Arbeit.«

Lernen und Lernprodukte

Ab der dritten Stunde beginnt die Phase eigenständiger Arbeit, die fast eine ganze Woche umfasst. Spätestens zur Mitte findet ein Soll-Ist-Vergleich mit Schüler und Lehrer statt: Was wolltest du bisher erreichen, wo stehst du?

Am Ende der Woche muss immer ein Lernprodukt erstellt worden sein. Das kann fachpraktisch sein, wie eine selbst erstellte Schaltung, oder fachtheoretisch, also die Dokumentation einer kognitiven Lernleistung. Hirth konkretisiert: »Man kann zum Beispiel die Erklärung erstellen, wie eine Ampelschaltung funktioniert. Die Schüler dokumentieren das in einem Erklärvideo oder einer Fotostrecke. Oder sie nutzen kreative Webtools wie PowToon, mit dem sie einen Cartoon erstellen, der quasi die Anleitung zu einem Vorgehen abbildet.« Nicht immer muss alles digital erstellt worden sein, wohl aber digitalisiert abgebildet werden. »Wir schulen unsere Lernenden zum Beispiel in Visual Facilitation, sodass sie auch schöne Plakate erstellen können, die sie dann abfotografieren.« Auch ganz andere Formen sind möglich. Hirth erinnert sich, dass einmal angehende Fachkräfte für Veranstaltungstechnik die Eigenschaften von Strom, Spannung und Widerstand über ein Rollenspiel erklärten.

Während der eigenständigen Arbeit stehen die Lehrer ständig beratend zur Seite. »Wir sind keine Lehrer, wir sind Lernbegleiter und Lerncoaches«, betont Hirth. »Wenn ein Schüler Unterstützung braucht, versuchen wir es immer mit Elementen aus dem Coaching.«

Heinz Dieter Hirth

Hirth machte eine Handwerkslehre und legte seine Meisterprüfungen als Elektroinstallateur und Radio- und Fernsehtechniker ab. Er studierte einige Semester Wirtschaftsinformatik, ohne einen Abschluss zu machen, erreichte aber das Staatsexamen zum Fachlehrer in arbeitstechnischen Fächern.

An der Lehrkräfteakademie des Hessischen Kultusministeriums betreut er Projektschulen in deren schulischer Entwicklung im Bereich selbstorganisiertes Lernen und Einsatz neuer Medien. Zusätzlich ist er für eine private Fachschule im Bereich der Meisterausbildung tätig.

Eigenständige Auseinandersetzung mit dem Thema

Der größte Teil der Arbeitszeit wird für die Phase »Intensive Auseinandersetzung mit dem Thema« genutzt. Jeder Schüler recherchiert dabei in verschiedenen Medien. Er kann zum einen die Lernprodukte der Schüler aus den Vorjahren anschauen und miteinander vergleichen. Lehrer Hirth macht sich keine Sorgen, dass einfach Lösungen von Vorgängern kopiert werden: »Das ist eine Frage der Aufgabenstellung. Da bei uns die Aufgabe lautet, am Ende das Gelernte im Gespräch mit dem Lernbegleiter erklären zu können, hilft das Kopieren nicht weiter. Spätestens im Gespräch stellt sich heraus, ob der Schüler das wirklich verstanden hat. Das Kopieren ist erlaubt. Es macht aber niemand mehr.«

Neben den Materialien, Checklisten und Aufgabenvorschlägen, die die Schüler im Lernmanagementsystem Moodle finden, suchen sie nach weiteren Quellen. Diese finden sie häufig via Google, in Wikipedia, Fachforen oder auf den Websites der Hersteller einschlägiger technischer Geräte. Diese Recherche ähnelt nicht zufällig dem Weg, den die Lernenden auch in der Praxis in ihren Betrieben gehen werden, wenn sie sich neues Wissen erschließen müssen. Diese Eigenständigkeit liegt nicht jedem Schüler von der ersten Woche an, weiß Hirth: »Die Lernenden müssen erst mal ihre Konsumhaltung ablegen. Sie sollen ihren Lernprozess aktiv gestalten. Sie sollen sich Wissen aneignen und eigene Lernprodukte erarbeiten. Sie müssen ›Prosumenten‹ werden.«

Offene Pausen

»Wenn man Individualisierung und Eigenverantwortung ernst nimmt, müssen die Lernenden sich auch ihre Pausenzeiten selbst wählen können«, findet Hirth. Deswegen wurde an der Oskar-von-Miller-Schule das Konzept der offenen Pause eingeführt. Zwei kleine Regelungen reichten dafür aus: Jeder Schüler muss aufschreiben, wann er zur Pause geht und wann er zurückkommt. Man darf die Pause nicht zu Beginn oder Ende des Schultags nehmen. Von den Ergebnissen ist Hirth überzeugt: »Das Konzept hat uns unglaublich gutgetan. Wir haben seitdem keine Störer mehr im Unterricht.«

Recherche im Web und in Büchern

Das Digitale ist für Hirth kein Selbstzweck. »Die Schüler müssen lernen, Materialien kritisch zu überprüfen. Wir halten unsere Lernenden an, auch in Bücher zu gucken. Nicht die erste Quelle ist die wahre Quelle.« Schüler können beim Lehrer bzw. Lerncoach auch um inhaltliche Unterstützung bitten, wenn sie nicht weiterkommen. Hirth: »Der Lernende kann bei uns einen Input abrufen. Die Lehrkraft macht dann einen Vortrag oder gibt alte Fassungen von Klausuren und Prüfungen aus.«

Da das offene Lernen viele Schüler herausfordert, gibt es immer wieder Überprüfungen, ob der Einzelne über- oder unterfordert ist. Das kann in Form von Kontrollfragen geschehen, mit denen der Lernende prüfen kann, ob er das Thema verstanden hat. Oder der Lernbegleiter macht eine Bestandsaufnahme, einen Soll-Ist-Vergleich mit dem Schüler.

Herausfordernde Schüler

»Ich bekomme oft gesagt, dass man so eine Didaktik nur mit IT-Schülern oder mit Schülern auf einem bestimmten Niveau machen kann. Das stimmt nicht! Wir machen das auch mit den ganz schwierigen Schülern.« Hirth berichtet, dass gerade die herausfordernden Lernenden profitieren können, wenn alle Inhalte im Netz sind. »Ein Grundproblem bei dieser Gruppe war bei uns früher: 15 von 20 Schülern haben ihre Hefte oder Bücher zu Hause gelassen. So etwas ist bei uns überhaupt kein Thema mehr. ›Heft vergessen‹ gibt es schlicht nicht mehr.« Auch mit der offenen Arbeitsform können nach Hirths Erfahrungen alle Schüler zurechtkommen, weil die Methode das Vorgehen klar strukturiert und feste Vorgaben zu den Bestandteilen macht, die im Portfolio enthalten sein müssen.

Fachgespräch und Reflexion

Am Ende der Woche steht das Fachgespräch zwischen Schüler und Lernbegleiter. Das erstellte Lernprodukt bildet zusammen mit einer Dokumentation des Lernprozesses die Grundlage für das Gespräch, in dem der Lernende zeigen kann, was er gelernt hat. Das Gespräch ist auch Grundlage der Bewertung, wobei Hirth wichtig ist, dass alle Anforderungen und Bewertungskriterien schon vorab feststehen und transparent gemacht werden.

In der anschließenden Reflexion wird gemeinsam besprochen, was der Lernende über sein Lernen erfahren hat und wo er sich als Nächstes weiterentwickeln will.

Das Fachgespräch findet übrigens nicht immer am Freitag statt. Schon logistisch wäre das für die Lernbegleiter problematisch. Stattdessen kann der Termin für das Gespräch auch mal zwei oder drei Wochen später liegen. Diese Verzögerung ist für Hirth gewollt: »Uns ist wichtig, dass der Lernende nicht memoriert, sondern wirklich lernt. Was er wirklich kann, das kann er auch nach drei Wochen noch zeigen.« Hirth ist zusätzlich in der Fachschule tätig, in der das Studium im Abend- und Samstagsunterricht absolviert wird. »Da findet das Fachgespräch auch mal ein ganzes Jahr später statt. Die Lernenden sind dann oft ganz überrascht, dass sie sich vielleicht noch fünf Minuten einlesen müssen, aber ansonsten keine Probleme haben, ihre Kompetenz darzulegen. Das klappt, wenn sie wirklich etwas gelernt haben.«

Lernprodukte und E-Portfolio

Schaut man auf die Produkte des individuellen Lernens, so kommen in den E-Portfolios der Schule beachtliche Ergebnisse zusammen. Jedes Portfolio folgt einem vorgegebenen Aufbau in drei Spalten:
• Links finden sich zunächst Name und E-Mail-Adresse des Lernenden, darunter die zu Beginn definierten Lernziele und der angestrebte Lernnachweis, also die Beschreibung des Lernproduktes.

- In der Mitte und im Mittelpunkt steht das Lernprodukt, beispielsweise ein einge-bundenes Video, eine Fotoreihe, ein Cartoon, ein Podcast oder ein Text.
- In der rechten Spalte gibt es weitere Nachweise, z. B. bei einem Computerpro-gramm als Lernprodukt den Link zum Download des Programms. Außerdem ist vorgeschrieben, dass hier Hinweise zur Weiterverwendung gegeben werden. In der Regel ist das eine der sechs Creative Commons Lizenzen, die – je nach Wahl der Lernenden – unterschiedliche Auflagen zur Weiterverwendung ma-chen.

Die Visualisierung des gesamten E-Portfolios bietet für die Lernenden auch einen Überblick, welche Kompetenzen sie im Laufe von vier Semestern entwickelt haben.

Hirth betont eine wichtige Funktion von Mahara: die selektive Freigabe von In-halten. Jeder Schüler kann für jedes Element seines Portfolios einzeln entscheiden, wer darauf Zugriff hat: nur er selbst plus ein Lehrer oder die gesamte Schule oder die Öffentlichkeit des World Wide Web. Außerdem können individuelle Ansichten zusammengestellt werden, die im Rahmen einer Bewerbung freigegeben werden. Der Schüler entscheidet dann, welche Elemente er einer Sammlung hinzufügt, die er über einen versteckten Link dann (nur) einem potenziellen Arbeitgeber zugäng-lich macht. Hirth: »Wir haben Beispiele, in denen Bewerber genau dadurch erst ei-nen Fuß in die Tür und dann einen Ausbildungsplatz bekommen haben. Schüler können ganz einfach nicht nur ihre Noten, sondern ganz konkrete Arbeitsergeb-nisse vorzeigen.«

Außerdem besteht für die Schüler die Möglichkeit, ihr persönliches Portfolio zum Ende der Schulzeit mitzunehmen und in ein lebensbegleitendes Portfolio zu überführen.

Open Educational Resources (OER)

Da alle Schüler ihre Arbeiten im Mahara dokumentieren und mit einer freien Li-zenz versehen, entsteht an der Schule gleichsam nebenbei ein rasch wachsender Fundus an Open Educational Resources (OER) (siehe Glossar), auf den die nächsten Jahrgänge zugreifen können. Hirth ist begeistert: »Vor fünf Jahren haben wir die Auflage gemacht, dass alle Schülerarbeiten in dieses System kommen. Seitdem ha-ben wir ca. 20.000 Produkte dort gesammelt, von denen ein großer Teil für die nächsten Schüler zur Verfügung steht. Das ist ein enormer Fundus!«

Teamarbeit und Cloud-Dienste

Die Oskar-von-Miller-Schule hat für die Arbeit in den Lernfeldern die Arbeit in Lehrerteams zum Standard gemacht. Nicht jeder Lehrer bekommt eine eigene Moodle-Umgebung, sondern jedes Fach bzw. jeder Jahrgang. Hirth: »Früher mauerten die Kollegen oft, wenn es um ihren eigenen Unterricht ging. Die Arbeit im Team hat eine unglaubliche Wendung bewirkt.«

Materialien werden in der Regel nicht direkt im Moodle gespeichert, sondern über Cloud-Dienste wie Google Docs für Texte oder YouTube für Videos. Auch die Schüler machen das in der Regel so. »Damit bleiben unsere Lernplattformen schlank«, freut sich Hirth. »Außerdem können Materialien von verschiedenen Orten aus eingebunden werden und sind bei Überarbeitungen stets sofort in allen Verwendungskontexten aktualisiert. Für unsere Zusammenarbeit hat das einen großen Sprung nach vorne gebracht.«

Digital als Teil der Antwort

Bemerkenswert an der Arbeit der Oskar-von-Miller-Schule ist nicht in erster Linie der Grad der Digitalisierung. Beim Gespräch mit den Lehrenden fällt vielmehr auf, dass das Digitale immer Teil der Antworten, nicht Teil der Frage war. Die Schule hat sich nie gefragt: Wie können wir digitaler werden? Stattdessen standen am Anfang pädagogische Fragen: Wie können Schüler selbstständig lernen? Wie können sie ihren Lernfortschritt dokumentieren? Wie können Lehrer in Teams zusammenarbeiten? Auf diese Fragen hat die Schule Antworten gefunden, in denen digitale Plattformen und Werkzeuge einen Teil der Lösung bieten.

Auf zu neuen Ufern

Bereits 2008 war Heinz Dieter Hirth bei einem Wettbewerb der Initiative D21 unter »Die besten Lehrkräfte für Deutschlands Schulen der Zukunft« gewählt worden und hat in der Folge weitere Preise für seine Arbeit und seine schulischen Projekte gewonnen. Neben seinen diversen Lehrtätigkeiten treibt er weitere Neuentwicklungen voran.

Zusammen mit seinem ehemaligen Chef Dietmar Johlen hat Hirth einen gemeinnützigen Verein gegründet. Gemeinsam wollen sie neue Wege erschließen, wie Menschen sich ohne Schule auf eine Abiturprüfung vorbereiten können. Eine andere Baustelle, die ihn beschäftigt: »Wir müssen bei unserer Kompetenzorientierung die Affektebene miteinbeziehen. Was motiviert den Schüler? Wie fühlt der sich beim Lernen? Das müssen wir viel stärker berücksichtigen!«

Außerdem plant Hirth mit der Schule ein Angebot im Bereich »Open Degree«. Nach dem Vorbild der Open University in England sollen Schüler sich Inhalte aus einem Kompetenzkatalog frei zusammenstellen können. Für Hirth ist das die folgerichtige Fortsetzung des Schulkonzeptes: »Viele Schüler kommen ja nicht zu uns, weil sie einen Abschluss haben wollen, sondern weil sie Kompetenzen erwerben wollen. Das wollen wir konsequent ermöglichen.«

Eckdaten zu Person und Schule

Name	**Heinz Dieter Hirth**
Fächer	Elektrotechnik, Fachpraxis
Schule	Oskar-von-Miller-Schule, Kassel (Hessen) • Berufliche Schule der Stadt Kassel • Seit Januar 2015 im Status einer rechtlich selbstständigen beruflichen Schule (RSBS) • Ausbildungsgänge in den Bereichen: Elektrotechnik, Informationstechnik, Fahrzeugtechnik sowie Anlagen- und Versorgungstechnik • ca. 2.100 Lernende werden in Ausbildungsgängen zur Berufsvorbereitung, der Berufsfachschule, der Berufsschule und der zweijährigen Fachschule für Technik beschult.
Aufgaben in der Schule	• Neben dem Unterricht an der Oskar-von-Miller-Schule für die Internetserver für das Hosting des Lernmanagementsystems Moodle und des ePortfolio-Systems Mahara zuständig • Daneben Betreuung der Fortbildung von Kolleginnen und Kollegen und Weiterentwicklung von Konzepten innerhalb der Moodle-Küche • Abordnung an die Hessische Lehrkräfteakademie; dort Betreuung von Projektschulen in deren schulischer Entwicklung im Bereich selbstorganisiertes-Lernen. • Für eine private Fachschule im Bereich der Meisterausbildung tätig
Berufsbiographie	• Handwerkslehre, Meisterprüfungen als Elektroinstallateur und Radio- und Fernsehtechniker • Einige Semester Studium Wirtschaftsinformatik (ohne Abschluss) • Staatsexamen zum Fachlehrer in arbeitstechnischen Fächern
Links	• Homepage der Schule: http://ovm-kassel.de/

Link

Das Webtool »PowToon« http://www.powtoon.com/

Fall 10: »Hauptsache Schreiben!« – Philippe Wampfler

Medienwechsel von Theater auf Twitter

»Kann ich mein Leben mal kurz speichern und was ausprobieren?«, schreibt Pawel Iwanow auf Twitter, wo er @iwanarchy heißt. Tobias @svenlieblingsm verkündet daneben: »Gerade die beste Pizza meines Lebens gegessen @CasaMiaGroup.«

In der Kantonsschule Wettingen im Aargau twittern Schüler im Deutschunterricht. Nicht etwa unter dem Tisch, sondern vom Lehrer gefordert, in Gruppenarbeiten diskutiert und didaktisch eingebunden. Deutschlehrer Philippe Wampfler nutzt Twitter zum Beispiel in der Lektürearbeit, um über Figuren und Situationen im Stück zu sprechen. Er fragt die Schüler: »Wenn diese Person auf Twitter wäre, was würde sie an dieser Stelle schreiben? Was wäre ein zentrales Zitat für diese Figur? Was denkt sie gerade?«

Eine Einführung in Twitter muss Wampfler für die Schüler nicht machen. »Die Hälfte kennt Twitter, die andere Hälfte noch nicht. Also setzen die Schüler sich rasch zusammen und erklären sich gegenseitig die Funktionen.«

Das Twitter-Projekt wird in einer aufwendigeren Form fortgesetzt. Wampfler hat das mit dem Theaterstück »Lieblingsmenschen« von Laura de Weck erprobt: »Wir machen das als Gruppenarbeit. Jede Rolle im Stück wird einer Gruppe zugeteilt und von ihr mit einem eigenen Twitter-Profil vertreten. Zunächst muss sich jede Gruppe überlegen, wie sich ihre Figur auf Twitter selbst darstellt. Dann geht es darum, das Stück in einer Fassung 2.0 fortzusetzen. Die Gruppen schreiben den Text weiter, mit einem Medienwechsel von Theater auf Twitter.«

Wo manche Deutschlehrer unüberbrückbare Kluften zwischen Diogenes-Verlag und amerikanischem Unternehmen, zwischen Analog und Digital, zwischen dekorierter Literatur und kurzen Tweets sehen würden, findet Wampfler die Gemeinsamkeiten: »Es geht um Kommunikation zwischen Menschen. Um Beziehungen. Und darum, dass die Schüler schreiben.«

»Plaudern über Unterricht«

»Hauptsache schreiben!« – das ist ein Hauptmotiv im Unterricht von Philippe Wampfler. Und in seinem Leben.

Wampfler ist auch persönlich auf Twitter und in Blogs aktiv. Wenn er dort seine Überlegungen zu Lernen, Schule und digitalen Medien teilt, verfolgen das vereinzelt auch Schüler. »Manche kommentieren das im Netz. Dort entsteht dann ein informelles Plaudern über Unterricht. Formale Bildung und informelle Diskussionen gehen ineinander über.«

Meist sind es nicht Schüler, sondern andere Lehrende, die mit Wampfler diskutieren. Digitale Medien sind für ihn nicht nur ein Werkzeug. »Das Internet bedeutet für mich auch Zusammenarbeit, Austausch und das Knüpfen von Netzwerken.

Diese Vernetzung ist sehr wertvoll. Das schafft eine Qualität, die vor zehn Jahren noch nicht da war.«

Wampfler ist vermutlich der produktivste und einflussreichste Lehrer im deutschsprachigen Raum, wenn es um grundsätzliche Überlegungen zu Bildung in Zeiten des digitalen Wandels geht. Neben der Schule, diversen Aus- und Fortbildungstätigkeiten und seinen Blogs hat er in den letzten Jahren auch zwei Bücher veröffentlicht: eines über Social Media in der Schule und eines über digitale Jugendkultur.[40] Es scheint, Wampfler kann nicht ohne Schreiben.

Kollaborative Textarbeit mit Google Docs

Als Werkzeug für das Schreiben setzt Wampfler oft Google Docs ein, sodass Schüler gemeinsam an Texten arbeiten können. Die digitale und kollaborative Form des Schreibens entspricht für Wampfler Grundmustern von Lernen: »Entwerfen und überarbeiten, Feedback bekommen und diskutieren, verbessern oder auch verwerfen – so funktionieren Lernen und Unterricht doch oft. Das hat eine ganz starke pädagogische Qualität!«

Zu Beginn steht immer ein Musterbeispiel, bei dem die Arbeitsweise wichtiger ist als der Inhalt. »Man muss erst einmal merken, wie das funktioniert, wenn 25 Menschen gleichzeitig in einem Dokument sind. Den Umgang mit den unterschiedlichen Ebenen von eigentlichem Text und der Kommunikation über Kommentare oder Chat muss man üben.«

Die Arbeit mit einem gemeinsamen Dokument bietet sich zum Beispiel an, wenn in 4er- oder 5er-Gruppen eine Zitaterörterung erstellt wird. Oder bei Texten, zu denen Feedback und Weiterentwicklung wichtig sind, wie in Wampflers Familienprojekt: »Die Schüler schreiben hier verschiedene Texte und bekommen jeweils Feedback von anderen Schülern. Dadurch entsteht eine hohe Individualisierung. Diese Peer-Kommunikation ist sehr wichtig.« Im Projekt interviewt jeder Schüler ein Familienmitglied zur Geschichte der eigenen Familie. Zunächst wird dafür die Ausgangslage beschrieben: »Was weiß ich eigentlich schon?« Schon zu diesem Text gibt es eine erste Feedback-Runde, bei der ein anderer Schüler den vorhandenen Entwurf kommentiert, der dann überarbeitet wird. Als Nächstes wird die Liste von Fragen für das Interview entworfen, kommentiert, umgestellt und verbessert. Nach dem Interview wird die Tondatei transkribiert, sodass auch die Abschrift für Feedback und Weiterarbeit genutzt werden kann.

»Da stecken viele Dinge drin, die mit Papier und Stift nicht denkbar wären. Es ist nicht nur, dass Inhalte kontinuierlich verbessert werden können oder dass einfach mehrere Personen zur selben Zeit am selben Text arbeiten können«, findet Wampf-

---

40 Philippe Wampfler (2013). *Facebook, Blogs und Wikis in der Schule: Ein Social-Media-Leitfaden.* Göttingen. Philippe Wampfler (2014). *Social Media – Wie digitale Kommunikation den Körper, die Beziehungen und das Lernen von jungen Menschen verändert.* Göttingen.

ler. »Es gibt auch die zusätzliche Dimension von Diskussionen über den Inhalt. Die Kommentarfunktion ist wie ein Gespräch über den Text. Für mich selbst ist gar keine Texterstellung ohne so eine Zusammenarbeit mehr denkbar.«

Die digitalen Dokumente ermöglichen darüber hinaus, dass die Feedback gebende Person sehen kann, was aus der Rückmeldung gemacht wird. Über die Versionsgeschichte sind alle Bearbeitungsschritte zu sehen. Die Entstehungsgeschichte eines Dokuments wird so nachvollziehbar und bietet eine Reflexionsgrundlage.

Schweizer Pragmatismus

Google Docs im Unterricht – das hat an Schulen in Deutschland Seltenheitswert, nicht zuletzt aus Gründen von Datenschutz und Bedenken gegenüber Google. »Die Rolle von Unternehmen und von Werbung ist mir unangenehm«, gibt Wampfler zu. »Das würde ich gerne ändern, wenn ich es könnte. Ich versuche mich an einem pragmatischen Umgang.«

Diesen Pragmatismus sieht Wampfler in der Schweiz deutlich stärker ausgeprägt als in Deutschland. »Juristische Bedenken gibt es hier selten. Man schaut sich das Problem an, wenn es auftritt. Aber erst mal macht man und probiert aus.« Auch hinsichtlich der technischen Infrastruktur sieht Wampfler seine Schule gut aufgestellt. »Wir haben ein schnelles WLAN im ganzen Schulhaus. Und bei Schülern, die wir neu aufnehmen, können wir verlangen, dass sie ein Notebook mitbringen.« Auch ein Tablet ist möglich – aber nur wenn es mit einer Tastatur erweitert wird, mit der man schnell und gut schreiben kann.

Persönliche Blogs über Hochzeiten und die Zigarettenindustrie

Um Schreiben und Austausch geht es Wampfler auch in den Blogs, die seine Schüler in der 10. Klasse im Deutschunterricht führen müssen. Als Hausaufgaben schreiben 25 Schüler in einem Schuljahr 500 Blogbeiträge und 1.000 Kommentare – in einem halben Jahr!

Die Aufgabenstellung ist einfach: Jeder startet ein eigenes Blog, in dem er zwischen August und Januar 20 Beiträge veröffentlichen muss. Außerdem muss er mindestens doppelt so viele Kommentare bei Blogs der Mitschüler hinterlassen.

In der Themenwahl sind die Schüler frei. Wampfler: »Es soll etwas mit ihrem Leben zu tun haben. Das müssen keine intimen Fragen sein. Wichtig ist mir, dass die Schüler überhaupt schreiben. Sie sollen viel schreiben – mehr als ich jemals korrigieren kann!« Die Themen in den Blogs sind entsprechend bunt. Es geht um den eigenen Wellensittich, Angst vor Spinnen, Sojamilch, Hochzeiten, gelesene Bücher und gesehene Filme, aber immer wieder auch um größere Themen wie außerirdisches Leben, Zigarettenproduzenten, Microsoft oder anstehende Wahlen.

Schaut man in die Kommentare, so findet man viel Freundlichkeit, Lob und Anerkennung. Insbesondere bei meinungsstarken Beiträgen gibt es auch längere Diskussionen. »Ich will, dass die Schüler dort miteinander ins Gespräch kommen«, sagt Philippe Wampfler. »Das gegenseitige Lesen und Reagieren ist Ansporn für die Schüler.« Auch Lehrer Wampfler beteiligt sich immer wieder an den Kommentaren.

Eine große Einführung zu Beginn der Arbeiten mit Blogs braucht es nach Wampflers Erfahrung nicht. Die einschlägigen Dienste sind so intuitiv zu bedienen, dass er nicht einmal eine Plattform vorgibt. Wichtigere Inputs betreffen stattdessen Punkte wie die Verwendung von Fotos, Angaben von Quellen oder die Wahrung der Pseudonymität. Weitere Fragen ergeben sich im Laufe der Arbeit und werden durch kleine Lektionen zwischendurch bearbeitet: Wie wird mein Blog von Suchmaschinen gefunden? Wie kann ich einzelne Beiträge per Passwort schützen?

Auf Pseudonyme legt Wampfler besonderen Wert: »Was die Schüler in der 10. Klasse schreiben, soll sie später nicht ein Leben lang begleiten. Die Blogs sind öffentlich, aber nie unter dem echten Namen zu finden.« Allerdings setzt ungefähr jeder vierte Schüler das Blog auch nach dem Halbjahr fort oder startet ein neues Blog. Wampfler hat dann sein Ziel erreicht: Die Schüler schreiben, lesen und beteiligen sich am gesellschaftlichen Diskurs. In den Worten eines bloggenden Schülers ausgedrückt:

»Dieses Blog ist also für mich eine ganz neue Seite des Internets: Das erste Mal schreibe ich aktiv im Internet und theoretisch kann es auch jeder ansehen, lesen und dabei mitdiskutieren! Genau das ist ja auch der Unterschied zu einem herkömmlichen Schulaufsatz: Jeder, sogar Außenstehende, können das Blog lesen und ihren Kommentar hinterlassen. Das Bloggen ist also regelrecht eine neue Kommunikationsform«, bilanziert <u>awinkler12 in der Schlussreflexion</u> seines Blogs.

Benotung und Routinen

Die Blogs sind Teil der Hausaufgaben und werden benotet. Bei der Bewertung ist Wampfler wichtig, dass nicht bei allen Inhalten immer die Benotung im Hinterkopf mitgedacht wird. Deswegen können Schüler dem Lehrer mitteilen, welche Artikel er für die Bewertung besonders oder auch gar nicht berücksichtigen soll.

Auch wenn die Arbeit in den Blogs zu Hause stattfindet, ist eine Verankerung in den Unterrichtsstunden wichtig. Wampfler legt dafür immer wieder Zwischenstationen fest – Termine, zu denen eine bestimmte Anzahl von Artikeln geschrieben sein muss. An diesen Terminen werden Artikel und Kommentare im Unterricht angeschaut und besprochen, Erfahrungen ausgetauscht und Fragen diskutiert.

Routinen helfen in der ansonsten zeitlich und thematisch frei zu gestaltenden Arbeit. »Man denkt bei digital ja immer, dass alle arbeiten können, wann und wo sie wollen. Gerade bei dieser Offenheit ist es aber hilfreich, wenn man Routinen und Struktur bietet«, weiß Wampfler. »Man kann zum Beispiel vereinbaren, dass jede Woche am Dienstag über das Blog gesprochen wird.«

Philippe Wampfler arbeitet bereits seit zehn Jahren mit Blogprojekten im Unterricht. Auch mit anderen Blogprojekten, zum Beispiel zur gemeinsamen Dokumentation des Unterrichts, hat er gute Erfahrungen gemacht. Berichte und Anleitungen dazu veröffentlicht er in seinem Blog.

Neues Fach: Digitalisierung. Mit Kompetenzorientierung und Portfolio.

Zum Schuljahr 2015/16 hat Philippe Wampfler zusammen mit zwei Kollegen ein neues Schulfach »Die digitalisierte Gesellschaft und ihre Medien« gestartet. Dabei stehen im ersten Jahr Diskurse über die Digitalisierung, Einführungen in verschiedene Werkzeuge und der Aufbau eines eigenen YouTube-Kanals im Vordergrund. Im zweiten Jahr wird sich der Fokus auf die Arbeitspraxis in einer digitalisierten Welt verschieben.

Die Benotungen fließen in den Schulabschluss ein; Klassenarbeiten oder andere Prüfungen gibt es aber nicht. Die Leistungsbewertung erfolgt auf der Grundlage eines individuellen Portfolios, an dem jeder Schüler kontinuierlich arbeitet. Alle Lernziele sind in Form von Kompetenzrastern formuliert. Den Schülern ist freigestellt, in welcher Form sie ihre Kompetenz belegen. Nur digital muss es sein – oder zumindest digitalisiert. »Am Anfang schreiben sie häufig noch in ihr Heft«, berichtet Wampfler. »Dann zeigen wir ihnen, dass sie das auch mit Evernote oder Google Drive in digitale Formate überführen können. Das kennen die meist schon von WhatsApp, wo sie sich häufig Arbeitsblätter mit ihrer Smartphone-Kamera digitalisiert als Foto zuschicken.«

Jeder Schüler sucht sich zu Beginn eine geeignete Plattform für das eigene Portfolio. »Dafür bieten sich Blogsysteme wie Blogger, WordPress oder Tumblr an. Oder man nimmt digitale Werkzeuge wie Evernote, OneNote oder Google Drive«, erklärt Wampfler. In ihrem digitalen Portfolio dokumentieren die Schüler nicht nur fertige Arbeiten, sondern als Lerntagebuch auch Zwischenstände und Diskussionen. Die Inhalte müssen zumindest für die anderen Lernenden und die Lehrer zugänglich sein, können aber auch öffentlich geführt werden. Zur Bewertung setzen sich Lehrer und Schüler zusammen und prüfen, wo welche Kompetenzen belegbar sind. »Schüler schätzen sich zunächst selbst ein. Sie können zum Beispiel zeigen: ›Ich verstehe, was digitale Gesellschaft bedeutet, weil ich einen Blogpost über Facebook-Freundschaft geschrieben und einen Podcast zum Phänomen ›Ghosting‹ aufgenommen habe.‹«

Für Philippe Wampfler ist dieses Vorgehen die konsequente Umsetzung der Möglichkeiten der Digitalisierung für das individualisierte Lernen in der Schule. »Jede Person hat nicht nur einen eigenen Weg um zu lernen, sondern auch um zu zeigen, was sie kann. Die Schüler können in die Arbeit mit dem Portfolio ihre eigenen Stärken einbringen. Manche können besser schreiben, andere besser sprechen. Also sollen sie das nutzen, womit sie ihre Kompetenzen am besten ausdrücken können.«

Eckdaten zu Person und Schule

Name	**Philippe Wampfler**
Fächer	Deutsch, Philosophie, Digitalisierung; Fachdidaktik Deutsch
Schule	Kantonsschule Wettingen (Aargau, Schweiz) • Gymnasium • 1.050 Schülerinnen und Schüler • In der Schweiz ist die Abiturquote recht tief (im Kanton Aargau rund 17 % eines Jahrgangs), das Leistungsniveau (mit 13 Schuljahren und Schuleintritt mit 6) recht hoch
Aufgaben in der Schule	• Social-Media-Manager für Öffentlichkeitsarbeit • Mitglied der Steuergruppe Kommunikation
Berufsbiographie	• Studium der Germanistik, Mathematik und Philosophie, Lehramtsstudium • Unterricht auf verschiedenen Schulstufen • Verschiedene Schulentwicklungsprojekte und Lehraufträge an Hochschulen • Beratungsmandate im Bereich Lernen und neue Medien • Aktuell Dozent für Fachdidaktik Deutsch an der Universität Zürich (30 %-Anstellung)
Links	• Homepage der Schule: http://kanti-wettingen.ch • Facebook-Seite der Schule: http://facebook.com/kanti.wettingen • Homepage Philippe Wampfler: http://phwa.ch • Website »Schule und Social Media«: http://schulesocialmedia.com • Twitter: http://twitter.com/phwampfler

Links

Blog Kommentar des Users »awinkler12« https://awinkler12.wordpress.com/uber-2/
Webseite zum Schulfach »Die digitalisierte Gesellschaft und ihre Medien«
http://adgm.phwa.ch/

Glossar

BYOD = Bring Your Own Device

Bring Your Own Device (kurz BYOD) ist die Bezeichnung dafür, private mobile Endgeräte wie Laptops, Tablets oder Smartphones in die Netzwerke von Unternehmen oder Schulen, Universitäten, Bibliotheken und anderen (Bildungs-)Institutionen zu integrieren. Darunter werden auch Organisationsrichtlinien verstanden, die regeln sollen, auf welche Art und Weise Mitarbeiter, Schüler oder Studenten ihre eigenen elektronischen Bürogeräte (Smartphones, Notebooks, Tablets) zu dienstlichen oder schulischen Zwecken, insbesondere für den Zugriff auf Netzwerkdienste und das Verarbeiten und Speichern organisations- oder unternehmensinterner Daten nutzen dürfen. Im Bildungsbereich bietet BYOD ökonomische und ökologische Potenziale: Statt dass Schulen und Hochschulen mit finanziellem Aufwand (hoch-) schuleigene Geräte beschaffen müssen, sollen die zunehmend privat bereits verfügbaren Geräte der Lernenden auch für schulische Zwecke genutzt werden können.
Quelle: Seite »Bring your own device«. *Wikipedia, die freie Enzyklopädie.* Bearbeitungsstand: 19.8.2015, 18:01 UTC. Abgerufen: 29.9.2015. https://de.wikipedia.org/w/index.php?title=Bring_your_own_device&oldid=145199007

WebQuest

Der Begriff »WebQuest« (engl. »quest« = Suche) steht für Aufgaben, die mit Hilfe von Informationen aus dem Internet bearbeitet werden sollen. Dies bedeutet, dass bei WebQuests nicht die Vermittlung von Internetkompetenz im Vordergrund steht. Vielmehr geht es darum, die Informationen und Materialien, die das Internet bietet, und die Möglichkeiten zur Bearbeitung von digitalen Informationen, die durch Computer eröffnet werden, für problem- und handlungsorientiertes Lernen zu nutzen. Bei dieser in den USA entwickelten Methode erhalten Schüler nach einer Einführung in ein reales Problem eine Aufgabenstellung, die sie mit Hilfe vorgegebener authentischer Informationsquellen in Gruppen bearbeiten. In erster Linie sind diese Quellen aus dem Internet zugänglich und werden dort abgerufen. Es kann jedoch auch weiteres Material, z. B. aus Büchern oder Zeitschriften, herangezogen werden. Im Gegensatz zum klassischen Frontalunterricht steht hier die eigenständige Arbeit der Lernenden im Vordergrund, die zur selbstständigen Konstruktion von Wissen führen soll.
Quelle: Seite »WebQuest«. *Wikipedia, die freie Enzyklopädie.* Bearbeitungsstand: 23.3.2015, 19:36 UTC. Abgerufen: 29.9.2015. https://de.wikipedia.org/w/index.php?title=WebQuest&oldid=140208383

Barcamp

Ein Barcamp (häufig auch *BarCamp, Unkonferenz, Ad-hoc-Nicht-Konferenz*) ist eine offene Tagung mit offenen Workshops, deren Inhalte und Ablauf von den Teilnehmern zu Beginn der Tagung selbst entwickelt und im weiteren Verlauf gestaltet werden. Barcamps dienen dem inhaltlichen Austausch und der Diskussion, können

teilweise aber auch bereits am Ende der Veranstaltung konkrete Ergebnisse vorweisen.
Quelle: Seite »Barcamp«. *Wikipedia, die freie Enzyklopädie*. Bearbeitungsstand: 20.9.2015, 11:44 UTC. Abgerufen: 29.9.2015. https://de.wikipedia.org/w/index.php?title=Barcamp&oldid=146221086

Lernbüro

Ein Lernbüro ist eine didaktische Organisationsform für selbstorganisiertes Lernen, wobei SchülerInnen in den Lernbüros Themen in Teams erarbeiten und die traditionelle Struktur in Klassen und Schulstunden zugunsten eines Lerntages aufgelöst wird. Die Schule stellt die Lernmittel bereit, der Lehrer die zu erlernenden Themen, doch die SchülerInnen organisieren sich selber. Ein Lernbüro muss gut organisiert sein, d. h. die Materialien müssen überall vorhanden sein. [...] Für diese Form des selbstorganisierten Lernen [sic] müssen ausreichende Arbeitsplätze zur Verfügung stehen, etwa Computertische mit der entsprechenden Hard- und Software. Die LehrerInnen fungieren hier als Coach, Mentor und Projektleiter, der von seinen SchülerInnen die Ergebnisse einfordert und als Coach in die richtige Richtung lenkt, ohne reines Auswendiglernen und die Wiedergabe des Gelernten zu fördern. Die SchülerInnen erlernen neben dem fachlichen Wissen als Nebeneffekt auch Fähigkeiten wie Teamwork, Zeitorganisation und Selbstpräsentation. In gut organisierten Lernbüros können sich die LehrerInnen viel besser um die schwachen Schülerinnen kümmern.
Quelle: Stangl, Werner (2012). »Lernbüro«. *Lexikon für Psychologie und Pädagogik*. http://lexikon.stangl.eu/8039/lernbuero/. Abgerufen: 29.9.2015

OER

Als Open Educational Resources (OER) werden freie Lern- und Lehrmaterialien in Anlehnung an den englischen Begriff für freie Inhalte (*open content*) bezeichnet. Das Konzept von OER kann als eine neue Art der Informationserstellung und -verteilung im Bildungsbereich verstanden werden. Dabei repräsentieren OER lediglich Informationen und mangels eines institutionellen akademischen Charakters kann über die Nutzung dieser Ressourcen kein akademischer Titel erworben werden. Insbesondere im Bereich der Social Media ist eine zunehmende Verbreitung von OER zu erkennen. Auf diese Weise erhoffen sich Autoren von OER einen stärkeren Verbreitungsgrad ihrer Inhalte sowie eine damit einhergehende steigende Reputation.
Quelle: Seite »Open Educational Resources«. *Wikipedia, die freie Enzyklopädie*. Bearbeitungsstand: 4.9.2015, 17:02 UTC. Abgerufen: 29.9.2015. https://de.wikipedia.org/w/index.php?title=Open_Educational_Resources&oldid=145720473

Pinterest

Pinterest ist ein soziales Netzwerk, in dem Nutzer Bilderkollektionen mit Beschreibungen an virtuelle Pinnwände heften können. Andere Nutzer können dieses Bild ebenfalls teilen (repinnen), ihren Gefallen daran ausdrücken oder es kommentieren. Der Name *Pinterest* ist ein Kofferwort aus den englischen Wörtern *pin* = ›anheften‹ und *interest* = ›Interesse‹. Gemeint ist damit, dass man durch das öffentliche »Anheften« an der digitalen Pinnwand seine eigenen Interessen herausstellen kann. Diese können öffentlich und seit Ende 2012 auch privat abgespeichert werden. Das Netzwerk beschäftigt etwa 500 Mitarbeiter und hat ca. 100 Millionen Nutzer weltweit (Stand: September 2015).

Quelle: Seite »Pinterest«. *Wikipedia, die freie Enzyklopädie.* Bearbeitungsstand: 23.9.2015, 22:01 UTC. Abgerufen: 29.9.2015. URL: https://de.wikipedia.org/w/index.php?title=Pinterest&oldid=146339919

Teil 5

»Flip your class!« – Ein entwicklungsorientiertes Forschungsprojekt an Berliner Schulen

Christian Ebel, Livia Manthey, Julia Müter, Christian Spannagel

Zusammenfassung

Beim »Flipped Classroom« werden die üblichen Aktivitäten innerhalb und außerhalb des Klassenzimmers umgedreht: Die Schülerinnen und Schüler eignen sich die von der Lehrperson digital zur Verfügung gestellten Inhalte (z. B. in Form von Lernvideos) zu Hause eigenständig an. Der Unterricht wird zur gemeinsamen Vertiefung, Übung, Anwendung oder Reflexion des Gelernten genutzt. Die Methode bietet Lehrerinnen und Lehrern dementsprechend mehr Möglichkeiten, in heterogenen Lerngruppen individuell auf die Bedürfnisse einzelner Schülerinnen und Schüler einzugehen, allein schon weil die Unterrichtszeit ganz anders genutzt werden kann. So zumindest die Erwartungen an den Flipped Classroom-Ansatz und die graue Theorie ...

Im Pilotprojekt »Flip your class!« haben drei Berliner Schulen unter wissenschaftlicher Begleitung durch die Pädagogische Hochschule Heidelberg erste Unterrichtskonzepte zur Methode »Flipped Classroom« erstellt und damit begonnen, diese im Rahmen eines Design-Based-Research-Ansatzes zu erproben: Am Gebrüder-Montgolfier-Gymansium wurde beispielsweise eine Flipped Classroom-Unterrichtseinheit zum Thema »Evolution« konzipiert, durchgeführt und der Einsatz von Lernvideos evaluiert. An der Herman-Nohl-Schule wurde mit Videos im Englisch- und Mathematikunterricht gearbeitet, in denen es einerseits um Wales als Teil Großbritanniens, andererseits um Winkelarten ging. Und an der Evangelischen Schule Berlin Zentrum wurde ein digitaler Lernbaustein für das Lernbüro Mathematik zum Thema »Reelle Zahlen« entwickelt.

Der vorliegende Beitrag beschreibt zunächst die Flipped Classroom-Methode, dann die Zielsetzungen und das wissenschaftliche Vorgehen im Pilotprojekt »Flip your class!«. Anschließend werden die Prozesse an den Schulen kurz umrissen und es wird anhand von vier exemplarischen Unterrichtseinheiten dargestellt, wie die Schulen die Flipped Classroom-Methode für sich adaptieren und im Fachunterricht in unterschiedlicher Ausprägung für das Lernen der Schülerinnen und Schüler nutzbar machen. Schließlich wird der Versuch unternommen, die ersten Befunde aus den Schulen einzuordnen und zukünftige Aufgaben und Arbeitsfelder zu benennen, die sich unter anderem aus der wissenschaftlichen Begleitung der Unterrichtsvorhaben ergeben haben.

1 Der Flipped Classroom als alternatives Unterrichtskonzept

Untersuchungen zeigen immer wieder, dass der Frontalunterricht die mit Abstand häufigste aller Unterrichts- und Sozialformen ist. Er macht durchschnittlich rund zwei Drittel des gesamten Unterrichts aus. Das bedeutet, dass in der Klasse vor allem der Lehrer redet – laut DESI-Studie (Deutsch Englisch Schülerleistungen International) sogar mehr als doppelt so viel wie alle Schüler zusammen. Aber ist es nicht gerade in Fächern wie Englisch wichtig, dass die Schülerinnen und Schüler selbst die Gelegenheit bekommen, in der Zielsprache zu kommunizieren und so Sprachkompetenz aufzubauen? Und sollte nicht generell in allen Fächern der Anteil der Schüleraktivität gesteigert werden?

Ohne Zweifel hat der Frontalunterricht mit Lehrervortrag und fragend-entwickelndem Unterrichtsgespräch auch im 21. Jahrhundert noch seine Daseinsberechtigung. Er sollte allerdings nicht als alleinige Lehr- und Lernform eingesetzt werden. Der Schulpädagoge Hilbert Meyer empfiehlt darum, den Anteil des Frontalunterrichts deutlich zu reduzieren, und plädiert generell für eine Vielfalt von Unterrichtsmethoden und Sozialformen (Meyer 2006).

Gerade im Zusammenhang mit individueller Förderung besteht die Erwartung, dass Schülerinnen und Schüler mit ihren Interessen, Fähigkeiten und Potenzialen in den Mittelpunkt des Unterrichts rücken, stärker aktiviert werden und mehr Verantwortung für ihren Lernprozess übernehmen. Die Rolle der Lehrerinnen und Lehrer verlagert sich dabei vom Wissensvermittler hin zum Lerncoach, Lernbegleiter und Berater.

Die Gretchenfrage lautet demnach, wie der Anteil des Frontalunterrichts reduziert und mehr Zeit für individuelle Förderung und selbstgesteuertes Lernen geschaffen werden kann, während Lehrerinnen und Lehrer sich weiterhin dafür verantwortlich fühlen, den Lernstoff zu vermitteln und sicherstellen wollen, dass sie mit dem im Lehrplan vorgeschriebenen Pensum im Verlauf eines Schuljahres durchkommen.

Eine mögliche Antwort auf diese Frage bietet der Flipped Classroom-Ansatz. Die Methode »Flipped Classroom« bzw. »Inverted Classroom« wird seit einigen Jahren sowohl im Hochschulkontext als auch im Schulkontext von verschiedenen Lehrenden als methodische Alternative vorgeschlagen (Bergmann und Sams 2012; Handke et al. 2012; Handke und Sperl 2012; Kück 2014; Spannagel 2012).

Beim Flipped Classroom werden die zentralen Aktivitäten des Lehrens und Lernens umgekehrt: Die Wissensvermittlung und -aneignung erfolgt unabhängig von Ort und Zeit (in der Regel zu Hause) mit Hilfe digitaler Medien. Die gemeinsamen Präsenzphasen bzw. der Unterricht können stärker für die Vertiefung, Übung, Anwendung oder Reflexion des Gelernten genutzt werden.

Die Verlagerung der Wissensvermittlung nach Hause bietet den Schülerinnen und Schülern die Möglichkeit, sich die Inhalte selbstbestimmt und im eigenen Tempo anhand von (digitalen) Lernmaterialien anzueignen. Oft sind dies vom Lehrer selbst erstellte oder von Bildungsanbietern zu gängigen curricularen Themen produzierte Videos; es können aber auch Podcasts, schriftliche Unterlagen und weitere Materialien zum Einsatz kommen.

Dadurch, dass im Unterricht kein neuer Stoff vermittelt wird, kann die zur Verfügung stehende Zeit genutzt werden, um die Schülerinnen und Schüler gezielt zu unterstützen bzw. individuell zu fördern: Zunächst können im Unterricht Fragen, die während der Vorbereitung aufgekommen sind, durch die Lehrperson aufgenommen und vor versammelter Klasse geklärt werden. Anschließend können die zu Hause erarbeiteten Inhalte von den Schülern möglichst selbstständig eingeübt und angewendet werden; die Lehrkraft kann dabei individuell auf Rückfragen oder Probleme einzelner Schüler eingehen. Des Weiteren kann die Unterrichtszeit nun zur gemeinsamen Diskussion, Reflexion und interaktiven Vertiefung genutzt werden. Der Flipped Classroom bietet Lehrerinnen und Lehrern dementsprechend mehr Möglichkeiten, in heterogenen Lerngruppen individuell auf die Bedürfnisse einzelner Schülerinnen und Schüler einzugehen. Das Besondere am Flipped Classroom ist also, dass durch die Auslagerung der Wissensvermittlung im Unterricht mehr Zeit für das Wesentliche bleibt. Um es mit den Worten Aaron Sams zu sagen: »The magic happens in the classroom« (Bergmann und Sams 2012).

Diese Überlegungen sind allerdings sehr allgemein und abstrakt. Die konkrete Anwendung des Ansatzes stellt Lehrerinnen und Lehrer vor zahlreiche Herausforderungen: Welche digitalen Medien sollen zur Vorbereitung eingesetzt werden? Wo findet man diese Medien oder wie erstellt man sie selbst? Welche Aufgabenstellung sollte die Vorbereitung anleiten? In welchen Phasen des Lernprozesses sind diese Medien sinnvoll? Wie geht man damit um, wenn Schülerinnen und Schüler sich nicht mit den digitalen Materialien befasst haben? Darüber hinaus ist die Anwendung der Methode »Flipped Classroom« sicher nicht in allen Kontexten sinnvoll: Lehrerinnen und Lehrer entscheiden sich für eine Methode, die am besten zu bestimmten Lernzielen, Lerninhalten, Schülerinnen und Schülern und nicht zuletzt auch zu ihnen selbst passt. Es muss also überlegt werden, in welchen Kontexten die Methode »Flipped Classroom« passend ist oder wie die Methode an bestimmte Kontexte angepasst werden kann. All diese Fragen lassen sich nicht nur theoretisch beantworten. Hierzu ist insbesondere reflektierte Praxiserfahrung erforderlich.

2   Das Projekt »Flip your class!«

Die theorie- und erfahrungsgeleitete Anpassung und Anwendung des Flipped Classroom-Ansatzes ist Gegenstand des Pilotprojekts »Flip your class!«, das in Zusammenarbeit der Bertelsmann Stiftung, drei Berliner Schulen, der Online-Lernplattform sofatutor und der Pädagogischen Hochschule Heidelberg durchgeführt wird. Im Projekt werden Unterrichtskonzepte zur Methode »Flipped Classroom« erstellt und im Rahmen eines Design-Based-Research-Ansatzes erprobt und untersucht. Ein zentrales Anliegen des Projekts ist das Herausarbeiten konkreter Handlungsempfehlungen für den Einsatz digitaler Medien in der Schule und die Bereitstellung von wissenschaftlichen Erkenntnissen im Rahmen der Projektarbeit. Ein besonderer Schwerpunkt liegt dabei auf den Möglichkeiten für individuelle Förderung und Binnendifferenzierung mit digitalen Medien im Unterricht.

Motivation für das Projekt

Der pädagogisch sinnvolle Einsatz digitaler Medien im Unterricht und die Individualisierung des Lernens in der Schule sind zwei der Themen, welche die Debatte um digital gestütztes Lernen heute in Deutschland bestimmen. In diesem Zusammenhang findet der Flipped Classroom-Ansatz unter Lehrerinnen und Lehrern immer mehr Anhänger. Der Ansatz bietet Lehrkräften mehr Möglichkeiten, in heterogenen Lerngruppen individuell auf die Bedürfnisse einzelner Schüler einzugehen. So zumindest die Theorie. Größere Projekte, die die Ausgestaltung des Ansatzes unter verschiedenen Voraussetzungen praxisnah über einen längeren Zeitraum beleuchten, gibt es bisher noch nicht. Die Möglichkeit, hier einen Beitrag für Praxis und Forschung zu leisten und gleichzeitig Antworten auf eigene Fragen rund um den Einsatz digitaler Medien in Schule zu bekommen, war bei der Initiierung des Projekts für alle Partner ausschlaggebend.

Das Projekt wird von Julia Müter und Christian Spannagel wissenschaftlich begleitet. Beide arbeiten am Institut für Mathematik und Informatik der Pädagogischen Hochschule Heidelberg und wollen Differenzierungs- und Individualisierungsmöglichkeiten, die der Flipped Classroom-Ansatz bietet, näher untersuchen. Die Bertelsmann Stiftung schafft den Rahmen für die wissenschaftliche Begleitung des Projekts und möchte dazu beitragen, dass die Ergebnisse und Erkenntnisse von anderen Schulen genutzt werden können. Das Berliner Unternehmen sofatutor begleitet das Projekt seit Beginn und ist davon überzeugt, dass sich den Lehrerinnen und Lehrern durch Digitalisierung neue Möglichkeiten und Freiräume für Unterrichtsgestaltung eröffnen, bzw. möchte dies unterstützen.

Für alle Projektbeteiligten ist es spannend zu sehen, welche Einsatzszenarien sich im konkreten Unterrichtskontext der drei Projektschulen bewähren, ebenso in welchen Klassenstufen, in welchen fachlichen Kontexten und an welchen Stellen im Lernprozess sich Videos oder andere digitale Materialien als Medium eignen und welche methodischen Spielarten und Variationen es für einen gelingenden Einsatz gibt. Darüber hinaus ist es für alle Beteiligten ein Anliegen zu erforschen, wie die Schülerinnen und Schüler beim selbstständigen Arbeiten mit digitalen Medien unterstützt und darauf vorbereitet werden können.

Projektschulen

Für das Pilotprojekt konnten drei ganz unterschiedliche Berliner Schulen gewonnen werden, die sich in der dreijährigen Projektlaufzeit mit verschiedenen Szenarien des Flipped Classroom-Ansatzes innerhalb ihrer Rahmenbedingungen und bestehenden Unterrichtskonzepte beschäftigen. Dies ermöglicht einen umfassenden Einblick in die Umsetzung des Ansatzes in der Unter-, Mittel- und Oberstufe und über zahlreiche Fächer hinweg.

In der *Herman-Nohl-Schule* in Berlin-Britz bilden Lehrerinnen und Lehrer der 5. und 6. Klasse im Rahmen des Projekts ein Projektteam und entwickeln für die Fächer Deutsch, Englisch und Mathematik Unterrichtskonzepte, in denen digitale Medien zum Einsatz kommen. 400 Kinder aus 30 Nationen verteilen sich auf die Grundschule, die auch eine staatliche Europaschule (50 % deutsche und 50 % italienische Kinder) sowie ein Sonderpädagogisches Förderzentrum beherbergt. Als Grundschule kann die Herman-Nohl-Schule im Projekt interessante Erkenntnisse vor allem in Bezug auf die Heranführung junger Schülerinnen und Schüler an individuelles und selbstständiges Erarbeiten von Themen sowie an die Nutzung von und den kompetenten Umgang mit digitalen Lernmaterialien direkt im Unterricht liefern.

Am *Gebrüder-Montgolfier-Gymnasium* in Berlin-Johannisthal beteiligt sich eine Projektgruppe, bestehend aus Lehrern und Lehrerinnen unterschiedlicher Fachbereiche in der Mittel- und Oberstufe, am Projekt. Unterrichtseinheiten werden in Fach-Tandems geplant und Flipped Classroom-Phasen in diese Einheiten integriert. Die mit rund 830 Schülern größte der drei Projektschulen baut zudem ihr Ganztagsprogramm aus, welches für die Klassen 7 und 8 an drei Tagen in der Woche angeboten wird. Hier soll ebenfalls nach Möglichkeiten einer Integration digitaler Materialien im Rahmen des Flipped Classroom-Ansatzes gesucht werden, welche die Schüler und Schülerinnen in einer zusätzlichen Lernzeit nutzen können. Während der Projektlaufzeit kann somit von der klassischen Flipped Classroom-Stunde bis hin zur Integration von digitalen Materialien in die Prüfungsvorbereitung oder in das Ganztagsprogramm eine Vielfalt von Umsetzungsszenarien untersucht werden.

An der *Evangelischen Schule Berlin Zentrum* in Berlin Mitte gehen die beteiligten Lehrer unter anderem der Frage nach, wie digitale Videos zur weiteren Individualisierung der Lernprozesse in die vorhandenen Lernbausteine der Lernbüros eingebunden werden können. Die Gemeinschaftsschule mit einer Jahrgangsmischung der Klassen 7 bis 9 bietet Lernbüros in den Fächern Deutsch, Mathematik, Englisch, Natur und Gesellschaft an, in denen sich Schülerinnen und Schüler Themen selbstständig erarbeiten. Der Ansatz des individuellen und selbstständigen Erarbeitens von Inhalten wird also bereits praktiziert. Es lassen sich hier gezielt Erkenntnisse zur sinnvollen Einbettung von digitalen Medien in diese bisher weitgehend analog ausgestalteten Bausteine sammeln. Die Materialien für die Bausteine werden überarbeitet und im Laufe des Projekts evaluiert.

Zielsetzungen des Projekts

Ausgehend vom Flipped Classroom-Ansatz soll im Projekt das Potenzial digitaler Medien für das schulische Lernen und speziell für individuelle Förderung im Projektverlauf anhand von konkreten Anwendungsfeldern herausgearbeitet werden. Ziel ist es, den Ansatz auf die spezifischen Bedürfnisse der drei Schulen und deren Lehrerinnen und Lehrer anzupassen und verschiedene Wege der Ausgestaltung zu finden. Lernvideos als Unterrichtsmedium sind ein zentraler Bestandteil der Erprobung. Allerdings werden sie und auch die Grundidee des Flipped Classroom-Ansatzes flexibel in bestehende Strukturen der Schulen eingebettet.

Konkret ergeben sich folgende Zielsetzungen für die Projektlaufzeit:
- An den drei Projektschulen sollen Lehrkräfte den Flipped Classroom-Ansatz in der Praxis (d. h. im Fachunterricht, in Lernbüros, im Ganztag, zu Hause ...) erproben und dadurch ihr professionelles Handlungswissen erweitern.
- In einem Unterricht, in dem Flipped Classroom-Elemente zum Tragen kommen, soll sich auch für die Schülerinnen und Schüler spürbar etwas verändern: Der Unterricht soll stärker auf ihre individuellen Bedürfnisse/ihr Vorwissen und ihre Lernentwicklung eingehen. Dazu lernen sie im Projekt sowohl individuell/selbstgesteuert als auch gemeinsam mit anderen unter Zuhilfenahme verschiedener Medien und Lernmaterialien.
- Um den Schülerinnen und Schülern passende Lernarrangements anbieten zu können, konzipieren Lehrkräfte einzelne Unterrichtsstunden, Unterrichtseinheiten oder das Curriculum für Schul(halb)jahre, bei denen Flipped Classroom-Elemente gezielt eingesetzt werden.

- Die Entwicklung von Unterrichtseinheiten erfolgt optimalerweise im Team (Fachteams, Jahrgangsteams ...), sodass das Projekt einen Beitrag zur Unterrichtsentwicklung und Schulentwicklung an der jeweiligen Schule leisten kann.

An jeder der drei Schulen wird Unterricht geplant, umgesetzt, dokumentiert und reflektiert. Der Prozess der Implementierung des Ansatzes soll im Projektverlauf beschrieben und unter Berücksichtigung der Ausgangslage der jeweiligen Schule und der Herausforderungen vor Ort reflektiert werden. Am Ende des Projekts wird eine umfassende Dokumentation entstehen, in der die Arbeitsergebnisse und deren Entwicklung an den Schulen aufgearbeitet werden. Dabei geht das Dokument über die deskriptive Ebene hinaus. Die Prozesse werden wissenschaftlich begleitet. Das bedeutet, dass wissenschaftliche Theorien und Modelle in die Unterrichtsplanung einfließen und dass die Umsetzung des Flipped Classroom-Ansatzes mit wissenschaftlichen Methoden evaluiert wird. Daraus werden konkrete Handlungsempfehlungen für den Einsatz digitaler Medien in der Schule abgeleitet, die in einem Praxisleitfaden zusammengefasst werden.

3 Die wissenschaftliche Begleitung

Die wissenschaftliche Begleitung des Projekts hat nicht zum Ziel, den Flipped Classroom-Ansatz mit anderen Methoden zu vergleichen oder gar zu versuchen, die Überlegenheit der Methode »Flipped Classroom« mit wissenschaftlichen Methoden zu belegen. Die Grundannahme lautet hingegen, dass es keine grundsätzlich beste Unterrichtsmethode gibt, sondern dass die Unterrichtsmethoden passend zum spezifischen Kontext, der unter anderem durch Lerninhalt, Lernziel und Lerngruppe gebildet wird, ausgewählt werden müssen. Die zentrale Frage lautet somit stattdessen: In welchen Kontexten sind Flipped Classroom-Elemente passend bzw. wie können Flipped Classroom-Elemente an spezifische Kontexte angepasst werden? Darüber hinaus stellen sich weitere Fragen wie beispielsweise: Wie können Schülerinnen und Schüler beim selbstständigen Lernen im Flipped Classroom unterstützt werden? Wie können sie darauf vorbereitet werden? Wie nehmen sowohl Schülerinnen und Schüler als auch Lehrerinnen und Lehrer die Methode »Flipped Classroom« wahr?

Die Kontextspezifität lässt sich gut mit Hilfe der Basismodelle von Oser begründen (Oser und Patry 1994; Oser und Baeriswyl 2001): Lernprozesse laufen auf der kognitiven Ebene nicht immer gleich ab, sondern sie sind insbesondere abhängig vom jeweiligen Lernziel. Wenn beispielsweise neue Begriffe gelernt werden müssen, dann empfiehlt es sich, den Lernprozess didaktisch entsprechend dem Lernprozesstyp oder Basismodell »Begriffslernen« zu gestalten. Problemlösen wird hingegen mit einer anderen Phasenabfolge kognitiver Prozesse gelernt. Nicht immer ist dabei eine Erklärung zu Beginn des Lernprozesses sinnvoll (vgl. auch Weidlich und Spannagel 2014). Beim Lernen eines neuen Begriffs (beispielsweise »Parallelogramm«) ist es hingegen oftmals sinnvoller, eine aktive Auseinandersetzung der Schülerinnen und Schüler mit Beispielen und Gegenbeispielen des zu erlernenden Begriffs zu motivieren, anstatt eine Erklärung beispielsweise in Form der Definition des Begriffs an den Anfang zu stellen. Beim Lernen eines bestimmten Verfahrens kann es aber durchaus sinnvoll sein, zunächst das Verfahren selbst zu erläutern. In manchen Fällen verhindern also Erklärungen zu Beginn eines Lernprozesses das aktive Selbstentdecken, in anderen Fällen sind sie sinnvoll und notwendig (zum Beispiel wenn bestimmte Verfahren erlernt werden sollen, die man nicht selbst entdecken kann). Im Sinne des Klafkischen Primats der Didaktik muss man sich also zunächst über das Lernziel klar werden und über die kognitive Phasenstruktur des dazugehörigen Lernprozesses und erst in einem zweiten Schritt erfolgt die Entscheidung für Methoden und Materialien. Im Sinne einer *Lernprozessgestaltung* muss entschieden werden, welche Methode, welche Materialien und welche Medien in welcher Phase des Lernprozesses *zielführend* sind.

Es wird somit deutlich:

1. Das Untersuchungsfeld ist ausgesprochen komplex: Verschiedene Lernprozesse, verschiedene Lerninhalte und verschiedene Lernbedingungen (unterschiedliche Klassen, individuelle Unterschiede von Schülerinnen und Schülern …) müssen berücksichtigt werden.

2. Sowohl theoretische Konzepte als auch reflektierte Praxiserfahrung sollten in Bezug gesetzt werden, um die Gelingensbedingungen für den Einsatz von Flipped Classroom-Aspekten zu ermitteln. Dies erfordert die Verschränkung von Theorie und Praxis, von Wissenschaft und Schule.

3. Bei der Umsetzung entstehen mit großer Wahrscheinlichkeit Schwierigkeiten, die gelöst werden müssen. Dies erfordert kreative, innovative methodische Problemlösungen, die sowohl aus der Praxiserfahrung heraus als auch unter Zuhilfenahme theoretischer Überlegungen gewonnen werden.

4. Diese innovativen Ideen werden gegebenenfalls nicht direkt zum Ziel führen, sondern müssen wahrscheinlich nochmals angepasst und verändert werden. Dies erfordert eine Optimierung der neuen methodischen Konzepte über mehrere Testzyklen hinweg.

Den dazu passenden Forschungsansatz bietet Design-Based Research bzw. entwicklungsorientierte Bildungsforschung (vgl. Reinmann 2015). Das Vorgehensmodell ist dabei in etwa das folgende: In der Verschränkung von Theorie und Praxis wird zunächst eine innovative Maßnahme geplant (in diesem Fall der Einsatz des Flipped Classroom in einem spezifischen Kontext). In die Planung fließen sowohl theoretische Modelle als auch reflektierte Praxiserfahrungen ein. Darüber hinaus können auch zunächst einmal Daten erhoben werden, um die Situation besser zu erfassen, beispielsweise indem die Beteiligten im jeweiligen Kontext (Lehrerinnen und Lehrer, Schülerinnen und Schüler) befragt werden. Anschließend wird die Maßnahme umgesetzt, der Unterricht wird also durchgeführt. Während und nach der Maßnahme werden mit wissenschaftlichen Methoden Daten erhoben, um die Wirkung der Maßnahme zu erfassen (beispielsweise durch Beobachtung des Unterrichts, durch Interviews oder per Fragebogen). Aus der Datenerhebung werden Informationen über problematische Aspekte der Maßnahme und über Verbesserungsmöglichkeiten gewonnen. Gegebenenfalls müssen auch weitere, bislang unberücksichtigte theoretische Modelle zur Optimierung der Maßnahme hinzugezogen werden. Im nächsten Schritt wird die Maßnahme verändert und erneut durchgeführt. Auch hier werden wieder Daten erhoben, die gegebenenfalls wiederum Verbesserungs-möglichkeiten aufzeigen. In mehreren Zyklen wird so die methodische Innovation weiterentwickelt. Auf dieser Basis können dann allgemeine Hinweise zur Durch-führung der Methode gegeben werden, die sowohl eine theoretische als auch eine empirische Basis haben. Die Formulierung dieser Hinweise kann in Form von »di-daktischen Design Patterns« erfolgen (Kohls und Wedekind 2008). Dabei handelt es sich um eine formalisierte Struktur zur Weitergabe didaktischen Wissens, bei-spielsweise zur Durchführung einer bestimmten Methode.

Design-Based Research zielt also auf die Entwicklung einer didaktischen Innova-tion ab, die in mehreren Zyklen in der Verschränkung von Theorie und Praxis in einem konkreten Anwendungskontext entwickelt und weiterentwickelt wird. In dem Projekt »Flip your class!« wird genau dieser forschungsmethodische Ansatz verfolgt, um Einsatzszenarien für Flipped Classroom-Elemente in unterschiedli-chen Kontexten zu konzipieren und zu verbessern.

4 Schulentwicklung durch Unterrichtsentwicklung: Die Prozesse an den Schulen

Das Projekt geht zunächst von Prozessen der Unterrichtsentwicklung aus: Gemeinsam mit den anderen Projektpartnern entwickeln Lehrerinnen und Lehrer in ihren spezifischen Kontexten und mit ihrer fachlichen, fachdidaktischen und pädagogischen Kompetenz Unterrichtskonzepte, erproben diese und entwickeln sie auf Basis reflektierter Erfahrungen weiter. Diese Prozesse werden von den im Projekt beteiligten Wissenschaftlern durch theoretische und empirische Zuarbeit unterstützt.

Dabei wird davon ausgegangen, dass Schulentwicklung mit Unterrichtsentwicklung beginnt. Nach Rolff sind die Initiativen, die von Lehrerinnen und Lehrern in konkreten Unterrichtskontexten ausgehen, »die plausibelsten Einstiege in pädagogische Schulentwicklungsprozesse. Sie setzen unmittelbar am Arbeitsalltag der Lehrpersonen an« (Rolff 2000: 5).

Die Prozesse der Unterrichtsentwicklung werden dabei im Laufe des Projekts sukzessive in Schulentwicklungsprozesse überführt. Dies wird durch folgende Maßnahmen gestützt:

1) Bildung professioneller Lerngemeinschaften an den beteiligten Schulen: Die am Projekt beteiligten Lehrerinnen und Lehrer tauschen sich in »Flip your class-Teams« über ihre Erfahrungen aus, geben sich gegenseitig Feedback und bündeln ihre Ergebnisse. Die Resultate tragen sie in das gesamte Kollegium.

2) Regelmäßige gemeinsame Projekttreffen mit den beteiligten Lehrerinnen und Lehrern, der wissenschaftlichen Begleitung und den Schulleitungen zur Diskussion des Projektstands und dessen Integration in Schulentwicklungsprozesse.

3) Möglichkeit zur Mitwirkung der wissenschaftlichen Begleitung an der Erstellung von Schulkonzepten, die Ergebnisse des Projekts aufgreifen und weiterführen sollen.

Der Vorteil des Konzepts »Schulentwicklung auf Basis von Unterrichtsentwicklung« beruht darauf, dass Schulentwicklung nicht top down verordnet wird, sondern dass sich Innovationen, welche die gesamte Schule betreffen, aus konkreten

Unterrichtsszenarien bottom up entwickeln. Schulentwicklung setzt dabei bei konkreten, erfolgreichen Projektergebnissen an und führt diese im gesamten Schulkontext weiter. Diese Innovationen sind dabei von den an dem Projekt beteiligten Lehrpersonen gestützt, die entsprechende Kompetenzen, Best Practices und vor allem Erfolgserlebnisse in die Schule einbringen. Diese Lehrerinnen und Lehrer fungieren als Experten und Multiplikatoren für die entwickelten Konzepte im Kontext des gesamten Lehrerkollegiums.

Hierdurch wird die Gefahr von Abwehrreaktionen des Kollegiums gegenüber Top-down-Konzepten, die vornehmlich der Schulleitung zugeschrieben werden, gemindert. Darüber hinaus werden Visionen anhand konkreter Unterrichtserfahrungen entwickelt und weiterentwickelt. Sie haben also den »test of reality« bestanden und so eine größere Überzeugungskraft. Probleme in der Realisierung der Innovationen sind bereits bekannt und können produktiv aufgegriffen werden.

Der Ansatz, der hier vorgeschlagen wird, ist mit Sicherheit ein länger dauernder, zum Teil auch »chaotischer« Prozess (vgl. Meyer 2011). Dadurch wird aber die Möglichkeit geschaffen, kreative Ideen mit fundierten Erfahrungen zu koppeln und tragfähige Konzepte zu generieren. Eine Herausforderung für die Schulleitungen ist dabei, den Prozess geduldig im gesamten Kollegium zu unterstützen.

5   Praxisbeispiele aus den Projektschulen

Im Folgenden werden die ersten Teilprojekte beschrieben, die innerhalb des Projekts »Flip your class!« an den drei teilnehmenden Schulen durchgeführt wurden.

Gebrüder-Montgolfier-Gymnasium: Unterrichtseinheit »Evolution« (mit Evaluation)

Bereits im Schuljahr 2013/14 wurde am Gebrüder-Montgolfier-Gymansium unter Zusammenarbeit von Jörg Freese, Sophia Hannert und Claudia Singer eine Flipped-Classroom-Unterrichtseinheit zum Thema »Evolution« konzipiert und durchgeführt. Die Einheit bestand aus den vier Unterthemen »Evolutionstheorien«, »Evolutionsfaktoren«, »Evolutionsindizien« sowie der »Evolution des Menschen«. Im Rahmen der Entwicklung und Umsetzung des Konzeptes wurden gemeinsam mit einem sofatutor-Mitarbeiter passende Videos herausgesucht und anschließend begleitende Arbeitsblätter mit Arbeitsaufträgen entwickelt. In der Umsetzungsphase wurden die Lernvideos und begleitenden Materialien von den Schülerinnen und Schülern teilweise im Unterricht und teilweise zu Hause bearbeitet.

Im Schuljahr 2014/15 wurde diese Einheit nun erneut im Unterricht genutzt und wissenschaftlich begleitet. An der diesjährigen Umsetzung nahmen ein Referendar sowie die zwei Biologielehrerinnen Sophia Hannert und Claudia Singer teil. Durch zuvor aufgetretene Probleme mit dem WLAN an der Schule konnte die Unterrichtseinheit jedoch erst später als geplant gestartet werden. Dies führte dazu, dass nicht alle konzipierten Untereinheiten im Unterricht durchgeführt werden konnten und die Umsetzung insgesamt wesentlich flexibler stattfinden musste. Somit konnte zwar nicht die ursprünglich konzipierte Unterrichtseinheit wissenschaftlich begleitet werden; dennoch ergaben sich in den insgesamt zehn Unterrichtsstunden, die beobachtet werden konnten, und der anschließenden Befragung von insgesamt 54 Schülerinnen und Schülern der Klassenstufe 10 (zwei Klassen) interessante Erkenntnisse.

Die Schülerinnen und Schüler wurden zunächst gefragt, was für sie ein gutes Lernvideo ausmacht. Fasst man die Ergebnisse der beiden Klassen zusammen, so können eine verständliche Sprache, die Richtigkeit der Inhalte und die Struktur des Lernvideos als wichtigste Aspekte benannt werden. Die Gestaltung des Videos sowie der Einbezug von Beispielen werden von den Befragten ebenfalls als wichtig erachtet. Weniger wichtig sind ihnen dagegen Ausführlichkeit sowie die Herstellung eines Alltagsbezuges in den Videos.

Um die Affinität der Schülerinnen und Schüler zur Nutzung von Lernvideos zu überprüfen, wurden diese zudem nach ihrer privaten Nutzung von Erklär- bzw. Lernvideos befragt. 39 der 54 befragten Schülerinnen und Schüler gaben dabei an, dass sie sich Lern- bzw. Erklärvideos außerhalb des Unterrichts ansehen. Die Hauptbeweggründe sind u. a.: um sich auf Klassenarbeiten und Tests vorzubereiten oder um Inhalte nachzuarbeiten, die sie (in der Schule) nicht verstanden haben. 20 Schülerinnen und Schüler gaben darüber hinaus an, dass sie sich zu einem Thema lieber ein Video ansehen, als einen Text zu lesen. Der häufigere Einsatz von Lernvideos im Unterricht wurde sogar von 42 Schülerinnen und Schülern (und damit 78 % der Befragten) gewünscht. Die wenigen Gegenstimmen wurden zum einen damit begründet, dass es »Aufgabe der Lehrkraft sei, die Inhalte spannend und verständlich zu vermitteln«. Zum anderen gaben einige Schülerinnen und Schüler an, dass sie mit Videos nicht lernen können. Im Vergleich mit ihren Angaben zur privaten Nutzung von Erklär- bzw. Lernvideos zeigte sich jedoch, dass sie sich diese dort durchaus ansehen, so dass hier auch kein direkter Zusammenhang mit Verständnisproblemen vermutet werden kann. Dennoch darf nicht ignoriert werden, dass manche Schülerinnen und Schüler Schwierigkeiten mit Lernvideos haben, und es sollten gegebenenfalls entweder zusätzliche Hilfen oder alternative Materialien zur Verfügung gestellt werden.

Wie erwartet sieht es die Mehrheit der Befragten als Grundvoraussetzung an, dass die technischen Voraussetzungen zum Einsatz von Lernvideos im Unterricht gegeben sein müssen. Jeweils 39 Prozent der befragten Schülerinnen und Schüler würden zudem die Videos gerne über ihr Smartphone nutzen können, auch mal ein Lernvideo ihrer Lehrerin/ihres Lehrers ansehen und sie wünschen sich, dass der Einsatz von Lernvideos nicht überstrapaziert wird, sondern eher gezielt und wohldosiert geschieht. Zu denkbaren Einsatzmöglichkeiten von Videos im Unterricht machten die Schülerinnen und Schüler u. a. folgende Vorschläge:

- Verwendung zur Einführung in ein Thema/eine Unterrichtsstunde
- Einsatz zur Vertiefung von einem Thema
- das Erstellen von Schülervideos (in denen Schüler anderen Schülern den Lehrstoff gut verständlich vermitteln)
- zur Übung vor Klassenarbeiten
- bei Unklarheiten als Erklärungsalternative
- als Diskussionsgrundlage oder in Verbindung mit Aufgaben und Quizfragen

Diese Vorschläge zeigen, dass die Schülerinnen und Schüler bereits sehr konkrete und kreative Ideen zum Einsatz von Videos im Unterricht haben.

Weiterer Bestandteil der Befragung war die Rückmeldung zu den eingesetzten Videos. Diese wurden als eher positiv bzw. gut bewertet. Ein wichtiger Aspekt war zudem der Einsatz von Übungen bzw. Fragen, die den Lernenden nach dem Betrachten eines sofatutor-Videos mittlerweile angeboten werden. In einer der beiden Klassen wurden diese aktiv genutzt und von den Schülerinnen und Schülern überwiegend als positiv und hilfreich bewertet. In der anderen Klasse wurden dagegen begleitende Aufgaben bearbeitet, die anschließend mithilfe eines Lösungsblattes oder durch Peer-Rückmeldungen überprüft werden konnten. Hier äußerten die Schülerinnen und Schüler, dass es ihnen wichtig sei, dass diese Aufgaben im Anschluss auch noch einmal im Plenum besprochen werden.

In einer Klasse wurde zudem ein Video als Hausaufgabe eingesetzt. Hier lag der Fokus des Interesses zunächst auf der Frage, ob die Schülerinnen und Schüler ihre »Video«-Hausaufgabe gemacht haben. Dabei kam heraus, dass 19 Schülerinnen und Schüler das Lernvideo nicht angesehen hatten. Fünf Schülerinnen und Schüler konnten aus technischen Gründen das Video nicht ansehen, haben sich aber anderweitig im Netz informiert. Drei Schülerinnen und Schüler hatten das Lernvideo bereits in der vorangegangenen Schulstunde angesehen, da sie mit den anderen Aufgaben schneller fertig waren. Neun Schülerinnen und Schüler gaben an, dass sie ihre Hausaufgaben schlichtweg nicht gemacht hatten, und zwei Schülerinnen und Schüler machten keine weiteren Angaben. Im nächsten Schritt ging es darum, ob die Schülerinnen und Schüler sich auch in Zukunft vorstellen könnten, sich die Inhalte im Vorfeld der Stunde mithilfe eines Videos als Hausaufgabe zu erarbeiten. 13 Schülerinnen und Schüler konnten sich das gut vorstellen, zehn Schülerinnen und Schüler sprachen sich dagegen aus und fünf Schülerinnen und Schüler beantworteten die Frage nicht. Die Befürworter sehen insbesondere einen Vorteil gegenüber der Erarbeitung mit Lehrbüchern und sonstigen Texten. Die Gegner sprachen sich hauptsächlich aufgrund der technischen Schwierigkeiten dagegen aus.

Die Schülerinnen und Schüler wurden zudem befragt, wie der Unterricht aussehen könnte, wenn bereits zu Hause die Inhalte erarbeitet wurden. Hier hatten sie u. a. folgende Ideen:

- Vergleichen der Ergebnisse; Erklärung ungeklärter Begriffe; komplexeres Bearbeiten des Themas
- Inhalte mit anderen Schülern abgleichen und eventuell verbessern
- Wiederholung zum festeren Einprägen
- Lehrer nennt/schreibt wichtige Inhalte an die Tafel. Vergleich: Was muss gewusst/gelernt werden? Was muss im Heft stehen?
- Inhalt besprechen, Aufgaben vergleichen
- Noch mal schauen, ob alle es verstanden haben, dann im Thema weiterarbeiten
- Darüber gemeinsam sprechen, an der Tafel alles in einem Tafelbild zusammenfassen
- Übungen zu den Inhalten des Videos
- Über das Video diskutieren
- Zusammenfassung in Form eines Arbeitsblattes

Hier wird deutlich, dass auch die Schülerinnen und Schüler bereits eine konkrete Vorstellung haben, wie die gemeinsame Unterrichtzeit dann neu gestaltet werden könnte. Ein wesentlicher und wichtiger Aspekt scheint dabei das gemeinsame Besprechen des Lernvideos und die Sicherung der Inhalte für sie zu sein.

Herman-Nohl-Schule: Einsatz von sofatutor-Videos im Englisch- und Mathematikunterricht

Wie der Einsatz von Videos im Englischunterricht aussehen kann, erprobte Matthias Ziegfeld in einer 6. Klasse zum Thema »Wales«. Ziel der Unterrichtsstunde war es, dass die Schülerinnen und Schüler Fakten zu Wales benennen und ausgewählte Sehenswürdigkeiten den jeweiligen Regionen zuordnen können. Zu Beginn der Stunde bekamen die Schülerinnen und Schüler eine Video-Grußbotschaft von einem Gast aus Wales gezeigt, der zuvor an der Schule zu Besuch war. Im Anschluss wurden sie gefragt, was der Gast in seiner Grußbotschaft gesagt hatte. Im Laufe dieses Unterrichtsgespräches griffen die Schülerinnen und Schüler immer wieder auf Vorwissen der vorangegangenen Unterrichtsstunde, in der der Einstieg in das Thema stattgefunden hatte, zurück.

Anschließend erhielten die Schülerinnen und Schüler ein Arbeitsblatt zu dem sofatutor-Video »The UK: Wales – Regions and Cities«, das im weiteren Verlauf im Zentrum der Unterrichtsstunde stand. Auf dem Arbeitsblatt waren zum einen die unbekannten Vokabeln und zum anderen Inhaltsfragen zum Video zusammengestellt. Bevor das Video angesehen wurde, durften die Schülerinnen und Schüler zunächst alle Vokabeln sowie ihre deutsche Übersetzung vorlesen und erhielten dadurch schon einen ersten Eindruck zum Klang und der Bedeutung der neuen Wörter. Danach wurde kurz besprochen, wie man sich ein Video ansehen sollte. Ein Schüler nannte das Anfertigen von Notizen und eine Schülerin wies darauf hin, dass man nicht jedes einzelne Wort verstehen muss.

Das Video ist in englischer Sprache und insgesamt sieben Minuten lang. In den ersten beiden Minuten des Videos waren alle Schülerinnen und Schüler sehr aufmerksam, dann begannen die ersten, mit ihren Blicken im Raum herumzuschweifen, und schenkten dem Lernvideo immer weniger Beachtung. Dies könnte damit zusammenhängen, dass der Sprechertext insbesondere zu Beginn recht schnell gesprochen war und insbesondere schwächere Schülerinnen und Schüler Probleme gehabt haben dürften, dem Video zu folgen. Zudem war auffällig, dass sich nur ein Schüler während des Ansehens des Videos Notizen machte. Er war später auch der Einzige, der alle inhaltlichen Rückfragen des Lehrers beantworten konnte. Ein weiterer Schüler durfte am Ende des ersten Videodurchlaufs die Quizfrage zum Video am Klassen-PC beantworten und war sichtlich stolz, als das Ergebnis positiv ausfiel. Danach begannen die Schülerinnen und Schüler, die Inhaltsfragen auf ihrem Arbeitsblatt zu bearbeiten. Ihre Antworten konnten sie anschließend im zweiten Durchlauf des Videos überprüfen und im Rahmen der Ergebnissicherung im Klassengespräch vorstellen und gegebenenfalls korrigieren.

Am Ende der Stunde durften die Schülerinnen und Schüler ihre Meinung zum eingesetzten Video zurückmelden. Sie befanden das Video übereinstimmend als gut und hoben insbesondere die visuellen Darstellungen positiv hervor. Zudem fanden sie die Inhalte gut erklärt und verständlich, auch wenn einigen die Texteinblendungen als zu kurz erschienen. Hier wies ein Schüler jedoch darauf hin, dass man das Video pausieren könnte, wenn man es alleine ansieht. Einige Schülerinnen und Schüler bestätigten zudem, dass sie nach dem zweiten Ansehen des Videos mehr verstanden hatten. Insgesamt wurde das Video jedoch als zu lang empfunden. Dies deckt sich mit den Beobachtungen der wissenschaftlichen Begleitung. Obwohl das Video mit sieben Minuten durchaus noch im zumutbaren Zeitrahmen lag, wirkte es eher langwierig. In solchen Fällen eignet es sich, dass Video in mehrere Sequenzen zu unterteilen und Rückfragerunden einzubinden.

Auch im Mathematikunterricht kamen sofatutor-Videos in der 6. Klasse zum Einsatz. Hier erprobte u. a. Jürgen Möller die individuelle Nutzung von Lernvideos mit Tablets im Unterricht. Dies soll hier am Beispiel einer Stunde zum Thema »Arten von Winkeln« kurz skizziert werden: Zu Beginn der Stunde erhielten die 16 Schülerinnen und Schüler je ein Tablet und holten zudem ihre mitgebrachten Headsets und Hefte hervor. Dies funktionierte insgesamt bereits schnell und reibungslos. Anschließend verwies Herr Möller auf die vorherige Stunde, in der das Drehen von Dreiecken besprochen worden war. Im nächsten Schritt erklärte er den Schülerinnen und Schülern die Arbeitsaufträge der Stunde und wie sie diese sowie den Link zu dem ausgewählten Lernvideo im eigens eingerichteten Klassenraum auf der Lernplattform finden und abrufen können. Bevor er dann die individuelle Arbeitsphase einläutete, spielte er den Einstieg des Videos »Arten von Winkeln« frontal über das Whiteboard ab. In diesem wird den Schülerinnen und Schülern erklärt, was ein Winkel ist, und erwähnt, dass es sieben Arten von Winkeln gibt. An dieser Stelle hielt Herr Möller das Video an und fragte die Klasse, welche Winkel bereits bekannt sind. Mit dem Arbeitsauftrag, die sieben Arten der Winkel im Video selbstständig zu erkunden, startete daraufhin die individuelle Arbeitsphase. Die Schülerinnen und Schüler konnten das Video schnell und problemlos abrufen und begannen, in Stillarbeit dieses anzusehen. Nach jeder Vorstellung eines Winkels pausierten sie das Video und übertrugen das Überblicksbild zum Winkel in ihr Heft. Sobald das Video angesehen und die Heftnotizen vollständig waren, beantworteten die Schülerinnen und Schüler die Übungsaufgaben, die im Anschluss an das Video zur Verfügung gestellt wurden. Zum Abschluss der Stunde befragte Herr Möller seine Klasse mithilfe eines elektronischen Abstimmungssystems (Clicker), wie gut sie die Winkelbestimmung verstanden hatte. Diese Abfrage wurde von den Schülerinnen und Schülern genauso hoch motiviert durchgeführt wie die individuelle Arbeitsphase.

Evangelische Schule Berlin Zentrum: Entwicklung eines digitalen Lernbausteins für das Lernbüro

An der Evangelischen Schule Berlin Zentrum (ESBZ) wird die Sekundarstufe I in den Fächern Mathematik, Deutsch, Englisch und Natur- und Gesellschaft in den Klassen 7–9 jahrgangsübergreifend in Lernbüros unterrichtet. Die Schülerinnen und Schüler arbeiten dabei individuell Lernbausteine durch, die speziell für das Arbeiten in den Lernbüros erstellt wurden und die Schülerinnen und Schüler bei der selbstständigen Erarbeitung neuer Inhalte unterstützen sollen. In die neu erarbeiteten Lernbausteine wurden nun auch Lernvideos eingearbeitet. Dabei handelt es sich meist um Impulsvideos, die ein Themenfeld anreißen, aber genug Freiraum für eigene Entdeckungen lassen. In dem einführenden Kapitel jedes Bausteins finden sich zudem auch Videos, mit denen die Schülerinnen und Schüler Inhalte wiederholen und auffrischen können, die sie als Grundlagen zur Erarbeitung der neuen Inhalte benötigen.

Die Lernbausteine werden in regelmäßigen Abständen überarbeitet und aktualisiert. Für das Projekt kristallisierte sich ein Baustein heraus, der nicht nur durch Videos ergänzt, sondern insgesamt neu aufgelegt werden sollte. Dabei handelte es sich um einen Baustein zu dem Thema »Reelle Zahlen«, den Schülerinnen und Schüler der Jahrgangsstufe 9 bearbeiten. Schnell entstand die Idee, den Baustein digital neu aufzulegen. Im Laufe der ersten Planungssitzungen ergab sich die Möglichkeit, die Konzeption im Rahmen eines Mathematik-Fachdidaktik-Seminars an der Freien Universität Berlin gemeinsam mit Elisabeth Brunner umzusetzen. Nachdem einige grundlegende Informationen zu dem didaktischen Konzept des Lernbüros sowie zum generellen Einsatz von Medien im Unterricht und der Flipped Classroom-Methode im Seminar erarbeitet worden waren, setzten sich die 16 Studierenden zunächst fachwissenschaftlich mit der Zahlbereichserweiterung auseinander und recherchierten anschließend die Vorgaben des Rahmenlehrplans zu diesem Thema. In Kleingruppen wurden anschließend die verschiedenen Bestandteile des Bausteins konzipiert. Neben den inhaltlichen Kleingruppen gab es zum einen eine Gruppe, die sich um die Produktion eines Lernvideos für das Einstiegskapitel kümmerte, und zum anderen eine Gruppe, die für die Storyline und das Layout des Lernbausteins zuständig war. Er handelt von einem π-raten, der sich auf die Reise macht, um in einem Einstiegskapitel, drei Hauptkapiteln sowie dem Vertiefungskapitel mehr über die Kreiszahl Pi zu erfahren. Im Anschluss an das Sommersemester wurde der Baustein implementiert. Er wird aktuell im Mathematik-Lernbüro eingesetzt und wissenschaftlich begleitet. Mit ersten Ergebnissen ist Ende des Jahres zu rechnen.

6   Erste Projektergebnisse und Ausblick

Im folgenden Abschnitt werden erste Ergebnisse aus dem Projekt »Flip your class!« vorgestellt. Dabei handelt es sich um vorläufige Erkenntnisse, da das Projekt noch am Beginn steht und mehrere Phasen im Design-Based-Research-Prozess durchlaufen werden müssen, um verlässlichere Ergebnisse zu erhalten.

Zum Einsatz von Videos im Unterricht können bereits folgende erste Erkenntnisse berichtet werden:

Längere Videos (ab ca. 5 Minuten), die in einem frontalen Setting gezeigt werden, sollten in sinnvollen Abschnitten pausiert werden, damit Rückfragen und (Vorwissen) aktivierende Aufgaben gestellt und Verständnisfragen geklärt werden können. Der Einsatz von Lernvideos sollte prinzipiell didaktisch begründet und dosiert sein. Dazu sollte die Frage gestellt werden, inwieweit das Video den Lernprozess in der entsprechenden Phase unterstützt und welche Vorteile gegenüber einem Vortrag oder einer Selbstentdeckungsaufgabe bestehen: Können die Schülerinnen und Schüler den Inhalt eigenständig erarbeiten? Gibt es vielleicht analoge Lernmaterialien, die an dieser Stelle viel besser passen? Außerdem zeigte es sich, dass das Zeigen eines Videos die Aufmerksamkeit einer Klasse, die sonst eher undiszipliniert ist, weckte und fokussierte. Inwieweit dies auf einen Neuheitseffekt zurückzuführen ist, muss in der Zukunft weiterverfolgt werden, ebenso wie die Beobachtung einiger Lehrerinnen und Lehrer, dass die Schülerinnen und Schüler zur Erarbeitung neuer Inhalte eher ungern Videos nutzen, sondern sich dies lieber direkt von ihrer Lehrerin/ihrem Lehrer erklären lassen. Hier stellen sich mehrere Fragen: Inwieweit handelt es sich dabei um eine Haltung des Konsumierens, mit der eine aktive, oft anstrengendere eigene Auseinandersetzung mit Materialien vermieden werden kann? Wie müssen Videos gestaltet sein, die zur aktiven Arbeit motivieren und die diese Haltung überwinden helfen? Tritt diese Haltung auch auf, wenn Lehrerinnen und Lehrer selbst erstellte Videos einsetzen?

Zentral für den Einsatz von digitalen Medien in Unterrichtsszenarien ist, dass die notwendigen technischen Voraussetzungen gegeben sind. Hier zeigte sich sehr schnell, dass eine funktionierende WLAN-Infrastruktur, die auch bei dem Zugriff mehrerer Geräte eine stabile Verbindung mit genügend schnellem Datendurchsatz gewährleistet, eine wesentliche Voraussetzung für das individuelle Lernen mit Videos im Unterricht ist. Da dies nicht immer sichergestellt werden konnte und werden kann, soll im weiteren Projektverlauf unter anderem die Frage geklärt werden, welche effizienten Möglichkeiten es für das Offline-Arbeiten gibt, wenn das Internet mal wieder nicht erreichbar bzw. nutzbar ist.

Darüber hinaus zeigte sich, dass zum einen die Zugangsschwelle zu den Videos für die Schülerinnen und Schüler möglichst gering gehalten werden sollte, dass zum anderen aber auch Möglichkeiten der Speicherung und des Teilens von Videos zur Verfügung stehen sollten, wenn beispielsweise auch mit schülerproduzierten Videos gearbeitet wird. Hier bietet sich generell eine möglichst einfach gehaltene (File-Sharing) Plattform oder die aktive Einbindung in eine eventuell bereits vorhandene Lernplattform an, auf der dann zum Beispiel auch Aufgabenstellungen und Begleitmaterialien zur Verfügung gestellt werden können.

Im Hinblick auf die individuelle Nutzung von Lernvideos zu Hause zeigt die Auswertung der ersten Befragungen, die im Rahmen der Evaluation der Biologie-Unterrichtseinheit durchgeführt wurden (siehe Abschnitt 5), dass Schülerinnen und Schüler die Lernvideos durchaus gezielt nutzen, um offene Fragen zu klären bzw. Inhalte aufzuarbeiten, die im Unterricht nicht verstanden wurden. Allerdings wurde ebenfalls beobachtet, dass insbesondere leistungsstarke Schülerinnen und Schüler diese (Lern-)Angebote nutzen, während leistungsschwächere Schülerinnen und Schüler eher zurückhaltend reagierten und zum Teil Verständnisschwierigkeiten bei der Nutzung der Lernvideos hatten. Daraus ergeben sich für den weiteren Projektverlauf folgende Forschungsfragen:

- Wie müssen Videos sowie andere digitale Materialien im Flipped Classroom für leistungsschwächere Schülerinnen und Schüler gestaltet sein?
- Inwieweit hängt der Leistungsstand der Schülerinnen und Schüler mit ihrer eigenen Lernorganisation zusammen? Und wie können »unorganisiertere« Schülerinnen und Schüler dann bei der Nutzung von Videos gezielt unterstützt werden?
- Wie können die Schülerinnen und Schüler möglichst effektiv auf den Einsatz der Flipped Classroom-Methode vorbereitet werden?

Im weiteren Projektverlauf werden somit noch stärker sowohl die Möglichkeiten des Einsatzes digitaler Medien zur individuellen Förderung und zur inneren Differenzierung als auch notwendige Unterstützungsmaßnahmen für Schülerinnen und Schüler, die Schwierigkeiten beim Lernen mit Videos haben, in den Blick genommen.

7 Literatur

Bergmann, J., und A. Sams (2012). *Flip your classroom. Reach every student in every class ever day.* Eugene, Oregon.

DESI-Konsortium (Hrsg.) (2008). *Unterricht und Kompetenzerwerb in Deutsch und Englisch. DESI-Ergebnisse.* Band 2. Weinheim.

Handke, J., und A. Sperl (Hrsg.) (2012). *Das Inverted Classroom Model. Begleitband zur ersten deutschen ICM Konferenz.* München.

Handke, J., J. Loviscach, A. M. Schäfer und C. Spannagel (2012). »Inverted Classroom in der Praxis«. *Neues Handbuch Hochschullehre.* Ergänzungslieferung 57, Dezember 2012. Hrsg. Brigitte Berendt, Birgit Szczyrba und Johannes Wildt. Berlin. E 2.11, 1–18.

Kohls, C., und J. Wedekind (2008). »Die Dokumentation erfolgreicher E-Learning-Lehr/Lernarrangements mit didaktischen Patterns«. *Offener Bildungsraum Hochschule. Freiheiten und Notwendigkeiten.* Medien in der Wissenschaft, Band 48. Hrsg. Sabine Zaucher, Peter Baumgartner, Edith Blaschitz und Andreas Weissenbäck. Münster. 217–227.

Kück, A. (2014). *Unterrichten mit dem Flipped-Classroom-Konzept.* Mülheim an der Ruhr.

Meyer, H. (2006). *Unterrichtsmethoden II: Praxisband.* 13. Auflage. Frankfurt am Main.

Meyer, H. (2011). *Die Rolle der Schulleitung bei der Unterrichtsentwicklung.* Kiel.

Oser, F. K., und J.-L. Patry (1994). »Sichtstruktur und Basismodelle des Unterrichts: Über den Zusammenhang von Lehren und Lernen unter dem Gesichtspunkt psychologischer Lernverläufe«. *Theorie und Praxis. Aspekte empirisch-pädagogischer Forschung – quantitative und qualitative Methoden.* Hrsg. Richard Olechowski und B. Rollett. Frankfurt a. M. und Bern: 138–146.

Oser, F. K., und F. J. Baeriswyl (2001). »Choreographies of Teaching: Bridging Instruction to Learning«. *Handbook of Research on Teaching.* Hrsg. Virginia Richardson. 4. Auflage. Washington, DC. 1031–1065.

Reinmann, G. (2015). *Reader zum Thema entwicklungsorientierte Bildungsforschung.* http://gabi-reinmann.de/?page_id=4000 (Stand: Januar 2015).

Rolff, H.-G. (2000). *Schulentwicklung und Profilbildung.* http://peterkoester.de/download.php?file=80eff1e19385&req=ll&id=161 (Stand: 2.10.2015).

Spannagel, C. (2012). »Selbstverantwortliches Lernen in der umgedrehten Mathematikvorlesung«. Hrsg. Jürgen Handke und Alexander Sperl (Hrsg.). *Das Inverted Classroom Model. Begleitband zur ersten deutschen ICM Konferenz.* München. 73–81.

Weidlich, J., und C. Spannagel (2014). »Die Vorbereitungsphase im Flipped Classroom. Vorlesungsvideos versus Aufgaben«. *Lernräume gestalten – Bildungskontexte vielfältig denken.* Hrsg. Klaus Rummler. Münster. 237–248.

Die Autorinnen und Autoren

Andreas Breiter ist Professor für Angewandte Informatik mit dem Schwerpunkt Informations- und Wissensmanagement in der Bildung an der Universität Bremen und zugleich wissenschaftlicher Direktor des Instituts für Informationsmanagement Bremen GmbH (ifib). Seine Forschungsschwerpunkte sind E-Learning, Informations- und Wissensmanagement in Bildungssystemen sowie Informationssysteme zur datengestützten Schulentwicklung.

Christian Ebel hat an der Reformuniversität Bielefeld auf Lehramt studiert. Nach dem 1. Staatsexamen absolvierte er sein Referendariat am Studienseminar Paderborn. Ausbildungsschulen waren die Anne-Frank-Gesamtschule und das Evangelisch-Stiftische Gymnasium in Gütersloh, wo er in einer der ersten Laptop-Klassen Deutschlands unterrichtete. Im Anschluss an eine kurze Lehrtätigkeit an der Realschule Steinhagen baute er beim Internetportal wissen.de den Bereich »Lernen Online« mit auf und leitete beim Wissen Media Verlag diverse E-Learning-Projekte. Seit 2004 ist er Mitarbeiter der Bertelsmann Stiftung und aktuell im Projekt »Heterogenität und Bildung« tätig.

Richard Heinen ist wissenschaftlicher Mitarbeiter am Learning Lab der Universität Duisburg-Essen und dort für den Arbeitsbereich Schule verantwortlich. Zudem ist er Geschäftsführer der Learninglab GmbH, die in Kooperation mit der Universität praxisorientierte Entwicklungsprojekte durchführt. Seine Arbeitsschwerpunkte sind Schulentwicklung, Lerninfrastruktur und Medienintegration sowie Unterstützungswerkzeuge für Lehrkräfte und freie Bildungsmedien in informationell offenen Ökosystemen. Vor seiner Arbeit am Learning Lab war Richard Heinen Chefredakteur des Online-Portals »Lehrer-Online«. Zunächst aber begleitete er die Entwicklung digitaler Bildung als aktive Lehrkraft in Irland und Deutschland.

Michael Kerres ist Inhaber des Lehrstuhls für Mediendidaktik und Wissensmanagement an der Universität Duisburg-Essen und Leiter des Learning Lab der Fakultät für Bildungswissenschaften. 1989 wurde er an die Hochschule Furtwangen berufen und baute dort den Studiengang Medieninformatik auf. 1994 folgte die Einrichtung der Teleakademie, deren Kursprogramm das Internet erstmals konsequent für offene Kurse in der wissenschaftlichen Weiterbildung nutzte. Für Leistungen in der Erprobung digitaler Medien in der Lehre erhielt Prof. Kerres 1998 den Lehrpreis des Landes Baden-Württemberg. Nach der Habilitation an der Pädagogischen Hochschule in Freiburg wechselte er an die Ruhr-Universität Bochum und begann mit der Planung des Online-Studiengangs »Educational Media«. 2001 folgte die Arbeitsgruppe dem Ruf der Universität Duisburg-Essen, wo Prof. Kerres das Thema »E-Learning« in unterschiedlichen Funktionen voranbringen konnte.

Livia Manthey ist Mitarbeiterin in der Redaktion der Berliner Online-Lernplattform sofatutor, welche Lernvideos und interaktive Übungen für Schülerinnen und Schüler anbietet. Als Projektkoordinatorin betreut sie dort die redaktionelle Produktion der digitalen Materialien und außerdem mehrere Schulprojekte, unter anderem das Berliner Pilotprojekt »Flip your class!« in Kooperation mit der Pädagogischen Hochschule Heidelberg und der Bertelsmann Stiftung. Sie studierte Politikwissenschaft, Germanistik und Psychologie an der Universität in Jena und in Tampere, Finnland.

Julia Müter ist als Projektmitarbeiterin für das Projekt »Flip your class!« am Institut für Mathematik und Informatik angestellt und für die wissenschaftliche Begleitung des Projekts zuständig. Zuvor hat sie ihr 1. Staatsexamen für das Lehramt an Realschulen sowie einen Master in »E-Learning und Medienbildung« absolviert und war anschließend über zwei Jahre für den Arbeitsbereich E-Learning an einer Hochschule tätig.

Jöran Muuß-Merholz ist Diplom-Pädagoge und Inhaber der Agentur J&K – Jöran und Konsorten. Mit einem kleinen Team arbeitet er an den Schnittstellen zwischen Bildung und digitalen Medien. Seine Texte, Workshops und Beratungen widmen sich der Frage, wie man moderne Pädagogik mit modernen Medien verbinden kann. Jöran Muuß-Merholz hält Vorträge v.a. im deutschsprachigen Raum, aber zum Beispiel auch in Brno, Cambridge, Cardiff, Stockholm oder Tokio. Texte, Termine und Projekte von Jöran Muuß-Merholz finden sich unter www.joeran.de. Bis Ende 2008 war er Gründungsgeschäftsführer des Archivs der Zukunft, einem Netzwerk reformorientierter Pädagogen.

Heike Schaumburg studierte Psychologie (Diplom) und Erziehungswissenschaften an der Universität Osnabrück und der Freien Universität Berlin sowie Instructional Technology (M. Sc.) an der Indiana University (USA). Promotion zum Dr. phil. an der Freien Universität Berlin zum Thema »Konstruktivistischer Unterricht mit Laptops? Eine Fallstudie zum Einfluss mobiler Computer auf die Methodik des Unterrichts«. Heike Schaumburg arbeitet als wissenschaftliche Mitarbeiterin am Institut für Erziehungswissenschaften der Humboldt-Universität zu Berlin und gehört seit

2011 dem Direktorium der Professional School of Education der Humboldt-Universität an. Forschungsschwerpunkte: E-Learning und mobiles Lernen in der Schule, Lernen mit neuen Medien, Unterrichtsforschung, Entwicklung von Lehrerprofessionalität

Christian Spannagel ist Professor für Mathematik- und Informatikdidaktik an der Pädagogischen Hochschule Heidelberg. Er forscht zum Einsatz digitaler Medien in Schule und Hochschule, insbesondere im Fach Mathematik. Zweimal erhielt er den Lehrpreis des Landes Baden-Württemberg für den Einsatz von webbasierten Lernumgebungen in der Hochschullehre. Er ist zudem Preisträger des MOOC Fellowships des Stifterverbands für die Deutsche Wissenschaft.

Björn Eric Stolpmann ist Diplom-Informatiker mit dem Schwerpunkt Informationsmanagement. Er ist Geschäftsführer der ifib consult GmbH und zugleich kaufmännischer Leiter des Instituts für Informationsmanagement Bremen GmbH (ifib). Seine Arbeitsschwerpunkte sind IT-Management und Organisationsentwicklung in Bildungssystemen und der öffentlichen Verwaltung.

Anja Zeising promovierte zum Thema »Interaktionsdesign und Kinder in Lernumgebungen insbesondere unter Einsatz immersiver Technologien«. Sie ist bei der ifib consult GmbH im Bereich der kommunalen Medienentwicklungsplanung und ihrer fachlichen wie methodischen Begleitung tätig.

Abstract

Today's children and youth are growing up with digital media. From smartphones to tablets to notebooks, the array of devices used in modern life are increasingly shaping the lives of the next generation. Examing the research findings of the past 15 years, Heike Schaumburg (see Part 1) describes the opportunities and risks – for both individuals and the classroom – associated with digitization. Digital media clearly provide opportunities for individuals by improving their access to information and improving communication and participation. But they also pose risks such internet or computer game addiction and cyberbullying. There is also the risk that unequal access to digital media and web habits can increase social inequality.

In order to take advantage of the opportunities inherent to digital media while also managing its risks, children and youth must acquire the appropriate media literacy skills. Even so-called digital natives do not acquire these skills automatically, as the ICILS study has demonstrated

Schools ultimately bear responsibility for teaching media literacy and are tasked with addressing the digital divide. Schools in Germany today face the challenge of helping adolescents become self-directed and critical users of digital media for productive and creative purpose.

In addition to the need to develop media literacy as an "indispensable key qualification" (KMK 2012), schools can harness the educational potential of digital media for teaching and learning. Digital media offer, for example, considerable opportunities for individualized learning and differentiated instruction. Learners can be supplied with a greater variety of differentiated materials or choose themselves materials according to their interests. Multimedia also provide learners alternative means of accessing information. Individualized feedback can also enhance encouragement across skill levels.

The benefits of digital media can be taken advantage of only if and when schools have the resources to realize this potential. This depends primarily on teachers' skills and willingness: teachers must be equipped not only with didactic skills and education expertise, but also with technical skills, that is, they themselves must be media literate. Only then can they use digital media in an educational setting from which every student benefits. Teachers must therefore have the opportunity to acquire or expand their skill set through training and shared curriculum development. They need resources and time to plan and develop lessons with digital media.

The study designed by Richard Heinen and Michael Kerres (see Part 2) underscores the need for a systemic assessment of schools in order to ensure that digital media's potential in fostering an individual-focused learning culture is being tapped. Individualized support and the integration of media should therefore be viewed as correlated aspects of school and curriculum development. The traditional pillars of school development (organizational, personnel and instructional development) must be extended to include technical development.

Teaching media literacy and integrating digitial media into educational processes at schools requires the presence of a reliable and practical IT infrastructure that is conducive to learning. A conducive-to-learning infrastructure refers here to the presence of IT equipment that is not only geared to the educational needs of learners and educators, but is also smoothly integrated into the classroom and home use, thereby allowing for flexibility. Such an infrastructure allows for the use of learning scenarios, which bear several advantages such as self-directed learning or adaptive learning.

The study by Andreas Breiter, Björn Eric Stolpmann and Anja Zeising (see Part 3) describes the technical, organizational and fiscal conditions required to provide such a conducive-to-learning and practical IT infrastructure. In doing so, they draw on a multilevel model of media integration that takes into account the complexity of the German education system while also considering the impact of various actors. Whereas a school and its teachers are responsible for educational tasks that are to be carried out with analog and digital media, they must do so, however, in ways commensurate with conditions and curricula prescribed at the state level of government. However, municipal education authorities are generally responsible for providing basic IT infrastructure.

The study shows that the task of integrating media into education is a complex process involving all levels of the education system and therefore cannot be carried out by schools or local education authorities alone. This is true in particular with regard to addressing issues such as Bring Your Own Device (BYOD) or cloud computing, which must be carefully considered in terms of both technical requirements and data protection.

In the second part of the book (see Part 4), Jöran Muuß-Merholz draws on a collated sample of case studies of digital media use in different schools to show that the wide range of possibilities inherent to digital media use for individualized learning are in fact being applied.

Muuß-Merholz shows that in all cases, the use of digital media is not an end in itself. Teachers are instead interested in making use of the didactic opportunities inherent to digital media while extending their repertoire of teaching strategies. The question is not: "How can I use digital media in the classroom?" but rather "How can I as a teacher design lessons so as to efficiently support students in their learning?" Digital media have expanded the palette of possibilities for teachers to choose from. Teachers can decide if and when the use of digital media makes sense in their lesson planning (e.g., for certain lessons or phases) as an addition or alternative to conventional media which, overall, contributes to the variety of methods and media available.

Setting clear goals for the use of digital media and combining this with didactic considerations are key to ensuring success. Digital media can expand the spectrum of activities available to teachers and help create an educational environment that would involve considerable more effort in an analog setting.